纸牌花式百科全书

ENCYCLOPEDIA OF PLAYING CARD FLOURISHES

〔美〕杰瑞·凯斯特考斯基　著

Jerry Cestkowski

社会科学文献出版社

SOCIAL SCIENCES ACADEMIC PRESS (CHINA)

序

在我的梦里，我独自走在幽静的山路上，在拐角处，我掉进了一个深不见底的山洞。当我挣扎着抬头仰望身居何处，却发现四处金光闪耀——我正身处一座金山的中间！天啊！

这就是我第一次见到 Jerry Cestkowski 时的感受。那天，我正准备出去做些差事，然而之后发生的事却是，我痴迷地看着 Jerry 用一只手做两张牌的花式，同时用另一只手来洗牌。在接下来的一小时里，我被成千上万种花式震撼了，其中的绝大多数是我见所未见闻所未闻的。我看到他在头顶上拉牌，并且拉出了一条优美的弧线，每张牌都是那么的整齐，没有一张散落。接着，我又看他做了胡迪尼的"不可能完成的双臂展牌"。我看到了许许多多我从来不敢想象的花式。这真的是货真价实的荣耀——我在一位大师面前见证了他无人能敌的技艺。

我邀请他给当地的一个魔术俱乐部做一次表演。你能想象吗？这是多么的不可思议！一整屋的魔术师都目瞪口呆地看着他，完全被他的技艺所折服。你只要看他的表演十秒钟就会明白，Jerry 的纸牌花式已经登峰造极，无可比拟。我专职从事魔术事业已经有 40 年了，在此期间我收集了很多很多有关魔术的书籍和影片，同时也看过无数的表演，鉴于此，我敢肯定：Jerry 做的花式不仅比他们多得多，而且比任何人都好。

这本花式大百科全书的优点在于，Jerry 不仅记载并教授了他能找到的所有好看的花式，而且还在其中加入了无数的原创花式，这些花式比以前出现的花式更华丽，更具有观赏性。在这本书中，Jerry 把没有意义的描述全都删除了，书中出现的花式也都很实用，而且漂亮。在你做牌术表演的时候加入 Jerry 的这些精华，一定可以给你的流程润色，同时给予你的观众最大的震撼。这本书是一个拥有极具观赏性和实用性花式的资源库，只要一副牌，这里所有的花式你都可以做到。

Robert（Ned）Nedbalski

Ned's Mile High Magic and More

Lakewood，Colorado

如何利用好这本书

如果我是你的话，我会在看这本书的文字介绍之前，先把所有的插图浏览一遍。实际上，在你用眼睛掠过每一幅图片时，你会有一种看小电影的感觉，这些插图无疑会给你留下深刻的印象。书中的插图会让你对每一个花式应有的动作有一个基本的认识。当你不明白一些文字性的阐述时，你可以向这些插图寻求帮助。我甚至希望，在某些情况下，你能仅仅通过插图就学会其中的花式。好好看着图片，然后跟着图片中的手做动作。当然，如果光看图片不管用的话，这时候你就要向书中的文字寻求帮助了。

尽管术语"使用单手的"和"使用双手的"才是符合语法规律的，但是我通常只用"单手"或者"双手"，比如"单手洗牌"。在没有上下文的情况下这么说显得有点歧义，但是我现在已经提醒过你了。毕竟，说"右手单手扇"比说"使用右手开的单手的扇"要稍稍简单一点也好听一点。

在这本书中，我会用到"长边"和"短边"这两个术语。当你看到短边的时候，你应该知道我说的是牌的短的那边，并且知道哪个长哪个短，还要知道长边是什么。不要忘记，大多数的插图都是第一人称视点。因此，左长边和右长边大都是以你自己的角度看的。当牌开始旋转，或者需要涉及牌角

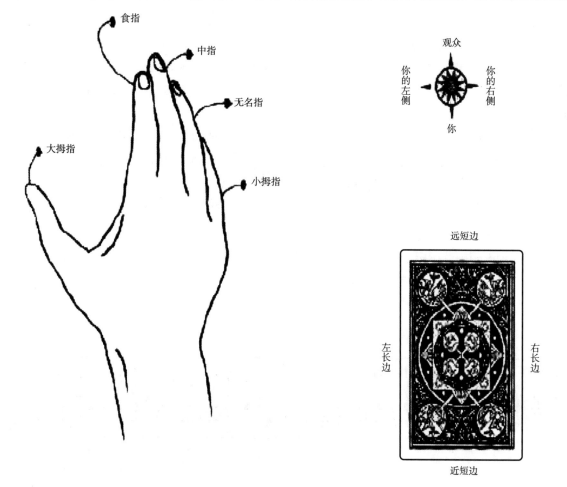

或者上面的某一点时，这很难说清楚。而且，有的时候有必要从观众的角度来看，尤其是从观众的角度能看到手指的动作的时候。我很明确地告诉你们看这本书会发生什么，会遇到哪些问题。我会用很多的必要的词来阐述清楚这个花式到底是怎样做到的，你也可以随时不看这些文字而是去看那些插图。"你的右侧"在图片中可能并不是"右侧"，特别是以观众的角度拍摄的图片。我会尽量把方位描述清楚。有的时候，把这本书倒过来看插图，或者利用镜子反射出插图的镜像都可能有所帮助。

我会用到"标准握牌"这个词，这种握牌是指大多数人正常用左手握牌的姿势。技术上而言，"标准握牌"是指把食指放在牌的远短边而且（有时）你的小拇指放在近短边。在大多数花式当中，食指的位置可以在远短边，也可以和其他的几个手指放在同一侧。在近短边的小拇指也是一个道理。整副牌就很舒服地躺在手掌中间，大拇指要么放在左长边，要么放在牌上。食指放在远短边或者右长边，无名指放在右长边。大多数要用到"标准握牌"的时候，这本书附带的图片足够解释清楚了。食指和小拇指的位置真的会对某个花式造成影响的话，我会让你知道，并且会让你把手指移动到正确的位置的。你会经常移动你的手指，来确保练习和表演时牌的整齐。上面所说的对于单手切牌的影响是最大的。

这本书的每一部分，都是从最基础的动作开始讲起的，然后或多或少每个动作会比上面的动作难一点。而且，有些花式要求你必须掌握别的章节的某个动作才可以。然后，每个你所需要找的花式的名字在目录中都以**粗体**标了出来。在这本书中没有教学和插图的花式我都用*斜体*标了出来，而且你在本书的目录中找不到它们。一般来说，当我提及一类花式，比如说单手切牌，我不会加黑加粗或者加斜。

除非你疯了，不然我认为你不会觉得从每章挑出几个花式练比把一章的花式一个一个练下去要好。你唯一可能遇到的困难就是你练的花式需要别的你没学的动作的基础。当这种情况发生时，你也不用担心，因为所有你需要掌握的动作在这本书中都有提及。比如，在学 **Running L Cut** 之前学会 **L Cut** 是无可厚非的。

我想预先为我在这本书里可能存在的不正确之处道歉。我的初衷是让你通过这本书更简单地学习花式，而如果因为一个错误使你的学习变得复杂了，那会使我感到无比沮丧。我最可能犯的错误就是把"左"和"右"弄反，也有可能说错是哪个手指。如果你发现了我的描述有错误，你可以通过大量的插图来猜出正确的手法。如果这些插图也出了差错，我只能希望这一切没能阻止你学会你想学的技巧。

当我说图 14 - 104 到图 14 - 107 时，这是指图 14 - 104、图 14 - 105、图 14 - 106 和图 14 - 107。

在这本书中你有足够多可学的东西，能让你花费很长一段时间来学习这些惊人的花式。希望你学得开心。当你完完全全掌握书中的花式之后，试着自己创造一些崭新的吧。确保这一门使人无比享受、高度专业化的艺术保持生命力、永续繁荣，这是你的责任和使命。

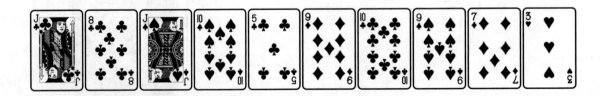

前　言

　　这是一本教你怎样做纸牌花式的书。纸牌花式指的是利用纸牌做出的绝技，跟纸牌魔术是不一样的。纸牌魔术有着它的魔术效果，能让观众感到神奇，但是花式却不一样。花式是在展示你的纸牌技巧，以给予观众视觉上的冲击。比如用一只手来切牌，洗牌，开扇，甚至用一副普通的牌来完成很多高难度的动作。纸牌魔术需要的是神奇，但是花式却不要求这样。还有一种区分魔术和花式的方法，那就是魔术会让观众在意纸牌的花色和数字，然而花式却不会这样。纸牌魔术利用纸牌，把它作为一种达到神奇效果的工具。而纸牌花式却是利用完全不同的方法，通过对称，摆出各种形状等等来展示纸牌这种道具本身。很多时候利用相同数字的牌是为了给花式润色，比如说你在做四张牌花式的时候，会用四张 ACE 而不是四张随机的牌。还有另一种区分魔术和花式的方法：魔术的目的是通过错误引导、遮挡，或者给观众造成错误的印象来欺骗观众的眼睛。观众在被骗之后会觉得很惊讶，很高兴并且觉得很神奇。但是相反，花式是让观众的注意力集中在表演者高难度的、优美的、高雅的动作上，从而给观众一种视觉上的享受。表演者所希望的是观众时时刻刻关注着他手中的牌。花式，是没有任何秘密的，是没有任何错误引导的，你看到的便是真实发生的。当你看一位花式专家的表演，你所看到的东西无疑会让你感到惊讶和兴奋。你甚至会感到惊讶：这些绝技是怎么做到的啊。

　　很多人看过 **Two - Handed Waterfall Riffle - Shuffle** 和一些十分基础的单手切牌，一些人在赌场或者在电视里看过 **Ribbon - Spread and Turnover** 的表演。在英国电视台播出的节目《复仇者》（*The A-vengers*）中，曾经有过一段用四色牌开扇的表演。在获得 1973 年奥斯卡最佳画面奖的电影《骗中骗》（*The Sting*）中，Paul Newman 为了一场很大的赌博，在玩牌之前做了一套不长的花式来热身。（影片中的那双手实际上是传奇人物 John Scarne 的。）很多电影中也都有花式的特写，电视节目也不例外。不过说真的，我最初看到这些纸牌花式表演确实是通过电影和电视。这些表演激发了我对纸牌花式的兴趣，于是，我找到了魔术师让他们来教我。但这并不是让魔术师们来告诉我他们珍藏了多年的魔术的秘密，因为花式并没有秘密。花式表演是很公开的，不需要任何的错误引导和魔术道具。但是我没有找到任何一位能够做一些高级花式的人。因此，我把目标转向了书——这一花式教学的资源。

　　我很幸运，因为在普通的书店里，有不少介绍纸牌花式这项专业性极高的运动的出版物。Bill Tarr 所写的书《现在你能看到它，然后它消失了！》（*Now You See It Now You Don't!*），简单易懂，一直是初学者学习魔术的经典之选，它不仅包含纸牌魔术，还有别的类型的经典魔术。当然，Tarr 对基础花式的描述非常到位，尽管我并不对他的理论"单手切牌永远是最好的花式"表示赞同。Henry Hay 的《业余魔术师手册》（*The Amateur Magician's Handbook*）是第一本非常适合魔术爱好者的魔术教学书。尽管它里面没有任何插图，并且对于纸牌花式的介绍也不算多，但无疑是本好书。在很多的魔术商店或者通过网上的邮件订购都能搞到一些关于纸牌花式的好书。比如说 Hugard 的《纸牌手法》（*Card Manipulations*）和《更多的纸牌手法》（*More Card Manipulations*）就是如此，里面有不少好的资源。别的，例如被誉为经典之作的《塔贝尔的魔术教程》（*Tarbell Course in Magic*），也涉及一些纸牌花式的皮毛。但是对于纸牌花式有着革命性影响的书并不多见。

在早期，纸牌花式专家们会去学习 Lewis Ganson 的那本《专业纸牌手法》（*Expert Manipulation of Playing Cards*）（1948 年第一次印刷）。据 Henry Hay 说，这本书曾经在爱好者当中"掀起开扇的热潮"。别的像 Ganson，Victor Farelli，Camille Gaultier 以及 Jean Hugard 的作品，当中则包含了对于基础花式以及常见花式的详细教学，还有一些独一无二的但是很难完成的动作。但不幸的是，这些作者大都是五六十年代的人了，所以他们的很多书都已经不再再版了。

然后是 Goodlette Dodson 以及 Edward G. Love 所写的关于纸牌花式的著作。他们一生的著作并没有多少。Love 的《开扇手册》（*Card Fan - tasies*）以及 Dodson 的《纸牌开扇》（*Exhibition Card Fans*）到现在也能够买到。但是书中的花式，说真的，并不怎么样。接下来就是 Joe Cossari 的《纸牌之王》（*King of Cards*），这是一本很薄的书，里面涉及了纸牌花式，以及和花式相关的道具牌，还有一些相当实用的表演须知。如果你看到了这本书，那就毫不犹豫地买下来吧。Hugard 的《纸牌手法》（*Card Manipulations*）以及 Bill Tarr 的《现在你能看到它，然后它消失了！》（*Now You See It Now You Don't!*）相对来说都比较好找。而 Farelli 的《纸牌魔术》（*Card Magic*），Gaultier 的《手法魔术》（*Magic Without Apparatus*），Jerry Andrus 的《神奇的纸牌》（*Kurious Kards*）以及《安德鲁斯带你走进魔术世界》（*Andrus Deals You In*）就不是那么容易找到的了。

《沙维慈的魔术教程》（*Chavez Studio of Magic*）当中有许多出牌的动作，但是好看的、华丽的纸牌花式则是少之又少。Chavez 和别的很多人一样，把自己的生命浪费在了那些基础开扇，特别短的拉牌以及非常基础的舞台动作上。我从来就搞不明白，为什么会有人开了一个那么小的大拇指扇，还在那里沾沾自喜或者认为好的台词跟好的表演是直接对等的。这不是开玩笑？如果你要学习一个动作，那就去学一个好的，然后绝对不要以为你的台词能够比观众真正看到的还重要。我看见过很多的表演者，他们认为自己在进行一场很棒的表演，事实上这些人看起来不过像一个在做一些很华丽的动作的人，但事实上一点华丽的动作也没有。

还有一些花式，你可以通过魔术教学带发现它们的踪影。比如技艺高超的 Jeff McBride 的那套《舞台出牌的艺术》（*The Art of Card Manipulation*），里面有无数令人无法置信并且实用的出牌技巧。他还将一些花式改进，使其具有魔术的效果。如果只是说纯粹的花式的话，我觉得 McBride 这套教学带的价值也还是不错的，但是我对于他那些很短的拉牌，不自然的手臂展牌以及他花式角度的限制又有几分失望。我觉得，McBride 有时候喜欢在一些看起来不怎么样的花式上花费太多的时间来教学，但是他那些真的很不错的动作，比如说：双手同时做瀑布落牌，或者漂亮的脚后跟弹牌，他都不告诉你他是怎么做的。这不过是我的一些小小的不满罢了，尽管如此，McBride 的教学带还是必须要看的。事实上，这套教学带绝对是迄今为止最好的关于空手出牌以及纸牌舞台手法的视频资源。但是，它并没有办法使你成为一位花式大师。不管你是按照他的方法做手臂展牌还是听他的话来进行拉牌，你都不可能成为花式的专家。

Daryl 的那套无价之宝——《纸牌手法百科全书》（*Encyclopedia of Card Sleights*）包含了许多纸牌魔术以及手法的教学，但是里面关于花式的内容却不多。有无数的手法，但是很难看到花式。在那套教学带里，只有一些单手切牌以及变牌。我把变牌归于纸牌魔术而不是花式的范畴之中。如果有谁想要学习纸牌魔术，你一定要去看看 Daryl 的这套教学带。

最近，带有革命性创新想法的 Brian Tudor 将他的一些纸牌花式放到了他的教学带《炫耀》（*Showoff*）当中去。其中大多数都是花式切牌，你将看到一些特别棒的花切以及令人难以置信的假切牌。

绝大多数的魔术表演中间只会穿插一小点的花式，而且不少魔术师还认为，在纯粹的魔术表演当中不应该使用这些太过炫耀的东西。当时，很多魔术的杂志每期都会印上那么几个花式，但是很不幸，这已经是很久以前的事情了。有些人会为这些关于魔术的书籍以及杂志去做索引，这样你就能够很轻松地找到一些动作、手法甚至是花式。但是这样的索引有的时候会让你感到很崩溃。当你费尽千辛万苦终于找到了一个名叫"超级无敌多段切牌"的悲哀玩意儿，或者找到了一些特别简单却又不失糟糕还有一个令人崩溃的名字的东西，千万不要失望。这种事情在我身上已经发生过太多次了。当然如果你运气好的话，你的确能在这些索引当中找出不少有用的资源。

这些就是很早以前人们对纸牌花式的看法。

字典里将花式这个词定义为"花哨的装饰品"、"炫耀的东西"以及"精巧的展览品"，这些词对纸牌花式都同样适用。Robert Houdin 称其为"用来装饰的手法"。但是，在这本书里面没有纸牌魔术以及手法的东西。纸牌花式是用不同的、很华丽的方法来做一些很古老的像是洗牌、切牌或者发牌一类的动作，使其像一些超高难度的绝技一样华丽。由这本书的性质决定，每一个动作都会避开完全的魔术效果，比如说纸牌的消失、出现以及变牌。

如果你是一个魔术师，在纸牌方面你不想当井底之蛙，那么你在这本书中也能够找到很多基础并且实用的动作。每一个使用纸牌的魔术师不管怎样都应该能够开出一个像样的压力扇，你也可以在许多的魔术流程当中融入纸牌花式，像单手切牌或者拉牌。尽管在这本书当中，我有意地回避了对那些带有魔术效果的花式的介绍，但是你仍旧能够找到很多对于魔术来说很实用的花式。在切牌方面尤其如此，你可以把不少花式切牌当作假切牌使用。就是说，如果你需要整副牌的一部分或者整个的顺序不发生变化，花式切牌是一种很华丽的方法，它能够在让观众认为你的确已经把牌切乱的同时，仍然保持一部分乃至整副牌的顺序。

很多魔术师将变牌归类于纸牌花式（将一张牌变成了另一张，通常是手在整副牌上晃动一下，牌就变了）。对于我来说，变牌这个东西到底属于什么是很模糊不清的。一方面，有许许多多的纸牌魔术里包括了牌的变换，但是却没有用到变牌。另一方面，尽管加入变牌的魔术能够让其更具有视觉上的冲击，但是它们并不能够像花式一样华丽，以至我没有把它收录到这本书当中。我认为变牌无疑是纸牌手法当中最棒的东西。最后，世界上实在存在太多的变牌了，所以如果我想把它们都记载下来，虽然有可能，但是绝对不是这本书能够做到的。所以在这本书中不会有关于变牌、舞台出牌（在 Henry Hay 介绍的那一堆花式中都有介绍）、出牌以及其他的这些东西的教学。同样的，一些掺杂了花式要素的魔术效果在这里也不会有介绍，比如拉牌找牌，从空中抓出一个扇子，或者出 4A 这类东西。还有最后一点，就是基于这本书的内容实在过于庞大，我已经找不到空位置来将四色牌的开扇技巧囊括进去了。我会在另一本书中介绍那些五颜六色的牌的开扇技巧。

丝毫不用谦虚，我的自信迫使我告诉你们，在这本书发售之前，从来没有过一本容易买到的、易于理解的、经得起时间检验的、关于纸牌花式的著作。也从来没有一本书，收录了比你现在拿着阅读的这本书更多的内容。要说这本书收集了所有的纸牌花式，那绝对是吹牛。一方面，那些创意十足的艺术家们总会创作出新的动作。另一方面，随着时间的推移，人们会对已有的动作进行改造或者在其基础上进行再创作。就像表演杂技时，抛接三张、四张或者五张正常的牌无疑是能够做到的，但是七张呢？在我写这本书的时候，"杂技抛接"任何物体的世界纪录是十三个。那么有没有人能够抛接十三张正常的牌呢？我打赌是不可能的，但是谁知道呢？我想说的就是，发明创造以及改进是一个永无止境的过程，如果你能够增加某个花式的段数，或者创造出一个很强大的版本，那么恭喜！

但是，有很多例子说明，有的时候增加一次旋转，或者一段什么其他的东西是不能够真正使一个花式产生变化的。如果一个花式在改造之前和之后对于一个外行人来说没有什么区别的话，那么这个改变就是在浪费时间。在这本书中，有对那些具有自己独特效果以及与其他花式完全不同的花式的详细教学，对于那些相同花式的不同版本也有些简单的介绍。还有，作者（我）承认，我并没有对这本书里我（就是作者）教授的所有动作进行寻根溯源。所以，如果有一个动作，我认为是我发明的，但也许我做的不过是"再发明"而已。这就是说，很有阅历的魔术师读者能够很轻松地在这本书中找出至少三分之一的花式，在别的出版物上有过涉及。但是我会怀疑，有没有人曾经对 **Gearscrew Cut**、**Six‑Packet Display Cut**、**Overhead Spring**、**L‑X Interpolation**、**Fan Twirl**，所有的整副牌的旋转或者翻转以及高级一点的手臂展牌进行过教学。

这就是说，尽管第一个发明一个花式的人应当享有这方面的荣誉，但是在很多情况下，是不可能去考证到底是谁第一个发明出来的。我怎么知道是不是我发明的 **Continuous Same Back‑Arm Catch** 或者 **Running L Cut**？我是不可能知道的，但是我觉得你完完全全没有必要因为这事而感到困扰。另一方面，我曾经自认为发明了很多动作以及创造了很多不同的版本，但是之后才发现，这些动作已经被人写在他们的书籍之中了，甚至有些作者在我还没出生的时候就已经做出了这个动作，但之后去世了。当然也可以反过来看这个过程，如果一个作者想出了一个动作，但是并没有记载在书中，在几年或者几十年之后，有另一个人将这个动作"再发明"然后写在了书中。这就证明，第一个将某个动作记载在书中的作者不一定是第一个发明这个动作的人。

此外，一点细小的差别或者只是手指位置的不同并不能够把一个动作变成一个全新的花式。在这本书中，我慎重地放弃了一些没有必要存在的一个花式的不同版本。比起教你五十种不同的方法但是看起来差不多的单手切牌，我还是更愿意教你一个更合理并且更简单地能够完成的版本。所以，当你在目录上看到好多好多不同的手臂展牌的时候，你实际上能够学到至少十二个看起来不同的、有自己个性的花式，而不是只有一小点变化的那些相同花式的不同版本。不过看起来完全不一样的相同花式的不同版本还是存在的，就像背臂展牌，就都在同一个大标题"**Back‑Arm Catches**"之下。如果是有必要进行讲解的相同花式的不同版本，比如手指转牌，不同的三种方法都在"**One‑Finger Spin**"的标题下面。最后就是章节后面的"后记"部分，会有更多的版本以及一些别的小玩意儿。

我也保留了一些我觉得看起来不是很好或者并不是很喜欢的花式。我只是在文字的缝隙当中稍稍提及了它们的存在。

扫清一切障碍将这本书做成了一本通俗易懂的指导手册，读者能在这里找到无穷无尽的实用信息。这本书是当之无愧的纸牌花式百科全书。

哲　学

这是芝加哥公牛队的辉煌之日，NBA 史上最强大的篮球明星将踏上他前往胜利的征途。迈克尔·乔丹，芝加哥公牛队的统帅，同时又是历史上最伟大的运动员，将飞黄腾达。乔丹刚刚完成了自己的第十二个进球，他利用了一个十分华丽同时又很具难度的招式。他得到了球，从场上冲向篮筐。他用他那标志性的突破越过了那位倒霉的防守队员，然后地球人就再也阻止不了他进球了。他飞了起来，将手臂伸开，他的手臂接近篮筐。他完全可以轻松地把球放进篮筐中来得到自己的第十三个进球。但是他这样做了吗？他只是简单地将球放进了篮筐吗？我不这么想。没错，他并没有开始减速，而是将球从右手放到左手，然后做了一个拉杆的动作。利用足够大的惯性以及重力将球扔进篮筐。乔丹在半秒钟之后落地了，但是成千上万的观众却被震惊了。

迈克尔·乔丹可以，或者说从战略的角度来说，将球放进篮筐里就好，不管是从整支球队的角度出发还是从自己连续得分的劲头来说。但是，有些东西告诉他，要炫耀。

一个花式投篮或者特别炫的动作绝对不是偶然发生的，而且我认为这类动作应该是先说，然后再去尝试，你就能够得到一些灵感。乔丹则不同，他有太多的灵感了，多到随便拿出来一个就可以让人目瞪口呆。但是炫耀是有风险的，如果你的技艺高超的话，你可以降低这个风险。如果乔丹那个球没有进的话，那么他会很尴尬，并且也有可能会使整个球队输掉整场比赛。但是因为他已经成功地完成了无数这样的动作，他就不必担心失败，毫无疑问他是场上最耀眼的明星。

Henry Hay 在他的那本《业余魔术师手册》（*The Amateur Magician's Handbook*）中，扬言他情愿看一个小孩做"丢不完的五张牌"（一个众所周知的纸牌魔术），也不愿意看一只大猩猩用脚趾做一叠煎饼的假发牌。尽管我很喜欢 Hay，但是我可以毫不犹豫地说，我更喜欢看大猩猩。我知道有一些人认为纸牌花式或者常见的魔术，甚至是最伟大的篮球明星迈克尔·乔丹很无聊。但是我也知道更多的人非常喜欢看到无关紧要但是用了十分高难度的技巧所完成的绝技。那么一些新颖的、从来没有人见过的动作呢？大多数人情愿去看一些他们从来没有见过，以后也不可能会再见到的东西，而不是一些水平不怎么样的人在耍他们。

人们会不断地吸取过量的信息，所以他们必须很快地作出判断，使其与自己认知当中的那些技艺、天赋这些无形的东西连接起来。电影的导演将此铭记于心，他们懂得怎样在极短的时间内向观众传递更多的信息。比如在《骗中骗》（*The Sting*）这部影片，以及这些年来的各种电视节目当中，都以最有效的方式向人们传递：这是一位千术高手的方法，那就是仅仅拍一双像是主角的手，然后这双手会去做一些纸牌花式。尽管真正的老千知道，一个会纸牌花式的人跟一个会纸牌千术的人之间是没有关系的，但是外行人却不知道。外行人会进行一些不合实际的联想，因为纸牌花式和千术都是需要灵活的技术活儿。我们可以去看 Richard Dawson 的那个以《Hogan 的英雄小队》（*Hogan's Heroes*）命名的电视系列，他在里面做了一个瀑布落牌（尽管是用电动牌完成的，在后面会有讲解），使得人们认为他是一个在做假、开锁、当扒手、做火药这些方面很在行的人。这就是所谓外行人的联想，他们认为他能够用纸牌做出这样的东西，那么他对扒手技巧也一定很在行。你总是会遇到这样的事情，如果你做纸牌花式做得很棒的话，那么人们绝对会告诉你，他们以后不跟你玩牌了，就算你从来没有打过牌。

以上所说的全都是想证明，人们喜欢联想，如果你能够做出看起来很难的东西，你也许就是圈子里最好的。乔丹在每一场比赛的数据统计中总会位居榜首。但是华丽地得分比单纯得分要困难不知道多少倍，大家都明白这个道理。

更深一点讲，人们会将一些很难的技巧和别的实际上无关的东西联系起来，并且将其视为很厉害的东西，因为人们总是会试图夸大自己的成就。在比赛的环境当中，决定因素往往是那些超出平常的东西，如果你有很强的自信那么你不一定能够胜利，但是如果你独具一格，你就会比别人强。因此，我们会记住那些在没有任何救援到达的情况下在救生艇上幸存了 65 天的人，他们不仅幸存了下来，甚至还长胖了，因为他们懂得代替渔网捕鱼的技巧。同样的，我们对于那些能够在比赛的高压环境中，用特别华丽的投篮为比赛带来高潮的运动员记忆犹新。也许这些动作有着降低对方士气的作用。但是更多的是，他们之所以这样做是为了证明此时此刻自己是最棒的，就是通过那些没有人能够完成的高难度动作。尽管像哈勒姆环球队那些动作无法在正规球赛中使用，但不要忘记 NBA 名人堂当中还是有着他们的名字。

有些魔术师对纸牌花式漠不关心，但是也有魔术师很喜欢它。所以他们之间总会有类似这样的争论：一个魔术师应该让观众觉得自己是通过魔术将不可能变为可能的。如果他在其中使用了太多的花式技巧，那么他的表演在观众眼里则不是那么神奇——观众会认为你是利用你的手快来创造奇迹。另一些人则会这么说，如果你在表演当中加入了超高难度的花式，会让一个好的纸牌魔术看上去更加不可思议。

有些糟糕至极的想法曾经在一些惨不忍睹的悲哀书籍当中出现过，比如《常见魔术手册》（*The Stein and Day Handbook of Magic*），它的作者是 Marvin Kaye，他告诉他的学生，不要选择尝试"难度很高的手法"。千万不能成为那种手法很厉害以至于"恃才傲物的人"。在他的想法之中，表演力才是最重要的东西，手法和技巧啥都不是。所以，相对于使用一个很不错的、利用手法来完成的整副牌的假洗牌，他建议我们使用"注意整副牌的底牌，然后一张一张将牌洗下去，当底牌再次回到底部的时候整副牌的顺序就又回来了。好好练习，直到你做得足够快"。你说啥??！就是说你要一张一张洗牌，洗104 次，在观众的眼前，而且你觉得这比用手法要来得自然吗？不管你洗得有多快，这都要浪费你很长的时间，而且怎么看也不像是一个正常的洗牌。通常来说，那些反对纸牌花式的人们都会说："魔术师会沉溺于自己那些高难度花式以及看起来相当奇怪的动作，会让观众为了这些动作给他们鼓掌——就跟表演杂技的没什么两样——他们将自己给观众带来神奇的责任都放到了一边。"不说 Marvin，给观众表演一个好的花式能够给观众带来享受，而另一方面，不好的花式的确比洗104 次牌更让观众感到莫名其妙！好的花式会令人震惊，而不会让观众觉得奇怪。著作等身的作家 Jean Hugard 就懂得这个道理，于是这样呼吁："纸牌花式不是一种展示表演者灵活技艺的方式，而是对自己那些令人震惊的能力的随心所欲的外露。"

在我看来，如果你只是单纯地表演花式的话，观众也会为你鼓掌的，但是一个没有目标、只是一直在重复同一个动作的表演绝对吸引不来掌声。花式本身一定要是一个不错的花式，在表演的时候也要不断变换，而且完成得一定要好。不管这个花式有多难，多复杂，只要看上去不怎么样，我就都不喜欢。一个花式看上去不怎么样可能是由很多因素造成的，有可能是完成得不够熟练，有可能是角度掌握得不好，或者干脆是这个动作本身看上去就傻极了。

我个人也相当反对用"困难的方法"来完成花式。如果相同的一个花式，有两种方法，一种很困难，一种很容易，那么在效果相同的时候我就不会去教你那种困难的方法了。所以，在这本书里，你将不会看到"单手压力扇"、类似的"*Curly - Q Fan*"、传奇人物 Shimada 那愚蠢的单手"大扇"或者用各种牵强附会的方法完成的开圆扇（一根手指插在圆扇的中间），以及别的一些没什么效果的花式，像乱七八糟的"*Comedy Cut*"或者难看极了的，令人同情的"*Rosette*"开扇……这本书的书名可不叫：世界上最没价值的花式百科全书。跟 Karrel Fox 或者 Roberto Giobbi 说的不一样的是，你用两个长边洗牌，可不能算是一个花式。总之，如果你能够在头上拉牌的话，你是不需要这些看上去不怎么样的、用来自慰的花式的。

回到关于是否使用花式的那个讨论——有人说使用花式会降低魔术的神秘感。首先，我不相信到现在还有观众会相信真正存在超自然的魔术。人们知道一个幻术不过是使用一些聪明的（对他们来说是这样的）、不为人知的方法完成的。我讨厌一个人这样说，但是观众的确知道他们正在观看的效果是可以通过某种方法实现的。其次，有的观众喜欢被骗，有的观众喜欢尖叫，但这都是不一定的事。再次，观众喜欢看人弹钢琴，而不是钢琴"弹"人，比起一个仅仅是用很棒的道具的人，他们更希望看到一个技艺高超的表演者。最后，观众们喜欢魔术师，享受的是他的思想以及他的双手，而不仅仅是看他是用什么方法来骗你的。如果表演者不是个江湖骗子，而观众也不是一些像笨蛋一样相信他的人，那么观众还是希望表演者是一个技艺高超的人。

在反对花式的人当中，他们列举的大多数论点无非是"手指是没有办法取悦观众的，只有人才能取悦人"！但是不好意思，一个毫无水平、毫无天赋的人是取悦不了任何人的。那些坚持没有炫耀动作要比有炫耀动作更好的人，我只能说他们太滑稽可笑了。你可以认为 Marvin Kaye 是对的；但在这里我引用 Paul LePaul 的话：

> 绝大多数迷人的纸牌魔术都依赖于对纸牌熟练优雅的处理……我不承认那些现代魔术师所发展的理论，就是现代魔术会将熟练的技巧淘汰掉。这完全是歪理，表演者的技艺越高超，就越会给观众带来大的震撼。技巧是无法被替代的。每一位伟大的魔术师在每一个领域所努力所发现的东西都是无价之宝。拥有高超的技艺，观众会在下意识当中感觉到那位魔术师的卓越。

Gamille Gaultier，在他的那本《手法魔术》（*Magic Without Apparatus*）中，用巧妙的句子来说明了我的观点：

> 有些魔术师，从技艺的水平上来说，并不能算上有天赋，所以他们绝对反对炫耀的技艺，认为那不过是单纯的杂耍罢了。我们当然不能持这种观点……毫无疑问，魔术师是（或者，至少，应该是）一个技艺超群的家伙；没有人不会为他所展示的灵巧的技艺而震惊。

如果你的花式足够好，足够优雅，足够多变，那么人们不但会赞美你的优雅，你玩纸牌的变化多端，更会为你的高超技艺所折服。

不过我也能够想到一些原因，使得魔术师避开纸牌花式，一个是牌粉，另一个是花式表演的时间太短了。第一，牌粉毫无疑问会使得一些手法（比如说滑牌，发两张）变得无法表演，因为牌与牌之间的阻力会加大。第二，我觉得不会有人会花上几年的时间，去学习一个五秒钟就完了的花式，大多数魔术师都不会这么做。但是很幸运的是，在这本书当中，有很多很多的花式就算没有牌粉也照样能够完成，而且我会教给你足够的简单花式去填补空白的时间，这些花式绝对是物有所值。如果你想学习立即见效的花式，那就直接翻到桌面花式那章去学 **Square Cut** 以及 **Wing Cut**。或者去学习手臂展牌那章的 **No－Turnover Down Catch**。或者去看看我教你的双手同时做 **Charlier Pass** 的那段。去学学 **Fan Twirl** 也未尝不可。

我觉得大多数魔术师都会加一些纸牌花式到他的纸牌表演当中去。如果你在这本书中学习了一些很棒的花式，你会发现你很难在表演当中不使用它们。如果你正确地表演了它们的话，你的观众的反应绝对会超出你的想象。像 **Overhead Spring**、**Six－Packet Display Cut**、**Elbow Double Arm－Spread**，杂技抛接牌一类的东西就是很好的选择，你可以在表演的时候说一些必杀技的名字来增添气氛。

之后你有可能发明一些会用到花式的魔术，也可以在魔术表演的空隙当中插进去一些根据你自己和观众的癖好（显然后者更为重要）所设计的花式表演。

不同的花式的难度对于每一个人而言都是不一样的。如果你是一个天生的杂技演员，你也许会觉得杂技抛接几张牌十分容易，比我感觉的要容易得多，因为我对杂技抛接只有一小点天赋。我可以说，单手拨牌洗牌绝对比 **Chalier Pass** 要困难得多，这是实话，但是除了这种显而易见的废话之外，我想说的是，难度这东西真的是因人而异。

但是，我不会完全不去理会难度这个问题。有些纸牌花式真的不好学会。最后一条引言来自那本声名狼藉的《常见魔术手册》（*The Stein and Day Handbook of Magic*）：

> 魔术师用纸牌做出的最困难的动作相对于其他艺术来说也是相当简单的。在《错误引导的艺术》（*Magic by Misdirection*）当中，Dariel Fitzkee 用简洁的语句阐释了这个观点："这些动作比起你要成为一个钢琴家或者一个小提琴家所需要的灵活度简直是小巫见大巫。"

绝对不是这样的，你只要去问问那些没有纸牌天赋的小提琴演奏家就知道了。或者，干脆问我好了。我自己也拉过一段时间的小提琴。我能够告诉你，一些高级的纸牌手法像发中间牌或者杂技抛接绝对比最难的小提琴手指摆位或者拉弦技巧要难。有一些手指摆位和拉弦技巧要比最常见的那些纸牌花式或者手法困难一点。做纸牌手法和花式与用小提琴演奏一样，需要灵敏细腻而又不乏大胆的手指动作。但是演奏音乐和手指的灵活却不能完全对等。对于我来说，要让我跟一个专家似的演奏小提琴是不可能的，这不是因为小提琴本身要比纸牌困难，而是因为我并不是一位演奏小提琴的专家。但是相信我，要做好纸牌花式，你需要的不仅仅是手指的熟练，还需要优雅的牌感。你在音乐方面的天赋是没有办法在这方面帮助你的。

不光如此，在一个领域通过努力所获得的成功是没有办法移植到另一个领域当中去的。比如，我知道一个鼓手，他敲鼓敲得出神入化，但是花了好几年时间都学不会杂技抛接，有一个杂技表演者连双手洗牌都做不到，以及我，尽管我已经打字打了有 20 年了，但是我还是不怎么会。

我想说的是，在这本书中，有一些东西是十分简单的，但是也有一些是特别特别困难的东西。我们不知道哪个动作适合谁。但是，如果你能够毫不费力地在抛接五张普通的纸牌的同时，连续不断地用脚去踢转牌，之后你认为这些东西实在是太容易了，那我觉得，我不仅要去见见你，还要好好地膜拜一下。在书中，我会告诉你我觉得哪个动作很难做，但是不要受我的影响。你也许能够比我更快地掌握诀窍。尤其是你现在还拥有这本书。

　　最后，我要告诉你，尽管世界上有无数十分厉害的小提琴演奏家，但是掌握了高级纸牌花式的人却屈指可数。我并不相信这是由表演纸牌花式要比演奏小提琴困难造成的，相反，我认为是因为这两种艺术的人才库的大小相差太多了。很多人比起那些帅极了的纸牌花式，他们更愿意去选择小提琴，这就是我写这本书的目的了。我想要尝试着通过提供更多的准确的信息，使人们来了解这门艺术，然后来扩充它的人才库。我认为我能够让纸牌花式成为一种"艺术的形式"。我会教给你基础的、经典的，以及我自己独创的最好的花式。现在，如果你已经决定了，那么这就是你的任务：成为纸牌花式人才库的一部分，并且成为这门艺术的资深高手。掌握这本书中的花式能够使你避免那些不必要的重复创作，而且能够激发你的灵感，让你创造出独一无二的令人震撼的花式，为这门艺术做出贡献。

你所需要的工具

在书的这部分，我会告诉你怎样准备纸牌花式所需要的纸牌，同时我也会告诉你一些用于花式的小机关。我会告诉你那些用来达到效果的新奇玩意儿，比如纸牌房子、纸牌喷泉，以及好几种不同的自动电动牌。所谓纸牌房子，是将纸牌用胶带粘到一起，摆出了一个塔的形状。如果你真想要一个的话，那么就自己去做一个，或者买一个都可以。纸牌喷泉是一个能将纸牌像喷泉一样直直地喷向空中的装置，但是纸牌掉下来之后，将会是一片狼藉。在我 10 岁的时候，我用胶带制作了我的第一副电动牌。如果能用线把牌串到一起效果会更好。

在我介绍完普通的、用于纸牌花式的牌之后，我会介绍一下像用胶水粘在一起的牌，或者四色牌等这类新奇的小东西。通常来说，用牌粉就好像是做体操的时候用的止滑粉。如果你没有足够的水平，牌粉也不能够帮助你开出一个漂亮的扇子来。另外，在舞台上或者屏幕上，很多人会完全靠道具来展示自己的技巧，像是自动开扇的纸牌（纸牌的一个牌角被钉在了一起）或者电动牌。

我对于这些小道具的看法是，作为练习的辅助工具，这些小道具无疑是不错的，但是它们不太适合正式表演的场合。比如，我建议你用两张或者三张粘到一起的牌来练习杂技抛接，但是如果你是在做近景表演的话，观众很容易就注意到你在做杂技抛接的时候用的牌的厚度与正常的不同。在舞台上，直到你把其中的一张牌抛给观众之前，都没有什么大问题。但是如果你对别人说，自己能够用纸牌做杂技抛接，那么你就应该能够抛接普通的甚至是问别人借来的纸牌。大多数的小道具的限制太多了。你可以把整副牌粘成两块，然后来练习抛接牌，但是如果你要去表演一个花式的话，你就必须换一副牌。电动牌、被钉在一起用来开扇的大扇子、Ganson 发明的粘在一起的大扇子、Jeo Cossari 粘在一起的三重扇这一类东西都有相同的缺点。

请不要误解。如果你能够将这些小东西巧妙地结合到你的流程当中，取得很好的效果，同时又利用你的技巧使得观众察觉不到你使用了道具，那么从各种意义上来说，都能够使你的表演更加精彩。Ganson 和 Cossari 的那种将牌粘在一起的扇子在舞台上看上去十分华丽，当然前提是观众意识不到你的牌是粘在一起的。如果你是一个魔术师，那么使用各种不同的小道具是常有的事情，但是就算你只要表演花式的话，我这里也有一些东西推荐给你。四色牌，有的时候只在一个牌角上印了数字和点数，让别人以为这是一副很正常的牌，然后各种变色就会让观众惊讶不已。使用隐线来完成的"蜂鸟牌"以及"回力牌"毫无疑问能够得到观众的掌声。在有风的环境下，如果你还要进行杂技抛接的话，那么除了将两张牌粘到一起，你没有别的选择。最后，我要告诉你，使用什么道具，要取决于表演者以及表演的环境。

为了用普通的牌来完成纸牌花式，你首先需要考虑的就是表演者本身，这比用什么牌都需要首先考虑清楚。双手必须要干净，并且干燥，你穿的衣服不能够阻碍手的运动。如果你的手汗比较严重，或者经常在十分湿润的地方表演的话，一些偏方你可以试一试。用冷水流过你手腕上边的血管，能够暂时缓解你的手汗，但是我发现，最好的解决方法是在你的手臂以及手腕上都放上一点牌粉。你只需将手臂和双手放到"牌粉云"中去一下，你的双臂以及双手就会覆盖上一小层牌粉，至于"牌粉云"是怎么回事，在后面讲到给牌打牌粉的时候我会提到。滑石粉以及爽身粉在一些紧急情况下也能够生效，但是在用之前一定要确认一下将它们用在牌上究竟好不好。太过潮湿的环境会造成一些很难解决的问题，比如，你的手臂很湿，那么牌就会粘在上面。至于服装，首先要考虑的便是袖子的长短。我在做手臂展牌的时候更喜欢穿短袖，但是就算你穿了长袖，只要是正常的长袖，那么也能够很轻松地完成所有的花式。事实上，如果你在很潮湿的地方做手臂展牌的话，长袖是必需的。你会在练习当中发现你衣服存在的问题以及潜在的威胁，比如过于宽松的衣服会成为身后抓牌的阻碍。

首饰珠宝这些东西就取决于表演者了，但是显而易见，手表、手链以及戒指会妨碍一些特定的动作。大多数手表都会让手臂展牌在手腕处断开。

表演环境是你需要注意的另一个因素，一个表演者一方面要注意你的纸牌的表面接触到了什么，同时要注意空气的温度以及湿度。如果空气的湿度过大的话，那么牌就会变得很粘，很难控制。而且，如果你给牌上了很多牌粉，那么当它接触到特别湿润的空气的时候，整副牌就会像海绵一样涨起来。所以，你应当到了一个很潮湿的地方之后，再去上牌粉。灯光、背景、表演的角度以及你和观众的距离都是你需要考虑的东西。特殊的环境有可能会让你的表演超常的精彩，但是也有可能会给你带来无法克服的障碍。一个特别高的天花板能够让你的飞牌获得足够的飞行空间，但是如果天花板的排气扇有风吹进来，那么你的飞牌会失败得很难看。如果你在白色的背景前面做牌面朝向观众的瀑布落牌，那么观众基本看不到你在做什么；换一个背景，或者用牌背对着观众，这个花式就会变得十分华丽。如果灯光打到了表演者的眼睛里，那么他还怎么表演杂技抛接呢？

牌的表面会接触到四种不同的表面：表演者的身体、他的衣服、表演者想让牌接触到的环境当中的别的物体（比如牌垫），以及表演者无意让牌接触到的东西（比如掉牌，牌就会碰到地面）。表演者的身体以及他的服装是属于可控制的表面，如果一个表演者想要在桌面上或者别的什么地方表演的话，那么这个表面也是可以控制的。有些桌子会把牌弄脏，如果表演者在这样的桌子上面表演了桌面展牌的话，那么他绝对不想再让这副脏兮兮的牌碰到自己了。一个带有毛毡的小桌子，一个能够让衣服平整地铺在上面的小板子，以及那些经济适用的牌垫都是不错的选择。如果别无选择的话，像是地毯，或是在桌子上放件衣服这类表面也是能够接受的。虽说你在地上表演桌面花式可能确实有些不妥，但是，有的时候地毯确实是唯一适合进行花式表演的表面，况且有些花式，你从上面看也是挺不错的。别的牌会接触到的地方，像 Jeo Cassari 曾经用手杖来切牌，将牌弹进帽子里，将牌扔进观众的手中或者切进塑料泡沫里（Ricky Jay 用的则是一个西瓜）。最后，一个表演者必须注意牌有可能会不小心掉到什么地方去。从餐厅的桌子上或者地面上捡起来的牌上附有的灰尘或者小水滴有可能会毁掉一副牌。就算只有一张牌掉了下去，它也有可能会在不合时宜的时候将整副牌分开。所以这就要求每个表演者在安排流程的时候，要先把那些需要全新的牌才能完成的动作尽早完成，然后再去做其他的动作。如果你在表演魔术的时候，牌被观众拿着，那么就让他戴上三层纯棉手套，或者让他们赶快去洗手，并且不让手指分泌出各种分泌物。或者在表演魔术之前，将那些困难的花式做完。并且随身带上好几副牌。

最后要说的就是牌的牌面本身了。牌面本身还是很好控制的，你只需选择合适的纸牌以及适当地使用牌粉即可。牌的尺寸并不像牌面的特质那么重要。纸牌有两种标准的尺寸：桥牌尺寸和扑克尺寸。扑克尺寸是指长为三英寸宽为一点五英寸的纸牌尺寸。而桥牌尺寸则是特指那些宽比扑克尺寸窄四分之一英寸的纸牌。扑克尺寸的纸牌的牌面更宽一点，更适合完成抛接、扔牌或者转牌这类动作。扑克尺寸的牌还能够提供更长的展牌长度以及更宽的开扇。桥牌尺寸的牌能够让单手切牌和洗牌更容易一些，并且能够在开扇的时候展示出更多的牌角的点数。在大多数场合，你不需要因为尺寸不合适而换牌。如果你的手很小的话，那就别犹豫了，直接去找一副好点的桥牌尺寸的牌吧。我不认为有什么动作你可以用一种尺寸的牌完成却不能够用另一种尺寸完成。大多数牌都是一样厚的，但是偶尔你也能够找到一些厚一点的牌或者薄牌，就看你喜欢哪种了。特别厚的牌比较适合做抛接、扔牌、转牌这些动作，但是不适合做拉牌或者洗牌。

不管你选择什么尺寸，多厚的牌，你选择的牌都不许是有弹性的、平滑的，并且不能有弯曲。我说的不能够有弯曲是指有弯曲的趋势的牌，它会因一小点外力弯曲然后变回来。有些牌特别容易裂开，有一些牌你好好地用着，但是它会莫名奇妙地弯曲。要滑的牌没错，但是不能够太滑；有很多表面覆盖有塑料的牌太滑了，对于完全的塑料牌，除了飞牌以外，我找不出它们有什么其他的用途。试着用 linen、linoid、smooth 以及你在用过之后认为不错的使用压制技术生产的牌吧。

有些牌的牌角的数字和点数印得离牌边太远了，以至于开扇之后看不见它们，还有就是有些牌印得太不匀称了，导致开得特别匀称的扇子看起来很糟糕。除非你口味有些不正常，否则挑选牌的时候要避免这些情况的出现。

有成千上万的不同的牌背设计供你挑选。如果你只是想表演一个开扇流程的话，那么有很多专门用来开扇的花哨牌背供你选择，或者你可以买一副桥牌尺寸的牌来进行表演。你甚至可以去考虑自己设计一副开扇用的牌，尽管这个计划有可能会耗费你相当多的财力。有些人甚至自己来手绘纸牌。

如果你要表演一般意义上的花式，那么，你需要一副牌背设计对称的、优雅的，最重要的是，必须有白边的牌。白边对于一些完全的魔术手法的意义重大，比如说双翻，它对于牌背朝上的开扇以及展牌也有重要的意义。白边能够凸显出一个扇子重复图案的几何美，同时能够证明你开的扇子十分的整齐流畅。并且白边在你切牌的时候，能够让人一眼就分辨出来它属于哪叠牌。对称的意义在于有些牌的设计是单向设计，所以当牌旋转了 180 度之后，就会破坏整副牌的效果。优雅则是在旁人眼里看起来如此，但是你能够找到一些公认的很好看的牌背设计，尤其在开扇的时候。在我看来，最好的牌子就是 Aristocrat（在这本书写出来的时候它已经绝版了，但是在这本书被翻译出来的时候，它又在 2011 年的时候被再版了）和 Tally - Ho 了。Tally - Ho#9 的"扇背"和"圆背"特别适用于各种花式。好牌当然要贵一些，我经常会买一些经济又实用的牌作为练习用牌。Bicycle、Aviator、Hoyles 还有 Maverick 以及 Studs 都很容易就能够买到，而且价格合理。直接从制造商那里订购纸牌是另一种省钱的好办法。

你需要做的还有一件很重要的事情，那就是上牌粉。牌粉是指硬脂盐酸锌，特殊情况下，比如问别人借的牌，爽身粉也能够取得不错的效果。基本所有的魔术商店都有卖牌粉的。有些人建议用一块纯棉的布，蘸一点牌粉，然后擦拭每一张牌的正反面。一个快得多并且有效的方法是把一小点（1/16 勺）牌粉放进一个坚固的纸袋子里，然后将牌弹到袋子里，充满活力地晃动这个袋子。这样就能够很快地使牌粉附着到牌上去，当牌粉还在袋子里面的时候，表演者可以将手臂放进去来处理手臂上那些该死的汗液。把剩下的牌粉留在牌上，将牌取出来之后，好好地整理一下牌，用手掌使劲地拍顶牌，使多余的牌粉散出去。当时间或者环境不允许你把整副牌完全上粉的话，那么就撒一点牌粉放到牌边上去，然后洗几次牌来达到上粉的目的。

上很多牌粉能够使手臂展牌更容易完成，因为在空中整个展牌会被粘在一起。如果不用牌粉或者用的牌粉太少的话，说真的，有些手臂展牌是根本完成不了的。开扇和这个是同样的道理。一副没上过牌粉的牌比一副上过牌粉的牌难开多了。但是如果你想用一副上过牌粉的牌去做纸牌魔术的话，可能就有一些问题了。有一些手法，像是发二张、滑牌、换顶牌，就会因为牌上过牌粉而很难完成。经过试验，你能够找到最适合你使用的牌粉的量，而且能够很快说出一副牌跟你平时用的牌比起来，牌粉是多了还是少了。我觉得你可以用上过牌粉的牌来表演花式，没有上过牌粉的牌来表演魔术。

准备牌的最后一个动作就是使用纸牌。换句话说，如果你想要进行表演的话，先用这副牌进行一些表演，即进行热手，同时"热牌"。一副新牌会太滑或者不够滑，或者太硬了。牌粉能够使牌的表面滑的程度达到你想要的水平，但是太硬的牌毫无疑问不适合做纸牌花式。你用一副新牌拉牌的时候，因为牌太硬，有可能会将牌弹到地上。你拉几次牌之后，牌就会逐渐变软，变得更好用了。经常给牌上牌粉，当它们已经用不了的时候，就让它们退休吧。你用来做杂技抛接或者飞牌的牌会变得满目疮痍，所以你最好用已经退休的牌来练习这些动作。但是，千万不要用中间有弯曲的牌、弯角的牌或者整副牌当中有间隔的牌来做像是 **Behind – the – Back Deck Separa- tion** 这类动作。

现在我们来简单介绍一下最开始提到的那些小道具。通过不同的方式将牌粘在一起能够在不同的方面帮助你。首先要搞到一个可以喷胶水的喷枪。这样你就可以轻轻松松地将两三张牌粘在一起来辅助练习杂技抛接。你可以将很多张牌粘在一起，让它们成为一块一块的来练习切牌。用粘在一起的一块一块的牌比用橡皮筋捆起来要好用，因为没有了橡皮筋之间的阻力。注意使用喷枪的时候不要让它喷到别的牌，你的眼睛，以及任何和气态胶不能共存的东西。

将牌的短边粘到一起就可以做出一个大扇子，或者为了练习大扇的转扇或者大圆扇，用胶棒把两张牌的短边粘到一起，上面的牌盖住下面的牌的牌角上的点数，但是这样大扇子开出来之后就看不到下面的牌的牌角了。所以左右稍稍错开一点，大概 1/4 英寸。Lewis Ganson 在他的《手法流程》（*Routined Manipulations*）的第一部分中，详细介绍了这类道具的用法。Joe Cossari 也采用了这种想法，他甚至发明了三层的巨大扇子。如果你要练习舞台出牌的动作的话，就将牌粘在纸板上，然后剪出一个扇子来。如果你在做舞台出牌的表演，你可以直接拿出一个这样的扇子，但是你要确保不能够让观众发现这是一个假的牌扇，所以不要用三个扇子做杂技抛接的动作。

一些魔术师经常会用到的，像隐线的这类东西能够为你的表演添彩。如果你的使用方法正确的话，观众会惊叹你那不可思议的技艺，典型的例子就是经典的"蜂鸟牌"。用大牌（尺寸比扑克尺寸的牌还要大的牌）也可以做一些特别的花式，比如弹牌或者食指转牌。

用线串在一起的电动牌或者粘在一起的牌能够帮助你练习手臂展牌或者瀑布落牌（**Behind – the – Back Waterfall**）。

还有一些对于纸牌的处理，像将纸牌弯曲，或者在纸牌的中间放一小点胶水。将指尖弄湿就好像是戴一个橡胶的手指套一样，能够让你在做一些射牌的时候更加得心应手。在这本书当中，有两个地方需要将牌弯曲：一个是在拉牌和落牌那一章的 **Virtual Electric Deck**，另一个是开扇那一章的 **Automatic Flower Fan**。Jerry Andrus 有好些个桌面展牌也会用到弯曲的牌；我在这本书当中就不做介绍了。

另外一个很有用的辅助工具就是镜子。就像手法一样，对于花式来说角度也是很重要的。有些很好的花式如果角度掌握不好的话，看起来会很糟糕。一个镜子，或者更好的，一个摄像机，能够为你提供一个很好角度的反馈。

你真正需要的其实就是一副牌，一些牌粉以及这本书。

目　录

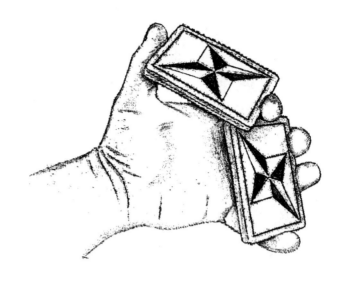

单手两段切牌

单手两段切牌

一段单手切牌以及洗牌的表演，也许是获得一个外行人对你牌技尊重的最好的方法。——Lynn Searles

我并不提倡进行一连串单手切牌的表演，即便是在同一次表演中，或者在同一天当中。这样表演单手切牌只会减少单手切牌的华丽程度，以及降低在观众心目中表演的难度系数。尽管有成千上万种不同的方法来完成单手切牌，但是它们看起来都差不多，尤其是对于外行的观众。仅仅改变一个手指或者两个手指的位置并不能让一个切牌看起来像另外一个，切牌切得过快同样会加重这种千篇一律的感觉，所以在你的流程中加入有明显区别的切牌是很重要的。当你的两只手都在做单手切牌的时候，左右手同时做不同的切牌，左右手轮替一前一后地切牌，将手臂交叉，或者摆成更好看的姿势，将一只手或者两只手都颠倒朝下，都可以让你的切牌看起来变化多端。如果你想让单手切牌或者其他的花式锦上添花的话，那么记住，要强调各个花式的不同。

我可以保证，绝大多数的单手切牌都是由标准握牌开始的，所有的两段单手切牌结束的时候和它开始时的握牌也基本相同，否则它们就是不完整的，或者只是一些复杂切牌的一部分。频繁地调换牌的位置能够避免单手切牌那些千篇一律的握牌。切牌开始前，你的牌应该是很整齐的，经过一系列华丽娴熟的切牌，结束的时候你的牌也应该是整齐的。整副牌会很舒服地躺在手掌中间，大拇指要么放在左长边，要么放在牌上。食指放在远短边或者右长边，中指和无名指放在右长边，小拇指放在近短边或者和食指、中指放在一起。食指和小拇指都可以根据切牌的需要而变换自己的位置，它们都需要把牌整理整齐，同时又是切牌的实际操纵者。我的习惯就是把食指放在右长边的位置，而不是在远短边，当然，这对你切牌的影响可以说是微乎其微。在用标准握牌的方式握牌时，你可以移动大拇指、小拇指或者其他的手指来开始切牌，但遇到一个要用到很奇怪握牌的切牌的时候，你也可以快速调整手指的位置。像 **L Cut** 和 **Extension Cut** 的握牌就算得上是很奇怪。如果你这样做了的话，不久，它们看起来就像是你切牌的一部分，而不是一个僵硬的准备动作了。

然后我要说的是，一个好的单手切牌流程注重的是它的多样性和流畅性。我的读者也许是一个在寻找一个简单单手切牌的魔术师，也可能是一个在寻找 20 个变态切牌的花式狂热者，但是我可以向你们保证，不管你是哪一种人，你都会在这章找到你所想要的，这章的名字就是单手两段切牌。

很多人，包括我，都习惯用左手握牌，这里的教学都是写给用左手握牌的人的。书中的图片，同样的，也是用左手握牌，而且大都是以表演者的角度。当然，这些左手的插图并不能阻止那些想用两只手切单手切牌的人的学习热情。我往往先用左手掌握一个切牌的基础，之后用右手来模仿我的左手，最后，我的两只手就会同时掌握这个动作。很多两段单手切牌，尤其是多段单手切牌，只用一只手切感觉很滑稽，但是用两只手同时切会让你的观众感到震撼。

首先给你介绍我认为最简单的花式。很多复杂的高级花式都是基于同样的基础动作。我认为你应该先看看前四个简单的切牌，作为之后动作的基础。我知道，对于像我这样大拇指短的人来说，**Thumb Cut** 完成起来相当困难。如果你有太多问题那就先跳过它吧。我之所以发明 **L Cut** 和 **Extension Cut**，就是因为我发现，我那短小的大拇指跨过短边比起像 **Thumb Cut** 那样一直接触到右长边要容易得多。

如果你已经准备好了开始学习 **Charlier Pass**，我建议你至少要把后面的描述看一遍，我认为它能够让你的认识更深刻。在你已经掌握的花式上，这个建议依然适用。如果你的哪个花式细节做得比我好，那么你要做的就是看看插图和描述来确保正确性，但是千万不要浪费时间去学习一个和你所知基本一样的花式。如果你的方法并不是那么的完美，比如说你拉牌的时候是从近短边射出来，而不是从牌角，那么我强烈建议你用这本书里的方法替换掉原来的。

Charlier Pass ♣ ♦ ♥ ♠ ♣ ♦ ♥ ♠ ♣ ♦ ♥ ♠ ♣ ♦ ♥ ♠ ♣ ♦ ♥ ♠

　　在这本书中，我会使用纯粹的描述性语言来命名大多数的花式。这是所有单手切牌中最简单的也是最广为流传的切牌，它的名字就叫做 **Charlier Pass**。**Charlier Pass** 这个名字是由 19 世纪的法国魔术师 Charlier 的名字而来的，切牌这个词则出自一个很古老的魔术师们的口头禅 "移牌！"——这是很早以前就出现的、一个读起来十分顺口的单音节单词。当然，这种切牌在别的地方也被叫做 Charlier Cut 或是 Charlier Shift。令人难以置信的是，这个切牌的名字是一个叫 Shifty Charlie 的美国魔术师在一篇文章中将名字写错了而诞生的。

　　首先，用标准握牌握牌（图 1 - 1），把你的大拇指移动到牌的长边的中间（图 1 - 2）。用大拇指把牌分开（图 1 - 3）。用大拇指将上半副牌推起来（图 1 - 4）。将食指放到下面半副牌的下面（图 1 - 5）。利用你的食指将下面半副牌向大拇指的方向推。当两叠牌完全分开的时候，让上面半副牌自由地下落到你的掌心（图 1 - 7）。用大拇指把新的位于上方的半副牌按下去，然后将牌整理好（图 1 - 8）。图 1 - 9 是图 1 - 5 的另一面，是为了展示将牌的下半部分推向大拇指的时候食指的样子。在大拇指把牌按下去之前，首先要把食指移走。很多资料认为：做这个切牌的时候应该让整副牌离开掌心，同时用手指的上部握着，这样，你就不必用大拇指把上半副牌抬起，而是直接让下半副牌下落到你的掌

图 1 - 1

图 1 - 2

图 1 - 3

图 1 - 4

图 1 - 5

图 1 - 6

图 1 – 7   图 1 – 8   图 1 – 9

心，接着直接用食指把下半部分牌推过去。你的目标是流畅地做出这个切牌，所以你应该用标准握牌将牌握住。这并不是说用别的握牌方式开始切的切牌都不好，但我认为关键是，不要在盲目地调整手和牌的位置上浪费时间。而且，如果你想成功地做两个 Charlier Cut 的话，你就必须切第二次牌，这个时候，让牌躺在你的手心里比被夹在手指尖要好得多。

这里用一个简短的插图，来告诉你怎样用像 **Charlier Pass** 这样基础的切牌来拓展出一个复杂的切牌。插图是从观众的角度来拍摄的。将牌放在左手，用标准握牌将牌握住。用大拇指拨牌的左长边，将牌分为相等的两份（图 1 – 10），然后把上面半副牌翻到右手（图 1 – 11）。如果你不了解常用的把牌分成两部分的方法，那么去看一下前面的六张图，这六张图告诉你怎样做双手 **Butterfly Cut**。先将双手交叉于手腕。然后在左手做一个 **Charlier Pass**，接着再在右手做一个 **Charlier Pass**。将两手分开。现在两只手同时做一半的 **Charlier Pass**（图 1 – 12）。将两只手靠拢，将四叠牌相互插入（图 1 – 13 到图 1 – 15）。最后用左手将牌整理好，切牌就完成了。

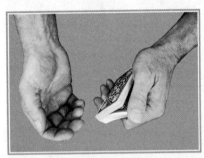

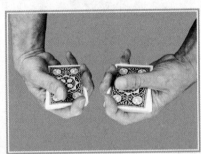

图 1 – 10   图 1 – 11   图 1 – 12

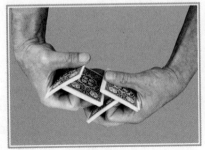

图 1 – 13   图 1 – 14   图 1 – 15

Thumb Cut ♣ ♦ ♥ ♠ ♣ ♦ ♥ ♠ ♣ ♦ ♥ ♠ ♣ ♦ ♥ ♠ ♣ ♦ ♥ ♠ ♣

用标准握牌将牌握住，将大拇指伸过去，一直伸到牌的右长边（图1-16，图1-17），这样，你的大拇指就握住了上半副牌的右长边（图1-18），然后一直把它提到垂直的平面（图1-19）。随后这样握住底下的半副牌：食指小拇指在牌的下面，中指无名指按住下半副牌的上面（图1-20）。然后下半副牌就沿顺时针方向一直转到垂直平面（图1-21）。用大拇指把上半副牌按到手掌中去（图1-22）。把

图 1 - 16

图 1 - 17

图 1 - 18

图 1 - 19

图 1 - 20

图 1 - 21

图 1 - 22

图 1 - 23

图 1 - 24

大拇指移到左边（图1-23）。把四个手指握住的半副牌放下来，它会落到原来的上半副牌的位置（图1-24）。用半副牌或者桥牌尺寸的牌做这个切牌会更容易些。像图1-17那样，把整副牌弄斜对这个切牌也会有所帮助。

Pinkie Cut ♣♦♥♠♣♦♥♠♣♦♥♠♣♦♥♠♣♦♥♠♣♦

Henry Hey认为这个切牌是标准的双手移牌的单手动作，完成 **Pinkie Cut** 的方法和标准的双手移牌的方法基本相同。以标准握牌将牌握住（图1-25）。把小大拇指插进牌的右长边，插入的深度大概是插到第一个关节，把中指和无名指按到上半副牌的上方，食指放松地放在牌的前方（图1-26）。利用小拇指把上半副牌移到垂直的角度（图1-27到图1-29）。用大拇指按下半部分牌的牌角（图1-30），将下半部分牌撬到跟上半部分牌垂直的位置（图1-31）。当下半副牌位于上半副之上的时候（图1-32），用四个手指把原来的上半副牌按下去（图1-33），最后用大拇指把以前的上半副牌推过去（图1-34），整理好牌（图1-35）。

这个切牌可以做得和 **Charlier Pass** 不一样，尽管对于外行人来说，这两个切牌十分相似，将你的手指展开得越远越好，你的大拇指按下得越多越好，这样，在两叠牌中间就会有很大的空隙。注意，千万不要用你的中指和无名指来代替小拇指切牌。观众们将永远不会发现它和 **Charlier Pass** 的区别。在一

图1-25

图1-26

图1-27

图1-28

图1-29

图1-30

图 1 – 31

图 1 – 32

图 1 – 33

图 1 – 34

图 1 – 35

些没什么名气的小册子中，例如《单手切牌专家》（*The One Hand Card Cutter*）和《单手切牌者》（*The Single Handed Card Cutter*），你可以找到一些跟本书中看起来很相似的基础花式。如果你可以用小拇指代替食指完成 **Charlier Pass**，或者你的手指能够以不同的姿势完成 **Horizontal Turn Cut** 的话，那说明你很厉害。但我还是认为：你应该多花时间，用于练习一些看起来很华丽并且跟其他花式有着明显不同的花式。一些小花式，你能够在不同的情况下调换手指，但这不过是让花式变得更加华丽和悦目，而花式本身并不会因为这一点小小的不同而成为亮点。

Herrmann Cut ♣ ♦ ♥ ♠ ♣ ♦ ♥ ♠ ♣ ♦ ♥ ♠ ♣ ♦ ♥ ♠ ♣ ♦ ♥

再一次借用 Henry Hay 的话："如果说 **Pinky Cut** 是常规双手移牌的单手动作，那么 **Herrmann Cut** 就是海曼移牌的单手动作。"所以我管这个切牌叫 **Herrmann Cut**。首先，以标准握牌将牌握住，食指的初始位置在右长边（图 1 – 36）。中指和无名指把牌分为相等的两叠，同时将上半副牌抬起（图 1 – 37），之后将上半副牌向大拇指方向推大概四分之一英尺，形成一个阶梯状（图 1 – 38）。将食指和小拇指折到下半副牌的底下，这样，食指和小拇指就在下半副牌的底下，中指和无名指就握在下半副牌的上面（图 1 – 39）。当你的四个手指逐渐伸直的时候，大拇指向下压，把上半副牌翘起来（图 1 – 40）。

当你的手指伸直一点的时候，便可以用大拇指把牌往下按了（图1－41），直到把它完全按下去（图1－42）。当你用四指把上面的牌往下按的时候（图1－43），把大拇指移到牌的左长边的牌角（图1－44）。将牌合拢（图1－45），然后整理好牌（图1－46）。

　　Henry Hay 在他的著作中把上述的两个切牌归为魔术移牌，而我则将他们归为花式，因为这两个切牌表现出了基础花式中极其重要的控牌的理念。**Pinky Cut** 是由大拇指控制下半副牌，并将其控制到牌顶；

图1－36

图1－37

图1－38

图1－39

图1－40

图1－41

图1－42

图1－43

| 图 1 – 44 | 图 1 – 45 | 图 1 – 46 |

Herrmann Cut 是大拇指控制上半副牌，并将其移动到牌底。**Pinky Cut** 用四指将下半副牌移到上面，**Herrmann Cut** 用四指将上半副牌移到下面。它们都依赖于同一个重要的基础动作——用大拇指把牌像杠杆似的翘上去。这两个并不是很华丽但却很特别的切牌，告诉我要去思考：在一套动作中，怎样移动两叠牌是最合理、最华丽的？你早晚会发现，掌握这两个切牌会对接下来许多复杂的切牌有所帮助。说真的，很多复杂的切牌不过是组合了像 **Charlier Pass**，**Thumb Cut**，**Herrmann Cut** 和 **Pinky Cut** 这样简单并且实用的单手切牌而已。对于著名的 S. W. Erdnase 单手移牌，我就不能像前几个切牌那样说这么多了。

一个传说中的右手魔术手法，我实在不觉得这东西对花式有多么有用。再加上它看起来真的很像刚刚介绍过的 **Herrmann Cut**，尤其是对外行人。除了在这本书当中，Erdnase 的那个单手移牌教学是很容易找到的。

Scissor Cut ♣♦♥♠♣♦♥♠♣♦♥♠♣♦♥♠♣♦♥♠♣

Scissor Cut 是一个很常见的也很好看的单手切牌。以标准握牌将牌握住（图 1 – 47）。这时候你的食指和小拇指在不在短边对这个切牌没什么影响。大拇指移到短边接近牌角的位置（图 1 – 48），然后把牌分成两半（图 1 – 49）。用大拇指握住牌角，然后换到短边中间的位置，利用食指做旋转点开始旋转（图

| 图 1 – 47 | 图 1 – 48 | 图 1 – 49 |

1－50）。用食指和小拇指夹住下半副牌的短边，中指和无名指放在右长边。大拇指沿顺时针转一定的弧度（图1－51，图1－52），直到上下两叠牌完全分开（图1－53）。在能够保持平衡的情况下，利用弯曲食指指骨把上半副牌稍微向下按一点，这样，原来的上半副牌就会比下半副牌更低（图1－54）。然后大拇指按照来时的轨迹返回（图1－55，图1－56），接着把大拇指和食指握着的那半副牌放回四指握住的牌的下面（图1－57）。现在大拇指返回到左长边，整个手回到一开始的标准握牌（图1－58）。双手一手握半副牌，轮替着切牌，会十分赏心悦目。

图 1－50

图 1－51

图 1－52

图 1－53

图 1－54

图 1－55

图 1－56   图 1－57   图 1－58

Horizontal Turn Cut ♣ ♦ ♥ ♠ ♣ ♦ ♥ ♠ ♣ ♦ ♥ ♠ ♣ ♦ ♥ ♠

以标准握牌将牌握住（图 1－59）。像 **Charlier Pass** 一样将牌的上半部分抬起（图 1－60，图 1－61），之后，将无名指置于上半副牌的下侧（无名指向左移后）（图 1－62，图 1－63）。然后将这半副牌向右移，食指和无名指使牌逆时针旋转 90 度（图 1－64）。之后用大拇指来帮忙，让这半副牌继续旋转直到 180 度（图 1－65，图 1－66）。接下来以 **Charlier Pass** 来结束这个切牌（图 1－67 到图 1－71）。如果之后再像图 1－66 那样重新握住牌，在完成这个切牌之前重复之前的动作，上半副牌可以做出 360 度的旋转。我在表演的时候，一般习惯于做 360 度的旋转。

我知道，像这种以食指、中指和大拇指将牌围成三角形作为开始的切牌有不少种不同的版本。但是我在这本书中省略了它们，因为它们看起来和我在上文描述的切牌极其类似，并且在有的版本中，需要以很纠结的握牌来开始切牌。如果在后面的多段切牌中，的确需要一个比较特殊的握牌，比如 **Turning Tri－Cut** 的握牌，我会好好描述的。我的 **Turning One Hand Shuffle** 用到了相同的握牌，但是它的握牌远远比 **Turning Tri－Cut** 的握牌要舒服。如果你愿意，完全可以把将牌分成两叠的动作当成切牌来完成。但是我不认为，五个只是起始姿势细微不同的切牌和五个完全不同的切牌，它们的效果会是一样的。同样的，你和我也都可以发明出一种将下面的半副牌旋转到上面，而不是自上到下的

图 1－59   图 1－60   图 1－61

图 1 - 62

图 1 - 63

图 1 - 64

图 1 - 65

图 1 - 66

图 1 - 67

切牌。这本书可不是要教你怎样锻炼手指的灵活性，所以对我来说，拥有细微差别的切牌都是一样的。
如果你只是为了掌握看起来十分厉害却一再重复的切牌，非要什么都练，这又是另外一回事了。但是，
如果你已经会做一个切牌，并且跟我书中描述的差不多，而且你认为自己的切牌更好看，那么继续用
你的切牌，不要在我描述的切牌上浪费时间了。

图 1 – 68

图 1 – 69

图 1 – 70

图 1 – 71

Vertical Turn Cut ♣♦♥♠♣♦♥♠♣♦♥♠♣♦♥♠♣

以标准握牌将牌握住，把无名指和小大拇指插入牌的中间（图 1 – 72）。这时候，你的食指和其他三个指头应该在牌的右长边，以这个姿势来开始切牌。现在，用你的中指和无名指挤压上半叠牌（图 1 – 73），

图 1 – 72

图 1 – 73

图 1 – 74

直到这半叠与剩下半叠垂直（图1-74）。利用大拇指将抬起的那半叠牌沿逆时针旋转（图1-175，图1-76）。将所有手指伸直，将那半叠牌延伸到下半叠的右边（图1-77，图1-78）。同时，大拇指压原来的下半叠牌的牌角（还是图1-78），让右长边的角翘起来。将手指在不转动牌的情况下弯曲，当两叠牌重新在一起的时候，将食指从两叠牌中间移走（图1-79，图1-80）。重新以标准握牌将牌握好（图1-81）。

图1-75

图1-76

图1-77

图1-78

图1-79

图1-80

图1-81

Vertical Spin Cut ♣ ♦ ♥ ♠ ♣ ♦ ♥ ♠ ♣ ♦ ♥ ♠ ♣ ♦ ♥ ♠ ♣ ♦

　　这个切牌和上个切牌是基本相同的，但是这个切牌在上半叠牌旋切到牌底之前让上半叠牌转了360度。跟 **Horizontal Turn Cut** 不同，上半叠牌增加了180度的旋转，这使得切牌看起来更美观，并且变成了一个和 **Horizontal Turn Cut** 完全不同的切牌。

　　同样的，需要以你的食指放于右长边来开始这个切牌。将你的无名指和小大拇指插进牌的右长边（图1-82）。用中指和无名指夹住上半副牌（图1-83）。无名指向右、中指向左移动，将上半副牌抬起来（图1-84）。利用大拇指将那一叠牌逆时针旋转（图1-85），同时将你的中指和食指从被抬起的那叠牌的左边移动到右边去（图1-86）。这时用食指和大拇指让牌继续旋转（图1-87）。松开中指、无名指和小拇指三个指头（图1-88），同时将这三个手指移动到上半叠牌的另一侧（图1-89）。在完成这个动作的时候，上边那叠牌被大拇指和食指夹着。将大拇指移开，使上半副牌能够完成它的旋转（图1-90，图1-91）。在食指和中指夹住上半副牌的同时，把大拇指移动到牌角（依旧是图1-91）。用大拇指压住下半叠牌的牌角，让牌翘起来（图1-92）。做完这些之后（图1-93），用大拇指把现在的上半副牌向下按到现在下半部分牌的上面，四个手指收回来放好（图1-94，1-95）。保持你的无名指和小拇指卡在两叠牌中间，像图1-94一样，这样，你就可以得到和图1-82一样的握牌，所以，通过这种方法，这个切牌可以用同样的两叠牌连续做好几次，并且有着不错的效果。

图1-82

图1-83

图1-84

图1-85

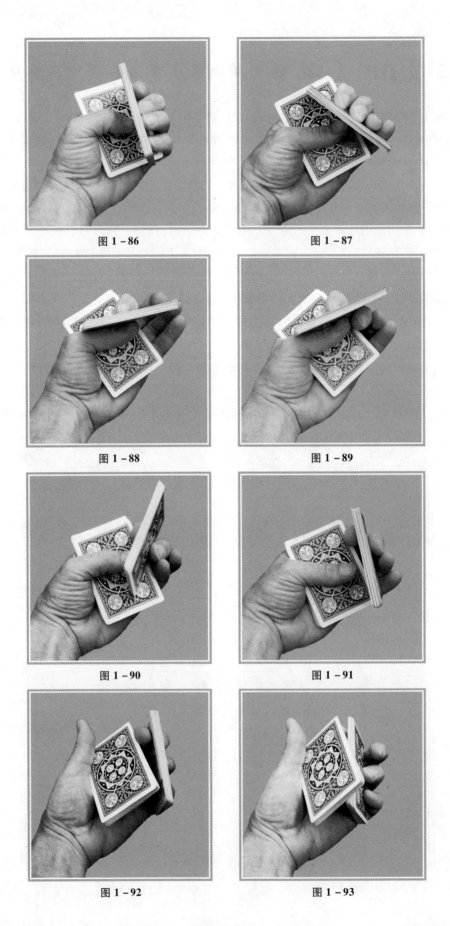

图 1 - 86

图 1 - 87

图 1 - 88

图 1 - 89

图 1 - 90

图 1 - 91

图 1 - 92

图 1 - 93

图 1 – 94 图 1 – 95

Roll Cut ♣♦♥♠♣♦♥♠♣♦♥♠♣♦♥♠♣♦♥♠♣♦♥

这个切牌是 Lynn Searles 在他的著作《纸牌专家》(*The Card Expert*) 中所提到的 "The Riffle Shuf-fle" 的修改版。

以标准握牌将牌握住，将食指弯曲在牌的下面，用大拇指拨牌角（图 1 – 96）。将食指放回到牌的右长边。将大拇指插进两叠牌的间隔，将牌分成两叠（图 1 – 97）。现在，用大拇指把牌往右推，使得上半副牌与下半副垂直（图 1 – 98）。接下来，用大拇指把牌压到四指的指甲上（图 1 – 99，图 1 – 100）。大拇指、中指和无名指在上，食指在下，握住牌面朝上的那叠牌（图 1 – 101，图 1 – 102）。将四指稍稍伸直，使得上半副牌与下半副垂直（图 1 – 103，图 1 – 104）。使用大拇指往下按左长边的牌角，让这半副牌翘起来，直到你可以将四指控制的那一叠牌拉进手心（图 1 – 105，图 1 – 106）。重新回到标准握牌的姿势，将牌整理好（图 1 – 107，图 1 – 108）。

图 1 – 106 是一个进入 **Herrmann Cut** 的理想姿势，用这个姿势，你可以不用特意去将牌弄成阶梯状。Herein 曾经说过，假切牌的秘密就在于：用相同的两叠牌重复一个切牌，或者做两个不同的切牌，那么这个切牌就是一个假切。你可以试试：跟做 **Butterfly Cut** 一样将牌分成两份。每只手用相同的两叠牌做 **Roll Cut** 接上一个 **Herrmann Cut**。之后两只手将各自的牌整理好。然后双手同时做 **Scissor Cut**，

图 1 – 96 图 1 – 97 图 1 – 98

图 1 - 99

图 1 - 100

图 1 - 101

图 1 - 102

图 1 - 103

图 1 - 104

图 1 - 105

图 1 - 106

图 1 - 107

图 1 - 108

♣♦ 20 ♥♠

切完之后先不整理牌，把两个大拇指分别插进两叠牌的中间，以一个 Roll Cut 作为结束。最后，将右手的半叠牌滚到左手的半叠牌上面。之后，当你学习双手简单切牌的时候，你可以以同样的方式使用这个方法。只要你保留了两叠牌中间的间隔，以相同的两叠牌重复之前的切牌，或者做另一个切牌，这个切牌将会是一个假切，而不管你使用了多少不同的切牌。当然，在牌的顺序回到原来的顺序的时候，你可以整理牌，然后开始下一组新的切牌。

L Cut ♣ ♦ ♥ ♠ ♣ ♦ ♥ ♠ ♣ ♦ ♥ ♠ ♣ ♦ ♥ ♠ ♣ ♦ ♥ ♠ ♣

这是一个十分有用的切牌，值得使用这个有些纠结的握牌。要使用这个握牌，首先以标准握牌将牌握住（图 1 - 109），用食指把整副牌往自己身体的方向推（图 1 - 110 到图 1 - 112）。用你的大拇指盖过牌，就像做 **Thumb Cut** 似的，但是，做 **L Cut** 的时候你的大拇指基本握到牌角了（图 1 - 113）。这使得你的大拇指更容易握住牌。现在，只有大拇指和无名指接触牌的右长边。用大拇指和无名指将牌分成两叠（图 1 - 114）。同时，弯曲你的小大拇指，让它待在整副牌的下面。现在，将两叠牌完全分开，使大拇指控制的那半叠牌与下面半副牌垂直（图 1 - 115）。接下来小大拇指抬起下面的半副牌，直到它能够停在你的中指和食指上（图 1 - 116 到图 1 - 118）。这叠牌一停在中指，就用中指夹住它。

图 1 - 109

图 1 - 110

图 1 - 111

图 1 - 112

图 1 - 113

图 1 - 114

当无名指和小拇指把那半副牌推得足够远的时候，把大拇指控制的那叠牌放下来（图 1 – 119，图 1 – 120）。将大拇指移走（图 1 – 121）。用小拇指将下半副牌向上推（图 1 – 122 到图 1 – 124）。将大拇指放到牌背上，然后将整副牌转过来，转到牌背朝上（图 1 – 125 到图 1 – 127）。重新以标准握牌将牌握住（图 1 – 128）。另一种结束这个切牌的方法是，在图 1 – 121 的时候把大拇指放到上面那叠牌的背后，然后把上面那叠牌推回到下面那叠牌上。用这种方法，整副牌又回到了 **L Cut** 开始时的握牌。

图 1 – 115

图 1 – 116

图 1 – 117

图 1 – 118

图 1 – 119

图 1 – 120

图 1 – 121

图 1 – 122

图 1 – 123

图 1 - 124

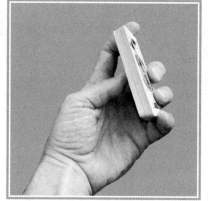

图 1 - 125

图 1 - 126

图 1 - 127

图 1 - 128

如果你认为没有用标准握牌实在是太纠结了，那么你在某种程度上是对的。但是，**L Cut** 并不是一个单独的切牌。你会很快取得进步，那时候就不会只是给别人展示一个单独的 **L Cut** 了。取而代之，你将会做 **Running L Cut** 或者 **L－X Interpolation**。这些漂亮的花式都吸取了 **L Cut** 的精华，同时去掉了 **L Cut** 不足的地方。

Extension Cut（X Cut）♣ ♦ ♥ ♠ ♣ ♦ ♥ ♠ ♣ ♦ ♥ ♠ ♣

这又是一个很合理的切牌。用标准握牌将牌握住，将整副牌往自己的方向推，就像在做 **L Cut** 一样。你的动作开始时和 **L Cut** 是一模一样的，只有大拇指和无名指握住牌的右长边（图 1－129）。将牌用大拇指和无名指分成两份（图 1－130，图 1－131），就像做 **L Cut** 一样。将你的中指弯曲，从牌角放到下半副牌的下面（图 1－132）。小大拇指什么都不用做。现在你应该用你的食指、无名指在上，中指在下，握住了下半副牌。将四指伸直（图 1－133，图 1－134），大拇指向回拉（图 1－135），然后这个切牌处于完全展开的状态。接下来，大拇指把自己握的那一叠牌推回没有东西的掌心（图 1－136，图 1－137）。注意要用中指来保持这叠牌的位置。将大拇指移走（图 1－138）。将食指、中指和无名指向大拇指方向弯曲，将中指从两叠牌中间抽出来，使上面一叠落到下面那叠（图 1－139，图 1－140）。现在（图 1－141），你可以再做一个 **Extension Cut**，或者 **L Cut**，

Running L Cut，Extension Tri – Cut，L – X Quad Cut。或者你也可以重新用标准握牌将牌握住（图1 – 142）。你可以把整副牌向前推，或者做一个很小的抛接。或者，把你的无名指放到牌底，大拇指放在牌上，两指突然交错发力，可以让牌逆时针旋转180度，转到你的手心。无名指和大拇指作为旋转点，整只手突然往前移一下可以提供旋转的动力。

图1 – 129

图1 – 130

图1 – 131

图1 – 132

图1 – 133

图1 – 134

图1 – 135

图1 – 136

图 1 – 137

图 1 – 138

图 1 – 139

图 1 – 140

图 1 – 141

图 1 – 142

Index Cut ♣♦♥♠♣♦♥♠♣♦♥♠♣♦♥♠♣♦♥♠♣♦

我们可以看出来，这个切牌和 **Standard One – Hand Riffle Shuffle** 将牌分成两部分的动作很像，但是作为一个切牌，这个动作会更容易完成。用从上向下的角度来解释这个切牌会更好一些。开始时握牌是一个特殊的握牌（图 1 – 143），用大拇指握住牌的一个短边，用食指、中指和无名指握住另一个短边。小大拇指放在牌的右长边（在图中靠近你自己的那个长边）。用你的食指将牌从中点分成两叠（图 1 – 144），然后将底下的那叠移到左边（图 1 – 145）。现在，上半副牌的远短边被你的中指和无名指，近短边被你的大拇指牢牢地握住了。食指继续把下半副牌向外拉，直到中指能够插到两叠牌的中间（图 1 – 146）。中指在上半副牌的左长边用力，这样，这半副牌就被小拇指、中指在长边，大拇指、无名指在短边握住了。这时候，你的大拇指可以很自由地将下半副牌向左移（图 1 – 147），直到两叠牌完全分开（图 1 – 148）。把中指从两叠牌中间移走，这时候大拇指用力，使大拇指和食指握住的那叠牌能够切到另外那叠牌的上面（图 1 – 149）。现在，由于中指的离开，所谓的另外那叠牌，由

图 1 – 143

图 1 – 144

图 1 – 145

图 1 – 146

图 1 – 147

图 1 – 148

图 1 – 149

♣♦ 26 ♥♠

无名指、小拇指和大拇指的指根握住。继续将两叠牌向一起推，直到整副牌回到起始的位置（图 1 - 150 到图 1 - 152）。整理好牌（图 1 - 153）。你可以在做 One - Hand Overhand Shuffle 的时候，认为它不过是几叠牌的位置交换，但是事实并非如此。这不仅是因为 Index Cut 这个切牌更稳定，更重要的是 One - Hand Overhand Shuffle 是一个很稀有的、令人赏心悦目的切牌，因此并不能将它归到简单的单手切牌范围。

图 1 - 150

图 1 - 151

图 1 - 152

图 1 - 153

"Pincer Grip Cut" ♣♦♥♠♣♦♥♠♣♦♥♠♣♦♥♠♣

在《罗斯的手法魔术》（*Ross Bertram on Sleight of Hand*）这本相当不错的魔术书中，有一章是由 George E. Casaubon 博士撰写的"单手切牌"。在这章中，Casaubon 博士不仅记载了有关切牌的历史和编年史，更教授了好几个原创的、独一无二的动作。其中我最喜欢的便是"**Pincer Grip Cut**"和"**Pincer Grip Shuffle**"。

Casaubon 博士说过："我曾经记载过超过 100 种的单手切牌和洗牌，并且它们中的许多都有变种。除此之外，我还记载了 20 种单手桌面切牌和 15 种单手抛接牌。"如果真是这样的话，我很希望它们都能够像"**Pincer Grip Shuffle**"一样棒。但是我敢保证，它们中的许多都是雷同的，或者和现在用的切牌很相似。我还真希望曾经存在过 100 多种完全不同的单手切牌。但是用一种全新的方法来做一个你已经做过的切牌，我认为这是毫无意义的。当然，除非这种新方法可以让这个切牌明显地变得更简单或者更合理。Casaubon 博士介绍的两个切牌，被他命名作 *Rock – a – Bye Cut* 和 *Somersault Cut*。*Rock – a – Bye Cut* 跟我的 **Straight Throw Cut** 是基本一样的。只不过用的是不同的手指而已，且总体效果并不存在差异。*Somersault Cut* 和我的 **Roll Throw Cut** 也是一样的。还有，他的 **Bertram Cut** 不过是很多种 **Horizontal Turn Cut** 的一种罢了。所以，问题就是：Casaubon 博士是不是把这些看起来基本一样的动作分成了不同的花式或者一种花式的变种。我管它叫变种，尽管在一些情况下这些花式的技巧基本不同。我知道 20 多种单手的两段切牌，但是我并不知道有多少多段的单手切牌，但是过了一会儿，我看它们就都是一样的——我是一个粗犷的纸牌爱好者。我的宗旨是，两个切牌只要看着一样，不管它的方法是不是一样的，这两个切牌就被看作是一样的。

当然，对一个可以使这个花式变得更简单更好看的方法，上述的观点并不成立。因此，拉牌时握牌角并不是标准握牌拉牌的变种。握牌角无疑会使这个花式变得更棒，尽管这个握牌本身和标准握牌很相像，可握牌角这个方法将牌的控制稳定了不知道多少倍。握牌角拉牌也会使得拉牌变得更好看。我的 **Right – Hand One – Hand Indices Fan** 同样通过了这个测试，因为它比普通的右手单手扇好看得多。

我在介绍两个 **Flower Fan**、三个不同方法开始的 **One – Finger Spin** 和四种不同弹牌的时候违反了我之前说的规则。我只有在每种方法有着相同的效果，做起来也很轻松，或者说每一个方法都有它独特且重要的优点的时候才会这么做。在我决定不了哪个方法是最好的、最简单的情况下，我就会把它们都介绍给你。

当然，在我的心目中，Casaubon 博士最好的单手两段切牌便是 "**Pincer Grip Cut**" 了。这的确是 Casaubon 博士自己版本的 "**Pincer Grip Cut**" 之一。我认为，这是他描述的最合理的一个版本。并且，它为之后另一个 Casaubon 博士的动作 "**Pincer Grip Shuffle**" 做了很好的铺垫。开始的握牌有一小点怪异，如图 1 – 154。无名指弯曲放在整副牌的下面，食指放在牌的右长边，大拇指尖放在牌角。用你的大拇指和食指夹住上半副牌（图 1 – 155）。（图 1 – 165 到图 1 – 167 便是最初将两叠牌分开的详细解释。）图 1 – 156 和图 1 – 157 展示了两叠牌怎样进一步地分开：食指和大拇指将上半副牌撬起来之后向前移，剩下三个手指稍微伸直（图 1 – 158）直到两叠牌完全分开（图 1 – 159）。食指和大拇指降低，使它们控制的牌落到掌心（图 1 – 160，图 1 – 161）。然后通过弯曲中指、无名指、小拇指使在上面的半

图 1 – 154

图 1 – 155

图 1 – 156

副牌落下来（图 1 – 162，图 1 – 163）。整理好牌（图 1 – 164）。

这个切牌中最麻烦的部分莫过于一开始将两叠牌分开。将大拇指和食指抬起来，然后用食指或大拇指卡住牌的中间，也许是个不错的选择。用你的小大拇指把底下半副牌向下拉，也能取得不错的效果。你甚至可以像 Andrus 在他的 *Riffle Cut* 中建议的那样，开始切牌时就已经将小拇指插在两叠牌中间。至于别的，你可以看章节后关于单手切牌的总结。

图 1 – 157

图 1 – 158

图 1 – 159

图 1 – 160

图 1 – 161

图 1 – 162

图 1 – 163

图 1 – 164

图 1 – 165　　　　　　　　　图 1 – 166　　　　　　　　　图 1 – 167

Helicopter Throw Cut ♣ ♦ ♥ ♠ ♣ ♦ ♥ ♠ ♣ ♦ ♥ ♠ ♣ ♦ ♥

　　单手的扔切牌是因为在交换两叠牌位置的时候，至少有一叠牌会因为手指用力，而在空中飞过漂亮的弧线，因此得名。我在本书中所提供的所有扔切牌，除了一个以外，都是将上半副牌扔出去，然后接到下半副牌的下面。当然，其间会用大拇指或者别的手指将下半副牌抬起，便于接到。然后，我还介绍了一个独一无二的 **Aerial Cut**。单手多段扔切牌的样子大概是用大拇指或者别的手指打开牌，让飞起来的那叠牌被接到打开的两叠牌中间。

　　如果你能掌握双手的扔牌或弹牌的技巧，那么你将很容易学会单手的方法（反之亦然），尽管它们之间存在差异。所有的单手切牌，毫无疑问，它们都只需要一只手，但是两只手都不闲着才是最好的，所以你最好学会双手同时做，或者双手交替做一个扔切牌，这会让你的切牌更华丽、更完美。

　　最基本的扔切牌是这样的：用左手握牌，将你的无名指插进牌的长边中（图 1 – 168），用中指和无名指夹住上半副牌，然后将这半副牌向右抛出去（图 1 – 169 到图 1 – 172）。因为惯性，所以这叠牌可以在空中旋转很多次，但是你最好确定一下这叠牌转的次数，然后每次切的时候，就让这叠牌转这些次数。事实上，就算只转一两次，这个切牌也已经很华丽了。太多的推力会让这叠牌散开。图 1 – 173 到图 1 – 175 展示了牌在空中旋转了整一圈。然后用大拇指把原来的下半副牌撬起来，把飞起来的那叠

图 1 – 168　　　　　　　　　图 1 – 169　　　　　　　　　图 1 – 170

牌接到原来的下半副牌的下面（图 1－174 到图 1－176）。接牌的时候，整只手向右，把空中的牌铲到牌底。食指从两叠牌的中间移走，然后整理好牌（图 1－177）。

　　用一副中间没有因为牌的弯曲而出现空隙的、打好牌粉的牌，只要你愿意，用 Helicopter Throw Cut 可以让那叠牌飞十英尺。这还是一个让牌从背后扔过来接住的理想方法。如果你想了解更多，就去看 Behind－the－Back Deck Separation 吧。

图 1－171

图 1－172

图 1－173

图 1－174

图 1－175

图 1－176

图 1－177

Straight Throw Cut ♣♦♥♠♣♦♥♠♣♦♥♠♣♦♥♠

你可能会认为，扔出去时不带旋转的扔切牌要比带旋转的简单、基础得多，但我发现尽管不带旋转的扔切牌并没有带旋转的引人注目，但是它确实要难一些，在这点上我保持自己的观点。

将食指和小拇指插进牌的中间（图1-178）。中指和无名指在上，小拇指、食指在下握住牌（图1-179）。突然将四指伸直，同时放开上半副牌（图1-180）。当上半副牌在空中飞的时候（图1-181），将整只手向左移（图1-182）。用大拇指握住下半副牌，当上半部分牌还在空中飞的时候，用大拇指按下半副牌的牌角（图1-183）。你的目标是让下半副牌抬起足够的高度，以便让在空中飞的那叠牌被接到下半副牌的牌底。现在你又要很快地把手向右移回去（图1-184到图1-186）。如果在上半副牌飞起来的时候，将下半副牌向左移6英尺，可以让这个切牌更好看，让上半副牌在空中有个滞空，直到你的左手过去接住它。双手同时做这个切牌也特别漂亮，尤其是左手的上半副牌扔到右手，右手的扔到左手。你也可以双手很优雅、流畅地交替着做这个切牌或者其他切牌，都能取得很不错的效果。

图1-178

图1-179

图1-180

图1-181

图1-182

图 1 - 183

图 1 - 184

图 1 - 185

图 1 - 186

Roll Throw Cut ♣♦♥♠♣♦♥♠♣♦♥♠♣♦♥♠♣♦♥

　　用标准握牌将牌握住（图 1 - 187），将你的食指和小大拇指插进牌的右长边（图 1 - 188，图 1 - 189）。用你的大拇指按住上面半副牌，小拇指和食指用力向上，这样，你的大拇指给上半副牌设置了一个阻力，使得整副牌静止不动。我们的目的是使上面那叠牌紧绷住，一旦移开你的大拇指，上面那叠牌就会弹起来。现在，移开你的大拇指，上面那叠牌便弹了起来（图 1 - 190）。同时，将你的四指伸直，然后将上半副牌松开。你希望的是上半副牌在空中转一圈（图 1 - 191 到图 1 - 196）。牌在空中的时候，将左手稍微向左移动。把握好扔接的时机，这样空中的那叠牌就能落入你的掌心，当然，为了实现落在掌心，而不是落在下半副牌上，我们还要用到一个很常用的方法——用大拇指向下按牌角，使下半副牌翘起来（图 1 - 192 到图 1 - 195）。你也可以利用食指帮助大拇指把下半副牌撬上去，给你提供充足的时间去接住下落的那叠牌。将整只手移回去接住下落的那叠牌。当落下来的半副牌碰到你的手心的时候，让大拇指和食指控制的那叠牌也落到掉下来的牌上（图 1 - 197，图 1 - 198）。用一副好牌，或者半副牌，你可以不停地做两到三个扔切牌，尽管我认为一个就已经足以让你的观众感到惊讶了。

图 1 – 187

图 1 – 188

图 1 – 189

图 1 – 190

图 1 – 191

图 1 – 192

图 1 – 193

图 1 – 194

图 1 – 195

♣♦ 34 ♥♠

图 1 - 196

图 1 - 197

图 1 - 198

Flip Throw Cut ♣♦♥♠♣♦♥♠♣♦♥♠♣♦♥♠♣♦♥

这个切牌用到了一个 T. G. Murphy 发明的十分创新的方法，这个方法在《空中三段切牌》（*The Mid - Air Triple Cut*）和他的神书《魔术幻想》（*Imagication*）中都有介绍。《魔术幻想》（*Imagication*）中介绍了许多惊人的魔术，还包括不少的花式。我十分推荐这本书。

现将食指弯曲，放到牌底，大拇指拨牌的左长边，拨大概半副牌的样子（图 1 - 199，图 1 - 200）。突然用你的大拇指将下半副牌的牌角向下按，使上半副牌飞起来（图 1 - 201，图 1 - 202）。你要做的是利用下半副牌做一个杠杆，将上半副牌发射到空中，在空中逆时针旋转（图 1 - 203 到图 1 - 207）。现在，下半副牌与手掌垂直；用你的大拇指和食指保持这个姿势直到飞上空中的那叠牌落下来。当空中的那叠牌落到你的手心的时候（图 1 - 208），将你的食指和大拇指所控制的那半副牌落到新的下半副牌上。你必须将食指伸直，从两叠牌中间抽出来（图 1 - 209）。整理好牌（图 1 - 210）。

如果你想了解关于这个切牌方法的更多要点，那么就去看 Murphy 所写的书吧。

如果你已经熟练地掌握了这种扔牌方法的话，你可能会发现没有必要做这个切牌的全部。把牌弹出去，然后直接让它落在没扔的牌的上面。如果你双手都拿半副牌做这个切牌，双手交替，一前一后，没人会发现其实这是个假切牌。

图 1 - 199

图 1 - 200

图 1 - 201

图 1 - 202

图 1 - 203

图 1 - 204

图 1 - 205

图 1 - 206

图 1 - 207

图 1 - 208

图 1 - 209

图 1 - 210

Hindu Throw Cut ♣ ♦ ♥ ♠ ♣ ♦ ♥ ♠ ♣ ♦ ♥ ♠ ♣ ♦ ♥ ♠ ♣

    这个花式用到了那些老掉牙的、"惹人发笑的切牌"的华丽部分。

    一开始，和 **Charlier Pass** 一样，用你的大拇指将牌分成两叠（图 1-211 到图 1-213）。用食指将下半副牌向自己的身体方向推，推得越多越好（图 1-214 到图 1-216）。"越多越好"的概念是将下半副牌推到几乎要从手掌掉下去的位置。现在突然将手往前移（图 1-217），将底下那叠牌留在空中。当底下那叠牌滞空时，将你握着牌的左手迅速往回拉（图 1-218，图 1-219）。当被扔的那叠牌滞空的

图 1-211

图 1-212

图 1-213

图 1-214

图 1-215

图 1-216

图 1-217

图 1-218

图 1-219

时候，你的食指应该放在没被扔的那叠牌的远短边上。当被扔的那叠牌落到没被扔的那叠牌上时，迅速把整个手向后移，这样，整副牌都被食指顶着，自动就整理好了（图1－220，图1－221）。还要注意的是，你的大拇指指根应该按住牌的左长边，以便帮助食指将牌整理好。

| 图 1 － 220 | 图 1 － 221 |

Aerial Cut ♣ ♦ ♥ ♠ ♣ ♦ ♥ ♠ ♣ ♦ ♥ ♠ ♣ ♦ ♥ ♠ ♣ ♦ ♥ ♠ ♣ ♦

　　我认为所有的扔切牌都有牌在天上飞的动作，但是只有极少一部分好看的切牌，它的切牌本身发生在空中。这是这类切牌的诀窍，你需要一副中间没有因为弯曲而出现间隔的牌。

　　用标准握牌将牌握住，将你的食指放在整副牌的底下（图1－222）。用大拇指在左长边向下拨一半的牌（图1－223）。或者直接用大拇指把牌分成两半。但是记住，不要把大拇指插进牌的长边里。现在，四指放开牌，用手指将整副牌向空中弹去（图1－224，图1－225）。方法和 **Flip Throw Cut** 很像，除了现在你是把整副牌都弹向了空中。因为你之前已经在两叠牌中间做了一个间隔，所以牌会在空中分开，形成一个阶梯。阶梯状的牌转了过来（图1－226到图1－228），开始下坠，开始分开（图1－229），然后以相反的顺序落到你的手中（图1－230，图1－231）。现在，原来的上半部分牌是现在的下半部分牌，原来的下半副牌是现在的上半副牌。把两叠牌都接住（图1－232，图1－233）。

| 图 1 － 222 | 图 1 － 223 | 图 1 － 224 |

图 1 - 225

图 1 - 226

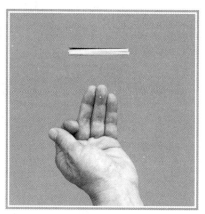

图 1 - 227

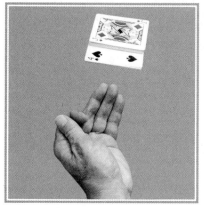

图 1 - 228

图 1 - 229

图 1 - 230

图 1 - 231

图 1 - 232

图 1 - 233

撇开牌的好坏不说，影响这个切牌的另一个重要因素就是时机。把牌扔得足够高，这样它就有最足够的空间去完成它的旋转。从离开手的那一刻起，两叠牌就开始分离。当它们在空中都翻转过来的时候，下半副牌已经变成了上半副牌。这两叠牌就会一个接一个地完成翻转并下落到你的手心。

　　这个切牌只有靠近看才能够欣赏出它的华丽。如果从稍微靠左或者靠右的角度看这个切牌，会比直勾勾地看书上的正面要好一些。

单手多段切牌

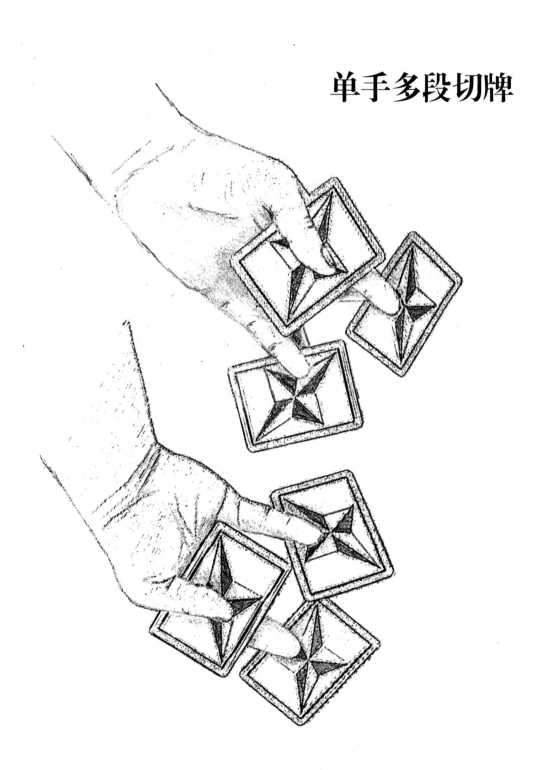

单手多段切牌

纸牌花式看起来是那么的迷人，做起来也同样有趣，它们看起来都需要很高超的技巧（当然，一般还是需要的），但是往往它们并没有看起来那么难。——Bill Tarr

我认为，单手两段切牌和多段切牌的区别在于：多段切牌试着向我们展示更多叠牌，有的时候甚至会有很多很多叠。多段切牌可以是连续的切牌、多段的展牌或者独树一帜的另类切牌。连续的切牌，顾名思义，就是给观众一种你在连续重复同一个切牌的印象。而展牌，是将牌切到不同的位置，之后稍稍停顿一下，给观众看到由一叠叠牌组成的图案。在运动顺序上，那些另类的切牌跟一般的切牌有着很明显的区别，所以它很另类，但是这类切牌却有着很明显的运动模式，以此尽显其华丽。

另一个可以形容切牌的词便是"连续不断的"。一个连续不断的切牌是指一个可以一直持续下去的切牌，不像连续的切牌切到最后会以切完所有的牌而结束。很多的连续不断的切牌都是要运用双手的，在这本书的后面你就能验证我的话了。

在两段单手切牌的时候，你就应该让两手都学会切牌。事实上，不少的花式像 **Running L Cut**，**L – X Quad Cut** 和 **Six – Packet Display Cut**，如果你只会用单手切，这些花式的华丽度会减少至少一半。

通过组合各种两段的单手切牌，你可以很轻松地创造出自己独有的单手多段切牌。事实上，你会发现，的确有不少复杂的切牌是由多种简单的两段切牌演变过来的。比如 **Charlier Tri – Cut**，**Thumb Tri – Cut**，**Charlier/Thumb "Shuffle"** 和 **Running Thumb Cut** 都不过是 **Charlier Pass** 和 **Thumb Cut** 的组合罢了。只是将这些简单的切牌用不同的顺序加以组合，你没准就会发明一个不错的花式呢。只要能够确保它和你以前做过的切牌看起来不一样就行。我之所以在之后的篇章里没有花大笔墨来介绍 **Thumb Tri – Cut** 和 **Charlier Tri – Cut**，是因为它们看起来还是有些相似。同样的情况在这本书里也出现过，比如 **Herrmann Cut** 和 **Thumb Cut**，它俩看起来也差不多。但是我之前说过了，我讲解它们是因为它们用了不同的方法，是你做一些复杂切牌的基础。也许，你将会这么认为，一些相似的简单切牌或者三段切是到达新高度的垫脚石。

如果一个人用了你从没见过的切牌组合，那么你完全可以通过组合各个基础单手切牌来学习它（只要你愿意）。或者你也有别的选择，比如说完全不去管它，让它消失在 **L – X Interpolation Cut** 和用双手做 **L – X Quad Cut** 的光环之下。

Charlier Tri – Cut ♣♦♥♠♣♦♥♠♣♦♥♠♣♦♥♠♣♦

首先，用你的左手做 **Charlier Pass**，并做到基本上完成这个动作（图 2 − 1 到图 2 − 5）。当完成一半的时候，让上半副牌向下落，但是只落一点儿，并不落到手心里去（图 2 − 6）。尽管你看不到那个有点弯曲的食指，但那没有落到手掌而被稍稍抬起来了一点的上半副牌就是食指弯曲的证据。现在用你的大拇指去握住一开始位于下面的那叠牌（图 2 − 7），然后用这一叠牌开始做 **Thumb Cut**（图 2 − 8）。

图 2 − 1

图 2 − 2

图 2 − 3

图 2 − 4

图 2 − 5

图 2 − 6

图 2 − 7

图 2 − 8

图 2 − 9

当你的大拇指把那叠牌分开之后，将一直弯曲的食指伸直（图 2 - 9）。把大拇指控制的那半叠牌放开，落入手掌（图 2 - 10）。接下来，让四指控制的牌落下来（图 2 - 11）。最后，用大拇指把剩下的牌盖到手心的牌的上面（图 2 - 12）。

图 2 - 10

图 2 - 11

图 2 - 12

Thumb Tri – Cut ♣♦♥♠♣♦♥♠♣♦♥♠♣♦♥♠♣♦

这个切牌直到图 2 - 19 都和普通的 **Thumb Cut** 一样，大拇指大概拿了整副牌的 2/3。从图 2 - 20

图 2 - 13

图 2 - 14

图 2 - 15

图 2 - 16

图 2 - 17

图 2 - 18

我们看到：大拇指把它所握的一半牌放进了掌心。四指将牌合到位于手心的那叠牌的上面（图2 - 21），用大拇指把剩下的牌盖到手心的牌的上面（图2 - 22），到此为止，你完成了这个切牌。如果你觉得自己的大拇指太短了，完成不了这个切牌，那就试试桥牌尺寸的牌，或者干脆用半副牌。

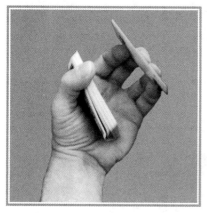

图 2 - 19

图 2 - 20

图 2 - 21

图 2 - 22

Turning Tri – Cut ♣♦♥♠♣♦♥♠♣♦♥♠♣♦♥♠♣♦

首先用标准握牌将牌握住，用食指和中指逆时针把牌移到如图2 - 23所示的位置。现在，食指在牌的左长边，中指在远短边，无名指和小拇指在右长边。现在大拇指从图2 - 23的位置向右伸到牌角，拨大概三分之一的牌，用大拇指做一个间隔（图2 - 24）。将大拇指插进间隔，大概是一个关节的深度（图2 - 25），然后用大拇指将那三分之一的牌顺时针转到左边（图2 - 26，图2 - 27），直到两叠牌完全分开（图2 - 28）。接下来再用大拇指把牌稍稍向回转一点，然后把它放下来，落到大拇指和食指指根的位置（图2 - 29，图2 - 30）。现在再把大拇指重新伸到牌角，用和之前一样的方法做剩下牌的一半的间隔（图2 - 31）。用大拇指把做间隔的那叠牌顺时针向左转（图2 - 32，图2 - 33），直到两叠牌完全分开（图2 - 34）。之后将转下去的两叠牌向回转一点（图2 - 35）。将你的食指从两叠牌中间移走，最后整理好牌（图2 - 36到图2 - 38）。

图 2 - 23

图 2 - 24

图 2 - 25

图 2 - 26

图 2 - 27

图 2 - 28

图 2 - 29

图 2 - 30

图 2 - 31

图 2 - 32

图 2 – 33

图 2 – 34

图 2 – 35

图 2 – 36

图 2 – 37

图 2 – 38

Extension Tri – Cut ♣ ♦ ♥ ♠ ♣ ♦ ♥ ♠ ♣ ♦ ♥ ♠ ♣ ♦ ♥ ♠

以我们已经很熟悉的 **L Cut** 或者 **Extension Cut** 的起始握牌来握牌（图 2 – 39）（如果你现在还不熟悉这个切牌，那就再去看看我在讲 **L Cut** 时所写的冗长描述吧），用你的中指分三分之一的牌下来（图 2 – 40，图 2 – 41）。把你的中指放到这叠牌的下面，现在这叠牌被中指在下、食指和无名指在上

图 2 – 39

图 2 – 40

图 2 – 41

握住了（图 2 - 42），到现在为止跟简单的 **Extension Cut** 一样。伸直四指，这叠牌就会展开了（图 2 - 43 到图 2 - 45）。现在先不要将大拇指控制的那叠牌放入手心，大拇指先向右靠，很坚固地握住三分之二的牌，直到牌的右长边碰到小拇指（图 2 - 46）。现在用小拇指分开大拇指所控制的牌的一半，让它落入掌心（图 2 - 47），同时，大拇指将剩余的牌拉回左边（图 2 - 48）。将四指合起（图 2 - 49，图 2 - 50），并把那叠牌放到位于手掌上那叠牌的上面（图 2 - 51）。将大拇指合上（图 2 - 52），现在，你已经为下一次切牌做好了准备动作（图 2 - 53）。或者你可以重新用标准握牌将牌握住。

图 2 - 42

图 2 - 43

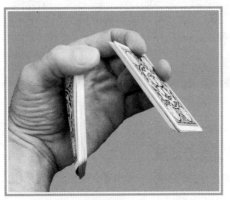

图 2 - 44

图 2 - 45

图 2 - 46

图 2 - 47

图 2 - 48

图 2-49

图 2-50

图 2-51

图 2-52

图 2-53

Running Thumb Cut ♣♦♥♠♣♦♥♠♣♦♥♠♣♦♥

　　用标准握牌将牌握住，将大拇指伸到牌的右长边（图 2-54 到图 2-56），但是，这个切牌的难点在于，你必须让你的大拇指伸得很靠右，这样的话，你的中指和无名指才可以只拉一小叠牌下来（图 2-57）。将四指向外伸，至少让那一小叠牌处于垂直的位置（图 2-58，图 2-59）。（当然，如果你愿意，你也可以将你的四指完全伸直，使这个切牌看起来更大气。）这时候，用你的大拇指将另一小叠牌丢进你的掌心（图 2-60）。完成这个动作，你只需要将大拇指稍稍向后拉一点，那么适当数量的一小叠牌就会落进你的掌心里。将四指合到第一叠牌的上面（图 2-61）。用中指、无名指在上，食指、小拇指在下，将新组合成的这叠牌夹住（图 2-62）。将这叠新的牌抬起来，离开掌心（图 2-63）。接着

图 2-54

图 2-55

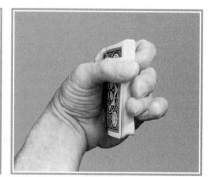

图 2-56

伸直四指（图2-64），直到有足够的空间使大拇指可以再放下一小叠牌为止（图2-65）。再一次弯曲四指（图2-66），将四指所控制的那叠牌放到刚刚落到掌心的牌的上面（图2-67）。用中指、无名指在上，食指、小拇指在下，将新组合成的这叠牌夹住（图2-68）。通过伸直四指将这叠逐渐变厚的牌向上抬（图2-69，图2-70）。大拇指再放一小叠牌下来（图2-71）。合起四指，把四指所控制的牌放到位于掌心的牌上（图2-72，图2-73）。这时，把大拇指所控制的牌用大拇指扣到整副牌的上面，整理好牌（图2-74）。

图2-57

图2-58

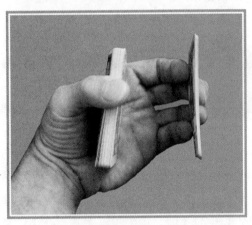

图2-59

图2-60

图2-61

图2-62

图2-63

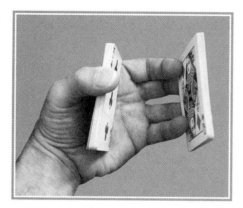

图 2 - 64

图 2 - 65

图 2 - 66

图 2 - 67

图 2 - 68

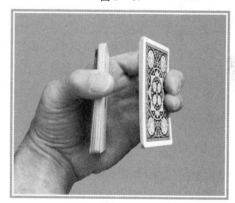

图 2 - 69

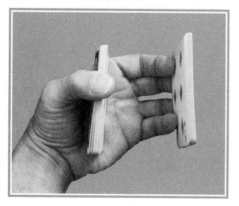

图 2 - 70

图 2 - 71

图 2 - 72

图 2 - 73

图 2 - 74

在很多教学里，这个切牌的起始姿势是这样描述的：首先用大拇指包住牌，使其与手掌垂直。这是因为像 **Thumb Cut** 一样，要想让大拇指盖过牌握到右长边是一件很吃力的事情，对于大拇指短的人来说，尤其困难。如果你就想从标准握牌起手的话，那么换一副桥牌尺寸的牌，或者用半副牌，这样，接下来你就可以以标准握牌开始做这类切牌了。

Charlier/Thumb "Shuffle" ♣♦♥♠♣♦♥♠♣♦♥

这个花式（或者十分相似的花式）曾经在很多书里被提到过。尽管很多作者都管它叫洗牌，但是在我看来，这不是真正意义上的洗牌，而是一个多段切牌。

首先我们来做一个 **Charlier Pass**（图 2 - 75 到图 2 - 77）。但是，不要将上半副牌放入掌心，相反，那叠牌要用食指抬着，食指同时按着下半副牌，让它牢牢地贴着大拇指。在你用食指将下半副牌推向大拇指的时候，你也可以让上半副牌和下半副牌在两叠牌连接的牌边取得平衡。为了便于描述这个切牌的剩余部分，我所提及的上半副牌和下半副牌就是指一开始 **Charlier Pass** 中的上半副牌和下半副牌。当下半副牌已经能够稳稳地被大拇指所控制的时候，用你的食指抬着上半副牌。用你的大拇指从下半副牌里放下一小叠牌到掌心（图 2 - 78，图 2 - 79）。这叠牌将会落到食指的指尖，再将食指指尖降低一点，牌就放入掌心了。这一步你必须做得很慢，使大拇指在控制剩余的下半副牌的同时，牢牢地握住上半副牌（图 2 - 80）。现在你可以把上半副牌放下一叠，接着再把下半副牌放下一叠，如此接连不断，直到你放下了所有的牌（图2－81到图2－86）。将大拇指向前推一点，将指尖向前滚一点，这样，一叠上半副的牌就落下来了。将大拇指向后推一点，将指尖向后滚一点，这样一叠下半副的牌就落进你的掌心了。

你也可以如图2－76所示，以 **Thumb Cut** 开始这个切牌，保持大拇指所控制的上半副牌不动，用四指将下半副牌往上抬，直到它能够触碰到你的大拇指指尖，现在你可以接着做这个切牌了。如果你的大拇指足够长，在一开始做 **Thumb Cut** 的时候也没有任何困难，这样做会让这个切牌更简单一些。

图 2 – 75

图 2 – 76

图 2 – 77

图 2 – 78

图 2 – 79

图 2 – 80

图 2 – 81

图 2 – 82

图 2 – 83

图 2 – 84

图 2 – 85

图 2 – 86

"Five – Packet" Cut

这个切牌源自 Hugard 所写的书《纸牌绝技》（*Card Manipulations*）中的 "Five Cut Shuffle"。我用 "Five – Packet" 作为这个切牌的名字，但是对我来说，这个名字却是一个会误导人的名字。严格来说，这个名字的意思就是你在操纵五叠牌，但是你不能够像一些切牌一样，去数它到底展示了几叠。这么算我们只操纵了四叠牌。而且，如果你以"多少叠牌移动了"作为标准的话，那么我的 **Running L Cut** 就有可能变成"Twenty 或者 Thirty – Packet Cut"了。所以通过我的分析，这个"Five Cut Shuffle"不过是一个四叠牌的多段切牌罢了。

我的版本和 Hugard 的版本有两个地方不一样。第一，我的切牌是用标准握牌开始的，而不是上来就用大拇指夹住整副牌；第二，在展开第一叠牌的时候，我用的是食指和中指，而不是无名指和小拇指。如果你做 Hugard 的版本做得很好的话，就不用在我的版本上纠结了，毕竟它们看起来都差不多。或者说，如果你真的觉得我的各种建议很好的话，那么就多花时间在一些漂亮的花式上，像 **Running L Cut**，**Six – Packet Display Cut** 和 **L – X Quad Cut**。这些切牌都比 Hugard 的多段切牌要华丽，而且合理。

大拇指伸到右长边，然后开始做 **Thumb Cut**（图 2 – 87 到图 2 – 89），大拇指所控制的牌大概有 40 张（图 2 – 90）。用食指在下，中指在上夹住这一小叠牌（图 2 – 91）。将四指完全伸直，把那一小叠牌尽可能地向远伸（图 2 – 92 到图 2 – 94）。收起无名指和小拇指，再分大约 10 张大拇指所控制的那叠牌（图 2 – 95，图 2 – 96）。无名指在上，小拇指在下夹住新分下来的这叠牌（图 2 – 97）。将四指全部完全伸直（图 2 – 98，图 2 – 99）。再用大拇指放下大概 10 张的一叠牌（图 2 – 100）。弯曲小拇指和无名指，把这叠牌放入掌心（图 2 – 101，图 2 – 102）。用大拇指再落下大概 10 张的一叠牌（图 2 – 103）。通过弯曲食指和中指再将它们所控制的那叠牌收回掌心（图 2 – 103 到图 2 – 105）。将剩下的由大拇指所控制的牌合到位于掌心的牌的上面，整理好牌（图 2 – 106，图 2 – 107）。

图 2 – 87

图 2 – 88

图 2 – 89

图 2 – 90

图 2 – 91

图 2 – 92

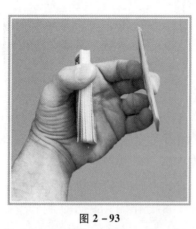

图 2 - 93

图 2 - 94

图 2 - 95

图 2 - 96

图 2 - 97

图 2 - 98

图 2 - 99

图 2 - 100

图 2 – 101

图 2 – 102

图 2 – 103

图 2 – 104

图 2 – 105

图 2 – 106

图 2 – 107

L – X Quad Cut

如果你可以做出 **L Cut** 和 **Extension Tri – Cut**，那么你可以把它们组合成这个四叠牌的多段切牌。双手同时做这个切牌会让你的观众看得更加目瞪口呆。有两点使得这类切牌比 Hugard 在他的书《纸牌绝技》（*Card Manipulations*）中提到的切牌更华丽、更合理。第一，在整个切牌过程中，用很好的方法一直将牌控制得很稳固（试试倒着做 Hugard 的 Five Cut Shuffle，你就明白我的意思了）；第二，在 **L Cut** 和 **X Cut** 中，每一叠牌都被展示得很好，而且可以计算一共有几叠，尤其是在角度好的位置上看。但是你要保证一开始切的那叠和手掌垂直的牌不会挡住后面的牌——如果挡住了的话，就把手翘起来，逆时针旋转到最好的角度。或者如果这个切牌控制得真的很好的话，你也可以试着举起双手，将整个切牌反转（手心向下），给观众一个更好的角度。

以 **L Cut** 开始，切的时候用整副牌最底下的大约四分之一就够了（图 2-108 到图 2-114）。现在将大拇指向右移，再次碰到左手的无名指（图 2-115，图 2-116），再分整副牌的四分之一下来（图 2-

图 2-108　　　　　　　　　　图 2-109　　　　　　　　　　图 2-110

图 2-111　　　　　　　　　　图 2-112　　　　　　　　　　图 2-113

图 2-114　　　　　　　　　　图 2-115　　　　　　　　　　图 2-116

117）。现在你需要换一下你的手指。把小拇指放到无名指的旁边，之后将无名指放到这叠牌的底下（图 2－118）。将中指放到这叠牌的上面。现在，这叠牌应该被中指小拇指在上，无名指在下夹住。接下来将这三个手指伸直（图 2－119 到图 2－122），大拇指向回拉。这就是这个切牌第一次展牌时的动作，这时你需要稍稍停几秒钟，给予观众最好的角度来展示你的展牌。你应该尽量将手打开，这样观众才能看到这三叠牌的全貌。现在把大拇指所控制的那叠牌向右靠近（图 2－123），直到无名指可以再一次分下整副牌的四分之一（图 2－124）。将五指尽可能地打开，向远伸（图 2－125）。这是整个切牌的第二次，也是主要的一次展牌。黑桃 A 的那叠牌在展牌期间是被食指和大拇指的指根夹着的。

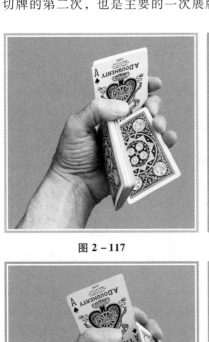

图 2－117

图 2－118

图 2－119

图 2－120

图 2－121

图 2－122

图 2－123

图 2－124

图 2－125

现在该是收牌的时间了。继续用大拇指和食指的第一关节握住黑桃 A 的那叠牌。这可以让你很轻松地把食指放到牌后，然后把黑桃 A 的那叠牌按下去（图 2-126，图 2-127）。弯曲中指、无名指和小拇指，合上它们所控制的牌（图 2-128，图 2-129），然后合上大拇指（图 2-130，图 2-131）。将整副牌向前拉，用标准握牌将牌握住（图 2-132），也可以再做个 **L Cut** 或者 **X Cut**。只有你每只手用半副牌来做这个切牌（你应该这么做），才能体现出这个切牌的真正价值。

图 2-126

图 2-127

图 2-128

图 2-129

图 2-130

图 2-131

图 2-132

图 2 - 133

图 2 - 134

你可以用任何的顺序来合牌。比如，如果你用两只手同时做这个切牌（你就应该这样做），在图 2 - 125 的时候为 **L - X Interpolation** 做准备：把中指、无名指和小拇指往回收，把这三指所控制的牌放入掌心。然后做一个 **L - X Interpolation**。

不用说，通过组合 **L Cut** 和 **Extension Cut**，你可以自己原创出很多不同的三段切牌。但是，组合 **Charlier/Thumb Cut** "系" 和 **L/X** "系" 的切牌却是一件很困难的事情。

Running L Cut ♣ ♦ ♥ ♠ ♣ ♦ ♥ ♠ ♣ ♦ ♥ ♠ ♣ ♦ ♥ ♠ ♣ ♦ ♥

这是一个棒极了的单手连续切牌。尽管看上去相当的不一样，但牌面朝上和牌背朝上看起来一样棒。下面的插图是牌背向上的样子，而且我只切了四次，但是事实上只用半副牌你就可以切十次或者更多，因为这个切牌独一无二的运动方式，使得两张牌一叠和五张牌甚至十张牌一叠在这个切牌中看起来很相似。两只手同时做这个切牌，会让这个切牌看起来充满了机械美。

以 **L Cut** 的开始动作开始（图 2 - 135）。先做 **L Cut**，但是第一次切牌只用到整副牌牌底的四分之一。分牌的方式和基本的 **L Cut** 是一样的，用无名指将牌底的四分之一分下来，然后用小大拇指将这四分之一推上去，再用食指和中指握住（图 2 - 136 到图 2 - 140）。现在你要做的是用大拇指再一次靠近无名指（图 2 - 141），然后用你的无名指再分下整副牌的四分之一（图 2 - 142，图 2 - 143）。大拇指打开足够的空间，将新的那叠牌推到中指上（图 2 - 144 到图 2 - 146）。跟原来一样，小拇指将一叠

图 2 - 135

图 2 - 136

图 2 - 137

牌从下面推上去。中指整理被推上来的新牌，并握住原本就在上面的牌。食指一直保持不动。重复这个过程，无名指分牌，小大拇指把牌推向中指，中指整理牌的同时和食指一起握住逐渐变厚的牌（图2－147 到图2－151）。中指需要的动作只是稍稍放松——确保下面来的牌能进去，以及护住那些已经上来的牌。用和之前一样的方法握住最后一叠牌（图2－152），将其推上来（图2－153，图2－154）；接下来用大拇指帮忙整理好牌（图2－155）。像做完 **L Cut** 一样，将整副牌转换到用标准握牌的姿势握牌。如果你是以牌面朝上做这个切牌，那么牌现在就已经处于最常见的标准握牌当中了。如果双手同时切，再以 **L－X Interpolation** 作为 **Running L Cut** 的结尾，就会取得很棒的效果。

图 2－138

图 2－139

图 2－140

图 2－141

图 2－142

图 2－143

图 2－144

图 2－145

图 2－146

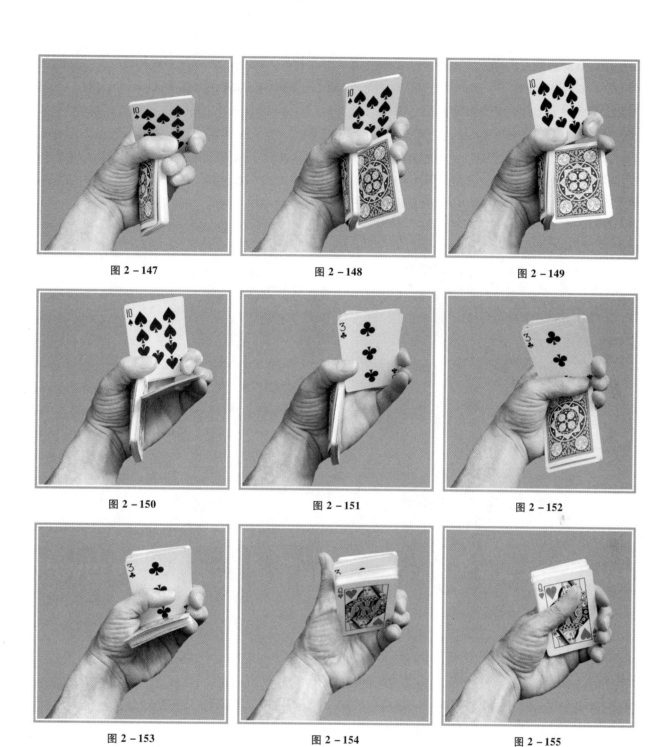

图 2 - 147　　　　　　　图 2 - 148　　　　　　　图 2 - 149

图 2 - 150　　　　　　　图 2 - 151　　　　　　　图 2 - 152

图 2 - 153　　　　　　　图 2 - 154　　　　　　　图 2 - 155

L – X Interpolation ♣♦♥♠♣♦♥♠♣♦♥♠♣♦♥♠♣

这是一个结束双手做 **L Cut** 或者 **Extension Cut** 这一类切牌的好方法，当然，它自己看起来也不错。在 **L Cut** 和 **X Cut** 这类切牌结束时，我们需要把整副牌移动到标准握牌的位置。严格来说，这个切牌是一个单手切牌和双手切牌的结合，因为它是以双手开始而以单手结束的。事实上，这个花式可以说是单手 **L Cut** 和 **X Cut** 的进化版。

用你喜欢的方式将牌分成两份，或者你也可以用我教的方法的任意一种。我推荐使用 **Butterfly Cut** 和 **Paddlewheel Combo Cut** 的分牌方法，或者直接用 **Behind – the – Back Deck Separation**。把两叠牌都移动到 **L Cut** 的起始握牌姿势（图 2 – 156）。分下整副牌的三分之一，然后做半个 **L Cut**（做到大拇指所控制的那叠牌放入掌心之前）（图 2 – 157 到图 2 – 162）。然后接着用剩余的牌做 **X Cut** 的分牌部分。换句话说，就是将大拇指和无名指靠近（图 2 – 163），用无名指把大拇指所控制的牌的一半分下来（图 2 – 164，图 2 – 165），然后将大拇指拉回到原来的位置（图 2 – 166）。现在将两手靠拢，这样，右手无名指和小拇指所控制的那叠牌就会放到左手无名指和小拇指所控制的牌的上面（图 2 – 167

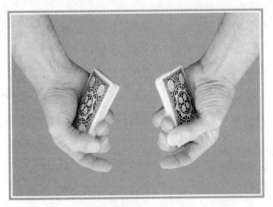

图 2 – 156

图 2 – 157

图 2 – 158

图 2 – 159

图 2 – 160

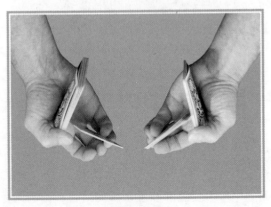

图 2 – 161

到图 2 - 169）。现在用你的左手大拇指把牌按下去（图 2 - 170，图 2 - 171）。然后，右手的食指和中指把它们所控制的那叠牌按下去（图 2 - 172 到图 2 - 174）。接下来，将左手大拇指移到牌的后面，将还站着的那叠牌用左手大拇指按下去（图 2 - 175 到图 2 - 177）。最后，右手大拇指把它所控制的牌按在所有牌的上面（图 2 - 178，图 2 - 179），然后用右手的食指和大拇指通过牌角整理好牌（图 2 - 180，图 2 - 181）。如果你从始至终是把牌一层一层叠上去的，那么你在最后整理牌的时候会感到很轻松。当然，你也可以用不同的顺序完成这个切牌，但是有一点，如果你是用我介绍的这个顺序，那么最上面一叠牌是不动的。在图 1 - 166 的时候，你也可以从食指、中指所控制的牌中再分出一叠来。把中指向外推，食指向回拉来分开这叠牌。接下来把这些牌华丽地合起来就可以了。

图 2 - 162

图 2 - 163

图 2 - 164

图 2 - 165

图 2 - 166

图 2 - 167

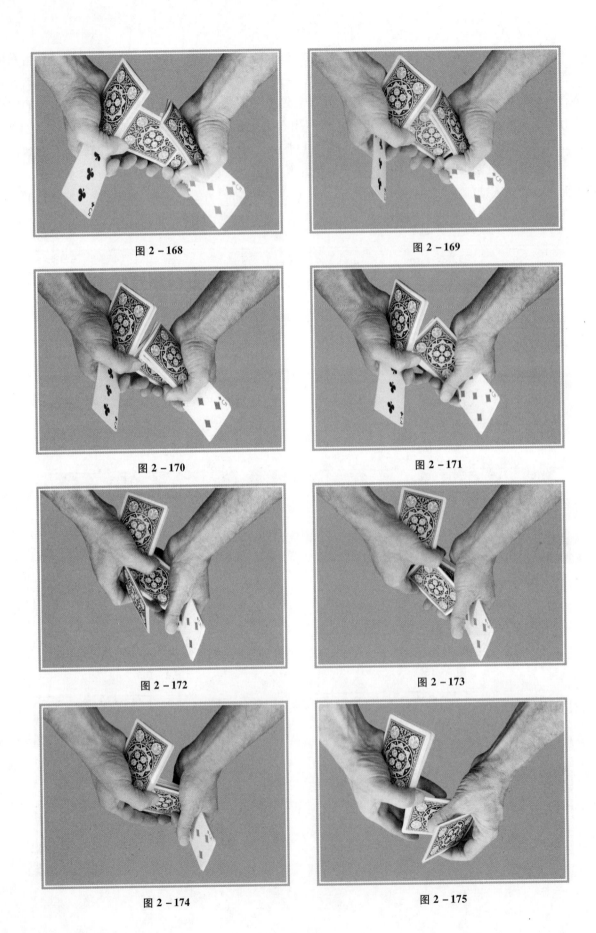

图 2 – 168

图 2 – 169

图 2 – 170

图 2 – 171

图 2 – 172

图 2 – 173

图 2 – 174

图 2 – 175

图 2 – 176

图 2 – 177

图 2 – 178

图 2 – 179

图 2 – 180

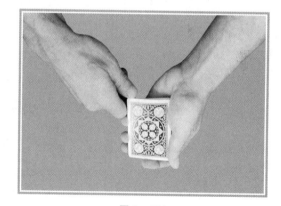

图 2 – 181

Six – Packet Display Cut ♣ ♦ ♥ ♠ ♣ ♦ ♥ ♠ ♣ ♦ ♥ ♠ ♣

　　用一只手做，这个切牌是一个华丽的、由三叠牌做出的切牌。两只手同时做这个切牌，它就变成了一个六叠牌的切牌，这是本书中最震撼的两三个切牌中的一个。书中的插图先是左手用半副牌来做这个切牌，之后我会展示从第一视角看双手同时做这个切牌的样子。在这个切牌中，**L Cut** 和 **X Cut** 的基础并不能帮助你；这个切牌更像是 **Turning Tri – Cut** 和 **Roll Cut** 的组合。

　　首先，做一个 **Turning Tri – Cut** 一直到图 2 – 192 的位置（图 2 – 182 到图 2 – 192）。（详细的描述见该书的第 60 页）之后，当那两叠被分出去的牌完全离开掌心之后，用中指把四指所控制的牌向自己的方向推（图2-193）。接下来，慢慢地把最上面那叠牌向左后推半个长边的距离（图2-194，图2-195）。然后，用大拇指插进大拇指所控制的那叠牌和手掌中的那叠牌的中间（图2-196），把上面两叠牌推到与掌心垂直（图2-197），再接着推（图2-198，图2-199），直到那两叠牌落到弯曲的手指的指甲上。当最上面两叠牌牌面朝上的时候，保持食指和小拇指弯曲，把中指和无名指放到两叠牌重合的地方的上面（图2-200，图2-201，两个不同的视角）。在交换手指的时候，大拇指始终牢牢地按着那两叠牌。当所有手指都在它们应在的位置的时候，开始将四指伸直（图2-202）。通过大拇指向下按，将大拇指所控制的那叠牌用大拇指和手掌夹好。继续伸直四指，伸得越远越好（图2-203，图2-204）。这就是这个切牌展牌部分的姿势了。不要担心在图2-200和图2-201的时候，中指和无名指能不能够碰到自己负责的那叠牌。因为，只要你在图2-200的时候保持着正确且稳定的握牌，那么在图2-202中四指和牌就将会完全自动地变换到图示的位置。如果你将四指伸到了极限，那么它们所控制的那两叠牌就会往指尖的位置滑。现在，信不信由你，最难的部分来了。通过将食指向前，中指向后捻（图2-205），使得食指和中指所控制的那叠牌逆时针旋转（从你的视角看）。与此同时，通过将小拇指向前推，无名指向后拉（图2-206），使得无名指和小拇指所控制的那叠牌顺时针旋转。继续完成这个动作（图2-207），全程保持四指是伸直的状态。同时不要忘记让两对手指保持一定的距离，这样两叠牌才有足够的空间翻转。最后，这两叠牌将会接着旋转，直到牌面朝上（图2-208）。将两叠牌靠近（图2-209），然后弯曲四指。继续将四指弯曲，将所有的牌合到一起（图2-210，图2-211）。将大拇指撤走（图2-212），接下来把食指和无名指移走，让所有的牌落到手掌中（图2-213）。整理好牌（图2-214，图2-215）。

图2-216和图2-217是用双手并且每只手用半副牌做这个切牌，最后摆出的两张壮观的展牌姿势的图片。如果你喜欢这个展牌，而不喜欢后面的收牌动作，那么就去创造自己的收牌动作吧。我最喜

图2-182

图2-183

图2-184

图2-185

图2-186

图2-187

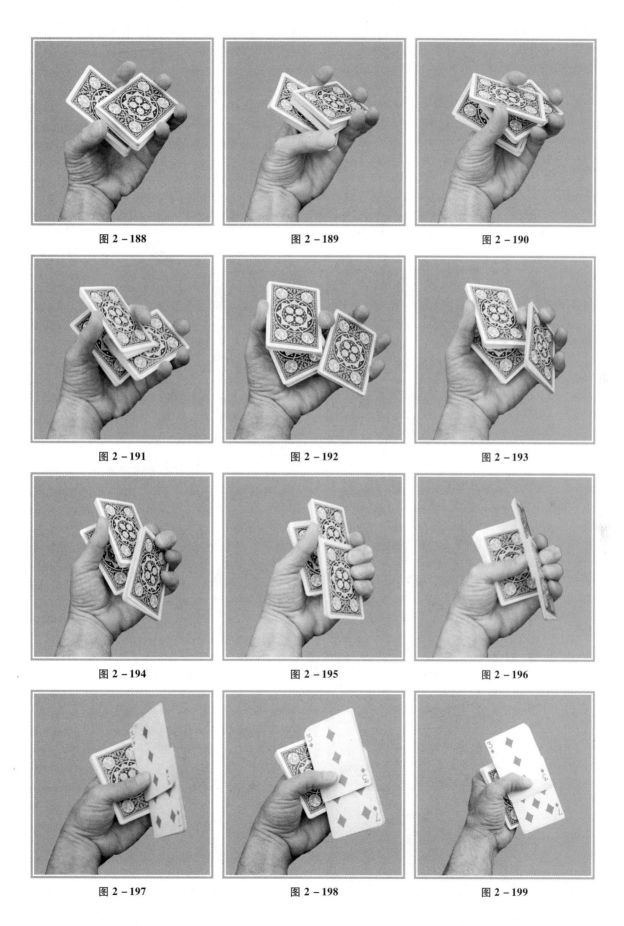

图 2 – 188

图 2 – 189

图 2 – 190

图 2 – 191

图 2 – 192

图 2 – 193

图 2 – 194

图 2 – 195

图 2 – 196

图 2 – 197

图 2 – 198

图 2 – 199

图 2 - 200

图 2 - 201

图 2 - 202

图 2 - 203

图 2 - 204

图 2 - 205

图 2 - 206

图 2 - 207

图 2 - 208

图 2 - 209

图 2 - 210

图 2 - 211

图 2 - 212

图 2 - 213

图 2 - 214

图 2 - 215

图 2 - 216

图 2 - 217

欢我自己的收牌方法，四叠牌在合起的时候同时旋转，使得这个收牌方法看起来很炫。

Flip – Flop Cut ♣ ♦ ♥ ♠ ♣ ♦ ♥ ♠ ♣ ♦ ♥ ♠ ♣ ♦ ♥ ♠ ♣ ♦ ♥

　　Jeff Mcbride 在他的 DVD 中对这个切牌进行了很好的教学，他将这个切牌归功于 Paul Drayin。Mcbride 建议练习这个切牌的时候，利用皮筋作为辅助工具，将牌捆成一块一块的。但我却发现皮筋之间会产生许多摩擦，并且会阻碍牌的运动。用线或者带子把牌捆在一起会好一点，但我发现没有比用胶水粘上牌的效果更好的了！

　　用标准握牌将牌握住（图 2 – 218），将你的食指插进牌右长边大概一打牌的下面（图 2 – 219）。接下来将你的小拇指插进牌的右长边又一打牌的下面（图 2 – 220）。所以现在，你用食指和小拇指将牌分成了三叠（图 2 – 221）。将大拇指移走，然后用食指、中指夹住最上面一叠牌（图 2 – 222）。食指、中指发力，直到将牌夹到与手掌垂直的位置（图 2 – 223）。用无名指和小拇指把第二叠牌再夹到与手掌垂直的位置（图 2 – 224，图 2 – 225）。将第一叠牌放回到牌上（图 2 – 226，图 2 – 227）。你需要稍稍地调整一下小拇指所控制的那叠牌的位置，从而使食指所控制的那叠牌有足够的空间滑回牌上。当第一叠牌归位之后，将小拇指所控制的那叠牌放回剩余的牌上（图 2 – 228 到图 2 – 231）。整理好牌（图 2 – 232），或者你也可以保持每叠牌中间的间隔，重复这个切牌。重复这个切牌需要颠倒切牌的顺序，因为这时小拇指在食指上面。双手同时做这个动作会让这个动作看起来十分华丽，但是只有近距离看这个切牌，才能感悟到它的精髓。

图 2 – 218

图 2 – 219

图 2 – 220

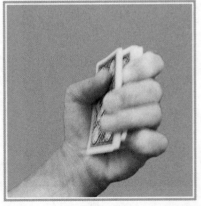
图 2 – 221

图 2 – 222

图 2 – 223

图 2 – 224

图 2 – 225

图 2 – 226

图 2 – 227

图 2 – 228

图 2 – 229

图 2 – 230

图 2－231　　　　　　　　　　图 2－232

　　如果你愿意，完全可以把这个切牌做成两段切牌。只需要改变两叠牌的顺序，而不是改变上面三分之二的牌的顺序，保留最底下的牌不动。

单手切牌后记　♣♦♥♠♣♦♥♠♣♦♥♠♣♦♥♠♣♦♥♠

　　接下来，我将谈一谈我在这本书中没有教的花式及其原因。

　　Bill Tarr 的 **Knuckle Cut** 和 **One－Hand Triple Cut**。前者不过是 **Charlier Pass** 和用无名指代替小大拇指的 **Pinkie Cut** 的组合，后者则是 **L Cut** 的一个变种。Tarr 说过，他的 **One－Hand Triple Cut** "也许是世界上最好的切牌"。但是我却低调地创造出了几个更棒的。

　　Erdnase One－Hand Shift。之前我已经说过两个原因了：关于这个切牌的教学数不胜数，而且这个切牌和我的 **Herrmann Cut** 并无二致。第三个我没有教学它的原因在于，我并不知道有说得过去的切牌是以 *Erdnase Cut* 为基础的。所以，尽管前两条理由也适用于 **Charlier Pass**、**Pinkie Cut** 和 **Herrmann Cut**，但是你需要以这些切牌为基础延伸出更华丽的切牌。

　　French Cut 和其他《单手切牌专家》（*The One Hand Card Cutter*）和《单手切牌者》（*The Single Handed Card Cutter*）中所介绍的切牌。这两本书里有许多难懂的文章，描述了大概 20 种切牌，但是我真的没有在这本书里发现任何一个两段切牌。我发现，这两本书中的所有切牌都是我教过的切牌，或者跟它们看起来一样。比如 **French Cut**，就是一个不算合理版本的 **Extension Cut**。这两个切牌的方法可以说是完全不一样，但是在观众看来，它们的效果是完全一样的。

　　Love 的 **Bread and Cheese Cut**。撇开这个蹩脚的名字，这个切牌基本上就是 Hugard 的 **Three Cut Shuffle**，同时是我教学的 **Thumb Tri－Cut** 的一个糟糕的变种。

　　Daryl 的 **Super Duper Cut**，**Hot Shot Cut** 和一些别的切牌。这是 Daryl 在他出版的无价之宝《手法百科全书》（*Encyclopedia of Card Sleights*）中所教学的单手切牌。（在每一集的片头，他都做几个切牌，但是在后面的教学中并没有做详细的描述。）这些切牌都是像 **Charlier Cut** 或者 **Thumb Cut** 一样的很基础的切牌，亦或是这些简单切牌的组合。而且，Daryl 的切牌不少是以魔术为定位的，这尽管很好，但是不应该出现在这本书里。举例来说，**Hot Shot Cut** 就是用了一个绝妙的方法将一张特殊牌从整副牌中飞出来。

　　Casaubon Shuffle。这是一个重复 **Scissor Cut** 的连续切牌，而且这个切牌看起来很不错。但是，我并不想在描述华丽的 **One – Hand Overhand Shuffle** 的时候跟这个切牌弄混。再加上我并不需要 Casaubon 的那些个主意。如果你有兴趣去翻翻《罗斯的手法魔术》（*Ross Bertram on Sleight of Hand*）这本书吧。

  Charles C. Eastman 在《专业手法魔术》（*Expert Manipulative Magic*）这本书中所描述的 ***Harry Valcarte's One Hand Shuffle***。以 **Charlier Pass** 开始这个切牌，但是只落四分之一的牌到手心。然后用食指将这四分之一的牌推向大拇指，直到这叠牌和一大叠牌完全分开。再把四分之一的牌落进掌心。然后用食指把它推向之前的四分之一的牌。继续落，继续推。你明白了吧？其实这并不是一个真正的单手"Shuffle（洗牌）"，因为它并没有完全打乱牌的顺序，而且和双手洗牌一点都不像。这只是一个单手多段切牌罢了，按类别来分，叫它 Running **Charlier Cut** 更合适。我没有给它配插图，因为它很像 **Charlier／Thumb "Shuffle"**，更重要的是，它没有我教的 **Running Thumb Cut** 好看。

  还有，Jerry Andrus 在他的书《安德鲁斯带你走进魔术世界》（*Andrus Deals You In*）里，写了很多他离奇的想法和切牌。比如说他的 ***The Riffle Cut***，很明显和 Casaubon 的 **Pincer Grip Cut** 一样。尽管这样，Andrus 的描述是在 1960 年出版的，而 Casaubon 的是在 1983 年，Casaubon 因为某些原因将这个切牌再创作了一次。第一，Andrus 的版本是用小拇指将牌分开，而不是像 Casaubon 一样，用大拇指和食指一起把牌"挤"出去；第二，跟 Andrus 的 ***Riffle Cut*** 相像的切牌只是 Casaubon 很多种版本的 **Pincer Grip Cut** 中的一种。最后一点，Andrus 说牌角与牌角之间的摩擦所产生的拨牌是切牌的精髓所在，但是我认为，这种举动完全是多余的。事实上，在任何一个切牌中，如果你发现牌角与牌角之间因摩擦而产生了拨牌，那么你这个切牌就是没有做对。此外，我对 Andrus 的另外一个花式也很不满，***A One – Hand Flourish Cut***。在这个切牌当中，有一小叠牌会在切牌期间开出一个小扇。如果你能想出在切牌中开出一个完美的扇的方法，这当然很好。但是如果你只是在握牌的时候，因为握牌姿势的关系能够把牌捻开，这不叫一个花式，不过是一个失误罢了。自己去看看 Andrus 的描述吧，这真的是一个糟糕透了的切牌。

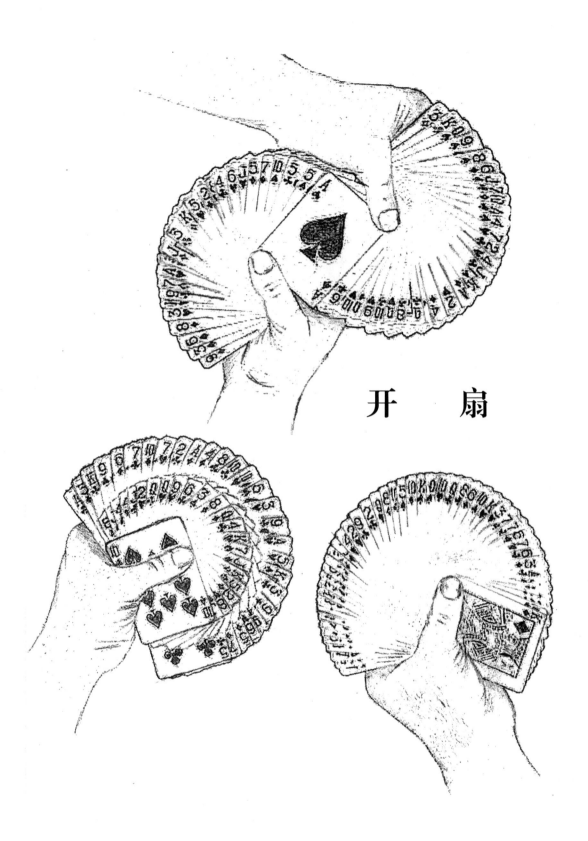

开　扇

开扇

> 为了开出一个完美的扇，即每一张牌能够等距离地展开，就像车轮的轮辐一样，我们需要做很多的练习。开扇毫无疑问是纸牌花式的精髓，表演它能够给观众留下相当深刻的印象。
>
> —— Hugard 和 Braue

撇开它是纸牌花式的精髓不说，开扇的优雅以及美丽，使它成了最好看的花式之一。52 张纸牌一张一张地展成了完美的半圆形，每张牌都露出了牌角的数字。但如果你展示给观众的是牌背，那么不管是四色牌还是正常的白边牌，除非每张牌都被展开得很均匀，否则整个开扇的美感就会遭到破坏。

在 20 世纪 30 年代，关于开扇，曾有很多还说得过去的信息被广为传播，但是一些真正很重要的方法必须等到有人执手将其发表出来。所以我敢保证：就算最狂热的开扇爱好者也能在这部分找到一些新的东西。

在开始练习或者表演开扇的时候，最好用打好牌粉的牌。如果你想用一些旧的、状态不好的牌开扇的话，不仅会浪费你的练习时间，而且还会减少你开扇的乐趣。买一条不太贵的牌，首先用它们练习开扇，旧了之后还可以用它们来练习拉牌、抛接牌等动作。或者你可以用一部分的单车牌或者海神牌来拉牌，用另一部分专门来练习开扇，或者你也可以沉迷于奢华耐用的 Tally - Ho 或者 Aristocrat。一些非常便宜的或者说全塑料的牌都没有办法用来开扇。

Automatic Flower Fan 这个花式，它可以作为你表演的压轴戏，而且双手同时做这个花式真的很酷，再加上它是仅有的几个自动完成的花式——你甚至可以让观众来完成它。尽管如此，我通常会反对使用这些特别毁牌的花式，因为纸牌可不是免费的。

Goodlette Dodson 在《纸牌开扇》（*Exhibition Card Fans*）中说过，在开扇的时候，你应该保持牌特定的顺序，将红色和黑色牌分开。不光这些，你还应该只从牌的特定的一边开向另一边。他告诉你，永远不要打乱牌的顺序并且开扇不要换边开。撇开他的疯狂不说，我认为这种对牌的过分呵护毫无意义。对你来说，大概只有最好的、最容易坏的、最贵的四色牌会有这个必要。不然的话，我觉得只需把整副牌打好牌粉，牌就处于最好的状态了，没必要再用特定的排序。你可以把两张鬼牌从牌中拿走，因为鬼牌的牌角字母会破坏整个扇的美感。用那些牌角字母印得太靠里，甚至没印牌角的牌来开扇——你会看到一个很难看的扇子。

很多开扇的新手都是以 **Thumb Fan** 或者 **Finger Fan** 开始学习的，但是 **Pressure Fan** 作为开扇的基础来说会更重要。双手压力开扇是开得最好、受用面最广的开扇方法。用借来的或者不是很好的牌来开扇，这种方法是最有效的，另一个版本的开扇 **Side - Spring Fan** 可以让你在任何紧急情况下，用一副借过来的或者没上过牌粉的牌开出一个还算不错的扇子。

当然，还存在着一些像是单手压力开扇这样的花式，但是我认为它完全不能让你受益。说实话，我不喜欢这种开扇，所以我在这本书中也没有关于它的教学。它真的是既没效率，又多余，还难开，就像用脑袋做一个超难的几位数除法，而不去用手按计算器计算一样。

我对于 Goodlette Dodson 的《纸牌开扇》（*Exhibition Card Fans*）和 Edward G. Love 的《开扇手册》（*Card Fan - tasies*）感到很纠结。我觉得这两本书的一些内容太渺小了，而且有的内容需要你花很多的精力去在意一些细枝末节。所以，比起重新描述一遍那两本书中出现的新花式，像是 *The Spotless Spot Fan With Traveling King*，我更愿意教给你更厉害的动作，比如 **Giant Circle** 和我的 **Twirl Close**。如果你确实想学那些纠结的、不重要的开扇的话，那就自己去看看《纸牌开扇》（*Exhibition Card Fans*）和《开扇手册》（*Card Fan – tasies*）吧。但是不要误会我的意思。这两位作者是很厉害的，书中确实有描述使人着迷的完美的扇子。我不过是觉得他们自带的，比如说 *The Buzzsaw Fan* 和 *The Spotless Spot Fan With Traveling King* 这一类不怎么样的花式与我渐行渐远，反而是那些微不足道的花式，向 *Rosette* 开始靠拢。但是，不可否认，他们的 *Two Fans in One Hand*，*One Large and One Small*（我管它叫 **Fan Within a Fan**）以及他们开出的所有完美的扇子都是艺术品，Love 和 Dodson 无疑是开扇艺术的先驱。

只要你能找到，Ganson 的《重拾开扇》（*A New Look At Card Fans*）这本书的确不错；同样，他的《手法流程》（*Routined Manipulations*）系列以及《专业纸牌手法》（*Expert Manipulation of Playing Cards*）也是不可多得的好书。《重拾开扇》（*A New Look At Card Fans*）对四色牌开扇效果做了很大的贡献，并提供了一些普通牌开扇的历史资料。《手法流程》（*Routined Manipulations*）向我们介绍了一些手上没牌时的偷牌技巧以及开好 **Giant Fan** 的小秘技。

在这章中，基本上所有的插图都是以牌的数字面朝上进行展示的。如果用普通牌的牌背进行展示的话，会显得很单调而且难看。牌角的数字毫无疑问是整个扇子最吸引人的地方，至少对于普通的白边牌是这样的。当然对于四色牌来说，牌背才是你要展示的地方。由于这些原因，我的版本的 *Peel – away Fan*，*Rising Sun Fan* 以及 *Flash Fan* 将在一本专门讲开扇的书中介绍。我觉得，这些动作可以说算得上是开扇的专门保留节目，对于普通的白边牌来说毫无意义——不管是正着看，还是反着看。用普通白边牌做得不错的 **Giant Fan** 不管是从正面还是从牌背，看起来都是很迷人的。

Pressure Fan ♣♦♥♠♣♦♥♠♣♦♥♥♣♠♦♥♠♣♦♥♠

近几年来，出现了许许多多关于这种开扇方法的教学，而且这些教学大都不错。现在我将教给你我的握牌方法以及开扇方法，如果你已经能开出一个很好的压力扇的话，就不用来学习我的方法了。但是，如果你在开一个压力扇上有一定的困难的话，我觉得你在下面的文章中能够找到你所需要的东西。

以标准握牌将牌握住，然后用你的右手把整副牌移动到如图 3-1 所示的位置。现在整副牌比较靠外。每次开扇之前，你都可以把牌的短边暂时放到左手的无名指上，帮助自己找到正确的握牌姿势。现在你左手大拇指的位置并不是你开扇期间大拇指应在的位置。相对的，你的左手大拇指提供了一个非常好的握牌，这样能使整副牌保持整齐。现在，当你用右手握住整副牌的时候（图 3-2），将左手大拇指弯曲到牌的左内角来。如果你在你的右手牢牢握住整副牌之前就把左手大拇指移走的话，那么牌就不会像现在这样整齐。你右手的四指将与牌底平行（在插图上，你只能看到上面的牌，但是你明白我的意思）。将右手的四指弯曲，然后将牌弯曲，牌背顶着左手的食指。

所有的准备工作是这样的：右手握住左手用标准握牌握住的牌，然后用右手把牌扳到图 3-1 的位置；左手大拇指弯曲到牌角，右手四指将牌向后弯曲。我之所以告诉你这么多细节，是因为我见过很多人不会开压力扇，他们中的大多数人就是没有做到我刚刚所说的动作之中的某一个。如果没有把牌握得像图 3-1 那么开外，其结果就是开出来的扇特别小。如果大拇指没有在适当的时间弯曲到适当的位置，那么开出来的扇会一团糟。如果右手的四指没有跟最底下的牌平行，那么扇根本就开不出来。

还有一个很重要的预备姿势，就是在开始做开扇动作之前，将整副牌向左扳一小点。这样你开出来的扇就会更宽、更大。这个往回"扳"的动作在下一个有关 **Thumb Fan** 的教学中会有更详细的介绍。在现在的这个开扇方法中，"扳"的这个动作发生在图 3-1 和图 3-2 之间。一旦你准备好了，用你的右手抹一个顺时针的弧形（图 3-3）。图 3-4 展示的是，从侧面看，右手四指将牌向下压的同时将牌一张一张地弹出去。这个动作和拉牌时牌从一只手弹向另一只手的动作基本相同。做压力扇的时候，你需要的只是将牌弹出去一小点——大概十六分之一英尺就足够了。为了确保弹出的距离，在整个开扇过程中，食指在远长边应始终保持着压力。保持适当的压力，使牌能够在顺时针扫过这一个弧度的时候一张一张均匀地弹出来。继续开（图 3-5 到图 3-7），直到你开出了一个完整的扇（图 3-8）。记住开扇过程中，你的左手大拇指在牌角从始至终没有移动过，因为它是这个扇的旋转核心。图 3-9 从背

图 3-1

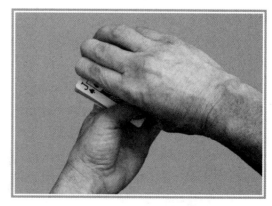

图 3-2

面展示了这个扇的样子，并且告诉我们左手的四指什么都没有做才是最好的。整个过程中左手四指始终不动而且要伸得很直。

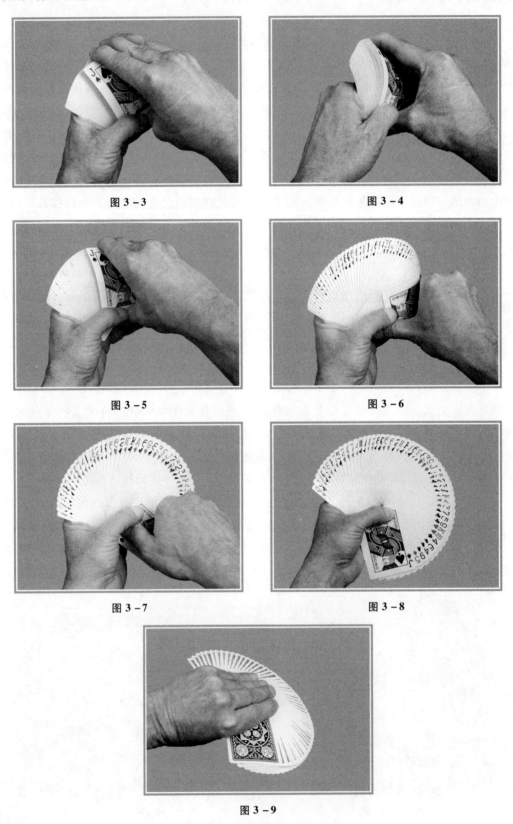

图 3 - 3

图 3 - 4

图 3 - 5

图 3 - 6

图 3 - 7

图 3 - 8

图 3 - 9

Thumb Fan ♣♦♥♠♣♦♥♠♣♦♥♠♣♦♥♠♣♦♥♠♣

这是第二种最常见的开扇方法，尽管我个人并不常用这种方法。因为 **Pressure Fan** 太完美了，它能够实现用破旧的、没撒过牌粉的牌开出完美的扇子。然而，**Pressure Fan** 本身会渐渐地损坏牌。如果用珍贵的四色牌来开扇，**Thumb Fan** 能够更好地保护牌。**Thumb Fan** 不像 **Pressure Fan** 那样弯曲牌。尽管 **Thumb Fan** 要求使用一副好牌，但它并不损坏牌。但是，如果你执意用旧牌来做 **Thumb Fan**，那会开得一团糟。

我的方法是，用右手的食指和中指配合大拇指来控制开扇，这比起单用右手大拇指做得更精细。如果你觉得单用右手大拇指做得更潇洒的话，请参见 **Finger Fan**，试试用大拇指来做 **Finger Fan**。事实上，《沙维慈的魔术教程》（*Chavez Course*）（该书记载了无数魔幻般的手法）中记载了一种漂亮的手指开扇法，这可是为数不多的几种优美的花式之一呢。我的 **Thumb Fan** 手法是很实用的，不像某些人太注重开扇的过程。从另一个角度讲，**Thumb Fan** 是一种有效的手法，能开出精细的扇；而 **Finger Fan** 是一种花哨的手法，开的扇不那么精细。

用标准握牌将牌握住，把牌向外移动（图 3－10），正如 **Pressure Fan** 一样。尽量把牌扳到左侧（图 3－11），这样的话，开的扇会宽一些。在图 3－12 中，我把右手暂时拿开，你可以看到牌该怎么放。图 3－13 是从侧面看，用右手的这个手势，从左向右，把扇打开。右手的食指、中指和大拇指夹住牌的长边，指心相对。你会注意到右手大拇指尖几乎贴到了这副牌最底下一张的边儿。

图 3－10

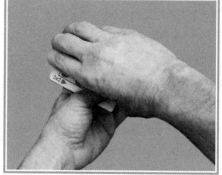

图 3－11

图 3－12

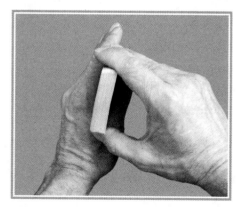

图 3－13

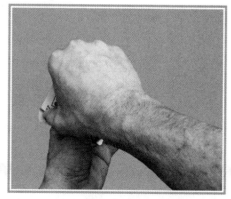

图 3－14

右手顺时针将弧形打开（图 3 - 14 到图 3 - 20），右手食指、中指保持对右侧长边的温和的压力。
而右手大拇指给予左长边稳定的压力。在展开过程中，右手大拇指逐渐变平，贴着没展开的部分。这
个花式不是用大拇指将牌一张一张地放好，而是将牌抹成一个扇子。有些人就是用右手大拇指给扇面
足够的压力，并成功地在左手手指上抹出了一个扇子。

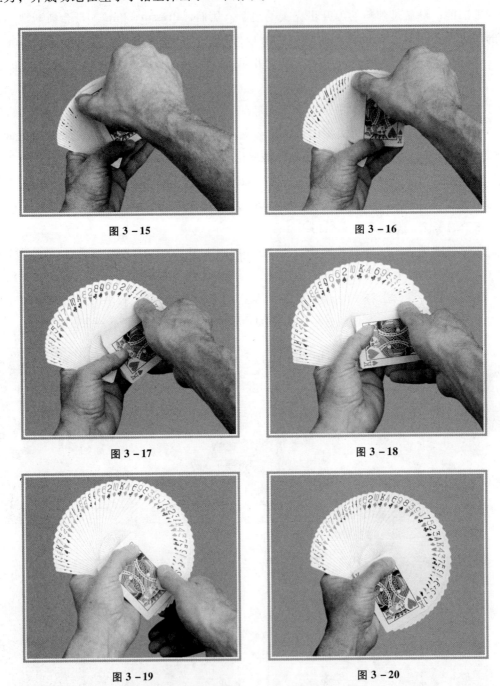

图 3 - 15　　　　　　　　　　　　　　　图 3 - 16

图 3 - 17　　　　　　　　　　　　　　　图 3 - 18

图 3 - 19　　　　　　　　　　　　　　　图 3 - 20

Finger Fan ♣♦♥♠♣♦♥♠♣♦♥♠♣♦♥♠♣♦♥♠♣♦

　　尽管我的 **Thumb Fan** 做得稍稍不循常规（因为我用到了其他手指），但是我的 **Finger Fan** 和其他

人并无二致。在这种开扇方法中，一切都是由右手食指来完成的。另外，有不少人用大拇指来做 **Finger Fan**，那也是可以接受的。

你甚至可以用你的肘部和鼻子来开扇。但我觉得只用一只手来开扇的确容易。同样，你可以让别人帮你拿着牌，你在他手上开扇。

一如既往，先把牌扳到左边（图 3－21，图 3－22）。这次我用右手的中指和大拇指夹住牌的两道短边，把牌扳过去。我曾试过不少方法，比如只用左手来把牌扳成这样。其中的一些方法还比较可行，但是我觉得最重要的还是左手大拇指要握得稳牌，并让牌保持整齐，所以最好还是乖乖地用右手扳。

右手食指按住第一张牌的左上角，碰到这 52 张牌的边缘后立刻斜压这些牌（图 3－23）。现在食指开始向右用力，渐渐地将扇打开（图 3－24 到图 3－28）。

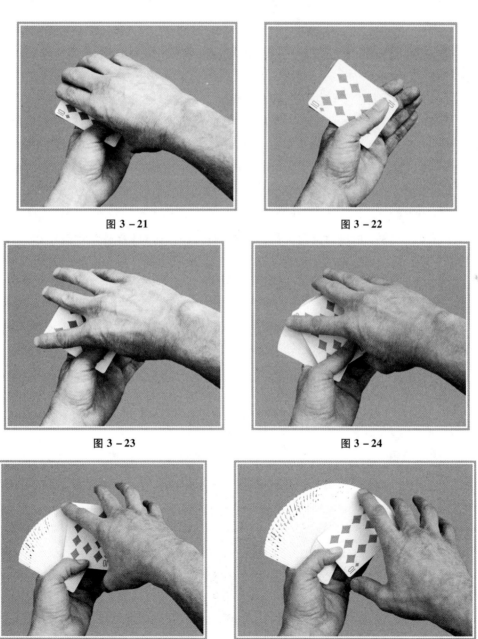

图 3－21

图 3－22

图 3－23

图 3－24

图 3－25

图 3－26

图 3-27   图 3-28

Side – Spring Fan ♣♦♥♠♣♦♥♠♣♦♥♠♣♦♥♠♣

现在，跟前面所说的一样，我将讲解一种几乎用所有的牌都能实现，并几乎在所有的状态下都能开出一个像样的扇的方法。当然，如果你把牌浸在汽油里面然后点着了，那这副牌是永远开不了扇的。但是如果你借来一副牌，没法用正常的开 **Thumb Fan** 或者 **Pressure Fan** 的方法来开扇的话，这个方法就是你所需要的。在纯粹的塑料牌面前，这个方法也无法奏效，塑料牌真是一个恶魔的发明。

和介绍过的开扇准备动作一样：将牌整理好，然后向左扳一点（图 3-29）。现在，右手的食指、中指和大拇指在长边靠近远短边的地方给牌施加压力，使得牌向外弯曲（图 3-30）。太小的压力不能使牌产生足够的弯曲，而太大的压力会使牌折弯甚至废掉。只有力度合适，才能让你把牌从大拇指一点一点地弹出来，之后使它们摆成一个扇子（图 3-31 到图 3-34）。右手画圆弧的动作和 **Thumb Fan** 的动作是一样的。图 3-35 到图 3-38 从上面展示了这个花式开始的动作。需要注意的是，当你开始开扇时，你的大拇指是怎样给牌施加压力的。

左手的大拇指握牌要比 **Thumb Fan** 握得更加稳当。右手的食指就像左手的大拇指一样，始终提供着压力。这个花式主要是让牌一张一张地从右手大拇指弹出来，右手大概移动八分之一英尺弹出来一张。相比只用大拇指抹来开扇的 **Thumb Fan** 和抹加弹牌的 **Pressure Fan**，**Side – Spring Fan** 是完完全全地把牌一张一张地弹出去。在画出一个圆弧的时候，右手必须将牌一张一张地弹下去，但是在抹牌的时候完全用不到压力。这个动作很像是握住长边的拉牌。

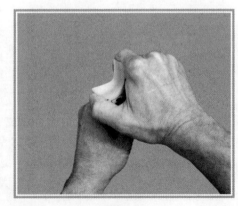

图 3-29   图 3-30

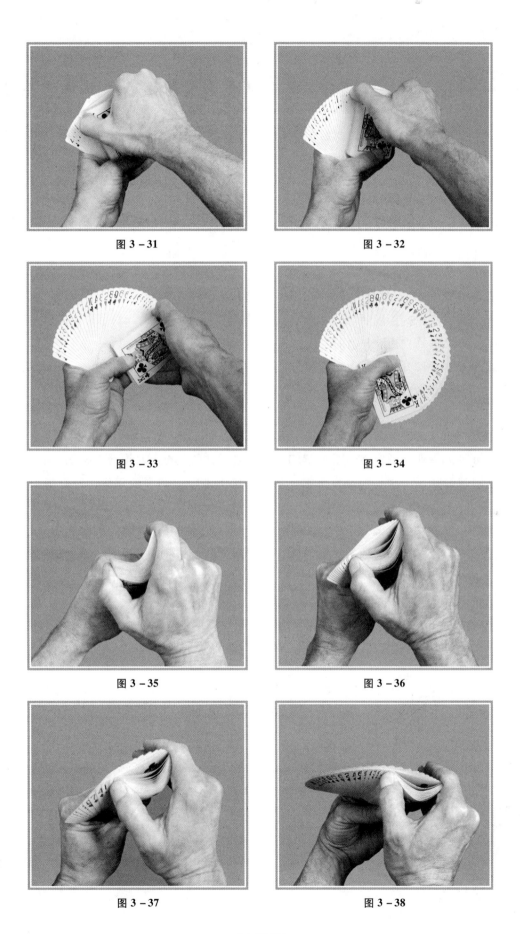

图 3 – 31

图 3 – 32

图 3 – 33

图 3 – 34

图 3 – 35

图 3 – 36

图 3 – 37

图 3 – 38

One – Hand Close ♣ ♦ ♥ ♠ ♣ ♦ ♥ ♠ ♣ ♦ ♥ ♠ ♣ ♦ ♥ ♠ ♣

在我们学习怎样单手开扇之前，我们先要学会怎样收扇，收扇有许多不同的方法，其中有一种就好像是在跟扇一起跳舞一样。

One – Hand Close 是一种十分实用的收扇。你可以用这种方法来收扇，或者收 **Fan Within a Fan** 后面的扇，再或者，你可以用这种方法来实现四色牌的牌背变色。

一开始，这个 **One – Hand Close** 的插图是从表演者的视角开始的。图 3 – 39 到图 3 – 43 以慢动作的方式描述了收扇的过程。就像你看到的一样，一帧一帧完全没有手部或者手指的动作。在表演的过程中，观众应该只能看到如图 3 – 39 和图 3 – 43 的样子。换句话说，整个收扇的动作应该在一瞬间完成。接下来，为了重新以标准握牌将牌握住，首先将中指、无名指、小拇指作为一个整体向外伸，此时以大拇指和食指握住整副牌。接下来用中指、无名指、小拇指握住牌的长边（图 3 – 44）。最后伸直食指即可。

我认为，当你用普通白边牌开扇的时候，不应该给别人展示牌的另一边——就是实际上收扇的那一面。然而，在以四色牌开扇之后做牌背变色的时候，把牌背朝着观众，做 **One – Hand Close** 确实是很值得的。如果你用普通白边牌的话，给观众看牌背，就会让观众看到你收扇的小动作，这样会破坏整体的效果。

现在，我们一起来看牌背，即实际上收牌的那边，来进行教学。稍稍将食指抬起来，往后拉，直到放到整个扇的最后一张牌的中心（图 3 – 45）。接下来用你的食指向左推（在插图中的左边，图 3 – 46），然后收扇就开始了。这一切都发生在一瞬间，接下来收回剩下的手指，跟食指一样，向下推（图 3 – 47，图 3 – 48）。比起用四指持续地一点一点地收，倒不如利用食指收牌时，牌所产生的惯性一口气把扇收起来。食指动起来之后，中指、无名指和小拇指很快地向下收，等整个扇完全收好之后，轻松地握住牌就可以了。最后，四指当中只有食指的指甲与最后一张牌接触。这可以让收扇更轻松，同时防止最下面一张牌立起来。经过练习以后，从后面看收牌的动作应该和图 3 – 45 到图 3 – 48 组成的连续动作是一样的。

有不少的文章说，应该用别的指头来做收扇的动作，比如中指，而不是食指。我觉得这些方法是可行的，但是没有用食指既作为旋转点，又作为动力源的好。

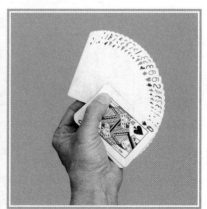

图 3 – 39　　　　　　　　　图 3 – 40　　　　　　　　　图 3 – 41

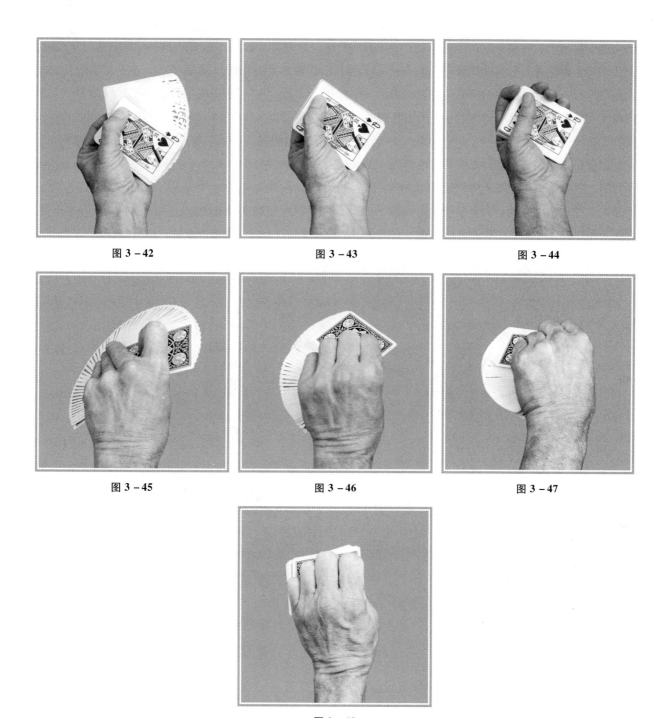

图 3 - 42

图 3 - 43

图 3 - 44

图 3 - 45

图 3 - 46

图 3 - 47

图 3 - 48

Twirl Close ♣ ♦ ♥ ♠ ♣ ♦ ♥ ♠ ♣ ♦ ♥ ♠ ♣ ♦ ♥ ♠ ♣ ♦ ♥ ♠ ♣

现在，在这里，我将教给你一种十分华丽的收牌方法，**Twirl Close**。

先开一个扇（图 3 – 49）。将右手食指和中指放到左手大拇指的旁边，也就是整个扇子最前面一张牌的牌角（图 3 – 50）。将左手大拇指移走（图 3 – 51）。将右手大拇指指尖，右手中指指尖以及右手无名指指尖放到扇的前面，同时，左手的四指在牌背施加压力。现在，右手四指在前，左手四指在后把扇完完全全地控制住了。在左手的大拇指移走之后，右手手指开始顺时针旋转，左手的四指开始也顺时针旋转，于是，整个扇就开始沿顺时针旋转（图 3 - 52）。当扇的底面朝天的时候（图 3 - 53），左手大拇指开始和四指在牌背一起旋转。继续顺时针旋转四指以及大拇指（图 3 - 54）。左手的手指与右手成镜像对称。另一种找到左手手指做这个动作的感觉的方法就是：注意左手的动作和单手收牌的左手动作是如出一辙的，只不过在做这个动作时，左手没有收扇。当扇已经转了快一圈的时候，如图 3 - 55 所示，勾起的左手的小大拇指、中指和无名指，这时候在扇的最后一张牌的背面（图 3 - 56），注意：现在左手小拇指是能够被看到的。现在将右手四指逆时针旋转（图 3 - 57，图 3 - 58），用左手的中指、无名指和小大拇指作为一个后障来护住牌，直到扇完全被收起来（图 3 - 59），然后整理好牌（图 3 - 60）。图 3 - 61 是图 3 - 53 的背面。图 3 - 62 是图 3 - 54 的背面。这本书的下一个花式 Fan Twirl，会有更多从背面看的插图。

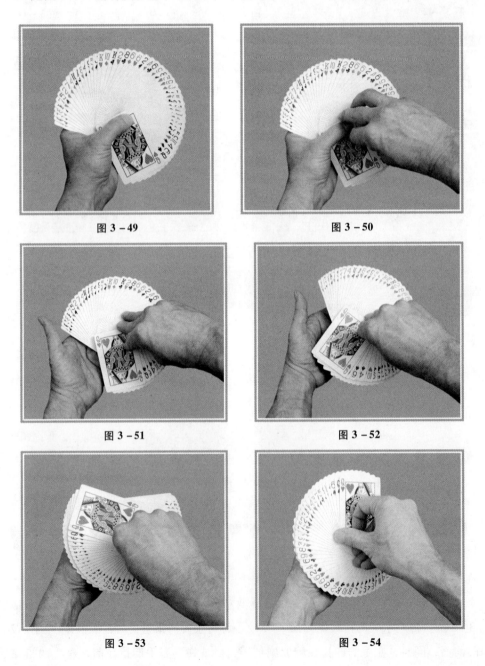

图 3 - 49　　　　　　　　　　　图 3 - 50

图 3 - 51　　　　　　　　　　　图 3 - 52

图 3 - 53　　　　　　　　　　　图 3 - 54

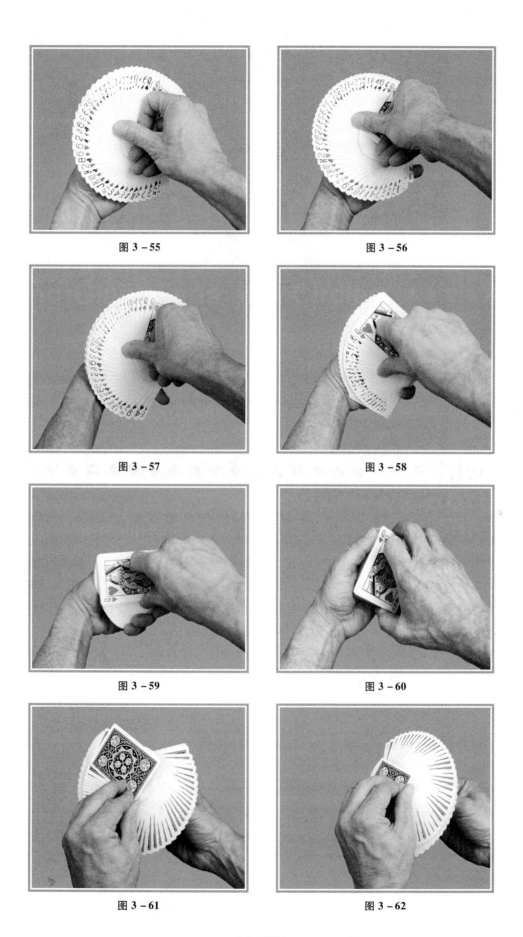

图 3 - 55

图 3 - 56

图 3 - 57

图 3 - 58

图 3 - 59

图 3 - 60

图 3 - 61

图 3 - 62

图 3 - 63 是图 3 - 55 的侧视图, 描述了手指是怎样相对用力, 怎样夹住牌的。为了找到这个转扇的感觉, 你可以用一本小书, 把它放在如图 3 - 63 的位置, 然后练习用四指和大拇指将这本小书顺时针旋转。然后再练习逆时针旋转。在顺时针旋转的时候, 整个扇应该转了 180 度以上, 然后再逆时针转这个扇并把它收起来。

图 3 - 63

最后需要注意的一点就是: 你可以用你的右手食指把左手握住的整个扇子顺时针或者逆时针收起来。但是紧接其后, 来一个 **Corner Twirl** 或者 **Corner Thumb Twirl**, 会将这个简单的收牌变成一个华丽的花式。

Fan Twirl ♣ ♦ ♥ ♠ ♣ ♦ ♥ ♠ ♣ ♦ ♥ ♠ ♣ ♦ ♥ ♠ ♣ ♦ ♥ ♠ ♣ ♦ ♥

这是将扇子旋转 360 度之后, 又重新回到左手握牌的起始位置的方法。这个花式的核心旋转技术和 **Twirl Close** 中将牌顺时针旋转的方法是一样的。你可以用这个 **Fan Twirl** 将整个扇进行旋转。

首先, 从正面看 (图 3 - 64)。将右手除了小大拇指以外的所有手指聚在一起, 然后如图 3 - 65 所示, 放到扇的中间。将左手的大拇指移走, 移到牌背 (图 3 - 66) 的同时, 右手的手指开始顺时针旋转。**Twirl Close** 的插图详细地阐述了这个动作: 首先将左手大拇指向左移, 然后再放到牌的背后。在继续转右手手指的时候, 将左手大拇指与左手四指靠齐 (图 3 - 67 到图 3 - 69)。这里 (图 3 - 69), 就是你在做 **Twirl Close** 的时候收扇动作的开始。但是这个动作要求你继续旋转右手手指 (图 3 - 70), 将左手大拇指从牌背移走, 再一次移到整副牌的前面 (图 3 - 71)。重新以左手牢牢地握住整个扇子 (图 3 - 72)。

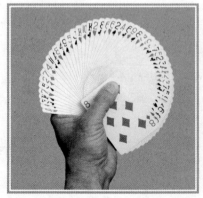

图 3 - 64

图 3 - 65

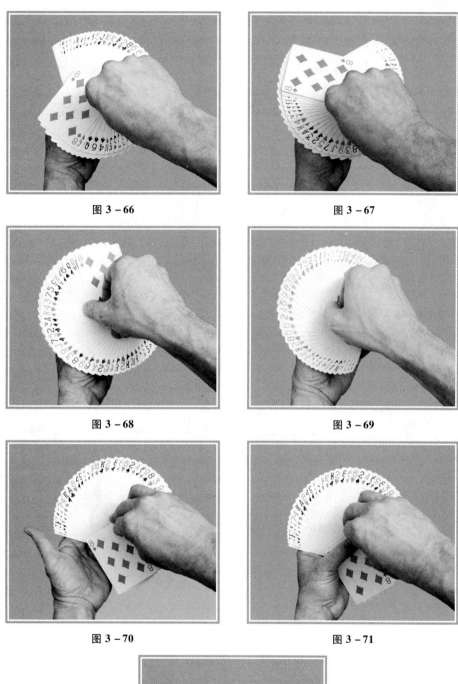

图 3 – 66　　　　　　　　　　　图 3 – 67

图 3 – 68　　　　　　　　　　　图 3 – 69

图 3 – 70　　　　　　　　　　　图 3 – 71

图 3 – 72

现在，从后面看，图 3 – 73 展示了这个动作开始时左手四指的样子。将左手大拇指移到牌的后面然后开始转扇（图 3 – 74，图 3 – 75）。左手的手指逆时针旋转帮助扇继续旋转，就像 **Twirl Close** 一样，左手手指以及右手手指相互用力。继续转（图 3 – 76 到图 3 – 79）。左手的中指、无名指和小拇指会用一到两个小动作来进行调整，左手食指不动的情况下发力，并与右手一起夹住整副牌。当扇完成了整个 360 度的旋转之后（图 3 – 80），将左手大拇指重新放回前面（图 3 – 81），最后握好扇。

图 3 – 73

图 3 – 74

图 3 – 75

图 3 – 76

图 3 – 77

图 3 – 78

图 3 - 79

图 3 - 80

图 3 - 81

Reverse Pressure Fan ♣ ♦ ♥ ♠ ♣ ♦ ♥ ♠ ♣ ♦ ♥ ♠ ♣ ♦

在一个花式流程中，用一副正常的白边牌来开一个 **Reverse Fan** 或者白扇的机会非常少。当然，如果你的目的是要给观众展示一个魔术的效果：使整副牌的数字和图案消失，那么这个花式是你需要的。或者你为了展示四色牌的开扇而使用了这个花式，这是理所当然的，但是因为篇幅限制，我在这本书中没有介绍四色牌的各种开扇方法。但是我所描述的 **Reverse Thumb Fan** 以及 **Reverse Pressure Fan** 都是属于花式的基础动作，我之所以在这本书中讲解它们，一个重要原因就是想保证百科全书的完整性。

以标准握牌将牌握住，用你的右手将整副牌向里移动（图 3 - 82，图 3 - 83）。牌的远短边处在左手的中指和无名指中间的线上。左手的大拇指需要伸直，在与牌的远短边保持平行的同时，通过压住最上面的一张牌将整副牌握住。

在右手大拇指开始握住牌的同时，将整副牌握住，然后将其挤压至中间凸起（就像做正常的 **Pressure Fan** 一样），只是这次你的右手上下调了个个儿（图 3 - 84）。将牌弯曲，在右手以逆时针画弧线的时候将牌一张一张地释放出来（弹出来）（图 3 - 85 到图 3 - 89）。慢慢练，直到你能够做出一个不错的、够圆的白扇。图 3 - 90 是图 3 - 86 的背面。

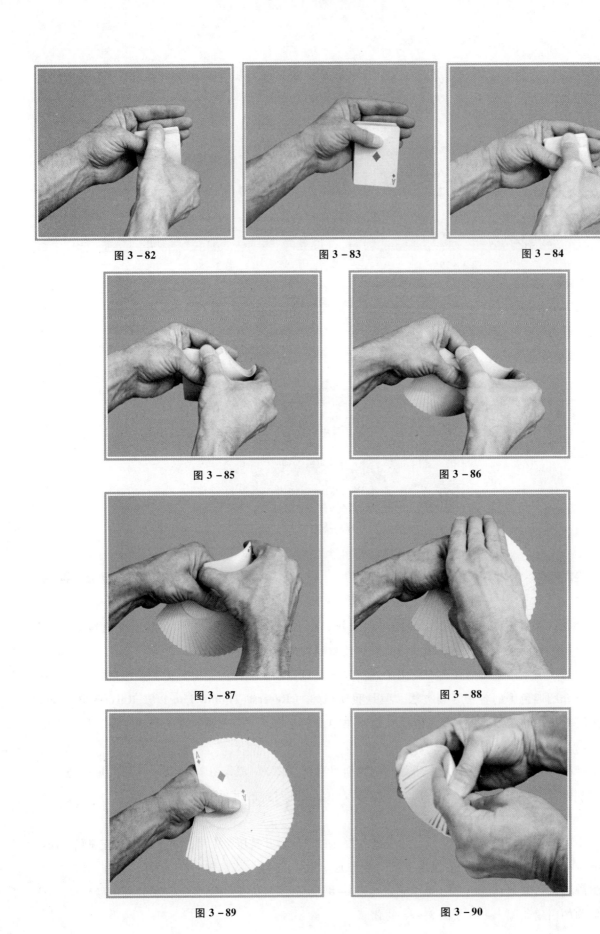

图 3 – 82 图 3 – 83 图 3 – 84

图 3 – 85 图 3 – 86

图 3 – 87 图 3 – 88

图 3 – 89 图 3 – 90

如果你要向观众展示一个全白的扇子的话，那么用你的手指就能够很容易地将牌上边的数字和图案（尤其是红桃 A 和方片 A）掩盖掉。用右手食指遮住上面牌角的数字，左手大拇指遮住下面牌角的数字，用右手大拇指或者食指遮住中间的图案。或者，用左手大拇指遮住右上角的数字，然后用右手食指和大拇指同时遮住右上角和中间的图案。再或者，直接在整副牌前面加一张白牌完事。

你能够开多大的白扇取决于牌四周的数字离牌边缘的距离。所以有一些牌，只能开很小的扇，露出一点点牌边。

Reverse Thumb Fan   ♣ ♦ ♥ ♠ ♣ ♦ ♥ ♠ ♣ ♦ ♥ ♠ ♣ ♦ ♥

以标准握牌将牌握住，用右手将牌移动到如图所示的位置（图 3 - 91）。最理想的状态就是牌的远短边处在中指和无名指中间的夹缝中。左手的大拇指需要伸直，横放在远短边的旁边。用右手大拇指将牌逆时针抹开（图 3 - 92 到图 3 - 97）。左手大拇指从始至终一直没有动过。我开 **Thumb Fan** 的时候，利用右手四指来帮助大拇指在抹牌时保持牌的整齐。现在，我利用右手食指和中指来保持开扇前牌的整齐以及开扇时牌的稳定。

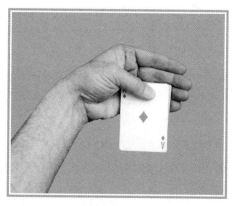

图 3 - 91

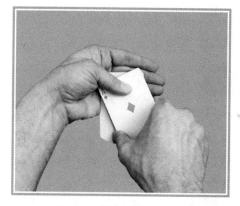

图 3 - 92

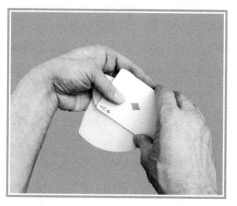

图 3 - 93

图 3 - 94

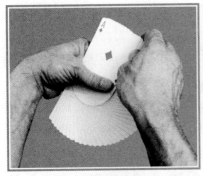

图 3 – 95

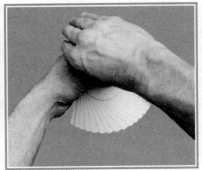

图 3 – 96

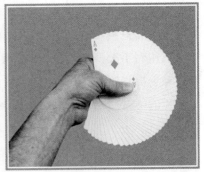

图 3 – 97

One – Hand Reverse Close ♣♦♥♠♣♦♥♠♣♦♥

图 3 – 98 到图 3 – 102 从前面展示了这个收扇的动作。就跟图上所展示的一样，手指的动作都在扇子后面悄悄地进行。将小拇指和无名指弯曲，牢牢地按住整个扇子最后面的牌（图 3 – 104）。通过将小拇指和无名指伸直来将扇子收起来（图 3 – 105）。同时，要将你的手腕向左手大拇指方向甩一下，让牌获得足够的惯性来完成整个收扇动作（图 3 – 106，图 3 – 107）。之所以你的手腕需要甩一下，是因为一般情况下，在收反扇的时候你都必须要克服重力来将扇子收起来。如果你想让这个收扇的效果看上去更好的话，你也必须要使用手腕。

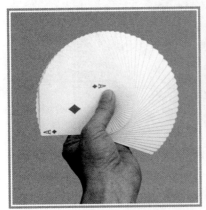

图 3 – 98

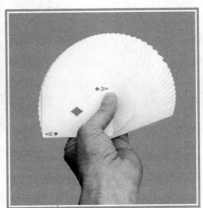

图 3 – 99

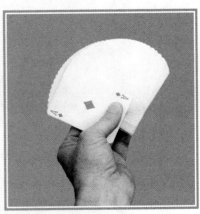

图 3 – 100

图 3 – 101

图 3 – 102

就像普通的单手收扇一样，用很快的速度完成整个动作，观众就会看见从图 3 – 98 一下子跳到了图 3 – 102。

你也可以用反扇来做 **Fan Twirl** 或者 **Twirl Close**。但是如果是用普通的纸牌，我觉得用反扇来完成这些动作没有任何意义。四色牌就另说了，这需要你自己去权衡。

图 3 – 103

图 3 – 104

图 3 – 105

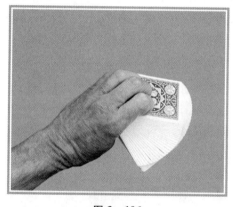
图 3 – 106

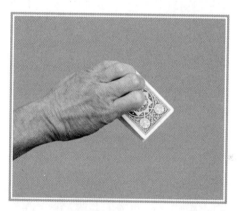
图 3 – 107

Left – Hand One – Hand Indices Fan ♣ ♦ ♥ ♠ ♣

左手上开的能看到纸牌点数的扇子以及右手上的白扇是我们通常所指的"反扇"。而在右手上开出来的能看到纸牌点数的扇子和左手的白扇则是"正扇"。为了理解起来更简单，我会管能够看到点数的扇子叫"点数扇"，而管不能看到点数的扇子叫"白扇"。这话听起来是有点别扭，但是很容易理解。等到你明白这些扇子的原理之后，你想怎么叫就怎么叫。只是为了纸牌花式的话，你也许永远不用在左手开白扇，所以我也就不在这本书进行教学了。但是如果你想玩转四色牌的话，那么不管是左手还是右手，点数扇还是白扇，你都要学会（当然，如果是四色牌的话，你就要给观众展示牌背了，而不是牌的点数）。如果你想知道左手白扇是什么样子的话，从镜子里看我教给你的 **Right – Hand One – Hand Indices Fan** 吧，方法以及手指的动作都是一样的。

我将会教给你两种截然不同的开单手扇的方法。乘以两只手，你就能学会四种开扇。除去左手白扇，在这本书当中我会讲述三种单手开扇。本质上来说，**Right – Hand One – Hand Blank Fan** 和

Left – Hand One – Hand Indices Fan 是一模一样的。那么，为什么我还要特意辟出一节来教这个动作呢？最主要的原因是左手和右手开扇的感觉是不一样的，因为你是用左手握牌的，所以往往你左手对牌的控制力会比右手好一些。你要相信我——这个看上去多余的举动，从长远上来看一定会有所帮助。加上因为我删除了一个花式，所以有的是地方——删除的花式就是空手出牌经常会用到的 **Smear Fan**，这种开扇的形状一点都不圆，作为花式来说真是难看极了。

我所创造的 **Right – Hand One – Hand Indices Fan** 是革命性的开扇。据我所知，在我的单手扇诞生之前，所有的开扇都是平庸至极毫无亮点的 **Smear Fan**。

首先，我介绍的是左手版本的点数扇。如果你已经能够完成 **One – Hand Close** 的话，那么就将 **Left – Hand One – Hand Indices Fan** 想成是收扇动作的倒放。

图 3 – 108 和图 3 – 109 分别从前后展示了这个开扇的准备动作，只有食指和中指触碰到了牌的背面。大拇指尖放到正面朝上的牌的牌角上。大拇指和牌的短边平行。

将四指伸直（图 3 – 110 到图 3 – 112），然后将食指弯曲来完成整个开扇动作（图 3 – 113）。将食指弯曲，把最后面的几张牌向里拉，从而形成一个圆形的扇子。将大拇指向右拉也能够让扇子开得更大。图 3 – 114 到图 3 – 118 从后面展示了整个开扇动作。注意你的左手食指往回拉的那个动作。不断重复练习能够让你开出更大、更圆、更均匀的扇子。

图 3 – 108

图 3 – 109

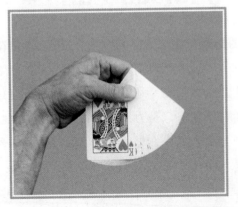

图 3 – 110

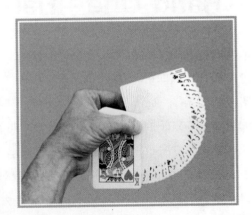

图 3 – 111

图 3 – 112

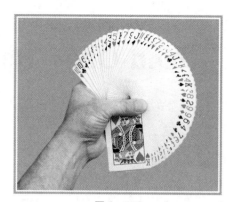

图 3 – 113

图 3 – 114

图 3 – 115

图 3 – 116

图 3 – 117

图 3 – 118

Right – Hand One – Hand Blank Fan ♣ ♦ ♥ ♠ ♣

　　这个花式跟上一个花式是一模一样的，唯一不同的就是要换另一只手来做这个动作。我建议大家先用半副牌来练习，这会比你用整副牌更简单一些。用这种开扇的方法，在你学会 **Right – Hand One – Hand Indices Fan** 之前，你就可以利用牌的牌背做出漂亮的 **Twin Fans** 了。

　　图 3 – 119 到图 3 – 123 从正面展示了开这种扇的完整动作。从后看，注意在扇子被打开时手指的伸直动作（图 3 – 124 到图 3 – 128）。记住利用弯曲你的食指来完成这个花式。如果你将这个扇子开得太大了，那么牌四周图案的一小部分也许会露出来，这样的话就达不到白扇的效果了。当然，如果你给观众展示的是牌背，那么尽你所能，把扇子开得越大越好。但是用半副牌，你永远开不出完全的白扇，这就是另一个如果你用这种方法开扇，最好用牌背展示 **Twin Fans** 的原因。可是如果你用牌面展示，两个扇子就不对称了，整个 **Twin Fans** 的美感也就被削弱了。所以做 **Twin Fans** 最好的方法还是两个扇子都开出牌角的数字。牌背朝观众的话两种方法都很美观。

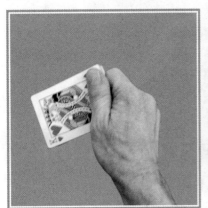

图 3 – 119

图 3 – 120

图 3 – 121

图 3 – 122

图 3 – 123

图 3 – 124

图 3 – 125

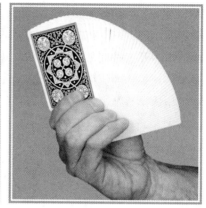

图 3 – 126

图 3 – 127

图 3 – 128

　　Double Fan Shuffle 会用到这个扇以及之前讲过的单手扇来进行洗牌。最常见也是最简单的利用 **Double Fan Shuffle** 进行的假洗牌，就是很简单地将两个扇子一前一后地合起来。如果你将牌面对着观众来做这个假洗牌，那么你应该使用 **Left – Hand One – Hand Indices Fan** 和 **Right – Hand One – Hand Indices Fan**。

Right – Hand One – Hand Indices Fan ♣ ♦ ♥ ♠

　　我从来没有在别的书中看到过这种开扇的方法。我之所以创造出这种开扇的方法，是因为在我看来，用任何一种方法开出来的牌面朝向观众的 **Twin Fans** 都是很糟糕的：如果两个扇开得都很圆，那么右手的扇就会是一个白扇；如果双手都把牌角的数字展示了出来，那么右手开得一点都不圆的 *Smear Fan* 会使整个 **Twin Fans** 的美感大打折扣。当然，如果你将牌背朝向观众，那么只要开得圆就都没有问题。但是，怎样在将两个扇子都开圆的情况下，展示出牌角的数字呢？第一，你可以用四个牌角都有数字的牌。或者你也可以在左手连开两个 **Thumb Fan**，然后将上面那个拿到左手上去，就跟*Peel – Away Fan* 或者 *Rising Fan* 的方法是一样的。再或者，你可以使用我独一无二的原创 **Right – Hand One – Hand Indices Fan** 加上 **Left – Hand One – Hand Indices Fan**，来开出一个完美的 **Twin Fans**。

　　我们比较常见的右手单手扇是空手出牌时做分裂扇以及普通开扇的理想方法，但是跟这个方法比起来，它不过是一个劣质品而已。

开这个扇的起手姿势十分重要，如图所示（图 3-129 到图 3-131，我从三个角度展示了这个开扇的握牌）。你的大拇指在与牌的短边平行的位置握住整副牌。左手的大拇指按住牌面没有数字的一角，同时将其作为开扇过程中的转动中枢。如果你的大拇指不是特别的短，那么需要将你的左手大拇指稍稍弯曲一下。如果你的大拇指真的太短了，那么就用整个大拇指贴住牌面。不管发生什么，你的大拇指与牌的短边始终保持平行。

图 3-132 到图 3-135 从正面展示了这个开扇的完整动作。大拇指一直作为一个旋转点，在图 3-135 之前一直没有动过，直到最后，大拇指稍稍向右移动一点，让整个扇子开得更大。最后，大拇指向右拉的那个动作是整个开扇动作中唯一一点和普通的 *Smear Fan* 相似的地方。图 3-136 到图 3-139 从后面展示了整个的开扇动作。牌的后面才是整个开扇动作发生的地方。右手的小拇指在开扇过程中向下拉，然后是无名指，接着是中指，最后是食指。在整个动作的最后将大拇指向四指反方向压，使得整个扇子开得更大。

整个开扇的关键就是保持大拇指到开扇的最后一刻一直不动。这个扇子不像 *Smear Fan* 整个开扇动作是由大拇指来完成的。这个开扇和 **Left-Hand One-Hand Indices Fan** 很像，**Left-Hand One-Hand Indices Fan** 也是在四指开扇的时候，将大拇指稳稳地放在了靠近牌的短边与之平行的位置。

如果我说了这么多，但是你还是不知道怎么开这个扇，那么试试这样：用半副牌在左手开一个 **Reverse（Blank）Fan**。然后做 **One-Hand Reverse Close**。最后你试着将整个动作反过来，就能重新开出一个白扇。另半副牌用右手来完成这动作的最后一部分，一个 **Right-Hand One-Hand Indices Fan** 就开了出来。

图 3-129

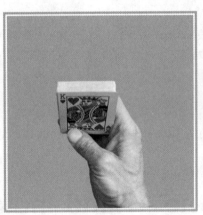

图 3-130

图 3-131

图 3-132

图 3-133

图 3 - 134

图 3 - 135

图 3 - 136

图 3 - 137

图 3 - 138

图 3 - 139

Twin Fans ♣ ♦ ♥ ♠ ♣ ♦ ♥ ♠ ♣ ♦ ♥ ♠ ♣ ♦ ♥ ♠ ♣ ♦ ♥ ♠ ♣ ♦

现在，你的两只手都能做出很圆的、同时露出牌角数字的开扇了。现在有好几种选择，是避开做图 3 - 140 的扇，还是不做图 3 - 141 和图 3 - 142 的扇，又或者以图 3 - 143 为标准开出一对正确的 **Twin Fans**。

就像你所看到的那样，**Twin Fans** 果然还是用两个牌面朝上同时开成圆形的扇子组合起来最好看。

Paddlewheel Cut 是一种不错的、事先将牌分成两叠的方法，分完之后，再展示你的 **Twin Fans**。但不要忘记用 **Paddlewheel Cut** 切到两叠牌都牌面朝上的时候再开扇。将左手的牌移动到开 **Left – Hand One – Hand Indices Fan** 的起始位置，将右手的牌移动到开 **Right – Hand One – Hand Indices Fan** 的起始位置。只是用拨牌的短边来将牌分成两叠这种方式也是一个不错的选择。但是需要避免的是在把牌分成两叠之后、开成扇子之前双手过分地整理牌。找到属于你的最美观且有效的分牌方法，不要忘记分开的同时要让两叠牌整齐地放在手上，并摆出开扇的起始姿势。

　　最后利用和 **Double Fan False Shuffle** 同样的方法将两叠牌收起来。

图 3 – 140

图 3 – 141

图 3 – 142

图 3 – 143

S Fans ♣♦♥♠♣♦♥♠♣♦♥♠♣♦♥♠♣♦♥♠♣♦♥♠♣♦♥♠

　　S Fans 是展示 **Twin Fans** 的另一种方式。我们从这个花式的名字上进行分析：这个开扇是让你用纸牌开出字母 "S" 的形状。开得好的 **S Fans** 看起来十分华丽。

　　你可以先做出一个 **Twin Fans**，然后将两个扇子移动，拼成一个 "S"；或者，你也可以将两叠分好的牌重叠，然后同时开出来，看起来好像两个扇子是从同一个地方发散出来的。我更倾向于用后者，因为这样开才能看出这个花式和 **Twin Fans** 明显的区别。

　　现在有不少的问题：你的双手是正着开扇还是反着开，是做出一个连在一起的 **S Fans**，还是做出以一张牌作为中心的 **S Fans**？到底是牌背朝上开，还是牌面朝上开这个扇子？但是这些问题并不像听起来这么复杂——你只需要掌握一种，最多不过两种开 **S Fans** 的方法足矣。

图 3 – 144 展示了牌面朝上的、同时以一张牌作为两个扇子的中心的 **S Fans**。你需要牌面朝上，在前用左手做出一个 **Left – Hand One – Hand Indices Fan**；同时，在后用右手做一个 **Right – Hand One – Hand Indices Fan**。认真小心地将两个扇子叠在一起。将左手大拇指摆在右手扇子顶牌的牌角位置，施加压力，这样能够使这个扇子变得更加坚固、稳定。左手用 **One – Hand Close**，同时右手用 **One – Hand Reverse Close** 将两个扇子收起来。收扇子的同时，记得保持中间的那张牌不动，这样的话两个扇子会同时以那张牌为核心消失。还有一点需要注意的就是：收牌时应该在两叠牌的中间用右手食指将两叠牌隔开，这样右手收扇的时候才不会被妨碍到。

图 3 – 145 展示了牌背朝上时，开出连在一起的 **S Fans**。你需要做一个 **Left – Hand One – Hand Indices Fan** 和一个 **Right – Hand One – Hand Blank Fan**。之后将右手扇的底牌放在左手扇的顶牌上面。将两个扇子摆好。就像你看到的一样，这种连在一起的 **S Fans** 是没有中间的核心牌的。

如果你能做出一个有核心牌的 **S Fans**，千万不要以牌背向上做这个花式，正确的方法是像图 3 – 144 一样牌面朝上。我推荐大家这样做是为了避免出现不好看的 **S Fans**。

图 3 – 144

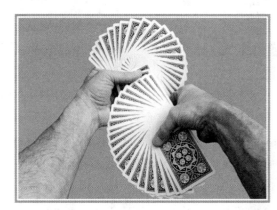

图 3 – 145

收连在一起的 **S Fans**，你只需要像图 3 – 146 到图 3 – 149 一样，将两个扇子同时向中间推过去就可以了。你也可以尝试着两个手同时做单手收扇，但是单手收扇的同时你必须在两叠牌之间用手指隔开，加上右手的收扇动作是向离中心远的方向，所以我并不推荐这么做。

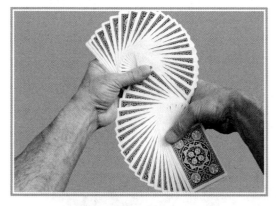

图 3 – 146

图 3 – 147

图 3 – 148   图 3 – 149

我再简要地重述一下 **S Fans** 的动作要领：事实上，真的只有两种看起来不错的 **S Fans**，并且它们各有一种不错的收扇方法。牌面朝上的 **S Fans** 需要有一个核心牌在中间，收扇的时候，你需要双手同时做单手收扇。牌背朝上的 **S Fans** 需要两个扇子连在一起，收扇的时候需要将两个扇子向交接的地方推。或者，你干脆避开图 3 – 145 的版本，只做图 3 – 144 的牌面朝上的版本。

Card Circle ♣ ♦ ♥ ♠ ♣ ♦ ♥ ♠ ♣ ♦ ♥ ♠ ♣ ♦ ♥ ♠ ♣ ♦ ♥ ♠ ♣

首先你要在你的左手上开一个完美的 **Pressure Fan**（图 3 – 150）。将你的右手大拇指、食指、中指以及无名指的指尖放到整个扇子的中间（图 3 – 151），就跟你准备表演 **Fan Twirl** 似的。实际上，把 **Card Circle** 想象成不带旋转的 **Fan Twirl**，也许能够帮助你学习这个动作。你必须用你的右手手指做出像旋转一样的动作，才能使牌展得更远、更广，使整个扇子延伸成一个圆。

将左手的大拇指移走（图 3 – 152）。将右手四指以及大拇指向下按的同时顺时针旋转（图 3 – 153）。左手的四指在扇子底下不动，像一张桌子一样，给予右手五指展开的扇子向上的压力。继续旋转你的右手五指，将扇子的牌继续展，直到将整个扇子展成一个圆为止（图 3 – 154，图 3 – 155）。现在你可以将你的左手大拇指放到顶牌的右长边上（图 3 – 156），然后只用你的左手将牌握住。图 3 – 157 和图 3 – 158 提供了另外两种展示圆扇的方法。图 3 – 157 展示了一个只能在左手处于水平位置时才能完成的展牌动作，这时候只有用重力将牌固定在手里。图 3 – 158 利用右手食指提供压力，使得圆扇能够停在手上，同时将牌面展示给观众。

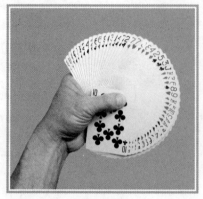
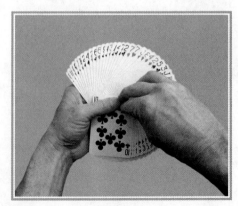

图 3 – 150   图 3 – 151

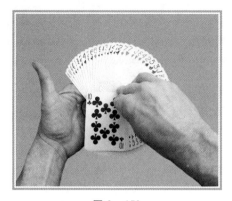

图 3 - 152

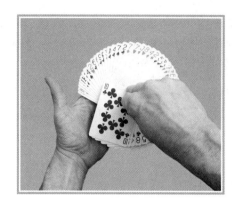

图 3 - 153

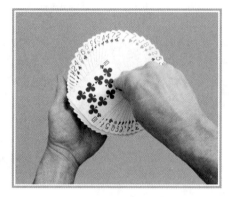

图 3 - 154

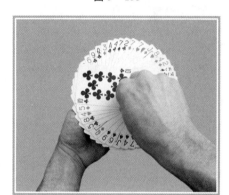

图 3 - 155

图 3 - 156

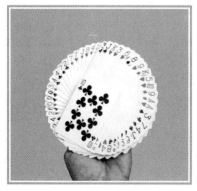

图 3 - 157

图 3 - 158

如果观众离你很近的话，你可以尝试仅用一根食指来平衡整个圆扇。就像杂耍一样，将整个扇子牌面朝下放到你右手的食指指尖上去。但是，你可不能仅用一根食指就平衡一个 **Giant Circle**。

收 **Card Circle** 的方法和 **Fan Twirl Close** 最后部分的动作是一模一样的。从图 3-155 开始，继续将牌顺时针旋转（图 3-159，图 3-160），现在你的目的就是找到这个圆扇的"尾巴"。一旦圆扇的最后一张牌移过了你的左手无名指和小拇指，就用这两个手指作为牌逆时针旋转的挡板，从而把牌收到一起（图 3-161 到图 3-164）。

其实还存在着一些像是连在一起的圆扇，但是我觉得它们没太大的价值。如果你想知道更多的话，去看看这本书开扇部分的后记吧。

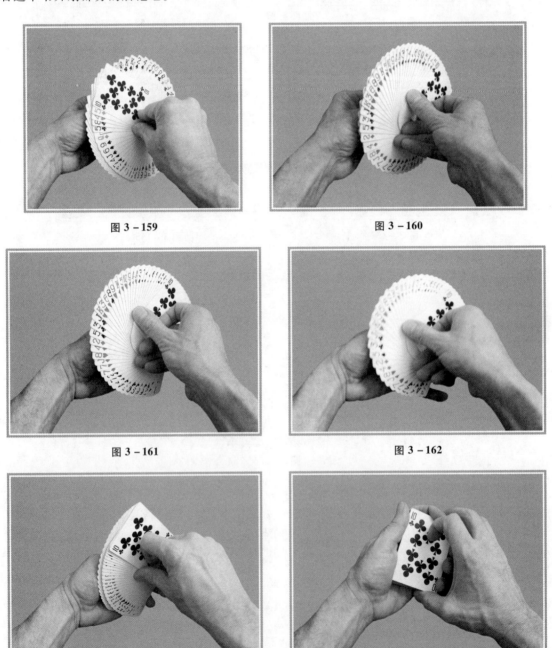

图 3-159 图 3-160

图 3-161 图 3-162

图 3-163 图 3-164

Fan Within a Fan ♣ ♦ ♥ ♠ ♣ ♦ ♥ ♠ ♣ ♦ ♥ ♠ ♣ ♦ ♥ ♠ ♣

这和 Dodson 的 "*Two Fans in One Hand，One Large，One Small*" 是一样的。首先，先用整副牌的后半副做出一个 **Thumb Fan**（图 3 – 165 到图 3 – 168）。之后，用右手的食指和大拇指将剩下的半副牌握住（图 3 – 169），然后将这半副牌向前抬，直到你的左手小拇指能够插入两叠牌的中间（图3 – 170，侧视图）。你刚刚用你的右手食指和大拇指将前面半副牌往前抬了，所以这时要保证你的左手大拇指牢牢地按住顶牌。接下来伸出你的左手小拇指，插进两叠牌的中间。右手四指在牌的一侧，大拇指在牌的另一侧面，将前面半副牌逆时针旋转到扇子左边，如图 3 – 173 所示的位置（图 3 – 171 到图 3 – 173）。然后左手大拇指再一次牢牢地握住牌，但是这一次是作为第二个扇子的旋转点。然后我们的左手小拇指，完成了它分隔两叠牌的任务，就可以退居二线放回扇子后面支撑整个扇子（图 3 – 174）。接下来，用右手大拇指和四指握住被推回来的位于上面的半副牌（图 3 – 175）。然后用这半副牌做出一个小的 **Thumb Fan**（图 3 – 176 到图 3 – 180）。最后试着将两个扇子牌角的数字调整得更好看一些。

在两个扇子都开得十分完美的情况下，这个花式的效果才能完全体现出来。在开这个扇子的时候，你可能会遇到这样一个问题：在你的左手大拇指跟着前面的半副牌顺时针向右转的情况下，小扇子有可能会开不出来。但是，只要在开小扇之前，用你的右手四指把牌弄成斜面就能解决这一问题。

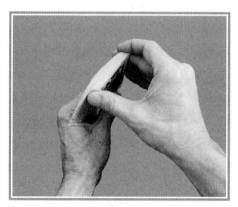

图 3 – 165

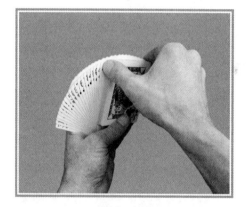

图 3 – 166

图 3 – 167

图 3 – 168

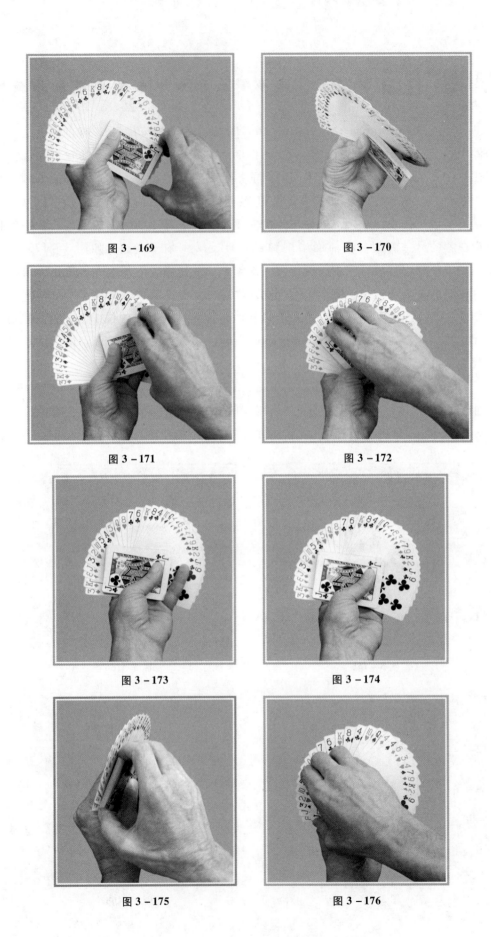

图 3 - 169

图 3 - 170

图 3 - 171

图 3 - 172

图 3 - 173

图 3 - 174

图 3 - 175

图 3 - 176

图 3 - 177

图 3 - 178

图 3 - 179

图 3 - 180

收扇的方法是：首先对后面的扇子做一个 **One - Hand Close**（图 3 - 181 到图 3 - 183）。经过不多的练习，你就可以在不影响前面小扇的情况下将后面这个扇收好。然后用右手抓住后面的那叠牌（图 3 - 184）。接着做一个 **Right - Hand One - Hand Indices Fan**。接下来将留在左手的小扇子用一个 **One - Hand Close** 收起来。最后对着右手的扇子做一个 **One - Hand Reverse Close** 作为整个花式的终结。

图 3 - 181

图 3 - 182

图 3 – 183

图 3 – 184

或者你可以做一个众所周知的 *Fan – Away Pack* 或 *Continuous Front – Hand Fan Production*（前者为消失一叠牌，后者为空手出牌的一种手法），使这个花式有一个魔术效果的终结。再或者，你也可以做个 **S Fans** 这样的需要用到两个扇子的花式。

你还可以试着用一个 **Left – Hand One – Hand Indices Fan**，将你用 **One – Hand Close** 收起来的后面半副牌重新打开。在做出 **Fan Within a Fan** 之后，用 **Twirl Close** 作为结尾会使得这个花式更加绚丽，这也能够使你的两个扇子始终保持整齐。

Giant Pressure Fan ♣♦♥♠♣♦♥♠♣♦♥♠♣♦♥♠

你要先学会完美洗牌，然后才能开出 **Giant Pressure Fan**。因此，我先介绍怎样进行完美洗牌（简称为"织牌"）。这种洗牌方法在其他书里也能找到。已经掌握桌面完美洗牌的读者，你还要学习怎样在双手之间来表演这个动作。而已经能够在双手之间完成这个动作的读者，就可以跳过前十幅图及前几段话。我进行完美洗牌的方法尤其适用于开大扇，因为完成完美洗牌之后你是用左手握住的牌，而这种握牌姿势则刚好是开大扇的起始姿势。

Bill Turner 管这种织牌叫"表演级鸽尾洗牌"，大概因为觉得这种织牌本身亦可作为一种花式来进行表演，而不只是为 **Giant Pressure Fan** 做的准备动作。但是我觉得这种洗牌还没到可以单独拿出来表演的程度。因此，我在这里先介绍它，而在"双手洗牌"一章当中，就不另作介绍了。

用近似标准握牌的握牌方式将牌握住，牌面朝上，左手各指指尖拿住牌（图 3 – 185）。把牌分为两半，用大拇指估测两半牌的数目近似相等（图 3 – 186）。左手小拇指和右手食指分别保证两叠牌不散开。想要成功地完成完美洗牌，必须保持两叠牌都非常整齐。左手食指顶住左手握住的那半副牌的上端（图3 – 187）。将右手的那半副牌上移，移到左边那半副牌的上面，两叠牌对齐（图3 – 188）。同时，右手的半副牌稍微给左半副牌一些压力，左手食要顶住两叠牌交接的地方，同时给予压力使两半副牌稍稍弯曲，其偏离原来的地方大约四分之一英寸（仍然是图 3 – 188）。对上下两叠牌相互用力，因为左手食指的关系，两叠牌所产生的力的角度会稍稍错开一点。之后左手食指慢慢弯曲（图 3 – 189），牌就会开始织在一起。织牌完后，将两叠牌稍作调整（图 3 – 190，图 3 – 191）。没掌握窍门前，这个动作看似是不可能完成的，但是一旦掌握了窍门，做起来就简单了。

图 3 – 185

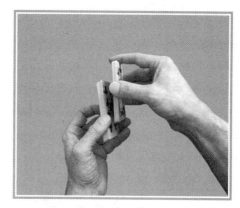

图 3 – 186

图 3 – 187

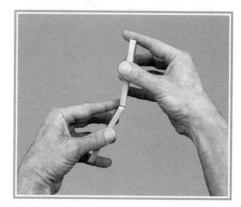

图 3 – 188

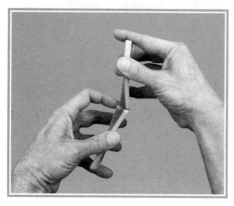

图 3 – 189

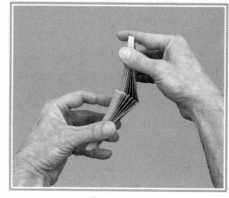

图 3 – 190

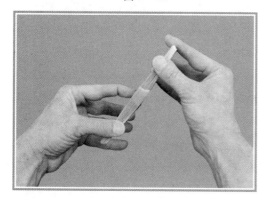

图 3 – 191

图 3 – 192

说实话，虽说是完美洗牌，但是如果你只是为了开一个大扇子的话，那么这个完美洗牌并不一定要做到一张隔一张这样的完美。左手中的半副牌应该比右手中的多两三张，这样洗牌之后，最顶上的一张和最底下的一张就都在左手了，如果不在左手，那么就用左手大拇指和食指把它们拉下来。

当两叠牌被洗到一起之后，将右手的那半副牌向右移动三分之一英寸（图3-192），然后将整副牌以图3-193的姿势握好。将上面的半副牌向右移动是为了让观众看到更多的下半副牌的点数。注意在开始开扇之前，你的小拇指始终顶放在牌的最下面，来保持牌的整齐。还有一点，就像开单层扇一样，开扇之前要将牌向大拇指方向扳一下。

现在来做一个 **Giant Pressure Fan**（图3-194到图3-200）。如果你的手不够长，没法在四指触碰

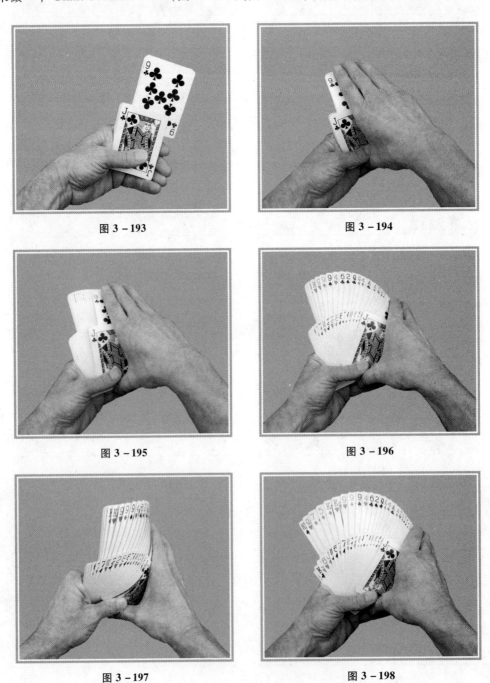

图3-193

图3-194

图3-195

图3-196

图3-197

图3-198

图 3 - 199   图 3 - 200

到牌的顶端的情况下让大拇指触碰到牌的最下端，那么我觉得你更适合去开 **Giant Thumb Fan**。整个开扇过程当中，你要始终将牌牢靠地握在手中。如果上半层的牌掉了下来，那么你需要握得更紧一些，或者将上半部分牌更深地插进下半部分牌。

Giant Thumb Fan ♣ ♦ ♥ ♠ ♣ ♦ ♥ ♠ ♣ ♦ ♥ ♠ ♣ ♦ ♥ ♠ ♣

将牌织在一起（图 3 - 201）。将上半副牌向右移动一小点，然后将牌向左扳（图 3 - 202）。右手大拇指在下面半副牌，和开普通的大拇指扇一样打开一个 **Thumb Fan**（图 3 - 203 到图 3 - 208）。保证你的右手食指和中指在整个动作当中都顶着上面半副牌的右长边。

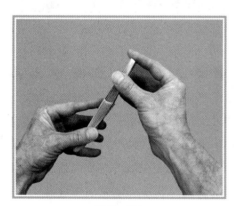

图 3 - 201   图 3 - 202

图 3 - 203   图 3 - 204

图 3 – 205

图 3 – 206

图 3 – 207

图 3 – 208

Giant Angle Fans ♣♦♥♠♠♣♦♥♠♠♣♦♥♠♠♣♦♥♠♣

对于这些个扇子，你既可以用开 **Thumb Fan** 的方法，也可以用开 **Pressure Fan** 的方法。但是，如果你用的是很常规的纸牌的话，我建议你还是使用 **Pressure Fan** 的方法，因为这样开出来的扇子会更均匀一些。当然如果你想用很贵的专门用来开扇的纸牌，你最好选择不怎么毁牌的 **Thumb Fan**。

图 3 – 209 是背面朝向观众的最难看的一种大扇子。这种开扇是建立在两叠牌完全齐平的情况下，也就是说上半副牌并没有向左右移动，更没有与下面半副牌成一定的角度。

接下来，图 3 – 210 展示的是开大扇之前，将上半副牌向左移动八分之三英寸的情况，图 3 – 211 则是将上半副牌向右移动八分之三英寸的情况。图 3 – 212 是将上半副牌向右偏转 45 度的结果。图 3 – 213 是将上半副牌向左偏转同样角度的结果。

牌面朝外的话，其他的可能性就会出现。比如，第一个图 3 – 214，也是最没看点的那个，上面的半副牌会挡住下面半副牌的一部分点数。而图 3 – 215 的扇子就变得很吸引人了，这个扇子是将上半副牌向右移动了半英寸的结果。图 3 – 216 展示了一个更吸引人的大扇，这个是怎样开出来的呢？首先将上半副牌向右移动半英寸，然后再向左旋转大概 30 度。图 3 – 217 则是一个 "*Poor Man's Fan Within a Fan*"，是通过将上半副牌更深地插进下半副而得到的。

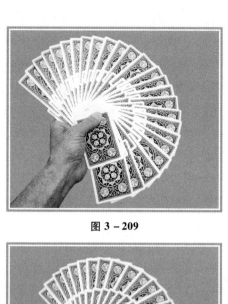

图 3 – 209

图 3 – 210

图 3 – 211

图 3 – 212

图 3 – 213

图 3 – 214

图 3 – 215

图 3 – 216

图 3 – 217

图 3 – 218

图 2 – 218 展示的扇子则是为了让观众从远处看，认为整个扇子是由比正常尺寸更长的牌组成而设计的。把牌织到一起之后将上半副牌向左移，稍微转动一点就能够在开扇之后完全挡住下面半副牌的点数。这是完成已很少见的"缩小的牌"的效果的不二选择。

用四色牌的话，你就能开不知道多少种不同的大扇了。而对于普通牌来说，大反扇毫无看点可言。还有一点，不用我说你也知道，你没必要连续不断地展示一大堆不同的 **Giant Angle Fans**。

One – Hand Giant Fan ♣ ♦ ♥ ♠ ♣ ♦ ♥ ♠ ♣ ♦ ♥ ♠ ♣ ♦

这是完完全全用单手完成的大扇子。假设你用左手握牌，首先做一个 **Turning One – Hand Shuffle**，然后用你的大拇指将左面半副牌向右向里移动。接下来将手转过来，纸牌也就变成了牌面朝上。当这些动作完成之后，你只需要做一个 **One – Hand Giant Fan** 就解决了。我没法跟你保证这个花式是难还是简单，之后我会告诉你一个利用这个花式完成的魔术效果，虽说有悖于我所说过的"在这本书里不讨论魔术"。最后，我会告诉你这个花式的最普遍用法：用双手织牌之后单手开扇。

偷偷将底牌反过来。在整个过程当中，将你的右手放在身体的右侧。右手不用做任何的工作，唯一需要做的就是强调这个效果是完全用单手完成的。开一个牌面朝下的 **Left – Hand One – Hand Indices Fan**。递给观众让他们随便选一张牌，记住这个时候不要暴露你将底牌翻了过来。然后做一个 **One – Hand Close**。当观众查看被选牌的时候，你偷偷将整副牌反过来。保证牌在你的左手不要散开，让观众把选牌放回来，保证不要露出已经被反过来的牌，同时注意不要让观众将牌放到牌顶或者牌底。将左手藏到身后，将顶牌反过来，然后再将整副牌翻成牌面朝下。现在整副牌都是牌面朝下，只有观众的选牌牌面朝上。如果观众的选牌在上半副牌当中，那么什么也不用做。但是如果选牌在下面半副牌当中，那么用上面十几张做一个 **Charlier Pass**。你的目标就是让选牌位于上半副牌的中间位置。将左手从身后拿出来，给观众看没有任何事情发生。很快再将你的左手放回身后，然后做一个完全由单手完成的大扇子。将整个扇子从身后拿出来，你会发现在扇子上面那一层，有一张牌反了过来。让观众告诉你他选的牌，然后将牌展示出来。这个魔术的第一部分，让选牌反过来是完全不需要手法的。但是第二部分，就是在背后开完全单手的大扇子部分，那是相当困难的。你的手越快从身子后面带出开得特别好的扇子，这个魔术的效果就越好。首先在身体前面练习这个动作。要确保每次都能在身后很快地开出一个很圆很好的大扇，这需要相当多的练习。

现在，我来讲解一下适合大多数人平常使用的单手大扇。用双手将牌织好。将下半副牌放到左手当中，就像在做一个一般的 **Left – Hand One – Hand Indices Fan**（图 3 – 219）。握紧牌，千万不要让上半副牌掉下来。将上半部分牌插得更深也有一定帮助。注意大拇指是和短边平行的。和 **Left – Hand One – Hand Indices Fan** 做相同的开扇动作（图 3 – 220 到图 3 – 222）。你也可以试试这样：将两叠牌洗到一起，然后放到左手，准备开单手大扇。用右手将两张牌弄下来。然后在左手慢慢开扇的时候，你的右手可以表演两张牌的杂技抛接牌。将扇子收起来，接住两张牌来结束这套动作。

我认为，用普通的纸牌完成大扇的 **Twin Fans** 是很难得一见的。因为用一副牌并不能够让双手都开出好看的大扇。如果你选择使用一副加量版的、有八十张牌的开扇，或者使用用胶水粘好的大扇，做 **Twin Fans** 时就都能取得不错的效果。

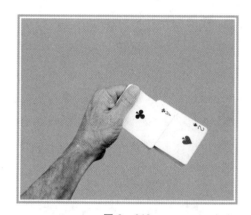

图 3 – 219

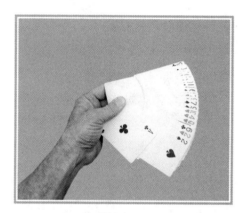

图 3 – 220

图 3 – 221

图 3 – 222

Giant Circle ♣ ♦ ♥ ♠ ♣ ♦ ♥ ♠ ♣ ♦ ♥ ♠ ♣ ♦ ♥ ♠ ♣ ♦ ♥ ♠ ♣

首先用完美洗牌将牌洗到一起，之后作一个 **Giant Pressure Fan**（图 3 – 223，图 3 – 224）。将右手的四指收紧，然后放到小扇子的中间（图 3 – 225）。给小扇子提供足够的压力，这样你的左手大拇指就可以从小扇子上移走（图 3 – 226）。将左手的大拇指放到整个扇子的后面（图 3 – 227）。然后右手在前顺时针、左手在后逆时针旋转，这样的话，整个扇子会向外延伸，开得更广（图 3 – 228，图 3 – 229），直到你开出了一个圆扇（图 3 – 230）。但是事实上，你只是开了一个很大很大的扇子，并没有成圆，因为在你的两手之间有一个没有牌的区域。通常来说，如果你不是想把整个扇子放到桌子上的话，就尽可能地将扇子开得越大越好。但是书中描述的这个扇子就已经足够圆、足够大、足够震撼，而且你很容易就能收起这个扇子。如果你觉得有必要，也可以用打开单层圆扇的方法打开这个 **Giant Circle**，但是记住，**Giant Circle** 的稳定性肯定没有单层的圆扇好。你可以试试用图 3 - 217 的 "*Poor Man's Fan Within a Fan*" 来开 **Giant Circle**，这样整个扇子的稳定性能够提升不少。

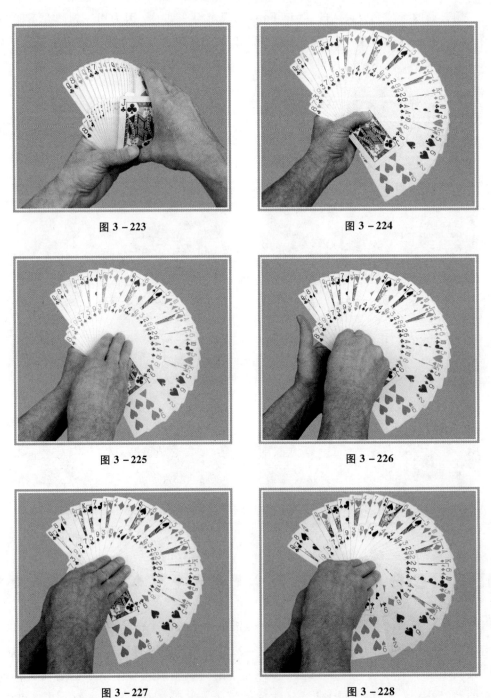

图 3 - 223

图 3 - 224

图 3 - 225

图 3 - 226

图 3 - 227

图 3 - 228

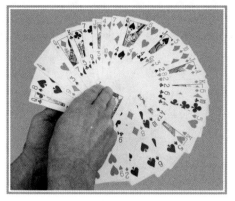

图 3 - 229

图 3 - 230

Closing Giant Fans and Circles ♣ ♦ ♥ ♠ ♣ ♦ ♥ ♠

　　当你手中已经开好了一个大扇（双层扇）之后，你可以用标准的 **One – Hand Close**，或者也可以使用更加华丽的 **Twirl Close**（图 3 - 231 到图 3 - 244）。这两种收扇方法的技巧和收普通的扇子是一样的，除了一点需要注意的是，你必须时刻保持扇子的稳定，提防扇子上面一层牌掉落。实现这个目标的方法有：将扇子握得更紧一些，将扇子外层的牌插进内层更深一些，还有在内层的扇子比在外层的扇子多放一两张牌。

　　还有一种很流行的收大扇子的方法，它有几个不同的名字，比如 "*The Ripoff*" 和 "*The Tear Away*" 指的都是这种收扇方法。先开一个大扇（图 2 - 245）。这个扇子的外层插进内层四分之一英尺就足够了。右手靠近牌的右端（图 3 - 246）。用右手开始移走外层的牌（图 3 - 247），右手继续扫向左侧，在移动过程中将外层的牌全都收到右手中（图 3 - 248 到图 3 - 251）。将右手里的牌整理好，之后你可以用这些牌再开一个单手扇（图 3 - 252），也可以在左手展示扇子的时候，右手作一些单手切牌等等。

　　在手握大圆扇的情况下，你可以选择先将圆扇还原成一个扇子，然后用上面提到的任何一种方法将其收起，或者你也可以采用我的旋转收扇的方法。在这个动作中，你所需要做的只是将双手相向旋转，然后用你的大拇指将牌收到一起。先开一个 **Giant Circle**（图 3 - 253）。将双手相向旋转（图 3 - 254），直到你可以在将右手大拇指从最右端放到整个扇子的后面去的同时，将左手大拇指放到

图 3 - 231

图 3 - 232

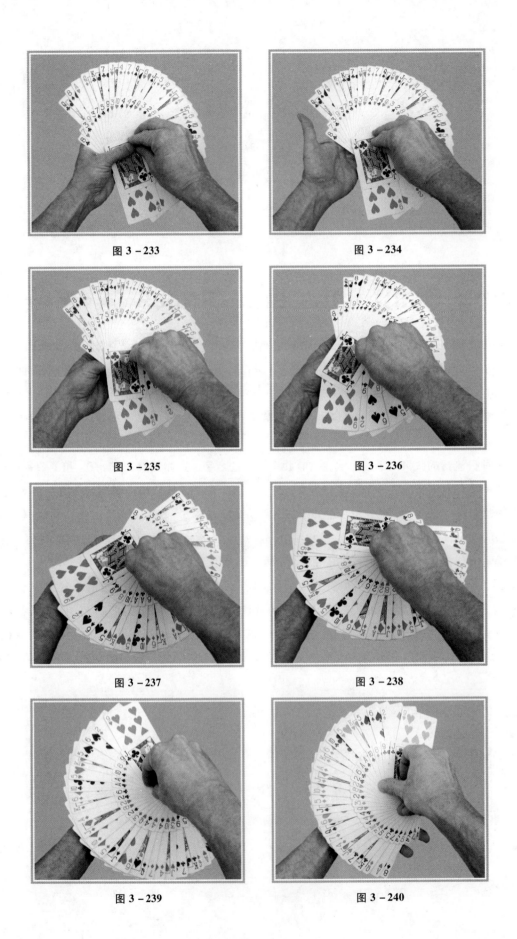

图 3 - 233

图 3 - 234

图 3 - 235

图 3 - 236

图 3 - 237

图 3 - 238

图 3 - 239

图 3 - 240

图 3 – 241

图 3 – 242

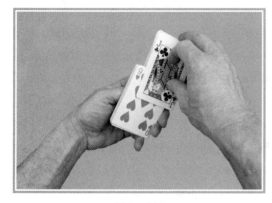

图 3 – 243

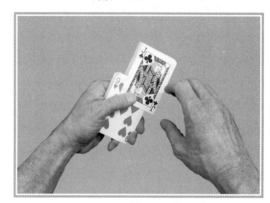

图 3 – 244

图 3 – 245

图 3 – 246

图 3 – 247

图 3 – 248

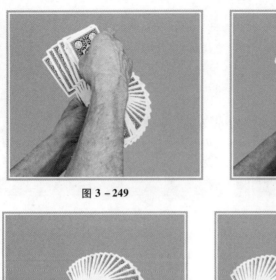

图 3 - 249

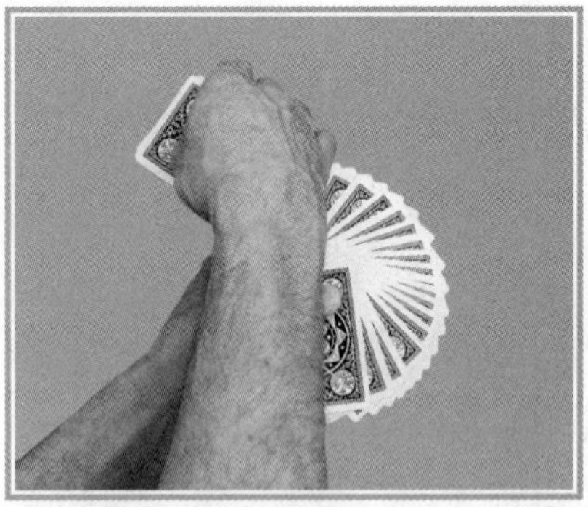

图 3 - 250

图 3 - 251

图 3 - 252

牌上（图 3 - 255）。将整个扇子推进你的左手，形成一个标准开大扇的握牌姿势（图 3 - 256，图 3 - 257）。最后整副牌处于一个需要这个姿势起手的花式（图 3 - 258），像是 **Giant Arm - Spread**，**Giant Angle Fans** 或者一个 **Cascade**。或者你可以简单地做一个瀑布洗牌将两叠牌收到一起。

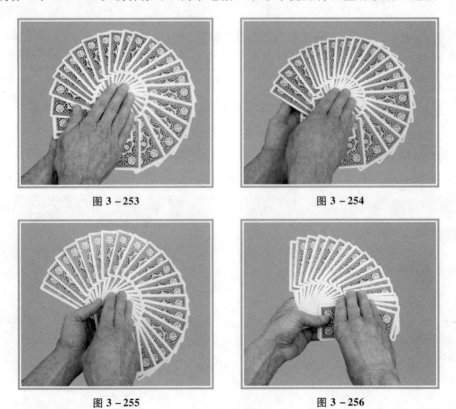

图 3 - 253

图 3 - 254

图 3 - 255

图 3 - 256

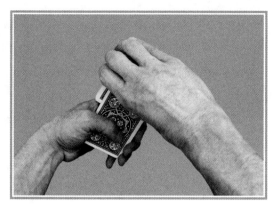

图 3 - 257

图 3 - 258

Flower Fan ♣ ♦ ♥ ♠ ♣ ♦ ♥ ♠ ♣ ♦ ♥ ♠ ♣ ♦ ♥ ♠ ♣ ♦ ♥ ♠ ♣

　　这一个比较奇怪的开扇，可以说是开扇类花式的一个分支，做到百分之百完美的时候会比只做到百分之九十的时候要好看得多。在这个开扇中，任何大的空隙或者开得不均匀，都会十分的明显。

　　在不把牌弄弯并且不使用完美洗牌的条件下，有两种开扇子的方法。第一种是面朝侧面做 **Pressure Fan**，另一种是面朝侧面做 **Side – Spring Fan**。我建议大家这两种方法都尝试一下，然后选择对你来说简单一些的方法。

　　如图 3 - 259 所示，用这种比较奇怪的方法握住整副牌。左手的四指放在牌的远长边位置，大拇指放在近长边最靠下的位置。将食指弯曲，放于整副牌的牌背。用右手将牌往左手的食指上压，将整副牌弯曲（图 3 - 260 到图 3 - 262）。然后将你的左手食指放回牌角的位置。如果你的食指一直放在牌背的话，你将不能开出一个很大的扇子。当然，如果你可以在不将食指放在牌背的情况下将牌弯曲，这么做就可以了。接下来，在开扇子、将牌延伸的时候，顺时针将牌一点一点均匀地展开（图 3 - 263，图 3 - 264）。将你的左手食指拉回整副牌的背面，然后将牌背最后一张牌向下展一点，使整个扇子展得更开（图 3 - 265）。这个花式将整副牌展开的方式类似另一个叫作 **Waterfall Drop** 的花式，但是做 **Flower Fan** 的时候，你只需展开一个边。你在展牌时，将牌的一个边逐渐展开的同时把牌一张一张地松开，在将整副牌沿顺时针开扇的时候保持左手不动。试着将牌很快的、几乎是一口气开好，而

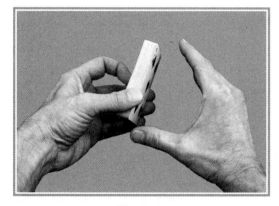

图 3 - 259

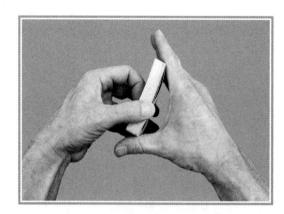

图 3 - 260

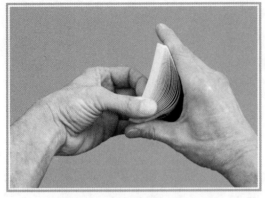

图 3 - 261

图 3 - 262

图 3 - 263

图 3 - 264

图 3 - 265

不是慢慢地放牌。这是该花式的难点，需要一段时间来熟练。你开的第一个 **Flower Fan** 可能是又小又不均匀的花式。但是逐渐地，你就会掌握技巧。

收扇的时候用你的右手食指将最右边的牌向左边收，同时左手将整叠牌逆时针倾斜，使得整个扇子"两面开工"，并最终结合到一起变回原来的一叠牌。

另一种开 **Flower Fan** 的方法：首先以第一种方法握好牌，然后用你的右手食指和大拇指挤压牌的长边（图 3 - 266，图 3 - 267）。在一开始的时候，你不再需要用你的左手食指顶住牌的背面了。接下来你只需要顺时针将牌一张一张地放开就可以了（图 3 - 268，图 3 - 269）。记住在最后的时候，用你的左手食指将整副牌中最靠左的那几张牌向外拉一点，使整个扇子更完整，弧度更大。

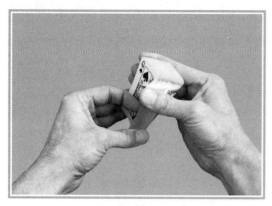

图 3 - 266

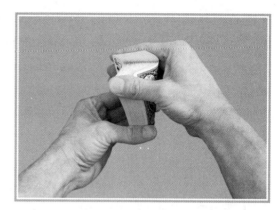

图 3 - 267

图 3 - 268

图 3 - 269

Automatic Flower Fan ♣ ♦ ♥ ♠ ♣ ♦ ♥ ♠ ♣ ♦ ♥ ♠ ♣ ♦

Jeff McBride 曾经在他那套棒极了的教学录像带中讲过这个花式，提到了如下的参考资料：Will Goldston 的《大师的魔术》（*Tricks of the Masters*）。同样的基本方法曾经在 Ganson 的书《专业纸牌手法》（*Expert Manipulation of Playing Cards*）中出现过，用这个方法来做落牌。我管这个基本的方法叫 **Virtual Electric Deck**。

现在要介绍的 **Automatic Flower Fan** 和之前介绍过的 **Flower Fan** 方法完全不一样。事实上，如果说开 **Flower Fan** 的方法并不是那么容易掌握的话，那么开 **Automatic Flower Fan** 的方法可以说是全自动的、不需要掌握的。我们为什么不直接做这个更简单的版本呢？因为你做 **Automatic Flower Fan** 的时候，需要将牌压弯，然而被压弯的牌不能做一些别的花式（用到 **Virtual Electric Deck** 的那些除外），除非你换了一副新牌。因为每次做完这个自动开扇之后，你的牌都会很严重地弯曲，所以这个花式往往是你用这副牌做的最后一个花式。而且说实在的，如果你用大多数人告诉你的方法做这个花式，这副牌估计就没救了。

对牌的伤害稍微小一点的方法是在弯曲牌之前将半副牌翻转过来，之后再弯曲，这样的话，当你做完这个花式并且没有洗牌，所有的牌都是朝同一个方向弯曲的，说明这牌还有救。在学习这个花式的时候，你就知道我是什么意思了。

它是本书中仅有的两个需要弯曲牌的花式之一。我之后会在拉牌和落牌那一章讲述 Ganson 用到

Virtual Electric Deck 的落牌。Andrus 的桌面展牌也用到了 **Virtual Electric Deck**，但是我认为他的这个花式完全不值得去用。但是对于这个 **Automatic Flower Fan**，我认为将牌弯曲是很值得的一件事。我没有在这本书中谈到一些别的利用 **Virtual Electric Deck** 的花式也是这个原因。然后，我会再一次给你保护牌的小建议，这是你在表演中用这种特殊的牌所需要注意的最后一件事。

现在你要去做一个能够自己展开的牌。

将牌分成两半，就好像你要开始做双手的 **Waterfall Shuffle** 一样（图 3 – 270 到图 3 – 271）。注意两叠牌是面朝面的。将两叠牌弯曲（图 3 – 272 到图 3 – 276）。然后小心认真地将两叠牌移动到可以完美洗牌的位置（图 3 – 277 到图 3 – 280）。我之前说小心认真是让你将手指放在手指应该在的位置，并且随时保持整叠牌不乱。如果在整个过程中你没有握紧牌的话，那么后果就是你的完美洗牌会洗得很不均匀。进行完美洗牌（图 3 – 281，图 3 – 282）。这一次的完美洗牌和之前在做 **Giant Fan** 的时候有一些细微的差别。这一次你需要把右手握住的那一半牌的短边与左手半副牌的短边对齐并相互穿插。将牌向中间插，之后做一个 **Waterfall**（图 3 – 283，图 3 – 284）。现在你手中的就是 **Virtual Electric Deck** 了（图 3 – 285）。用双手握住整副牌，然后将双手打开（图 3 – 286）。或者干脆用一只手握住牌，然后将手打开（图 3 – 287）。当你单手握住牌的时候，将牌控制在你的小拇指和大拇指间。你也可以在分完牌，做完美洗牌之后将牌分成两半，然后双手同时做 **Automatic Flower Fan**（图 3 – 288，图 3 – 289）。你甚至可以把牌交给观众，让他们来开扇。将半副整齐且是紧紧被压住的牌交给观众。告诉他们先用手握紧，然后慢慢将手打开，就像放飞一只蝴蝶一样。在他打开的同时，你可以用你手里的半副牌做同样的事情。

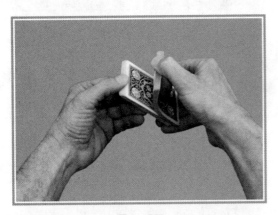

图 3 – 270

图 3 – 271

图 3 – 272

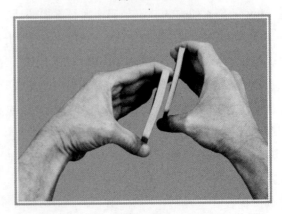

图 3 – 273

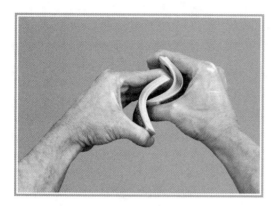

图 3 – 274

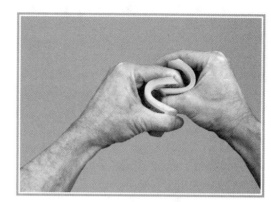

图 3 – 275

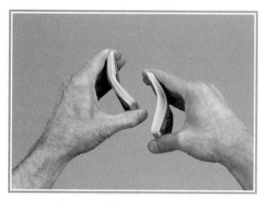

图 3 – 276

图 3 – 277

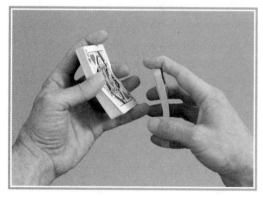

图 3 – 278

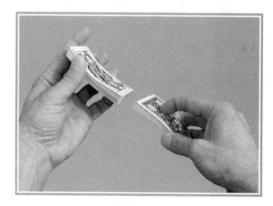

图 3 – 279

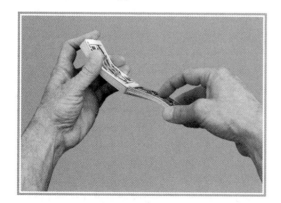

图 3 – 280

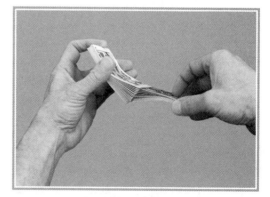

图 3 – 281

图 3 - 282

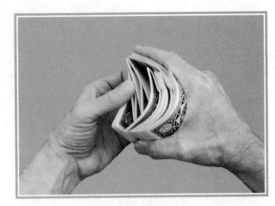

图 3 - 283

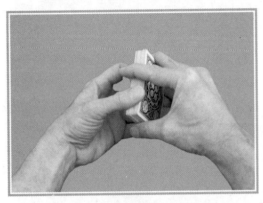

图 3 - 284

图 3 - 285

图 3 - 286

图 3 - 287

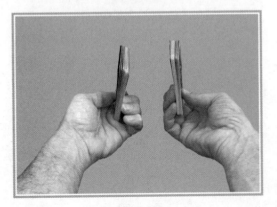

图 3 - 288

图 3 - 289

如果你在弯曲牌洗牌之前没有将两叠牌放到面对面的位置（图 3 - 272），那么将会有半副牌向一个方向弯曲，另半副牌向另一个方向弯曲，之后不管你怎么想方设法把整副牌整理回原来的样子都没用。如果你再试试做一个 **Behind - the - Back Deck Separation**，整副牌会在空中凋零……

开扇后记 ♣ ♦ ♥ ♠ ♣ ♦ ♥ ♠ ♣ ♦ ♥ ♠ ♣ ♦ ♥ ♠ ♣ ♦ ♥ ♠ ♣ ♦ ♥

Peel - Away Fan，*Flash Fan*，*Rising Sun Fan* 和其他。有三个原因促使我没有在这本书中介绍这几个花式以及类似的花式。第一，我认为用一副很普通的牌来表演这几个花式毫无视觉效果，而且这是一本教大家怎样用一副很普通的牌来表演花式的书。第二，用四色牌能表现出的最好的开扇，包括牌背颜色的改变，那都属于魔术效果，而不是纯粹的花式了。第三，这本书里没有多余的空间把所有四色牌专属的花式都讲解一遍，所以我打算把它们写到我的另一本书中。你可以在这本书中找到我刚才所说的扇子以及 Tarr，Ganson 和 Cossari 关于开扇方法的教学。

《沙维慈的魔术教程》（*Chavez Studio of Magic*）中的开扇。我以前曾经认为，这本书中充满了许许多多棒极了的出牌手法，但是并没有提到太多利用其他物品的舞台魔术。我并没有在这本书里找到独一无二的东西，也没有看见关于花式的思想被写进这本书中。就开扇来说，有一些很不错的开扇，像 *Triple Fan* 需要用到彩色背面的牌，而且至少需要 70 张。同样的，Chavez 的 *Double Fan*，*Windmill* 以及其他的很多开扇，用普通牌做起来都不好看。此外，*Windmill* 不过是用一个做得不怎么样的 *Fan within a Fan*，*Double Fan* 也是基于 Tarr 的 *Peel - Away Fan*。

Bad Fans。我就是不喜欢一些扇子，像 *Rosette* 这样太小的扇子，以至于好像在夸大自己的不重要性似的。*The Curly - Q* 或者 *One - handed Pressure Fan* 就是一个过于关注并不重要的扇子的形成，而不去关注扇子本身的糟糕典型。这类扇子就好像是将牌直接弹到桌子上，而毫不用力抹出一个桌面丝带展牌似的。这样，其实你不过是用一个有名无实的华丽的方法做出了一个十分难看的展牌。*Continuous Card Circle*，这个花式不光很难做到，而且跟普通的 **Card Circle** 效果差不多，比起 **Giant Circle** 的效果又差了好远。既然如此，你为什么还要去做这个 *Continuous Card Circle* 呢？难道你只是想看到你的手指从整个圆的中间插出来吗？这可算不上是做这个花式的理由。去看看 Dai Vernon 的《纸牌的终极秘密》（*Ultimate Secrets of Card Magic*）这本书，里面有对这个拙劣花式的拙劣教学。Vernon 也承认"这个花式在动起来的时候并不是很好看"，所以接下来他就建议我们将这个圆作为展牌开得"巨大无比"。而且 Vernon 这个怪人还把"手指从中间插进整个圆扇中间"这件事情想歪了，并且作为一个幽默写了在书中。

Andrus' Card Morass。这个令人发指的花式需要把整副牌放在桌子上，弄成一个形状之后再将它从桌子上拿起来，然后用一个手指来抬起它。将整个牌放到桌子上，然后将它摆成你所需要的形状要花费不少的时间，并且最后这个扇子令人感觉杂乱无章。这样，谁还会关心你是不是用一个手指抬起整个扇子。我觉得这个花式完全可以当中学物理课的插图使用——给大家讲解什么叫物体的重心。Andrus 无疑是个天才，并有几分疯狂。记住了，一个普普通通的 **Card Circle** 是你用一个食指就能很轻松地抬起来的。唯一的缺点就是你不能光用一个食指让它在你的手上旋转。

一些在《纸牌开扇》（*Exhibition Card Fans*）和《开扇手册》（*Card Fan - tasies*）里讲到的开扇。就像我在这一章开头所说的那样，这两本书里的东西有些奇怪，跟我的理念有些走远了。但是你应该买这两本书看一看，然后自己评价一下。别忘了注意一下 Goodlette Dodson 有着一个令人感到不舒服的超长大拇指，使得好多动作看起来像是卡通片里的画面似的。

"Windshield Wiper" fans。这个扇子需要你双手交替不停地开和收 *Twin Fans*。当一个扇子收起来的时候，另一个扇子开了起来，如此反复。你的目的是不停地开和收这两个扇子，中途根本没有时间停下来整理牌，所以我开这个扇子遇到的唯一麻烦就是开几次之后牌就变得很乱。用四色牌做这个花式的话，效果会好一点；如果你用一般的牌的话，牌会更快地变乱。

Giant Fan Trivia。Henry Hay 在他那本享誉魔术界的《业余魔术师手册》（*The Amateur Magician's Handbook*）中提到，开 **Giant Fan** 时，我们应该"均匀地"将两叠牌用拨牌洗牌（**Riffle Shuffle**）洗进去。在那里我从没听说过完美洗牌。我从来不认为，有人能够（或者说是有必要）在很短的时间内用拨牌洗牌的方法将牌洗得如此均匀，以便能够开出 **Giant Fan** 来。其实这个洗牌应该是一张隔着一张的，下面半副牌在前后应该多隔几张出来。还有一些有趣的事情。Lynn Searles 在他那本不错的《怎样变纸牌魔术》（*How to Do Trick with Cards*）中写道："我不知道有任何方法能够利用压力将牌弹出然后做成 **Giant Fan**。"但是他却给出了完美洗牌的革命性建议，他管它叫"表演级鸽尾洗牌"。接下来，Henry Hay，这个告诉你最好用拨牌洗牌而不使用完美洗牌的人，却教学了一种利用压力将牌弹出来开 **Giant Fan** 的方法。他说："弹牌的时候要按住两个长边，而不是以往的两个角。"这和我的 **Side – Spring Fan** 很像。但是我不认为这种方法适用于 **Giant Fan**。除非你用的是一副没打过牌粉的、潮湿的、黏在一起的旧牌，不然 **Pressure Giant Fan** 以及 **Thumb Giant Fan** 是最好的选择。如果你真的在用这种牌的话，那就用和 **Side – Spring Fan** 一样的方法来开这个 **Giant Fan** 好了。

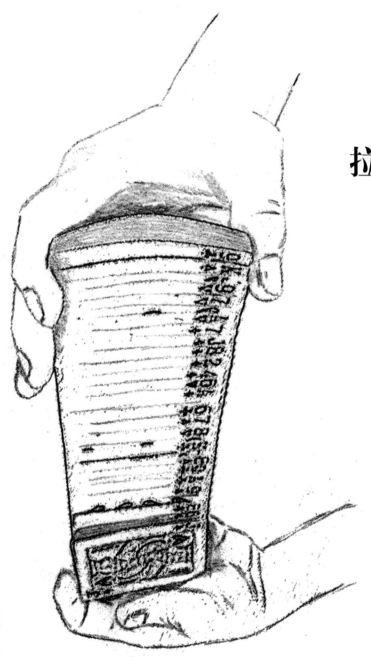

拉牌和落牌

拉牌和落牌

花式的优雅以及它的风度，使得它看起来是那么的棒，那么的吸引人，不管它们是否像魔术一样神秘。——Henry Hay

Henry Hay 曾经说过，拉牌是"最简单、最古老但同时又是最具观赏性的花式"。我并不知道它是否是最古老的，但是我不同意他说的另外两条。对你来说，它的确有可能是最简单的花式，但对我来说不是。说真的我很少见到有人能够将这个花式做得很好，而且我也知道有不少比这个花式更简单的花式。事实上，真正的拉牌是双手相距三英尺，牌在双手之间弹射得很均匀，像流水一般在表演者的头上飞过。相信我，这绝对是利用你的手指完成的最难的花式之一。一个双手的 *Pirouette Catch*（这里是指双手的手臂展牌，然后完成的 *Pirouette Catch*）在很大程度上比单纯的拉牌更有吸引力。

包括 Hay，很多书的作者都认为："在拉牌的时候不要去在意拉牌的距离。"但是如果你在一个可悲的、拉牌只能拉上六英寸的人之后，哗啦哗啦地做出了一个超级长的拉牌，观众不会认为拉牌拉得很长和很短的人展示的牌技是同一个级别的。Hay 说过，"在最初的时候你最好以三英寸开始"，但是我认为，即使是你的第一次，或者你在家里偷偷地练习，三英寸的拉牌永远不能让人接受。

Hay 还说过："如果你想给陌生人表演魔术的话，那么就去拉拉牌，拉过几次之后你就能有观众了。"现在我站在 Hay 这边。他的意思是：如果你给你的观众这么强烈的视觉冲击，他会很崇拜你，接着去看你下面的表演，而不会做出各种奥客（喜欢拆穿魔术师的观众）的举动。这真是切中要害地阐述了为什么那么多观众喜欢纸牌花式的原因，但是你也会遇到那种对你的牌技完全不感冒的人。很多观众光是看着那些拙劣的花式就已经很满足了。但是如果一个人真的能把牌拉得很优雅、很长，那么他绝对能够超越其他蹩脚的表演者。

我不认为 Lewis Ganson 在他的书《专业纸牌手法》（*Expert Manipulation of Playing Cards*）中所说的"基本上做所有的花式"都是基于"拉牌"。事实上大多数花式和拉牌都没什么必然的联系。

在这章中你首先要学会 **Basic Spring**，然后你就可以以此为基础去学习 **Very Long Spring** 以及 **Upside–Down Spring**。在你学会 **Very Long Spring** 之前，要能够熟练地在做 **Double Spring** 时，将牌一张一张慢慢地弹出来。在学习 **Overhead Spring** 之前，你首先要掌握 **Very Long Spring** 以及 **Upside–Down Spring**。如果你按照书中的顺序学习这一章的话，那最好不过了。

在这里，拉牌是指将牌握紧，然后使牌有弹出去的动力之后弹出去，而落牌是指将牌一张一张地从一只手松开，然后落到另一只手。如果是单手版本的落牌，那就是从一只手到同一只手。**Flat Drop** 是在水平的几何平面中做 **Waterfall Drop**。**Cascade** 是指落已经洗好的（或者被完美洗牌的）牌。有一些人在他们的书中说，这些已经有明确区分的"Waterfall"、"Cascade"、"Fountain"、"Spring"、"Ribbon Drop"、"Sizzle"，甚至传说中的"Niagara"，这些花式的名字都是可以相互替换的。我还有一个习惯，当我说 **Waterfall** 的时候，指的是 **Waterfall Shuffle** 或者 **Waterfall Drop** 这两个完全不一样的东西。

Basic Spring ♣ ♦ ♥ ♠ ♣ ♦ ♥ ♠ ♣ ♦ ♥ ♠ ♣ ♦ ♥ ♠ ♣ ♦ ♥ ♠

在表演 **Basic Spring** 的时候，你需要用你的右手握住整副牌，然后握紧牌的两个对角，用力将牌向掌心方向弯曲，挤压牌，之后牌就会络绎不绝地从你的手中喷射出来。不要像 Bill Tarr 以及别人在书中所写的那样，要用你的大拇指和四指分别握住牌的两个短边中间然后发力。当我第一次仔细阅读 Hugard 以及 Braue 两人所写的《专业纸牌技巧》（*Expert Card Technique*）的目录的时候，我十分兴奋地看到了"花式"一章，然而紧接着就失望了，因为我发现这一章只有十页，之后当我读到书中"拉牌——一种全新的方法"（那个握住牌角进行拉牌）的教学时又开始兴奋起来。用你的右手小拇指和大拇指握住牌的两个对角，然后给它们提供足够以及稳定的压力去控制这个拉牌，就像 Hugard 曾经说过的那样："这种方法能够更好地控制这个花式的稳定。它还能控制这个花式的速度，而且这样拉牌能让你的双手离得更远。"

像 **Overhead Spring** 以及 **One – Hand Spring**，这些花式用老方法是完全不能实现的，这种方法可以叫做大拇指在牌的短边中间，或者也可以叫做"不正确的"方法。说这种方法不好，完全是因为这样：如果握住牌角的话，你在拉牌过程中可以控制住四个角，而不握住牌角的话，你能控制的只是牌的两个短边。记住，不要像《专业纸牌技巧》（*Expert Card Technique*）中的插图所示的那样，将你的食指放在牌背上。

说了那么多，现在开始教学，用你的右手握住整副牌，然后用力将牌整个向上弯曲，这样的话这个牌就会朝你掌心向下的手掌方向弯了。图 4 – 1 到图 4 – 3 从三个角度展示了正确的握牌方法。注意你的食指、中指以及无名指也接触牌的短边，但是这几个手指只是作为一个向导，真正发力将牌弹出去的还是大拇指和小拇指。当牌弯曲成这样的时候，整副牌，尤其是在你手指指尖的那几张，已经有很大的张力了。首先是最底下的一张牌，然后是他的"孪生兄弟"——倒数第二张，接下来是剩下的整个被塑料包着的纸牌大家庭，一个个"吻"着他的"亲戚"就从大拇指弹了出来。最后你需要让每一张牌同时脱离你的大拇指和小拇指，但是在开始的时候，我觉得你最好先将注意力集中在将牌从大拇指很流畅地弹出来。如果你这么做了，感觉会很不错，因为牌会向你的肚子上飞，从你的肚子上弹到你那期待已久的左手掌心。用你的肚子作为你练习时的工具并没有听起来这么糟糕，之后你的左手小拇指就会

图 4 – 1

图 4 – 2

图 4 – 3

作为一个缩小了的肚子，帮助停牌。几英寸（比三英寸长就行）是比较适合初学者的拉牌长度，但是不要忘记这个花式的爆点在于拉牌的流畅程度以及拉牌长度。

　　拉牌时双手的距离能够使这个花式更加吸引人，更加华丽，但是如果双手之间的距离增加了宝贵的一英寸，那么牌弹出来的时候就很可能会"摔"下来。有一个小技巧那就是不要只是单纯地让右手上升，而是像拉手风琴一样双手分开。另一个方法就是拉牌拉得越慢越好，这样能为双手分开提供足够的时间。还有，任何的微风对于这个花式都可能是毁灭性的灾难，所以如果可以的话，一定要在绝对无风的地方进行表演。想拉真正长的拉牌的话，去看马上就会提到的 **Very Long Spring**。

　　不要一开始学习拉牌就从四指的方向将牌弹出。如果你养成了这个坏毛病的话，你拉牌时掉牌的情况就会增加很多，而且很难从这个坏习惯当中纠正过来。有一个可以接受的拉牌版本就是：如果你的小拇指没有力量的话，你可以用无名指去替换小大拇指，使无名指和大拇指握住两个对角。或者你也可以试着用小拇指和无名指之间的缝隙来握住牌角。

　　所以，一开始的时候，先去掌握让牌从大拇指弹出来的窍门。如果有必要的话，利用你的肚子来帮助左手接住牌。在这个阶段，双手距离 6 英寸是一个让人能够接受的距离。当你做这个已经毫无压力的时候，试着让牌从你的大拇指以及小拇指同时弹出。接下来用你的左手小拇指作为一个障碍物，来帮助接到弹出来的牌。左手食指在牌的前面也需要做同样的事情，所以现在左手的形状就成了一个篮子，接住了飞来的牌。这个篮子的左边是你的左手大拇指，中指、无名指在另一边，然后食指和小拇指处于牌的两个短边上。图 4 - 4 是开始拉牌时双手的姿势。图 4 - 5，图 4 - 6 告诉我们左手接牌时的正确姿势。

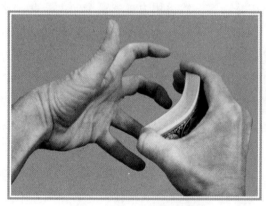

图 4 - 4

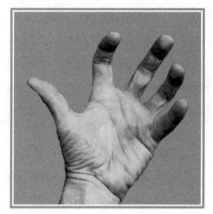

图 4 - 5

图 4 - 6

图 4 - 7 到图 4 - 10 则是从第一人称展示了 **Basic Spring** 这个花式所应有的样子。

也许握牌角，这个拉牌的握牌方法没有取代别的握牌方法，其原因就是《专业纸牌技巧》(*Expert Card Technique*) 中那张模棱两可的插图所致，插图中的牌好像是被握住了两个长边。这个原因再加上让我们把食指放到牌背这两点就成为了推广握牌角方法的障碍。我虽说不愿意过分强调握牌角的重要性，但是这的确很重要，所以我以它为结束语。

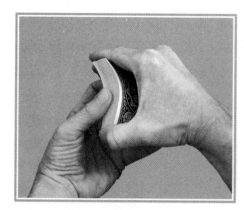

图 4 - 7

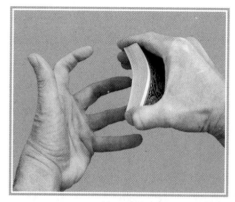

图 4 - 8

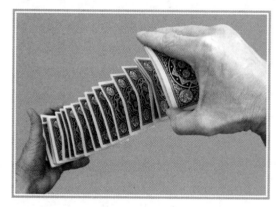

图 4 - 9

图 4 - 10

Waterfall Drop ♣♦♥♠♣♦♥♠♣♦♥♠♣♦♥♠♣♦♥

现在我们开始学习 **Waterfall Drop**，你需要无视我之前说过的那些关于握牌角的废话。如果你握牌角来做这个花式的话，那么牌会边旋转边向下落。首先以左手握牌，然后用右手的大拇指握住牌的一个短边，四指握住牌的另一个短边（图 4 - 11，图 4 - 12）。用你的右手大拇指以及四指用力将牌朝手心的方向弯曲，使最外面的牌触碰到你的指尖（图 4 - 13 到图 4 - 15）。从理论上来说，现在每张牌中间的空隙是一样大的，每张牌与它相邻的牌中间都只有一小点空隙。在牌被压得展开之后，牌的弯曲程度就没有什么实际的意义了，只不过你手握得越紧，收得越小，你的牌的形状就会越尖而已。把你的左手大拇指放在牌面的最上一张牌上，然后把四指放在这个被压得已经展开的牌的背后，以防止牌掉落。我管这一套连续的准备动作叫做"压牌展开"。Ganson 在他的书《专业纸牌手法》(*Expert Manipulation of Playing Cards*) 中教学了这个动作；其实很多人在他们的书中都提过这个动作，但是多数都是用于一些糟糕的纸牌魔术。这是很糟糕的应用，举个例子，比如用两个被压得展开的牌进行完美洗牌，把半副被压展开的牌作为一副牌，然后你假装藏牌，藏半副牌，其实你只是把半副牌恢复原样而已。我认为，这个动作唯一能够体现出它价值的地方，就是用它来做 **Waterfall** 和 **Flat Drop**。另一个很好的应用就是正常版本的 **Flower Fan**。

现在你的准备工作都完成了，就等着落牌了。轻轻地打开你的右手。因为每张牌中间的空气都是相等的，所以只要你一减轻大拇指以及四指中间的压力，牌就会一张一张地、像水流一般地落下来（图 4 −16，图 4 −17）。继续慢慢地张开你的右手，使剩下的牌一张一张落到你的左手里去（图 4 −18 到图 4 −21）。抬起你的右手，使像水流一样的牌长度增加。接下来，在右手中的牌越来越少的情况下，

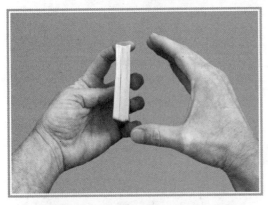

图 4 −11

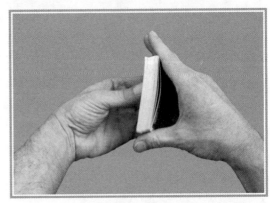

图 4 −12

图 4 −13

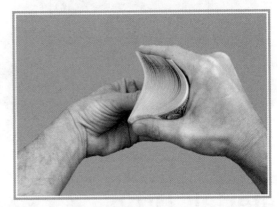

图 4 −14

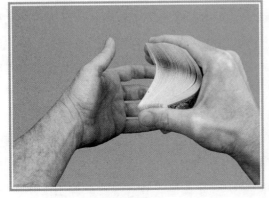

图 4 −15

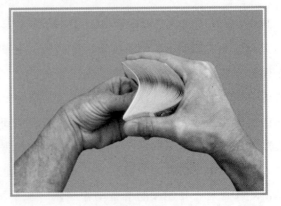

图 4 −16

降低右手的高度。左手用和 **Basic Spring** 一样的篮子式手势接住落下来的牌，只不过这个篮子要比之前的小一些。因为是 **Waterfall**，所以牌最后会打击四指的指根部分，之后落进掌心，如图 4 - 21 所示，落下的牌由左手四指和大拇指夹住。当你掌握了这种方法之后，你就可以试着将你的右手保持不动或者一直升高，不做那个向下的动作，将牌落到始终不动的左手当中。你必须要熟练掌握这样的落牌方式，才能做出后面那个极其震撼的 **Behind - the - Back Waterfall Drop**。

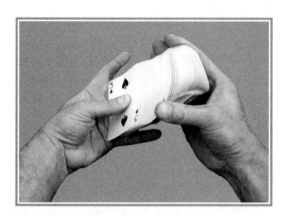

图 4 - 17

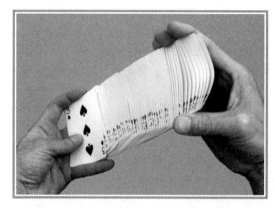

图 4 - 18

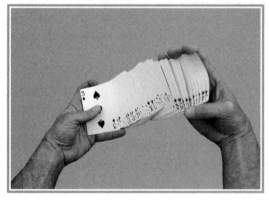

图 4 - 19

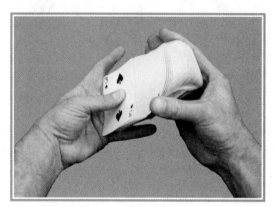

图 4 - 20

图 4 - 21

Flat Drop ♣ ♦ ♥ ♠ ♣ ♦ ♥ ♠ ♣ ♦ ♥ ♠ ♣ ♦ ♥ ♠ ♣ ♦ ♥ ♠ ♣ ♦ ♥

现在为了学习 **Flat Drop**，你要重新捡回握牌角的方法。这个花式是要让牌像水流一样一张一张水平地落下来。首先以 **Basic Spring** 的握牌方法握牌，但是握牌的深度要和 **Waterfall Drop** 的一样。然后做出和 **Waterfall Drop** 一样的压牌使牌展开，但是不要忘记你的大拇指是握着牌角的。这些对大家来说应该没有什么难度。当做好这些之后，将整副牌翻过来，牌面朝下（图 4-22），然后开始减少你大拇指与小拇指之间的压力，让牌一张一张地落下来。之后在不影响很顺畅地落牌的情况下，尽可能地提高右手的高度（图 4-23）。在你的右手达到最高点时，这时右手里的牌应该基本都落下去了，现在开始降低右手的高度（图 4-24）。有时候，你需要在手心向下的情况下完成压牌展开的动作，这个时候你需要格外注意，不要让牌过早地掉下来。

 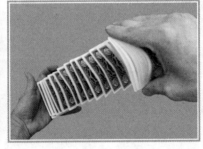 

图 4-22   图 4-23   图 4-24

然而对于一个流畅的 **Flat Drop** 来说，最大的敌人就是牌落下时的旋转了。利用握住牌角的方法能够有效地阻止这样的事情发生。但是如果真的出现旋转的话，就去观察并找出那个最早向下掉的牌角，然后利用你的大拇指（或者小拇指）将最底下的那张牌的牌角位置向上提一点。换句话说，尽量延迟那个最早掉下来的、导致牌旋转的牌角掉落的时间。但是不要将整个牌都斜过去。倾斜几张最下面的牌是让这个花式达到最佳效果的小技巧。

因为你没有任何的惯性可以利用，所以要做出一个很长的 **Flat Drop** 其实是十分困难的。如果你把你的右手抬得太高的话，那么两张牌之间过大的距离会让牌在空中翻好几个筋斗。因此双手距离两三英尺就够了。

在练习的时候我建议你将牌分成两份，然后双手同时做 **Flat Drop**，尽量让落到桌子上的两堆牌能够保持整齐。熟练这个技巧之后，你可以更轻易地做出两个单手 **Flat Drop**（你必须用落牌的那只手接住落下的牌）以及 **Flat Drop Shuffle**。**Flat Drop** 并不能取代优秀的拉牌，但是在牌被分成两叠的情况下，**Flat Drop** 的洗牌更好控制。根据 Gaultier 所说，Houdini 的单手拉牌事实上是一个 **Flat Drop**。用和双手同时做单手 **Flat Drop** 同样的接牌方法来完成 **One - Hand Waterfall/Double Waterfall Drop** 吧。

还有一种叫做"Dribble"的落牌，这种落牌需要同时拨牌的两个短边使得牌向下落，这并不是一个花式。Dribble 这种落牌是一个魔术手法，意在向观众展示魔术师没有办法控牌。但是，你在做这个的时候，很难做到很流畅并且将距离控制得很长。有时候，你能够看到有些人在做落牌的时候，能将距离控制得长得离谱。这些方法需要我们付出一定的努力，才能够将两个长边、短边或者牌角同时拨出。就连它们自己也想成为那个看起来既容易又很顺畅的花式，就像标准的拉牌落牌一样。

Cascade ♣ ♦ ♥ ♠ ♣ ♣ ♦ ♥ ♠ ♣ ♦ ♥ ♠ ♣ ♦ ♥ ♠ ♣ ♦ ♥ ♠ ♣ ♦ ♥

我对于 Cascade 的定义是：将牌用完美洗牌洗好之后再一张一张地落下来。因为之后我还要教学各种桌面的展牌，所以在此必须要提一下 Jerry Andrus 的《神奇的纸牌》（Kurious Kards）中那个关于 Cascade 有些问题的教学。Andrus 说："你在做 Cascade 之前，首先要将牌分成两半，进行一次完美洗牌，然后再将牌分成两半，再一次完美洗牌，最后再落牌。"然而我对于他的 Cascade 抱有些许疑问。第一个也是最重要的问题：Andrus 的 Cascade 并没有为你接住这些牌做出任何的准备，也许你还要用这些牌做一些别的东西。但是你的双手都忙着去握那个四层的巨大的牌堆，而且这四层落下来会出现四个不同的牌流，如果你想接住它们，只能用一个放在桌子上或者地板上的大帽子（或者一排帽子）才行。第二，要想再完美洗牌一次已经被完美洗牌过的牌，这是一件很困难而且也很纠结的事情。在牌中间有太多的空间，而你却没有足够的手和手指让这些牌处于你的控制之下，再轻松地将它丢到地板上（或者一排已经准备好的帽子里）。对于 Andrus 的那些少得可怜的、能拿得出手的东西，我至少有一点可以感谢他，那就是他帮我们检验了很多糟糕的例子。

我所期望在 Cascade 中发生的是我们能够很有型地接住落下来的牌。我不希望你只是单单地能接住这些牌，再花上好几分钟去把弄得乱七八糟的牌弄整齐。像 Notis Cascade 就是这样，牌落下来之后整理起来实在太费劲了。这个花式需要你首先在左手做一个 Standard One – Hand Riffle Shuffle，将牌用完美洗牌的方法洗好，之后将左手的牌交到右手去。我并不是很喜欢这个 Notis Cascade，因为这个花式浪费了单手洗牌。我比较喜欢的是在另一本书中提到的 Senor Notis，它可以像抛接球一样抛接最普通的纸牌。

接下来我会教学我最喜欢的版本的 Cascade。首先完美洗牌，洗好之后将两叠牌的牌角重合，重叠大概一英寸，并且使两叠牌交叉成如图所示的角度（图 4 – 25）。注意最上面一张和最下面一张牌都位于你的左手，这样可以让你的右手挪开（图 4 – 26）。左手紧紧地握住这叠已经被完美洗过的牌。伸出你右手的食指和小拇指，同时弯曲你的无名指和中指。这时候用你的右手大拇指握住上面两叠牌

图 4 – 25

图 4 – 26

交叉的位置，用食指和小大拇指握住不同两叠牌下面的相同点位（图4－27）。要稳稳地握住这两叠牌，使其保持整齐。然后将你的左手放于右手的下面，处于两叠牌交接处的正下方（图4－28）。将右手倾斜，牌向上倾，逐渐地放松右手大拇指的压力，直到整叠牌最前面的一张开始下坠（图4－29到图4－31）。左手像之前一样呈篮子状来接住合并之后掉下来的牌。继续让牌倾斜，直到所有的牌都掉到左手为止（图4－32到图4－34）。如果你直直地、没有一点倾斜地握住这叠牌来做 Cascade 的话，所有的牌都会一次性很快地落下来。稍稍向前倾斜能够使牌落得更慢，更具视觉冲击。

有很多别的版本的 **Cascade**，样子也都说得过去，但是能不能用手接到就很难说了。

图 4 － 27

图 4 － 28

图 4 － 29

图 4 － 30

图 4 － 31

图 4 － 32

图 4 – 33

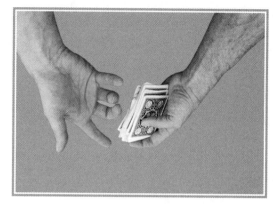

图 4 – 34

Double Spring ♣ ♦ ♥ ♠ ♣ ♦ ♥ ♠ ♣ ♦ ♥ ♠ ♣ ♦ ♥ ♠ ♣ ♦ ♥

在动画片里面，经常有这样的描写：一个老千能够在不间断的情况下，连续拉两到三次牌。也有老千能很快地将右手的牌拉到左手，再从左手到右手，又从右手到左手……然而在现实生活中，对于我们这样的半灵长动物，做出这样的绝技是不切实际的。牌落到左手的时候永远不可能成为整齐的一堆牌，所以你根本没有机会用你的右手很快地重新握好牌，然后再拉一次牌。当然你的左手可以尝试很快将牌整理好，但是就算这样，你左手的牌也不可能在短时间内被整理得很整齐。我认为唯一有可能实现同一只手快速拉两次牌的方法只有 **Double Spring** 了，而最好实现的换手拉牌就是 **Upside – Down Spring** 了。

所有的 **Double Spring** 和正常拉牌一样，都需要一次性地、连续地将整副牌全都弹出去，而不是进行两次完整的拉牌。换一句简单易懂的话来说，就是你需要先弹出整副牌的下半副，然后双手收拢，令观众认为你已经完成了这个花式，紧接着再将剩下的半副牌弹进已经有半副牌的左手掌心中。图4 – 35 到图 4 – 39 展示了这个过程。

当然为了使你的拉牌显得更长一点，你必须放慢弹出牌的速度。这需要你用握牌角的方式握牌，再加上特意的调整，使你弹牌的速度变慢。如果你用半副牌还是拉不到理想的距离的话，那么就减轻一点你拉牌时的拉力。牌弯得少一点，它下落得就会慢一点。你可以用一半牌来进行练习，直到你能用半副牌拉出理想的距离。拉两次 6 英寸的拉牌和拉一次 6 英寸的拉牌看起来是一样糟糕的。学习之后的 **Very Long Spring** 能够使你更轻松地做出 **Double Spring**。

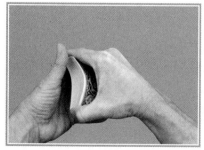

图 4 – 35

图 4 – 36

图 4 – 37

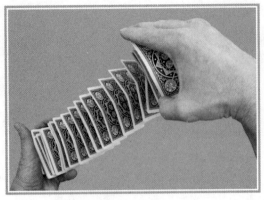

图 4 - 38

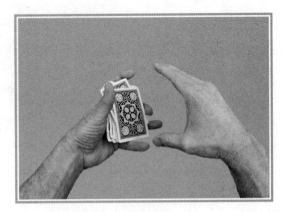

图 4 - 39

Upside – Down Spring ♣ ♦ ♥ ♠ ♣ ♦ ♥ ♠ ♣ ♦ ♥ ♠ ♣ ♦

我认为，你要学习双手都能做出最基本的手对手拉牌是毫无意义的，尽管之后你需要学习双手都掌握拉牌之后才能实现的 **Spring Shuffle**。

这个 **Upside – Down Spring** 能够使你看起来两只手都在做拉牌动作。**Upside – Down Spring** 本身就是一个十分抢眼的花式，它同时又是能够做出 **Very Long Spring** 以及最华丽的 **Overhead Spring** 的先决条件之一。

实际上，**Upside – Down Spring** 的部分拉牌动作和最基本的 **Basic Spring** 是一样的。双手和最基本的拉牌相比则正好相反，然而从右手将牌弹到左手却没有改变。拉牌的节奏与 **Basic Spring** 相比有很大的变化。在做 **Upside – Down Spring** 时，当你的左手向上移，使得拉牌距离变长的时候，你的右手必须跟着它。首先不用再强调了，一个握成篮子形状的手是十分重要的，而且拉牌时，牌弹出来的力量必须能够让牌弹到你的左手。感受一下牌弹出来的力量，这能让你知道你的左手应该处于一个什么高度。太低的话，牌弹出来得到的力量就会被浪费掉；太高的话，牌就没有足够的力量飞进你的左手。在拉牌的最后，将双手合在一起是很重要的，你可以降低左手的高度，或者提高右手的高度，也可以在降低右手高度的同时提高左手的高度。

下面我们开始教学，首先和做 **Basic Spring** 一样，将牌握在右手。然后将右手手心翻过来朝上（图 4 - 40）。当你双手开始分离的时候，将牌往外弹，然后用你的左手将弹出的牌接住，左手的手指随着握住牌的增加逐渐地握得越来越紧（图 4 - 41，图 4 - 42）。弹出来的牌被收到了你的左手，左手一开始是与右手相行渐远，在快完成拉牌的时候又逐渐靠近。右手始终跟着左手，保持两手之间的牌

图 4 - 40

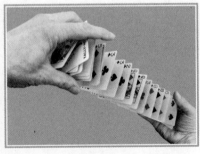

图 4 - 41

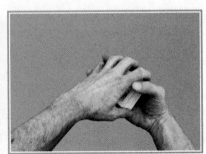

图 4 - 42

流的稳定。如果你在做 **Upside – Down Spring** 时，能够做到两英尺或者以上的话，那么这个花式会变得很有型。如果你想向大家展示你的双手都能完成拉牌的话，你可以在这个花式之后接上一个 **Basic Spring**。先做一个基本的拉牌，然后做 **Upside – Down Spring**，之后再做基本的拉牌，这样会让观众觉得你从这只手将牌拉到另一只手，然后再拉回来。

Very Long Spring ♣♦♥♠♣♦♥♠♣♦♥♠♣♦♥♠♣

在做 **Very Long Spring** 的时候，你需要像 **Double Spring** 一样慢慢将牌弹出，而且你还需要和 **Upside – Down Spring** 一样的将双手分开的方法。事实上，**Very Long Spring** 就像是你在用 **Upside – Down Spring** 的方法进行正常的从上到下的拉牌。这是因为你的双手必须要分开很长的距离，而且要让整个牌流保持顺畅。在你做 **Basic Spring** 的时候，重力能够帮助你接到牌，所以你就不需要利用你的左手将牌全都压在左手上了——因为牌会自己到那里并且待在那儿。在做 **Upside – Down Spring** 的时候，牌流必须有足够的压力才能粘在你的左手上，也使得最早弹进你手心的牌能安然无恙地留在那里。在做 **Very Long Spring** 的时候，左手必须在整个拉牌过程中对牌流产生力量，尽管牌都有可能很直接地掉进你的手掌中。需要这样做是因为双手离得太远了，能够给牌提供动力的只有它自身的惯性。太多的惯性会让牌过早地弹完，这样，你的双手根本没有分开就弹完了。太小的惯性会让你的整个拉牌遭受毁灭性的灾难——牌像天女散花一样飞了出去。

右手引导整个拉牌，在拉牌开始的时候，将在左手之上的右手向上升。当你感觉到牌已经开始落进左手的时候，在将右手尽可能地往远处拉的同时，保持左手和牌流之间的压力不变。尽量减慢拉牌的速度，使得你有时间将双手分开到最远的位置。尽管如此，这个花式也是一个持续时间很短的花式，因为把牌拉得慢所节约的时间，全都浪费在了将双手分开这件事上。当你左手的牌与手之间的张力开始变小的时候，将左手往上拉，去追随你的右手。经过练习，你会掌握直到拉牌结束都保持好的双手之间的距离。**Very Long Spring** 能够实现的唯一原因就是双手在拉牌结束的时候，能够很好地控制牌。右手射出来一条很缓慢的牌流。右手在保持与牌之间张力的同时接住牌。图 4 – 43 到图 4 – 47 描绘了这一过程。

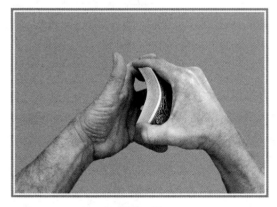

图 4 – 43

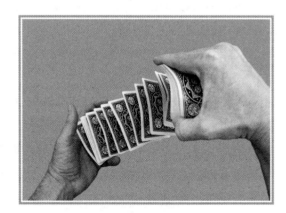

图 4 – 44

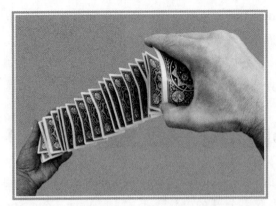

图 4 – 45

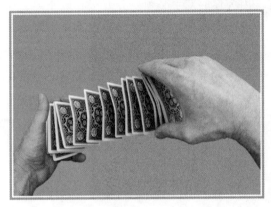

图 4 – 46

图 4 – 47

Overhead Spring ♣♦♥♠♣♦♥♠♣♦♥♠♣♦♥♠♣♦

在 Paul LePaul 的书《拉保的纸牌魔术》（*The Card Magic of LePaul*）的平装本的封面上，有这样一张图（由 Ed Mishell 绘制）：一个戴着领结的魔术师，将牌拉到他的头顶上，在中途形成了一个环的样子，最后落到了他的手中。现在如果有任何能够达到这种效果的花式，就是这个，但是……

Overhead Spring 是纸牌能够做出的华丽至极的花式之一。这是由我创造的，因为我并没有看到除了我以外的任何人做过或者描述过这个花式。纸牌在你的头上划过一条巨大的、飘逸的弧线。最后你还需要一个能够在拉牌过程中，将所有的牌都展示出来的角度。

如果你已经掌握了之前所有的拉牌技术，那么这个拉牌对你来说是非常简单的。但是如果你没有掌握的话，那么这个花式对你来说就是极其困难的。握牌角这个技巧很重要。

后面的插图是第一人称的插图，但是相信我，这些插图中的动作做得也不一定正确。所以对着镜子一遍一遍地练习，直到你能拉出一个漂亮的、平滑又长的圆弧为止。

和 **Very Long Spring** 一样，将牌握在右手。将双手放于身体的左侧，左手手心向上，右手握着牌，手心向下（图 4 – 48）。先不要将牌弹出去，右手握住牌，然后双臂保持间距不变，从左到右在你的头顶上扫过一个圆弧（图 4 – 49 到图 4 – 53）。这是你的双臂应该划过的轨迹。但是记住，千万不要在头顶上右手向左手拉牌的时候，全程将双手置于身体右侧的位置。你需要做的是让你的左手跟着右手，双手划过整个拉牌的轨迹。双手之间的情况和 **Very Long Spring** 差不多，唯一不同的就是这个花式双手之间划的是一个弧线。

记住在做 **Upside – Down Spring** 的时候，纸牌顶住你左手的感觉，以及在做 **Very Long Spring** 时，左手跟住右手的感觉。最好你回忆一下，在做 **Double Spring** 的时候你拉牌的速度。

现在，将双手放回你身体的左侧（图 4 – 54）。在你将双手都向上提的时候，开始将牌向外弹（图 4 – 55）。在拉牌过程中，使右手与左手愈行愈远，直到你发现牌到你左手的力量开始减弱。当你双手之间的距离达到极限之后，双手以同样的速度移动，双手间的距离保持不变。继续保持，直到双手在你的头顶划过一条弧线，然后又从你身体的右侧落下（图 4 – 56 到图 4 – 58）。从图 4 – 57 拉牌开始反转。接下来的动作就是一个 **Upside – Down Spring** 了。最后所有的牌都落在了处于身体右侧的左手上（图 4 – 59）。这是一个十分华丽的、能给人留下深刻印象的花式。

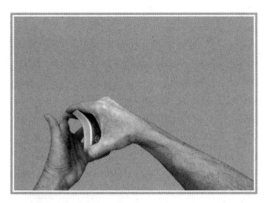

图 4 – 48

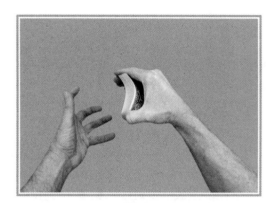

图 4 – 49

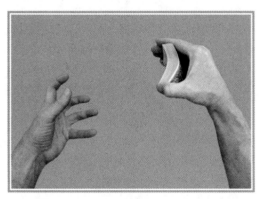

图 4 – 50

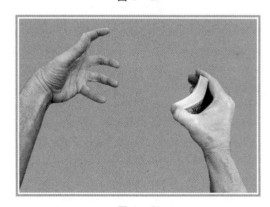

图 4 – 51

图 4 – 52

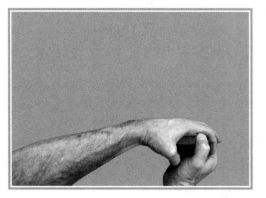

图 4 – 53

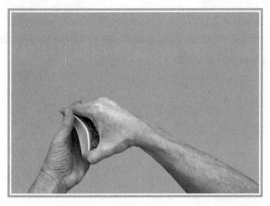

图 4－54

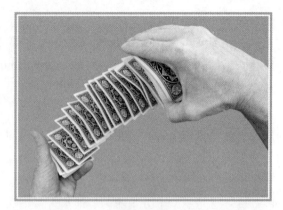

图 4－55

图 4－56

图 4－57

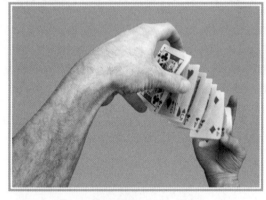

图 4－58

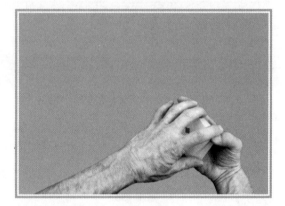

图 4－59

Behind – the – Back Waterfall ♣♦♥♠♣♦♥♠♣♦

　　要在不看牌的情况下，去接住落下的牌，使这个花式的难度达到了一个叹为惊人的境界。不看牌去接住落下的牌是指表演者不能够看到牌，所以不要理解错我的意思——只要你足够熟练，你可以戴着眼罩做这本书里半数以上的东西（你要从眼罩里偷看也无伤大雅）。但是牌在空中飞的那些花式是完全不同的概念。这个 Behind – the – Back Waterfall 不会像你闭着眼睛抛接三张牌那样难，但是这个花式也难得让人崩溃。

　　首先你要将你的左手扭曲地放在身体前侧，进行一个新版本的接牌手势练习。图 4－60 描绘了左手应该的样子，手腕顺时针旋转得越厉害越好。现在你需要练习将牌落进你那扭曲的左手中去。这时候你需要将你的右手转一下，这样的话，从右手落下来的牌就有了一个明确的定位，牌流能够与你的身体平行落下（图4-61到图4-64）。当你熟悉了这个纠结的落牌之后，你就可以开始在背后练习这个花式了。然后，像做最基本的 **Waterfall Drop** 一样，用压力将牌展开。接下来，将你的左手移到背后，左手的大拇指贴住脊柱上离腰带线6英寸的地方。你的左手大拇指需要在伸直的同时与后背贴得紧紧的。现在将你的右手放到身后、头的下面。我们的目标是将整副牌以被压展开的姿态放到左手的正上方。

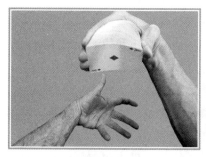

图 4 – 60

图 4 – 61

图 4 – 62

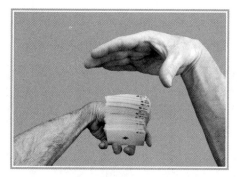

图 4 – 63

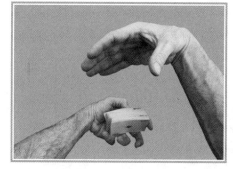

图 4 – 64

你猜的没错，接下来我们就要将整副牌从右手落到左手去了。我所要告诉你，最重要的事情就是：稍稍地将背向前弯曲。如果你这样做了之后，牌还是会打到你的后背的话，将右手向后背的远处拉。在你身体的左边放置一面镜子，这样能够观察到你没法将牌流顺利地落到左手的原因。一开始你可以将牌放到牌盒里，将整个牌盒向下落，直到你每次都能接住，而且牌盒不再旋转为止。然后试着真正地落半副牌，一开始要一口气把牌落下去。之后逐渐地稳定牌流落下的速度。就像我说的一样，这是一个极其混蛋的花式，但是经过一些练习，还是能把它变成一个靠谱的花式。

One – Hand Waterfall/Double Waterfall Drop

你要学习 **One – Hand Waterfall** 的真正原因是日后你可以双手同时做这个花式，使其成为十分华丽的 **Double Waterfall Drop**。在你将这个花式练好之前，用半副牌做和一副牌做从效果上来看是没有什么区别的，就和将在手臂展牌那一章中提到的 **No – Turnover Down Catch** 是一样的。再加上你用半副牌来做 **One – Hand Waterfall** 要比一副牌容易得多——用一副牌的话，落牌时牌会转着落下去。所以先用半副牌，用右手练会这个动作，然后双手各半副牌，去掌握这个花式。

作为一个十分困难的花式，**Double Waterfall Drop** 的出镜率还是蛮高的。McBride 在他那套非常好的教学录影带《空手出牌的艺术》（*Art of Card Manipulations*）中演示过这个花式（但是他并没有教学）。之后我也看 Ricky Jay 做过这个，尽管不是在他的《将纸牌当做武器》（*Cards as Weapons*）这本书里。根据 Gaultier 以及 Farelli 的描述，Houdini 和另一个时代的 Warren Keene 一样都可以完成 **Double Waterfall Drop**。Ganson 在他的书《专业纸牌手法》（*Expert Manipulation of Playing Cards*）中也对这个花式有所提及。

　　先用右手来进行练习。在保持整副牌整齐的情况下，用你的食指和小拇指在两个长边，大拇指、中指和无名指在两个短边握住牌（图 4 – 65）。当你准备开始压牌的时候，将各个手指移到做瀑布落牌时它们应该在的位置（图 4 – 66）。将半副牌压开。如果你没有办法用单手将牌压开的话，现在就是学习的时间了。当你用双手压牌的时候，你会用你的左手食指去协助将牌压得更靠近掌心和手指尖。单手做的时候，用你四指的靠里位置握住一个短边，大拇指的第二关节处握住另一个短边。将四指与大拇指相向挤压，将牌弯曲（图 4 – 67）。在你四指控制的短边滑到了你的指尖位置时，减少四指对牌的压力。当然，也让另一个短边的牌滑到更贴近大拇指指尖的位置。当整叠牌都处于你的指尖位置时，停止减少手指对牌的压力。将你的食指放到处于上方的长边去（图 4 – 68）。如果你在压牌以前就将食指放在上方的长边的话，那么整个压牌过程会变得更加艰辛。

　　做好 **One – Hand Waterfall Drop** 的关键：不要将牌向下落！相反，你需要将手向上提，然后让最底下的牌的位置保持不变，在手向上提的过程中放牌（图 4 – 69，图 4 – 70）。在一开始的时候，只要你

图 4 – 65

图 4 – 66

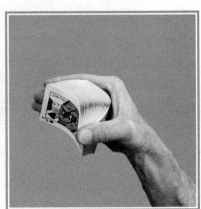

图 4 – 67

图 4 – 68

图 4 – 69

图 4 – 70

能够保证每次完美地接住牌，就算落牌的距离小得可怜，也是可以接受的。最底下的牌开始向下落的时候将手向上升。最后将手向下冲，直至接住所有的牌（图4-71，图4-72）。接住牌的时候你的食指必须处在整副牌的最前面，这样的话，你的手指才能够夹住最后几张牌，不让它们掉下去。

图4-71

图4-72

不可思议的是，在牌落下的时候你想用你的右手从下面接住牌并不是十分困难的事，只要你迅速地将手移到那张还没落得太远的、最下面一张牌的下面就没有问题了。从本质上来说，这个接牌的方法和 **Same - Hand Fall Catch** 的方法是一样的。我不认为一个单纯的 **One - Hand Waterfall** 和 **Same - Hand Fall Catch** 的接牌动作有什么本质上的区别。

要准备去压两叠牌，你可以先做 **Paddlewheel Cut**，直到两叠牌面对面。然后转换握牌方式，大拇指握住一个短边，剩下的四指去握住另一个短边。

One - Hand Spring ♣ ♦ ♥ ♠ ♣ ♦ ♥ ♠ ♣ ♦ ♥ ♠ ♣ ♦ ♥ ♠

这是一个实实在在的单手 **Upside - Down Spring**。单手的横向拉牌要求将牌像闪电一样极快地在空中展开。**One - Hand Spring** 其实跟单手横向拉牌一样，需要你常年的练习才能够练成。用一副潮湿的软牌可以使这个花式做起来更容易。

以最普通的拉牌握牌姿势将牌握在手里。将整副牌翻转，手心向上，就像你要开始做 **Upside - Down Spring** 一样。做这个拉牌的时候，你的拉牌动作要轻柔一些，我们要达到一个喷泉的效果，用最顶上那张牌的重力来代替 **Upside - Down Spring** 中的左手。事实上你可以通过练习 **Upside - Down Spring** 来体会 **One - Hand Spring** 的感觉，但是在做的时候，你接牌的左手五指要保持张开的状态。换句话说，不要用你的手指去握牌抓牌。相反地，你要用你的左手手掌去压最顶上的那张牌。然后在最后将左手压到右手上。当你能够做到这些的时候，试着只用你的左手食指代替左手来完成动作。

最后，试着做出完全单手的 **One - Hand Spring**。将牌用基本的拉牌握牌的方法握住，手心朝上手呈45度（图4-73）。将右手向上抬高一英尺左右，接着在一口气将所有的牌都弹出去的同时，迅速下落到一开始的高度（图4-74）。当牌落到你的右手的时候，将所有的牌接住（图4-75）。你应该试着将牌直直地弹上去，这样的话，牌才能直直地落入你的掌心。牌一张一张地从你的手中弹出去，最上面的牌的重力逐渐叠加，最后上面的牌就充当了 **Upside - Down Spring** 中左手的角色了。所以当牌没有办法自己接住自己的时候，最上面一张被弹出去的牌会提供足够的压力使下面的牌保持稳定，然后使整个牌流都能够被你的右手接住。另一种做这个花式的方法就是将手抬到较高的位置，然后右手在突然急速下降的同时开始拉牌。

图 4 - 73

图 4 - 74

图 4 - 75

Virtual Electric Deck ♣ ♦ ♥ ♠ ♣ ♦ ♥ ♠ ♣ ♦ ♥ ♠ ♣ ♦ ♥

这个花式在 Charles Kettle 所写的《专业纸牌手法》（*Expert Manipulation of Playing Cards*）中有过描述。著作等身的作家 Will Goldson 也描述过这个花式，并且管它叫"手风琴。"你需要准备一副和 **Automatic Flower Fan** 一样的牌。Goldson 也介绍过 **Automatic Flower Fan** 这个花式，并且把它称作"纸牌之花"。根据 Ganson 的版本，你需要将牌扔向空中，然后牌在空中打开成一个漂亮的手风琴形状，最后用另一只手把牌压回扔牌的手中。我之所以反对做 Andrus 的桌面展牌，是因为你完全可以不将牌弄成这个样子就可以达到差不多的效果，像 **No - Turnover Down Catch** 就是个不错的例子。当然，也有一些独特的效果是必须由这个 **Virtual Electric Deck** 的理念完成的。比如说你可以学习做 **One - Hand Spring**，但是这个花式的效果永远不会像你用单手扔 **Virtual Electric Deck** 来得流畅、更具视觉冲击。这个自动形成的"手风琴"中间是不会有任何不均匀的空隙的。除非你是一个花式怪物，否则你是绝对不可能学会双手完成超高难度的 **One - Hand Spring** 的。但是，一旦你有了这副 **Virtual Electric Deck**，你就可以在几分钟之内双手都掌握下面讲的花式。将牌分成两叠，弯好，洗好，保持牌被压住的状态，手心朝上放在你的面前。然后将牌松开，再用很轻的力量向上扔。这一叠牌会很流畅地在你的手心上方绽开，之后再落回你的手里。如果你在做这个花式的时候遇到了问题，那应该是你将牌弯曲得太厉害了或者弯曲程度还是有些不够。

现在，将牌弯曲之后用完美洗牌将它们洗到一起（图 4 - 76 到图 4 - 81）。记住在弯牌的时候，两叠牌的弯曲要一样——去看 **Automatic Flower Fan** 回顾这个技巧，还有关于这个步骤更多的说明。现在你的手里就有一副 **Virtual Electric Deck** 了（图 4 - 82）。将牌压紧之后以标准握牌将牌握住，将你的食指放在牌的短边前面（图 4 - 83）。将你的大拇指从牌上移走，然后做一个向上的动作来开始这个手风琴一样的花式（图 4 - 84，图 4 - 85）。之后让牌重新落入你的手中，将大拇指再一次压上去（图 4 - 86 到图 4 - 88）。试着双手各握半副牌来做这个动作。

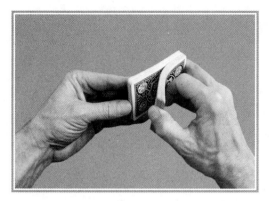

图 4 – 76

图 4 – 77

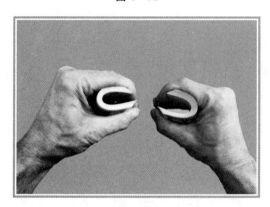

图 4 – 78

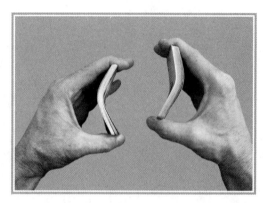

图 4 – 79

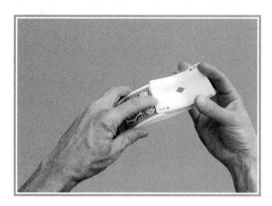

图 4 – 80

图 4 – 81

图 4 – 82

图 4 - 83

图 4 - 84

图 4 - 85

图 4 - 86

图 4 - 87

图 4 - 88

　　如果你真想利用这个理念做花式的精髓的话，那就听听我的建议：在你准备做最后一系列的花式的时候再去做这个 **Virtual Electric Deck**，做动作的时候不要去吸引观众的注意力。将牌用这个手风琴风格的扔牌从左手扔到右手。再用右手将牌垂直地向上扔。将牌分成两叠。双手交替之后再同时做单手扔牌。将牌合二为一，之后做一个 **Automatic Flower Fan**，用双手将它捧起来。再将牌分成两份，两只手同时做出两个 **Automatic Flower Fan**。之后让你的观众自己做一个 **Automatic Flower Fan**。如果你有一张上面披着衣服的桌子或者一个牌垫的话，那就在上面做 Andrus 那诡异的桌面展牌。最后将牌装进牌盒，将牌放好，直到你有时间悄悄地把牌还原成正常的样子。

拉牌后记 ♣ ♦ ♥ ♠ ♣ ♦ ♥ ♠ ♣ ♦ ♥ ♠ ♣ ♦ ♥ ♠ ♣ ♦ ♥ ♠ ♣ ♦ ♥

　　Waterfall Production。在利用手背藏一张或者一叠牌的情况下，做双手的 **Waterfall Drop**。做完这个落牌之后，进行出牌的表演。当然角度是你必须要注意的一个问题。我是从 McBride 那里学到这个花式的。

　　Faux Spring。这是一个民间流传的古老技法，首先用右手握住牌，将整副牌和手放到你的脑袋后面，然后假装将牌弹到位于身体背后腰部的左手。然而你真正做的事不过是拨牌而已，毕竟拨牌的声音和拉牌的声音很像。接下来人们通常会这样做，说"现在将牌弹回来"，然后再拨一次牌，就好像是牌真的被弹回了你的右手一样。做这个动作的时候，你一定要确定你是面向你的观众的！通常来说，

我比较反对大家做这类花式，但是你为了吸引观众的注意力，可以背朝观众，然后做一个 **Behind – the Back Waterfall**。如果你的身体够软而且你也特别喜欢做这个的话，你可以试试在背后做 **Basic Spring**。但是你最好记住，你还要再用 **Upside – Down Spring** 将牌弹回右手。

"*Yo*"。这个花式源自创意无限的 Lee Asher。这个花式首先以标准握牌将牌握住，之后进行一个空中的丝带展牌。这个展牌落回手中并且可以很快地进行重复。这个花式的效果看起来真的很不错，尤其是你能够将牌展得很长的时候。当然这就是这个花式的难点所在，尤其是你将牌打满了牌粉的时候。

用握牌边的方法握牌而无视握牌角的方法进行拉牌。尽管让人从一个糟糕的握牌转换成一个很棒的握牌不是什么难事，但是也有那些死不从命的人会让这个拉牌变得又短又快，毫无观赏性可言。

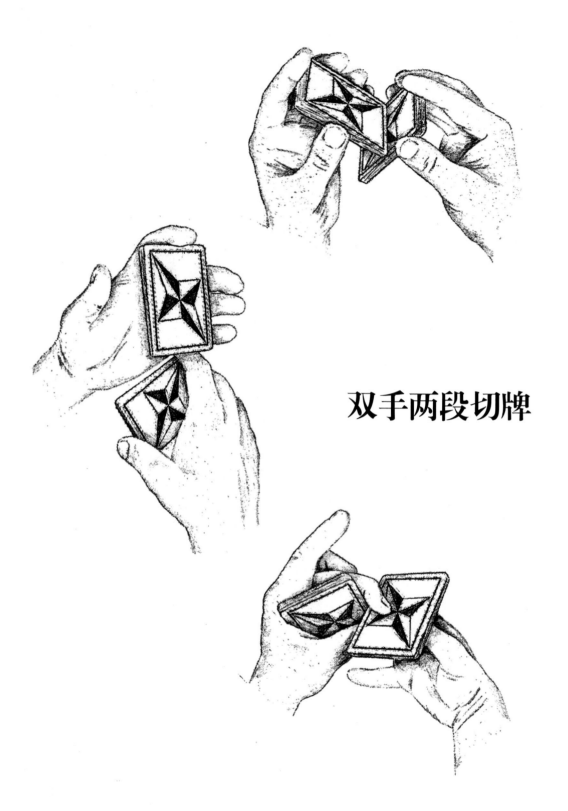

双手两段切牌

双手两段切牌

不要过低地评价纸牌花式的价值；在纸牌的表演中它扮演了一个极其重要的角色，它不但可以激发出观众对你表演的兴趣，同时能够很大程度地吸引你的观众。它能够为你的表演添色添味。——Paul LePaul

这章包括的所有花式都是将牌分成两叠，然后将两叠牌的位置交换，当然，你的双手都要用上。如果你以同样的两叠牌重复一个切牌的话，那么这就变成了一个连续不断的切牌。如果说整副牌被更复杂地分成了若干叠，那么这就是一个多段切牌，这在名为"双手多段切牌"的章节中有教学。

据我所知，像 **Drop Cut**，**Forward Tumble Cut** 以及 **Twirl Cut** 一样，书中所介绍的 **Paddlewheel Cut** 的版本是我原创的。尽管 **Pivot Cut** 在很多书中都有教学，但我是从《走向纸牌魔术圣殿之路》（*Royal Road to Card Magic*）这本书中了解这个花式的。我从 T. G. Murphy 那里得到了有关 **Behind – the – Back Separation** 的信息，尽管我的方法跟他的有区别。但你在这章中看不到那个笨笨的 "Comedy Cut"，因为这个花式已经成为了单手扔切牌那部分的一员了。

那么到底有多少种双手将两叠牌交换位置的方法呢？十分严谨并且合理的回答就是"谁关心呢？"对于单手切牌来说，影响它的不过是视觉上的不同，以及花式给人带来的那种兴奋感。哪些花式能让你感到兴奋完全取决于个人的感受，但是牌的旋转、飞翔以及在空中翻滚无疑会让你眼前一亮。

特别提示一下，在这章里很多很多的切牌都能够被改编成假切牌。举例来说，你可以简单地用相同的两叠牌重复一个切牌两次，这个切牌就变成了一个假切牌。或者说你可以通过一些小小的改动，创造出一个深不可测的整副牌的假切。当然，只是保持第一张牌和最后一张牌不变，会稍稍容易一些。

另一种比较简单的方法就是将一些切牌堆在一起。比如将 **Drop Cut**，**Cross Drop Cut**，**Forward Tumble Cut**，**Reverse Tumble Cut** 和 **Twirl Cut** 组合成一套华丽的杂合切牌，这不仅能让你的观众享受你的切牌美感，而且整副牌还是处于原本的牌序。或者你也可以试试这样：做四次 **Drop Cut**。做三次 **Cross Drop Cut**。做三次 **Forward Tumble Cut**。做三次 **Reverse Tumble Cut**。交替着做三次 **Forward Tumble Cut** 和 **Reverse Tumble Cut**。再做三次 **Twirl Cut**，最后用标准握牌将牌握好。当然，你可以从头到尾一直用相同的两叠牌，最后再将牌收起来。如果在这一系列切牌之后，你又切了一次牌，那么在整个流程里就再添加或者删去一个切牌。但我还是希望你能够创造出一个又快又流畅的切牌流程来。

Pivot Cut ♣♦♥♠♣♦♥♠♣♦♥♠♣♦♥♠♣♦♥♠♣♦♥♠♣♦♥

　　这个切牌是以 Hugard 和 Braue 所写的《走向纸牌魔术圣殿之路》（*Royal Road to Card Magic*）中的"一个十分漂亮的切牌"为原型改编的。我将这个切牌改编得更好完成了。

　　首先用标准握牌将牌握好（图 5-1）。右手用大拇指和四指在短边握住整副牌，然后将牌拿起来（图 5-2，图 5-3）。用你的右手食指将牌分成两叠，就像一个众所周知的连续切牌一样（图 5-4）。这套图的最后一张（图 5-12），从正面展示了这个动作。将你左手的食指伸出来，触碰到上半副牌的牌角（图 5-5）。用你左手的食指顺时针推上面半叠牌，牌就开始顺时针旋转（图 5-6）。在你继

图 5-1

图 5-2

图 5-3

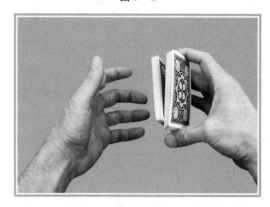

图 5-4

图 5-5

图 5-6

续将上面那半叠牌往前推的时候，将左手四指伸直（图 5 - 7）。当两叠牌完全分开之后，用四指将原本处于上方的那叠牌重新以标准握牌握好（图 5 - 8，图 5 - 9）。将你右手握住的那叠牌放到左手握住的那叠牌的上面（图 5 - 10，图 5 - 11）。如果你想了解这个切牌的连续切版本，去看下一章的双手 **Running Pivot Cut** 吧。

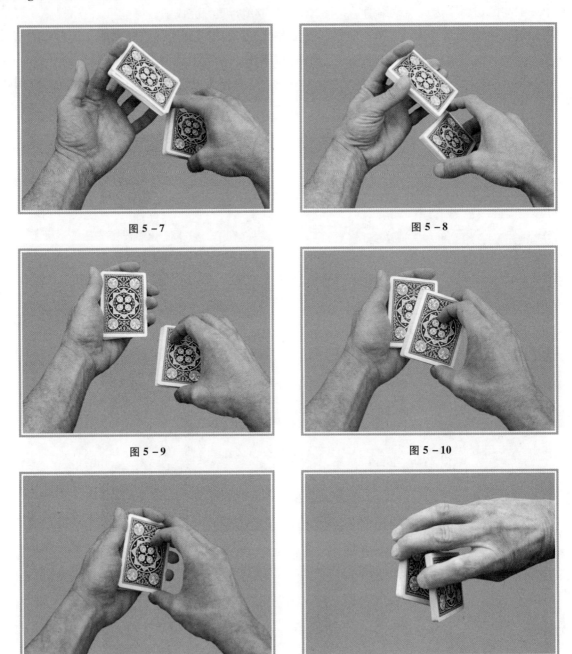

图 5 - 7

图 5 - 8

图 5 - 9

图 5 - 10

图 5 - 11

图 5 - 12

Paddlewheel Cut ♣♦♥♠♣♦♥♠♣♦♥♠♣♦♥♠♣♦

这是一个漂亮的两段切牌，当作为一个连续切牌的时候，它看起来会格外吸引人。我再重申一下，一个连续的、双手的两段切牌是指用同样的两叠牌一遍又一遍地重复一个切牌。而一个连续的多段切牌通常是指切不同的牌堆。我之所以要提这件事，是因为我真的很讨厌一个人切若干次 **Paddlewheel Cut- Drop**，**Tumble** 或者 **Twirl Cut**，每一次都要重新整理一次牌，然后重新将牌分开。这也能够解释我将连续的 **Pivot Cut** 放在多段切牌那一章的原因：因为它并不是用相同的两叠牌一遍一遍地切。

所以这一章我是从准备的时候就开始插图了，而且插图的内容是连续的 **Paddlewheel Cut**。你基本可以在任何时候来结束这个花式，然后整理好牌。我说的任何时候是指你在结束的时候，将牌面朝面或者背朝背，这样会对你之后要表演的魔术或者花式有所帮助；否则，你还是不要在牌面朝面或者背朝背的情况下结束这个切牌为好。

用六页纸来展示这个花式的插图，感觉上有点多，但是如果你很快地扫过这些插图的话，你可以看到这个花式动起来是什么样子，而且也很容易跟着两叠牌的运动轨迹。这个切牌是一个令人赏心悦目的切牌。

Paddlewheel Cut 是我最喜欢的将牌分成两叠的方法，然后就可以双手同时做单手切牌了。你需要做的不过是在两叠牌都牌面朝下的时候停下这个切牌。它作为 **S Fans** 或者 **Twin Fans** 的预备动作真的是帅极了。如果你想让观众看到你大拇指的动作的话，就将你的身体右侧转向观众，然后将手臂向前伸，使它尽量距离你的身体远一点。

我将会给你展示两种开始这个切牌的方法。第一种是用你的右手从近短边切出半副底牌来，第二种是用右手从远短边切出半副底牌来。第一种方法更加华丽，并且在最后牌会很合理地落进左手并能以标准握牌握住。第二种方法则是更加稳定并且更容易理解。两叠牌在切牌的时候会不断地转换朝向，这个朝向重要与否，以及你想要它位于什么朝向，就和你的需要有关了。

首先，左手以标准握牌将牌握住（图 5-13）。右手的食指以及大拇指从靠近近短边的位置下切出半副牌（图 5-14，图 5-15）。注意这里的切牌是跟标准的印度洗牌不一样的——你右手的大拇指是在牌的右长边。接下来要用你的左手和右手将两叠牌分开，保持大约牌的长边一半的距离。然后将右手向右移，做这个动作的时候，这半副牌要与左手的半副牌贴住（图 5-16）。现在你要做的就是通过右手半副牌的短边来将左手的那半副牌翻成牌面朝上。左手的半副牌通过你的左手大拇指以及中指来旋转（图 5-17）。将左手食指弯曲，放到左手的牌的后边，防止牌在牌面朝上之后继续地旋转。用同样的方法将右手的半副牌转成牌面朝上（图 5-18）。将两叠牌靠在一起，使它们的重叠部分再次处于一个合适的长度（图 5-19）。用你的左手食指将左手的牌整理一下（图 5-20）。接下来将右手的半副牌撬起来，两叠牌现在看起来就像一个倒 "T" 字似的（图 5-21）。然后用你的右手食指整理好右手握住的那叠牌（图 5-22）。接下来，通过右手的那半副牌将左手的半副牌顶平，同时保持好两叠牌之间重叠部分的长度（图 5-23）。将左手稍稍向下移动，直到左手的半副牌与右手的半副垂直为止（图 5-24）。两叠牌的形状就好像是一个横着的 "T" 字一样。将右手的半副牌贴在左手的半副牌上，将两叠牌的重叠部分控制在长边的一半（图 5-26）。接着将你的右手向下移，直到这半副牌与你左手的半副牌垂直为止（图 5-27）。用你右手的食指整理右手握住的半副牌（图 5-28）。接下来将左手的那半副牌压到右手的那半副牌上面，两叠牌重叠的部分还是要保持这么多（图 5-29）。然后将左手的半副牌向下压，直到在左手的半副牌翘起来，两叠牌又成了 "T" 字（图 5-30）。用左手的食指整理好左手的半副牌（图 5-31）。将右手的半副牌压在左手的半副牌上面（图 5-32）。继续不断重复地往下做，或者你觉得可以了，就将你右手的半副牌整齐地放回到左手的半副牌的顶上，然后重新以标准握牌将牌握住（图 5 – 33 到图 5 – 37）。注意看图 5 – 25 和图 5 – 35 基本上完全一样，所以如果你愿意，你完全可以只做一次这个花式就收牌。

还有另一种开始这个花式的方法：首先右手伸过去拿住半副牌（图 5 – 38，图 5 – 39）。用左手的牌将右手的牌撬起来，能使这个花式更容易完成。用右手将牌的下半副切出来（图 5 – 40）。将右手向右移，然后向下拉，沿着不动的左手的半副牌滑下来（图 5 – 41，图 5 – 42）。继续向下滑，直到两叠牌重叠的部分达到牌的长边的一半长度为止（图 5 – 43）。跟以往的动作一样，再移动牌，使得两叠牌成为一个倒挂的"T"字（图 5 – 44）。用你的右手食指将右手握的半副牌整理好（图 5 – 45）。继续转再继续转，转上一天一夜接着转……（图 5 – 46 到图 5 – 50）

图 5 – 13

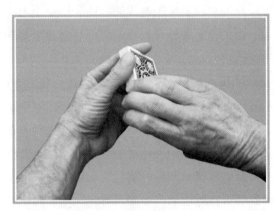

图 5 – 14

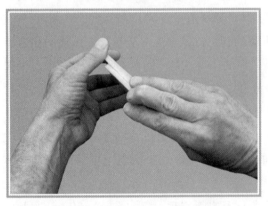

图 5 – 15

图 5 – 16

图 5 – 17

图 5 – 18

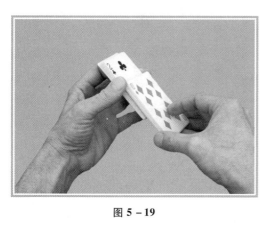

图 5 – 19

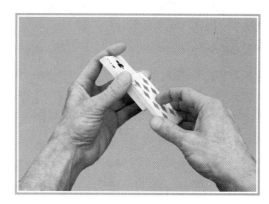

图 5 – 20

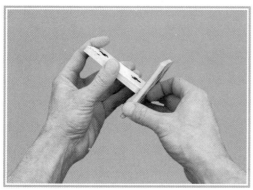

图 5 – 21

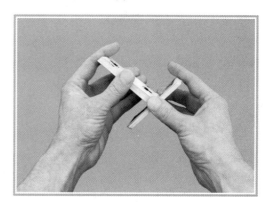

图 5 – 22

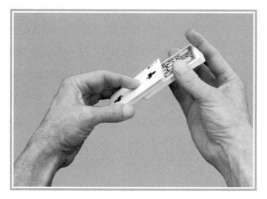

图 5 – 23

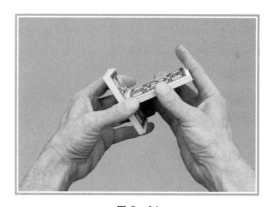

图 5 – 24

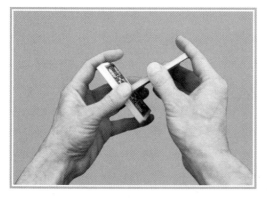

图 5 – 25

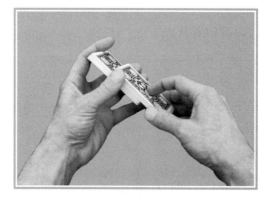

图 5 – 26

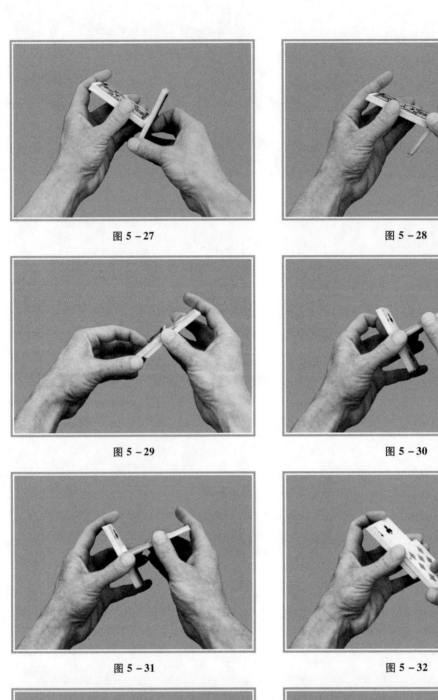

图 5 – 27

图 5 – 28

图 5 – 29

图 5 – 30

图 5 – 31

图 5 – 32

图 5 – 33

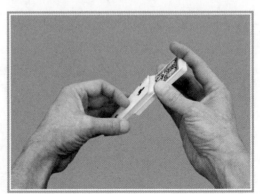

图 5 – 34

图 5 – 35

图 5 – 36

图 5 – 37

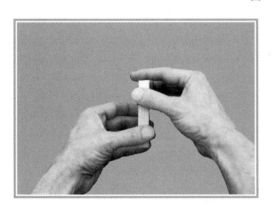

图 5 – 38

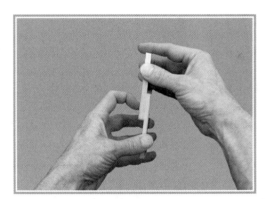

图 5 – 39

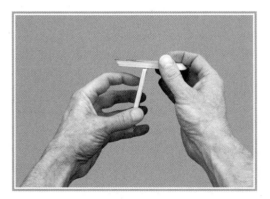

图 5 – 40

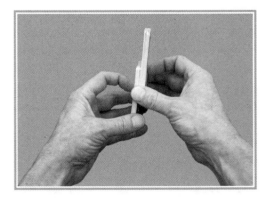

图 5 – 41

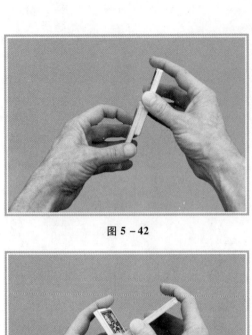

图 5 - 42

图 5 - 43

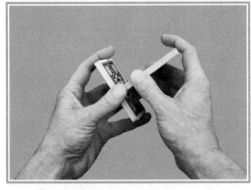

图 5 - 44

图 5 - 45

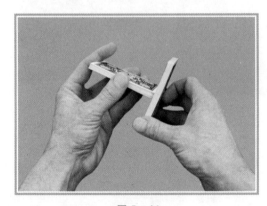
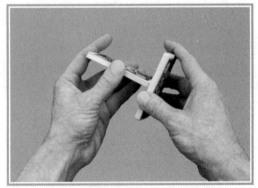

图 5 - 46

图 5 - 47

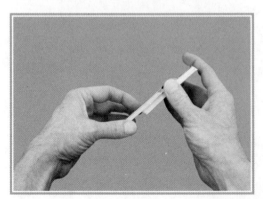

图 5 - 48

图 5 - 49

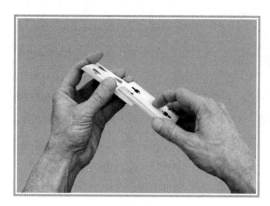

图 5 - 50

如果你的食指整理动作的速度能够上一个台阶的话，那么这个动作就会变得很自如，并且一点也不会影响到这个花式的流畅性。

如果你想做一个假切牌的话，就用第二种开始的方法。如果你用这种方法的最后，两叠牌都是牌面朝下落入你的手中然后用标准握牌握好的话，那么这个切牌就是一个假切牌。

Inversion "Cut" ♣ ♦ ♥ ♠ ♣ ♦ ♥ ♠ ♣ ♦ ♥ ♠ ♣ ♦ ♥ ♠ ♣ ♦

因为两叠牌并没有真正地交换位置，所以这不是一个真正意义上的切牌，但是它能够充当一个假切牌——因为这个切牌看起来实在是太不自然了。尽管如此，我认为这个花式中手旋转的动作还是很值得用一些插图来说明的，因为这个动作可以让你给别的花式润色。但是就它本身而言，这不过是一个半成品的、粗糙的花式。

首先，牌在左手以标准握牌握好，将你的右手向左手伸，好像要过来整理牌似的（图 5 - 51）。将左手顺时针旋转 180 度（图 5 - 52，图 5 - 53）。然后用右手握住上面半副牌（图 5 - 54）。之后在你的右手握住牌顺时针旋转 180 度的同时，左手逆时针旋转 180 度（图 5 - 55 到图 5 - 57）。让两叠牌继续旋转，同时将牌翻过来，让牌面朝上（图 5 - 58 到图 5 - 61）。在你旋转两叠牌的同时，将左手的手心转向上，右手手心转向下。然后将两叠牌放到一起（图 5 - 62），通过转动你的左手将整副牌恢复牌背朝上的状态，现在你的手心又重新朝向上方了（图 5 - 63 到图 5 - 66）。在做这个动作的时候，将你的右手食指放在牌的上面，这样一方面有助于保持牌的稳定，另一方面能使这个动作看上去更加流畅。这样，牌就好像在你的食指旋转一样。

在这个花式中，你所需要做的就是将两叠牌分开之后朝反方向旋转，最后再将两叠牌放回到一起。我之所以认为这个花式的理念很实用，是因为你可以在表演其他双手切牌之前，将这个动作作为准备动作——如果你这样做了，可以提高动作的观赏性。比如说你做 Inversion "Cut" 一直做到图 5 - 57 的位置。接下来，你不将手翻过来，取而代之的是从上面将右手食指插进握住的半副牌中，左手做一个接近完整的 **Charlier Cut**，最后将四叠牌合到一起。或者你也可以在做 **Quick Triple Cut** 的时候，旋转最上面的一叠牌。你也可以做一个完整的 **Inversion "Cut"**，之后接上一个 **Palm Twirl**。或者将这个动作加进 **Charlier Combo Cut** 中。

图 5 – 51

图 5 – 52

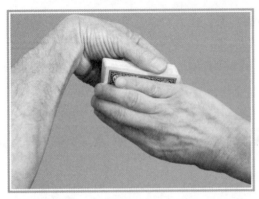

图 5 – 53

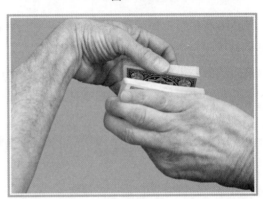

图 5 – 54

图 5 – 55

图 5 – 56

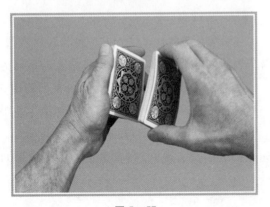

图 5 – 57

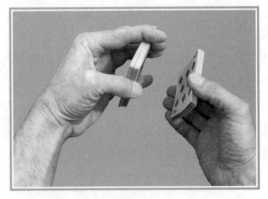

图 5 – 58

图 5 - 59

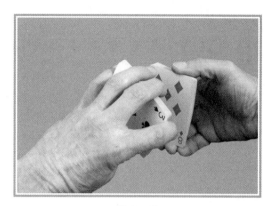

图 5 - 60

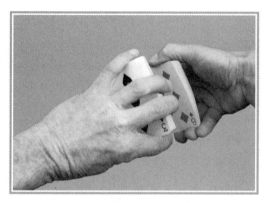

图 5 - 61

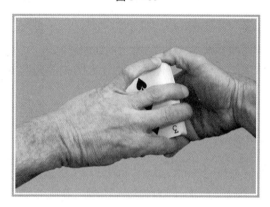

图 5 - 62

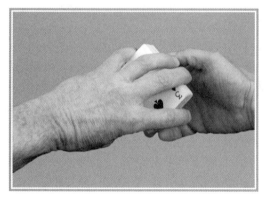

图 5 - 63

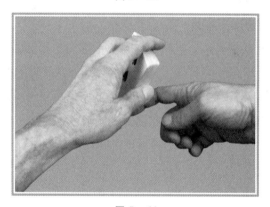

图 5 - 64

图 5 - 65

图 5 - 66

Drop Cut ♣ ♦ ♥ ♠ ♣ ♦ ♥ ♠ ♣ ♦ ♥ ♠ ♣ ♦ ♥ ♠ ♣ ♦ ♥ ♠ ♣ ♦ ♥

一旦你真正搞明白这个动作，这个切牌就会变得异常简单。整套图片都是以观众的视角来展示的。所以记住，在整套图片里你的右边都是与之相反的左边。如果有必要，将这本书倒过来，然后你的手就可以跟书中的手对上了。

用标准握牌把牌握在左手，右手移到你左手的右边，与左手的高度持平。将左手的食指放到整副牌的下面，然后用你的左手大拇指在左长边拨半副牌下来（图5-67）。将大拇指插进两叠牌的间隔当中，然后将上半副牌往四指的指尖上推，直到上半副牌的牌面朝上（图5-68，图5-69）。用你左手的手指尖将牌翻过去的同时顶进你右手的掌心（图5-70，图5-71）。左手用来控制右长边的小拇指、无名指和中指放松（图5-72）。现在你左手的半副牌被你左手的大拇指以及食指根部夹住。将你的右手大拇指伸直，之后将左手向右手的方向移动（图5-73）。将你的左手保持斜向下的姿势，直到你的右手大拇指触碰到你左手那叠牌的牌面为止（图5-74）。继续让左手向右边移动，直到左手的那叠牌被撬到你的大拇指上、并且牌面朝上为止（图5-75），随即用你的两个手指把那叠牌夹住。之后将你左手的那叠牌用右手的大拇指以及弯曲的中指和无名指握住（图5-76）。现在那半副牌停在右手的中指以及无名指的指甲上。将左手放回原位，之后将这叠牌重新以基本的标准握牌握好（图5-77到图5-79）。将右手的四指放松，整叠牌被右手的大拇指以及食指根部夹住（图5-80）。将左手大拇指伸直，右手放松，然后右手牌的牌面就会被左手大拇指的指尖触碰到（图5-81）。将右手的半副牌推上右手大拇指，继续推，直到右手的半副牌被两个大拇指夹住为止（图5-82）。用你的左手大拇指以及左手的无名指和中指的指甲将牌握住（图5-83）。将原本位于右手的牌滚进右手的掌心中（图5-84到图5-86）。将左手的四指放松，直到其被左手大拇指以及左手无名指夹住（图5-87）。将右手的大拇指伸直，然后让左手靠近，直到右手大拇指能够碰到左手的牌（图5-88）。将左手的这半副牌用两个大拇指夹住（图5-89）。将左手的半副牌用右手大拇指以及弯曲的中指、无名指的指甲握住（图5-90）。将左手的半副牌滚进左手的掌心（图5-91，图5-92）。再将右手的半副牌用右手大拇指以及食指根部握紧（图5-93）。重复之前的动作，直到牌被你切成纸浆，或者将右手的半副牌放回到左手的半副牌上（图5-94到图5-96）。

图 5-67

图 5-68

图 5 – 69

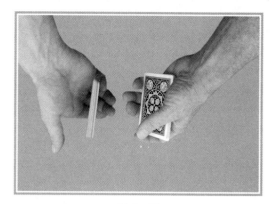

图 5 – 70

图 5 – 71

图 5 – 72

图 5 – 73

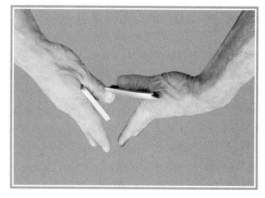

图 5 – 74

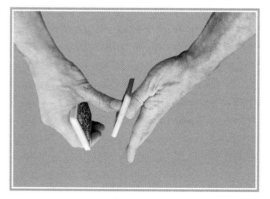

图 5 – 75

图 5 – 76

图 5 - 77

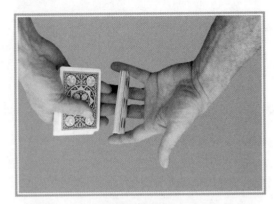

图 5 - 78

图 5 - 79

图 5 - 80

图 5 - 81

图 5 - 82

图 5 - 83

图 5 - 84

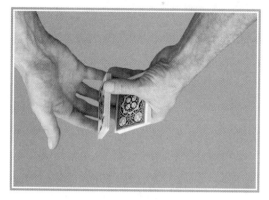

图 5 - 85

图 5 - 86

图 5 - 87

图 5 - 88

图 5 - 89

图 5 - 90

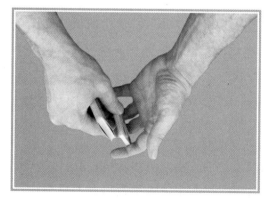

图 5 - 91

图 5 - 92

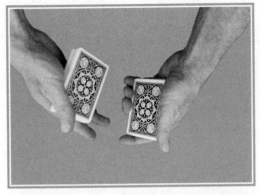

图 5 - 93

图 5 - 94

图 5 - 95

图 5 - 96

切牌的速度以及流畅程度是这个切牌的关键所在。牌看起来必须是从一只手落出来，打到另一只手的大拇指，然后落回到第一只手的掌心，中途牌还不能够被弄乱。

Cross Drop Cut ♣♦♥♠♣♦♥♠♣♦♥♠♣♦♥♠♣♦

这是一个 **Drop Cut** 的改良版本。你可以做几个 **Drop Cut**，然后做几个 **Cross Drop Cut**，最后再去做更多的 **Drop Cut**。

同样，这个切牌的插图是从观众的视角来看的。将这本书倒过来，然后用眼睛从头至尾连续扫一遍组图，你就能够从第一视角看到这个动作的全部。

首先和做 **Drop Cut** 一样，将右手的半叠牌通过右手大拇指以及右手食指的根部夹住（图 5 - 97）。右手与左手交叉，置于左手上方（图 5 - 98）。通过右手大拇指将牌按在四指之上，将整叠牌反转过来，牌面朝上（图 5 - 99，图 5 - 100）。接下来将右手松开，右手的那叠牌用左手大拇指以及四指握住（图 5 - 101，图 5 - 102）。将右手移回到左手的右边（图 5 - 103，图 5 - 104）。用右手的四指放在原本握在右手的那半叠牌上面（还是图 5 - 104，图 5 - 105），让那叠牌牌面朝上着落在右手的四指上面（图 5 - 106）。将右手的四指弯曲，再一次将这叠牌翻转，翻到牌背朝上（图 5 - 107）。在你用左手将左手握着的那叠牌翻转成牌面朝上之后，将左手移动到右手上方，与右手交叉（图 5 - 108 到图 5 - 110）。将左手的那半副牌放下，用右手的大拇指以及四指握住（图 5 - 111，图 5 - 112）。将左手移回右手的左边（图 5 - 113）。用左手的四指触碰到左手的那叠牌（图

5－114）。通过弯曲左手的四指，再一次将那半副牌牌面朝上放到左手的四指上（图5－115到图5－117）。在将右手与左手交叉的同时，将右手的那半叠牌翻转（图5－118）。右手将其握住的牌放开，然后左手的大拇指和四指握住被放开的牌（图5－119，图5－120）。将右手放回左手的右边，右手四指将那叠牌翻过去（图5－121到图5－123），之后再把那叠牌翻成牌背朝上（图5－124，图5－125）。如果你想接着去做一个正常的 **Drop Cut** 的话，用左手的大拇指和食指根握住左手的那叠牌，然后将右手大拇指推过来（图5－126）。将左手的半叠牌翻转成牌面朝上（图5－127，图5－128），然后再翻成牌背朝上（图5－129）。继续做几个 **Drop Cut** 或者直接将右手的半副牌放到左手的半副牌上来结束这个切牌（图5－130到图5－132）。

图 5－97

图 5－98

图 5－99

图 5－100

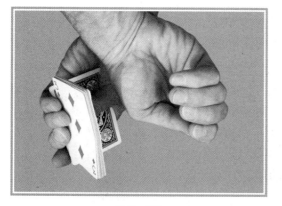

图 5－101

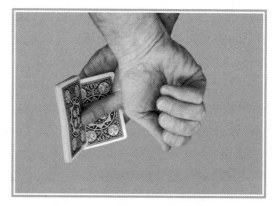

图 5－102

图 5 – 103

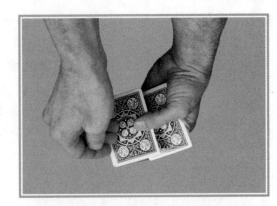

图 5 – 104

图 5 – 105

图 5 – 106

图 5 – 107

图 5 – 108

图 5 – 109

图 5 – 110

图 5 – 111

图 5 – 112

图 5 – 113

图 5 – 114

图 5 – 115

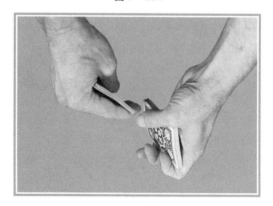

图 5 – 116

图 5 – 117

图 5 – 118

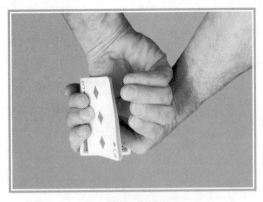

图 5 - 119

图 5 - 120

图 5 - 121

图 5 - 122

图 5 - 123

图 5 - 124

图 5 - 125

图 5 - 126

图 5 - 127

图 5 - 128

图 5 - 129

图 5 - 130

图 5 - 131

图 5 - 132

Forward Tumble Cut ♣ ♦ ♥ ♠ ♣ ♦ ♥ ♠ ♣ ♦ ♥ ♠ ♣ ♦ ♥

这个切牌的插图是从表演者的视角拍摄的——就像你低头看手的动作一样。首先，左手以标准握牌将牌握住，用你的左手大拇指拨牌，一直拨到整副牌中间的位置，然后将大拇指塞进去，将上半副牌撬到垂直的位置（图 5 - 133，图 5 - 134）。将左手翻过去，手心向下（图 5 - 135，图 5 - 136），直到被撬起来的那半副牌能够触碰到你右手的大拇指为止（图 5 - 137）。这个触碰发生在左手那叠被撬起来的牌的左长边。用你的左手大拇指以及四指放开上面半副牌的左长边，然后以右手大拇指和四指与刚刚的左手在同样的地方夹住这叠牌（图 5 - 138）。现在，你的左手应该以标准握牌握住了半副牌，另半副牌被右手大拇指在下、四指在上握住。将左手小拇指以及食指弯曲置于左手握住的半副牌下面（图5-139）。将左手翻过来，手心朝上（图5-140）。接下来，在你将左手四指伸直的时候，将右手翻过去，手心向下（图5-141，图5-142）。随后将右手的半副牌放到左手的掌心里去，接着用左手的大拇指固定住这叠牌（图5-143）。将右手翻过来，手心向上（图5-144）。将左手翻成手心向下，然后用右手大拇指碰到左手的四指以及大拇指所控制的那叠牌（图5-145，图5-146）。右手大拇指在牌的左长边触碰到那半副牌的牌面。将左手的手指所握住的那叠牌放开，然后用右手的大拇指以及四指握好（图5-147，图5-148）。之后用左手的食指、小拇指在下，无名指、中指在上握住在左手的那叠牌（图5-149）。将左手翻回来（图5-150）。当你将左手握着的那叠牌抬起来的

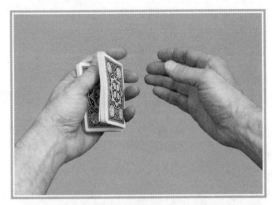

图 5 - 133

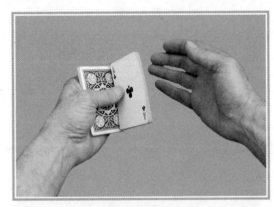

图 5 - 134

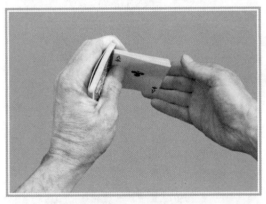

图 5 - 135

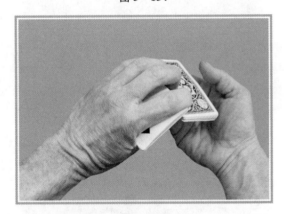

图 5 - 136

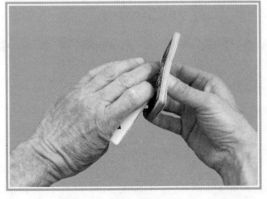

图 5 - 137

图 5 - 138

时候，将右手翻过去，手心向下（图 5 - 151，图 5 - 152）。将你右手握住的半副牌放在左手的掌心里（图 5 - 153）。跟之前一样，用大拇指固定住。将右手翻过来，掌心朝上（图 5 - 154）。将左手翻过来，手心朝下，然后用右手的大拇指去触碰被左手的大拇指以及四指所夹住的那叠牌（图 5 - 155，图 5 - 156）。将这半副牌松开，然后用右手的大拇指和四指握住（图 5 - 157，图 5 - 158）。你可以一直这样继续下去，或者将你右手的那半副牌扔到左手的半副牌上（图 5 - 159 到图 5 - 161）。顺便提一下，这组插图描绘的是一个假切牌。

图 5 - 139

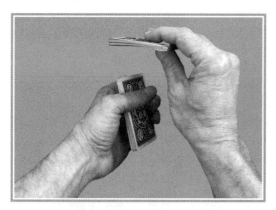

图 5 - 140

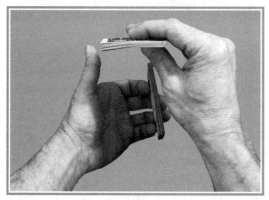

图 5 - 141

图 5 - 142

图 5 - 143

图 5 - 144

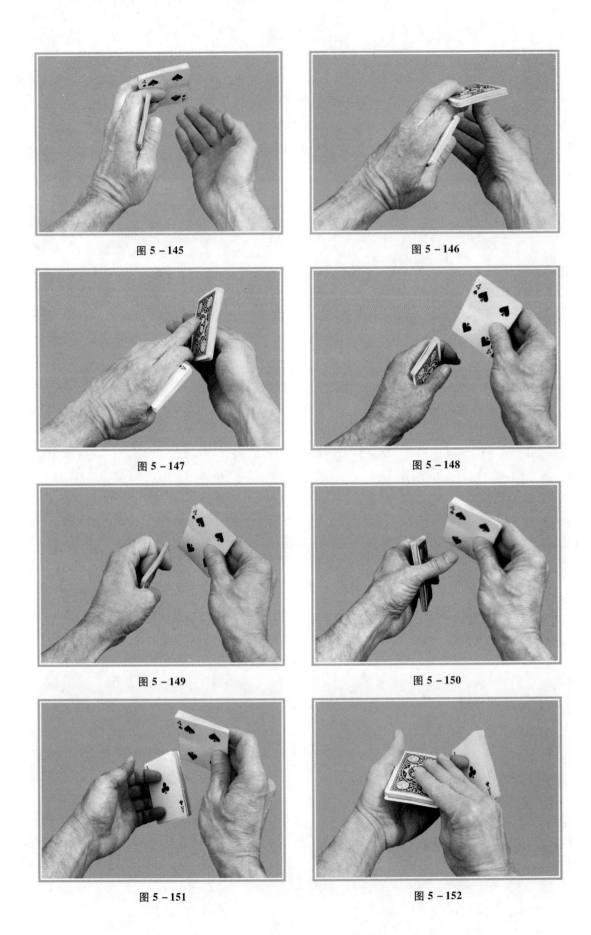

图 5 – 145

图 5 – 146

图 5 – 147

图 5 – 148

图 5 – 149

图 5 – 150

图 5 – 151

图 5 – 152

图 5 – 153

图 5 – 154

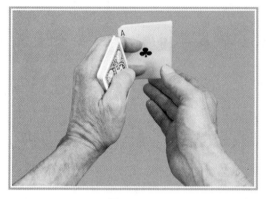

图 5 – 155

图 5 – 156

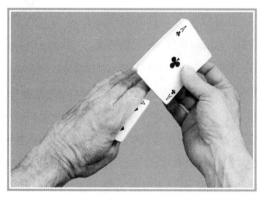

图 5 – 157

图 5 – 158

图 5 – 159

图 5 – 160

图 5 – 161

Reverse Tumble Cut ♣ ♦ ♥ ♠ ♣ ♦ ♥ ♠ ♣ ♦ ♥ ♠ ♣ ♦ ♥

　　这个切牌与上一个切牌相比，使用了不同的方法，看起来的效果自然也不一样，它是上一个动作的倒带动作。将这两个动作穿插在一起可以获得更好的效果。这个切牌并不像我描述得那么复杂——只是因为很难描述清楚，所以我写了这么多。用你的眼睛从头到尾扫一遍这套图片，然后就会有一个比较清晰的概念，知道应该在哪里动哪里停。

　　左手以标准握牌将牌握住。用左手的大拇指拨一半的牌，然后将大拇指插进去。大拇指与四指用力将上面半副牌抬到水平的位置（图 5 – 162，图 5 – 163）。将左手向右倾斜一点，直到刚刚被抬起来的那叠牌的牌面朝上为止。用你的大拇指在下，食指、中指、无名指在上，在如图所示的牌角位置握住那叠牌面朝上的牌（图 5 – 164）。用你的右手将那叠牌向前翻转，直到牌背基本朝上（图 5 – 165，图 5 – 166）。牌叠的右下角放在你的左手位置，以使其更加稳定。将你的右手食指移动到右手的牌背上，大拇指的旁边（图 5 – 167）。将右手大拇指拿起来，将牌重新以食指在上，中指、无名指在下握住。然后将大拇指放到牌叠下方，与无名指在一起（图 5 – 168）。然后将牌翻滚至牌面基本朝上（图 5 – 169）。将左手的食指以及小拇指弯曲，置于牌下（图 5 – 170）。然后将左手的手指往直伸，使那叠牌撬起至水平垂直、牌面稍稍朝上的位置（图 5 – 171，图 5 – 172）。在你做这个动作的时候，将你右手的半副牌移动到左手下方（还是图 5 – 172）。将左手朝向自己，然后将右手的半副牌放进左手的掌心里去（图 5 – 173，图 5 – 174）。用左手大拇指将牌固定在左手的手心里，当你再一次将左手翻转成手心朝上的时候，将右手的手指松开（图 5 – 175）。用你的右手将现在位于左手四指的那叠牌握住（图 5 – 176）。将右手大拇指放到牌角的下面，右手的食指、中指、无名指都位于牌面有数字的那个角。现在你需要将右手握住的那半叠牌像之前那样向前旋转。向前翻滚直到牌面基本向下（图 5 – 177，图 5 – 178）。将右手的食指放到右手的大拇指旁边（图 5 – 179）。然后再将右手大拇指移动到牌下，右手中指的旁边（图 5 – 180）。将那半叠牌继续旋转直到牌面基本朝上，然后将其从左手的手背下面拉回来（图 5 – 181）。当你这样做的时候，跟平常一样，通过你左手的食指和小拇指将左手的牌抬到垂直的位置（图 5 – 182）。将左手向如图所示的方向翻转，然后将右手的牌放进左手里（图 5 – 183，图 5 – 184）。用你左手的大拇指将那半副牌固定在你的掌心，然后在将左手翻转回来的时候，将右手的手指松开（图 5 – 185，图 5 – 186）。用右手握住被左手四指夹住的那叠牌（图 5 – 187）。将右手握住的这叠牌跟原来一样，环绕

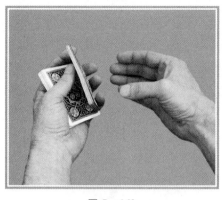

图 5 – 162

图 5 – 163

图 5 – 164

图 5 – 165

图 5 – 166

图 5 – 167

图 5 – 168

图 5 – 169

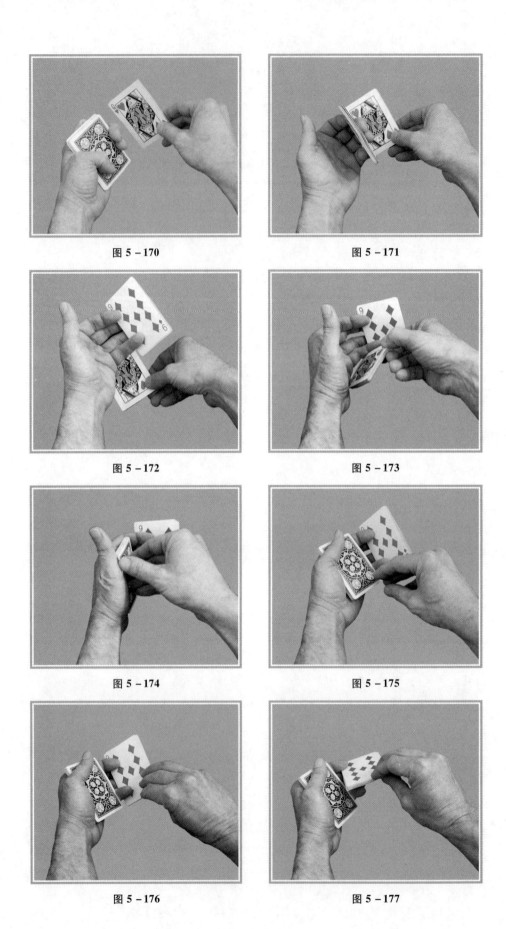

图 5 – 170　　　　　　　　图 5 – 171

图 5 – 172　　　　　　　　图 5 – 173

图 5 – 174　　　　　　　　图 5 – 175

图 5 – 176　　　　　　　　图 5 – 177

图 5 – 178

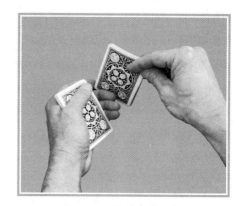

图 5 – 179

图 5 – 180

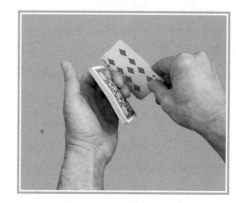

图 5 – 181

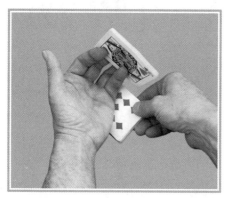

图 5 – 182

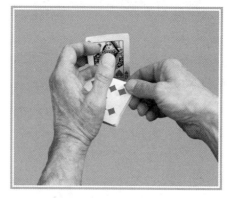

图 5 – 183

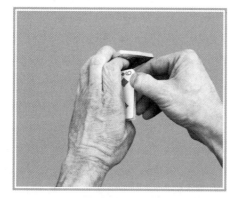

图 5 – 184

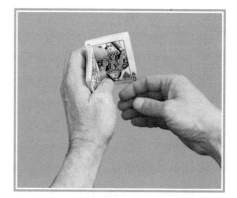

图 5 – 185

左手（图5－188 到图5－197）。你可以继续一遍一遍地切，直到精疲力竭，或者也可以将左手的四指收回来，然后整理好牌（图5－198 到图5－200）。或者你也可以在左手四指夹住那叠牌的情况下，开始切 **Drop Cut**，**Forward Tumble Cut** 或者 **Twirl Cut**。做这些切牌的时候，要迅速并且流畅。

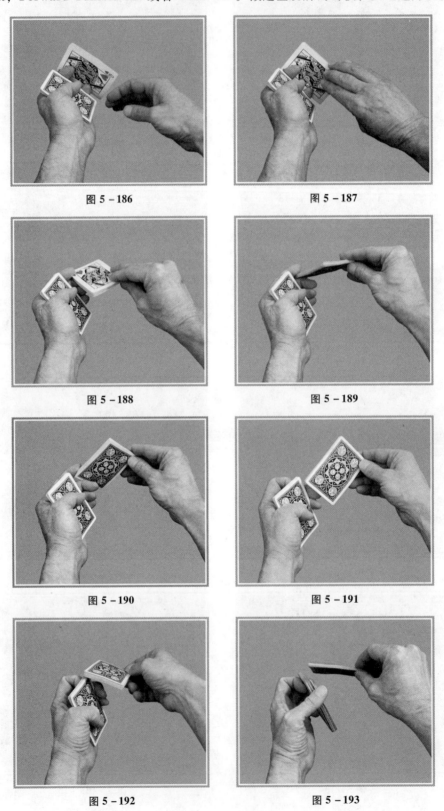

图 5 - 186

图 5 - 187

图 5 - 188

图 5 - 189

图 5 - 190

图 5 - 191

图 5 - 192

图 5 - 193

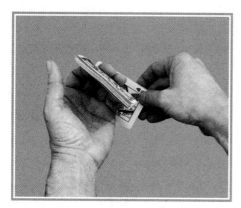

图 5 – 194

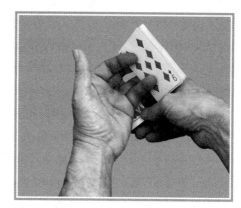

图 5 – 195

图 5 – 196

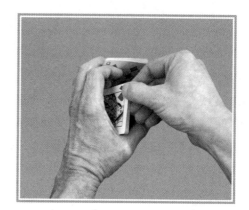

图 5 – 197

图 5 – 198

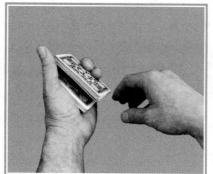

图 5 – 199

图 5 – 200

Twirl Cut ♣♦♥♠♣♦♥♠♣♦♥♠♣♦♥♠♣♦♥♠♣♦♥

除了你对上半副牌做的是 **Corner Thumb Twirl** 以外，这个花式与 **Forward Tumble Cut** 基本是一样的。为了使这个切牌的效果更好，转牌的速度一定要快。这是一个很好的实例，告诉我们：只是对牌多加了一点旋转，就使整个效果变得完全不同。加之掌握了这个花式之后，如果你愿意的话，就能将华丽的 **Deck Bounce** 做成一个在桌面上使用的双手切牌。

如果你想更容易地学会这个花式，就先去练习在"整副牌的旋转以及抛接"那一章的 **Corner Thumb Twirl**。接下来再去学习这章的 **Forward Tumble Cut**。最后就是这个 **Twirl Cut**。右手旋转牌的动作其实并不难，但是用语言描述起来会异常复杂。

　　用和以前一样的方法，通过左手大拇指将上半副牌向上推到垂直（图 5 - 201，图 5 - 202）。将左手向里翻，这样的话，刚刚被向上推的那叠牌的牌背就会朝上（图 5 - 203）。用你右手的大拇指、食指以及中指抓住牌的牌角（如图 5 - 204 到图 5 - 206 所示的地方）。你握住的那个牌角是角上有数字的牌角。你右手抓住的那叠牌暂时被你用右手大拇指以及左手的四指固定住（图 5 - 204）。当这叠牌被这样固定之后，将你左手的大拇指从牌面上拿走，然后将右手食指以及中指放到牌背上。现在，你左手和右手应该各有半副牌。你右手的那叠牌应该被右手大拇指以及食指、中指在牌角有数字的地方夹住。将右手的那叠牌向自己的方向倾斜，直到其牌面朝下为止（图 5 - 207，图 5 - 208）。将你右手无名指的指甲背放在右手大拇指的旁边，两根手指都处于右手那半副牌的牌面上。现在你右手的那半副牌被食指、中指在上，大拇指、无名指的指甲在下夹住。将中指从右手那半副牌的牌背移动到牌面，无名指的旁边（图 5 - 209）。再将大拇指从牌面移动到牌背，食指的旁边（图 5 - 210）。再将食指移动到牌面上，中指的旁边（图 5 - 211）。做完这一系列的手指转换，你右手握住的那叠牌已经基本上是牌面再一次朝上了（图 5 - 212）。在手腕处将右手逆时针向外旋转，顺带将牌翻转（图 5 - 213 到图 5 - 215）。在做这个动作的同时，将左手的食指以及小拇指放到左手那叠牌的下面，然后将其撬到垂直的位置（图 5 - 216，图 5 - 217）。现在将右手的那半副牌牌背朝上落进空闲着的左手手心（图 5 - 218 到图 5 - 220）。你不单单需要旋转你的手腕，在逆时针旋转你的手腕之后，还需要逆时针旋转你右手的大拇指以及四指。用你左手的大拇指将牌固定在左手的掌心里，然后将左手朝里倾斜，直到你用左手四指夹住的那叠牌的牌背朝上（图 5 - 221，图 5 - 222）。然

图 5 - 201

图 5 - 202

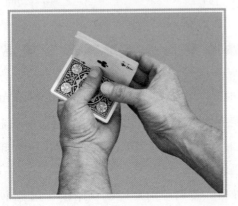

图 5 - 203

图 5 - 204

图 5 – 205

图 5 – 206

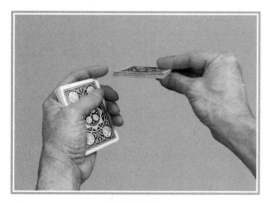

图 5 – 207

图 5 – 208

图 5 – 209

图 5 – 210

图 5 – 211

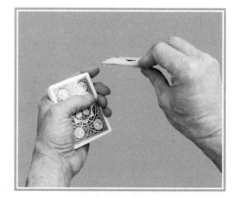

图 5 – 212

图 5 – 213

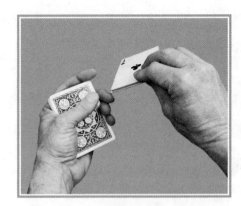

图 5 – 214

图 5 – 215

图 5 – 216

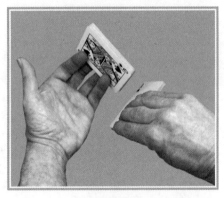

图 5 – 217

图 5 – 218

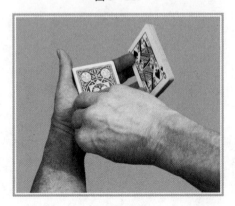

图 5 – 219

图 5 – 220

后你的右手就可以握住那叠牌的牌角了（图5－223，图5－224）。现在右手的那叠牌被右手大拇指摁在牌面牌角的数字处，右手食指、中指夹住牌背。和之前一样，旋转你的右手（图5－225到图5－231）。用左手的食指以及小拇指再将左手握住的那叠牌抬起（图5－232，图5－233）。将右手的那叠牌放进左手的手心（图5－234，图5－235）。你可以继续做这个切牌，或者简单地用左手将牌收起来，然后整理好（图5－236到图5－238）。插图描述的是一个假切牌。

为了让这个花式看上去更加华丽，并且能够和 **Forward Tumble Cut** 很明显地区分开来，在你将两叠牌分开并开始做旋转牌的动作时，将右手跟紧左手。这个切牌最困难的一部分就是你很难保持牌的整齐。所以，一开始使用胶水粘好的牌来学习这个花式，只用上了牌粉的牌来进行表演。如

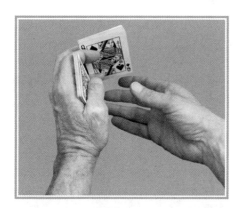

图 5 – 221

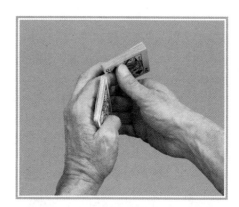

图 5 – 222

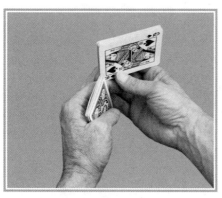

图 5 – 223

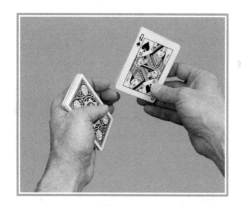

图 5 – 224

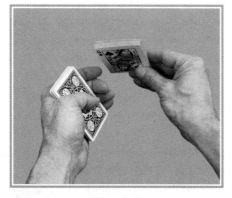

图 5 – 225

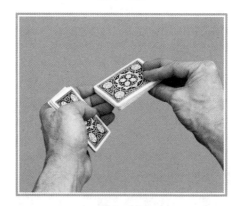

图 5 – 226

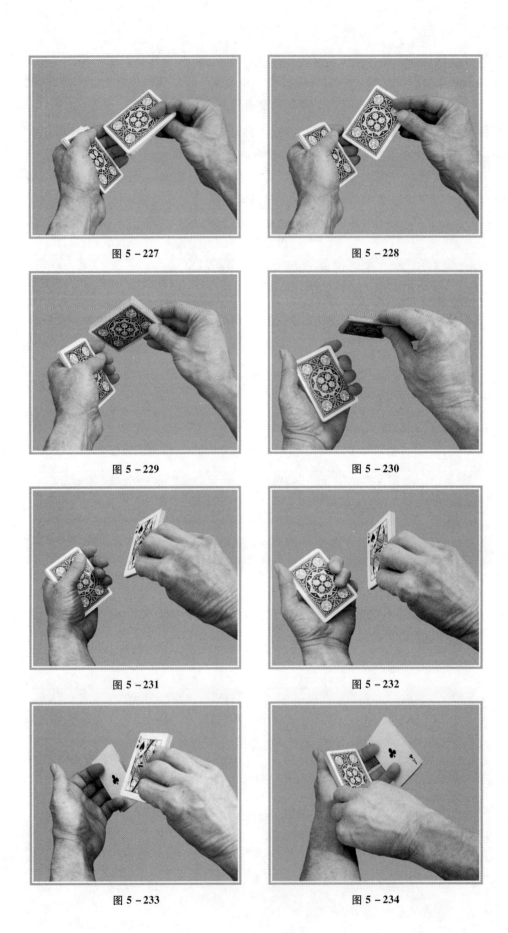

图 5 - 227

图 5 - 228

图 5 - 229

图 5 - 230

图 5 - 231

图 5 - 232

图 5 - 233

图 5 - 234

图 5 – 235

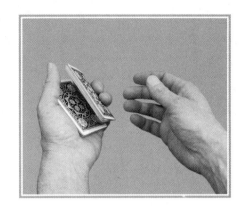

图 5 – 236

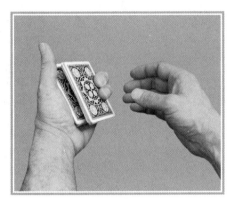

图 5 – 237

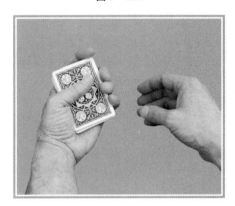

图 5 – 238

果你纠结在旋转牌这个部分，试着从图 5 – 208 开始，按大拇指、中指、食指的顺序移动手指。当你的速度提上来的时候，你会发现：你的大拇指以及中指基本上是同时移动的。

与其连续做三个 **Forward Tumble Cut**，做三个 **Reverse Tumble Cut**，或者做一个 **Forward Tumble Cut**、一个 **Reverse Tumble Cut** 和一个 **Forward Tumble Cut**，不如把它们都改成做三个 **Twirl Cut**。这会使整个动作格外养眼，而且整副牌一直保持不变的顺序，可以让你在全程使用相同的两叠牌。

Two – Hand Helicopter Throw Cut ♣♦♥♠♣♦

在这个切牌的插图中，我只将牌分成了两叠，而且双手离得很近。当你掌握了这个花式的要领之后，你需要尽量使双手分开，当然是牌在空中飞而又不散开的情况下。如果你想把这个切牌转换成一个多段切牌的话，你需要的不过是用很多叠牌来重复这个动作。如果你想让这个切牌看起来更华丽，那么你最好双手掌握这个动作，然后让牌在双手间穿梭。

如果你已经能够做单手版的 **Helicopter Throw Cut** 的话，那么你会很自然地做出这个双手的版本。用你的左手以标准握牌握住牌，右手的手掌心朝上，放在距离左手几英寸的地方。用你左手的无名指以及小拇指从牌的中间部分插进牌里（图 5 – 239）。你需要用食指、中指在上，无名指、小大拇指在下夹住上面半副牌。然后左手的无名指向右突然发力，使上半副牌逆时针旋转着向右飞去（图 5 – 240 到图 5 – 242）。用右手接住飞过去的牌（图 5 – 243）。然而这个动作最难的地方就在于控制好飞出去那叠牌的旋转圈数。少转几圈是好事，至少对于初学者来说是这样。在做这个动作时，最不希望发生

图 5 - 239

图 5 - 240

图 5 - 241

图 5 - 242

图 5 - 243

图 5 - 244

图 5 - 245

图 5 - 246

的就是牌竖直着落进你的手中。这套图展示了两叠牌旋转一周（360 度）时的效果。之后将左手的无名指放到剩下的牌的下面（图 5 – 244）。用和第一叠牌一样的方法将这半副牌飞出去（图 5 – 245 到图 5 – 248）。用你的右手接住飞过去的牌，落到右手牌的上面（图 5 – 249）。

但当你逐渐将双手分开得越来越远的时候（双手分开一英尺左右），你可以增加牌的旋转。当然，如果你让牌在头上飞跃十英尺的话，能不能够接到牌就会比旋转的圈数重要得多了。

图 5 – 247

图 5 – 248

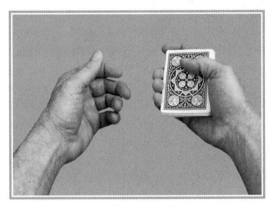

图 5 – 249

Two – Hand Roll Throw Cut ♣ ♦ ♥ ♠ ♣ ♦ ♥ ♠ ♣ ♦ ♥

这个花式跟单手的 **Roll Throw Cut** 十分相似，只不过这次我们需要用到两只手。

将你的左手食指以及小大拇指插进整副牌的中间（图 5 – 250）。迅速地将四指伸直，将夹住的那叠牌飞向在旁边等待着的右手手掌（图 5 – 251 到图 5 – 253）。将你左手的小拇指以及食指放到左手剩下的半副牌的下面（图 5 – 254）。再将这半副牌飞到右手那半副牌的上面（图 5 – 255 到图 5 – 257）。如果你愿意的话，可以整理好在右手的牌，然后通过把小拇指和食指放到牌底将整副牌飞回左手。

这套插图描绘了两叠牌通过翻滚一整圈实现的位置交换。你也可以将那叠牌分成三四份，也可以让牌在空中翻滚更多的圈数。一叠牌的数量少的话会更好地聚在一起不易散开。如果你增加牌的旋转，千万不要让牌只转半圈。换句话说，不要让牌面朝上落到右手。在做这个动作的时候，牌的状态一定要好。如果中间有一张折了或者弯了的牌，那么在空中飞的那叠牌就会因为这张牌而散开。

图 5 – 250

图 5 – 251

图 5 – 252

图 5 – 253

图 5 – 254

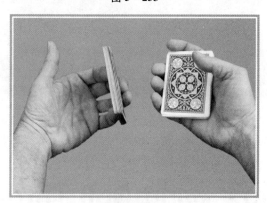

图 5 – 255

图 5 – 256

图 5 – 257

Two – Hand Flip Throw Cut ♣♦♥♠♣♦♥♠♣♦♥

　　除了你现在要将牌从一只手扔到另一只手以外，这个切牌和单手版本的 **Flip Throw Cut** 是一样的。你可以不用双手交叉来完成这个动作。你只需要将右手放在左手的右面，然后将牌飞到右手的手心就行。但是在做这个切牌的时候，牌会有向左飞的趋势。所以我在做这个切牌的时候，双手会交叉，至少做两段切牌的时候一定是这样的。所以插图里的手也是交叉的。

　　将双手在手腕处交叉。左手以标准姿势握牌，左手的食指弯曲着放在牌的下面。用左手的大拇指拨一半的牌（图 5 – 258）。这时候，松开用来固定牌的右长边的左手四指（图 5 – 259），同时左手大拇指在上，食指在下，固定住位于下方的半副牌（图 5 – 260）。这样你会将位于上方的半副牌飞到右手去（图 5 – 261，图 5 – 262）。你左手的食指始终放在剩下的半副牌的下面。大拇指向下压，使牌具有一定的张力，然后松开左手四指（图 5 – 263，图 5 – 264）。这样能够让留在左手的半副牌飞到右手（图 5 – 265 到图 5 – 267）。

　　你想把牌飞多高你就把它飞多高，你想让牌在空中转多少圈你就让它转多少圈。就我个人来说，就像插图一样，我只让它转一圈。如果你想让牌转的圈数多的话，不妨去做 **Two – Hand Roll Throw Cut** 或者 **Two – Hand Helicopter Throw Cut**。

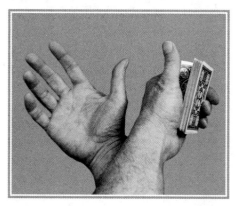

图 5 – 258

图 5 – 259

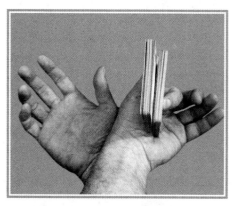

图 5 – 260

图 5 – 261

图 5 – 262

图 5 – 263

图 5 – 264

图 5 – 265

图 5 – 266

图 5 – 267

Behind – the – Back Deck Separation ♣ ♦ ♥ ♠

　　T. G. Murphy 曾经在他的书《魔术幻想》（*Imagication*）中介绍过这种无双的分牌方法，而这里描述的是我自己的方法。如果你已经会做 Murphy 版本的分牌，你也许会想跳过我的。Murphy 的版本用一只手完成了这个动作的准备动作，而且将牌扔到了肩膀那么高！然而我的版本则是一个从背后扔出来的，会在空中分开的 **Helicopter Throw Cut**。总的来说，我的版本更简单，尤其是在你能够做 **Helicopter Throw Cut** 之后。而且，与 Murphy 的相比，我的版本的观赏性毫不逊色。一副好牌是完成这个动作最重要的条件。严格来说，这个花式不能算是一个切牌，但是这也没什么问题。

左手用标准握牌的姿势握牌（图 5 – 268）。用右手拿起整副牌的一半，放到前面去，两叠牌重合的部分大概有长边的一半多（图 5 – 269）。尽量不要将上半副牌向前推过去，因为这会让牌变得不整齐。当你将右手的牌放到左手的时候，用左手的大拇指以及四指握好这两叠牌。将左手向里转（图5 – 270）。右手手心朝下，伸过去，以右手大拇指在牌背，四指在牌面，握住这两叠错开的牌（图 5 – 271）。右手手腕如图 5 – 272 所示稍稍倾斜，在能够保证将牌扔出去的同时，还遮挡了一下两叠牌错开的这种情况。右手的四指放在前面半副牌的牌面上（图 5 – 273）。你右手的小拇指可以什么东西都不碰，只是挂在前面半副牌的旁边，但是绝对不能碰到后面半副牌。保持你的右手手腕弯曲，放在身后，离你的身体越远越好。记住：千万不要将右手的手腕切切实实地贴在后背上。要留出足够的空间让你的

图 5 – 268

图 5 – 269

图 5 – 270

图 5 – 271

图 5 – 272

图 5 – 273

右手将牌扔出去（图5-274，图5-275）。放开牌（图5-276），然后当牌在空中顺时针旋转的时候，它们会自然地分开（图5-277到图5-280）。每只手接住一叠牌，之后将握牌转换成标准握牌（图5-281），或者在双手交叉之后再接住它们。之后用你接住的牌来做一些单手切牌。

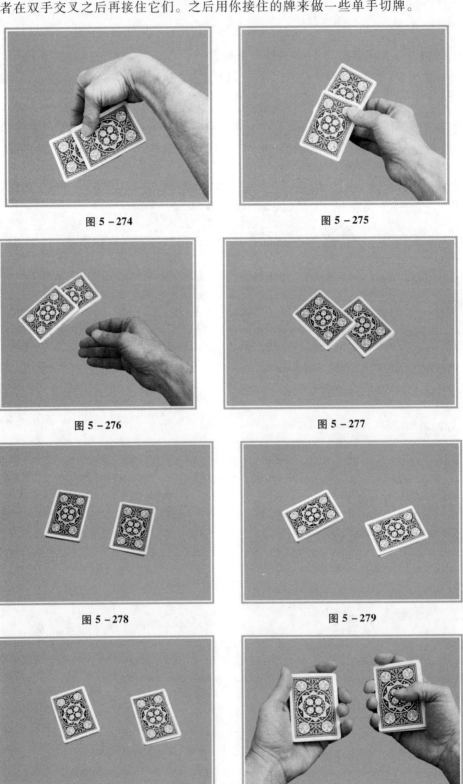

图5-274

图5-275

图5-276

图5-277

图5-278

图5-279

图5-280

图5-281

在一开始准备的时候，你要格外地注意保持牌的整齐。一定要将上面半副牌提起来，放过去，而不是滑过去。在你的右手接管左手握着的牌，并且右手的大拇指以及四指切切实实地握住牌之前，左手要固定好这两叠牌。试着将牌扔到身体的前面，看好两叠牌的飞行轨迹，然后试着接住它们。

Murphy掌握了用一只手分开两叠牌的方法。我放弃了用一只手将两叠牌分开并且准备好的方法，因为我的方法能够让牌在扔牌过程中保持整齐。

Arm – Roll Cut ♣♦♥♠♣♦♥♠♣♦♥♠♣♦♥♠♣♦♥

这个切牌很难，而且很会让你有掉牌的风险，不过这个切牌很有趣，而且和别的花式看起来很不一样。这里我们只将牌分成两份；当然，如果可以的话，你也可以将其分成很多份。分成很多份能够使每一小叠牌更加稳定，不易散开，但是却不好控制，容易掉下去。所以把牌分成三份是最合适的。首先，你的右手要像图5－282一样握住牌。注意你的小拇指根本没有接触到牌，你的右手食指要和做标准的双手连续切牌一样，准备将牌分成两部分。通过右手食指将牌分成两部分（图5－283）。然后将中指移动到如图所示的位置（图5－284）。伸出左臂，将手肘处稍稍弯曲，在你面前放平。将上半副牌没有数字的那个牌角顶在左手小臂靠近手肘的地方（图5－285）。在将牌推出去之前，用右手的无名指作为一个引导保持牌的整齐。之后将你的右手无名指稍稍向前移动一点，放到中指旁边，这也

图 5 – 282

图 5 – 283

图 5 – 284

图 5 – 285

图 5 – 286

是一个不错的选择。右手将这半副牌在向左手滚的同时松开它（图 5 - 286 到图 5 - 288）。用左手接住这叠牌（图 5 - 289）。现在，将右手的食指放到牌角的位置来保持牌的整齐。将剩下半副牌的牌角压到左手小臂靠近手肘的地方（图 5 - 290）。将牌滚到左手中，然后用左手接住（图 5 - 291 到图 5 - 295）。每份牌大概滚了 360 度。对于这个花式来说，一副中间没有弯牌和折牌的牌尤其重要。

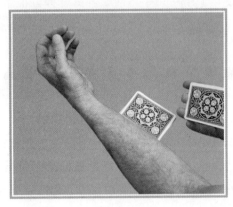

图 5 - 287

图 5 - 288

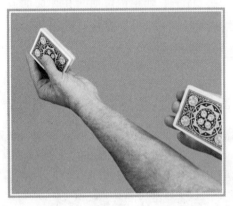

图 5 - 289

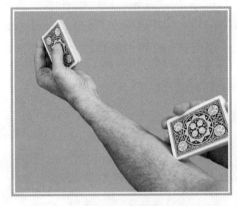

图 5 - 290

图 5 - 291

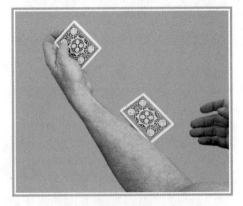

图 5 - 292

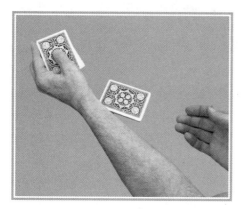

图 5 – 293

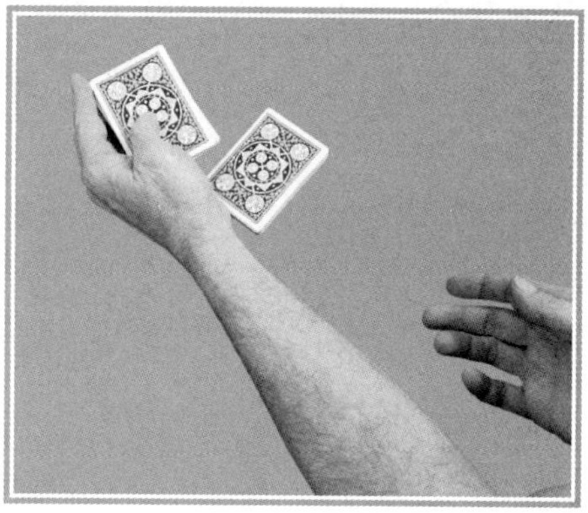

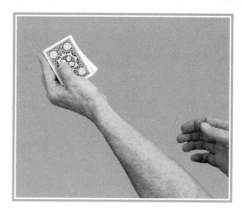

图 5 – 294

图 5 – 295

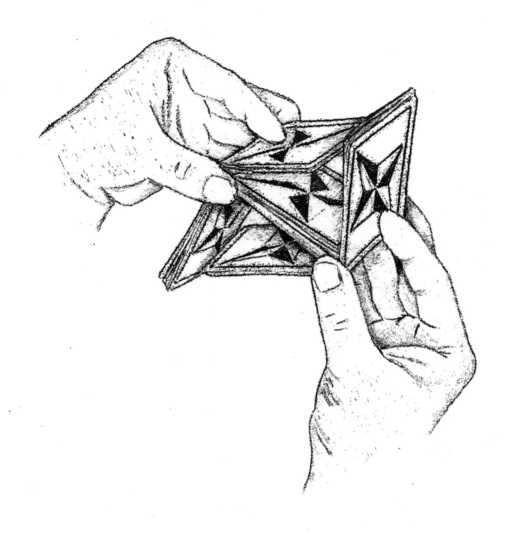

双手多段切牌

双手多段切牌

在纸牌魔术当中，最有趣的部分莫过于纸牌花式了。这是用整副牌来实现的没有魔术效果的纯粹技巧，纸牌花式当中融入了各种超乎寻常的技艺，甚至接近于将纸牌当作一些小物品来进行杂耍。——Ottokar Fischer

本章讲解的多段切牌从极其简单的到异常复杂的应有尽有。如同两段切牌一样，这一章讲解的内容也大都是我的原创。但是我必须要感谢 Hugard 以及给我基本的 **Pivot Cut** 灵感的 Braue，我还要感谢极富创意的 Chris Kenner 以及创造出 "**Sybil**" 理念的 Homer Liwag，让其成为了 **Quick Triple Cut** 以及 **Tower Cut** 的基础。

对这些切牌进行微调，你就能够得到一个超级复杂的假切牌，不用说外行人了，就连魔术师都不会发现这是个假切牌。将一个普通切牌变成假切牌，首先要确定你要将牌分成多少份。比如将牌分成三到四份，并且用胶水粘住。在牌背上写好编号，或者将牌的牌面朝上，记住牌面上数字的顺序。然后做正常的切牌，观察这个切牌是怎样将牌的顺序打乱的。最后，你还要想想，怎么替换动作，才能使这个切牌最终以一开始的顺序结束，或者你不想让其移动位置的那几张牌还处于原来的位置。用这种方法你就能够想出独一无二的、养眼的假切牌。

双手切牌为我们提供了无限的可能性，但是要像单手切牌一样，找看起来完全不一样的切牌来练习。如果你做了大体上看上去一样只有细微差别的十个切牌，观众会认为你在一遍又一遍地重复相同的一个切牌。在做我的三段连续切牌的时候，你必须连续地重复好几次同样的动作，但这是为了增加视觉上的冲击。将一个切牌和另一个切牌融合在一起，它们会有一个崭新的面貌。以 **Juggle Cut**，**Triple Transfer Cut**，**Twirl Transfer Cut** 以及 **Loop Transfer Cut** 作为一个小流程来做，你往往会获得很多的掌声。

Running Pivot Cut ♣♦♥♠♣♦♥♠♣♦♥♠♣♦♥♠

这个切牌是 Hugard 和 Braue 的书《走向纸牌魔术圣殿之路》（*Royal Road to Card Magic*）里所写的"一个漂亮的切牌"的改良版本。Dai Vernon 也在他的书《戴·佛农的纸牌魔术的终极秘密》（*Dai Vernon's Ultimate Secrets of Card Magic*）里介绍过这个花式（很悲哀的是，教授管其叫"*Swivelleroo Cut*"）。我的版本里，你可以用标准切牌的分牌方法分牌。在这个版本中，你用大拇指以及食指不断地将牌切下去，所以完成这个花式之后也能保证牌的整齐。插图将牌分成了四份，这比将其分成六七份要容易看清得多。

左手用标准握牌握住牌。用你的右手大拇指在近短边，食指、中指、无名指在远短边将牌握住，同时用右手的食指从远短边的位置将牌分下来一份（图 6-1）。将牌从左手拿起，向左移到左手食指能够触碰到的如图 6-2 所示的牌角位置。用左手食指将牌顺时针旋转直到落进左手的掌心位置（图 6-3 到图 6-5）。立即用右手食指再分一叠牌出来，再将右手稍稍向左移（图 6-6）。伸出左手大拇指，用它向回推第二叠牌（图 6-7），使其逆时针旋转（图 6-8 到图 6-10），直到第二叠牌也落到你左手手心的第一叠牌上面为止（图 6-11）。紧接着用右手食指再分另一叠牌（图 6-12）。用左手食指将其顺时针旋转到左手掌心两叠牌的上面（图 6-13 到图 6-16）。继续不断地重复左手食指以及大拇指的动作，让牌转进手心中，或者通过左手的食指或大拇指将最后一叠牌转到左手的手心中（插图中是左手大拇指）（图 6-17 到图 6-20）完成这个切牌。

图 6-1

图 6-2

图 6-3

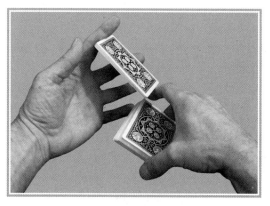

图 6-4

图 6 - 5

图 6 - 6

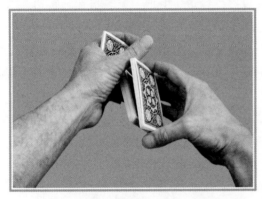

图 6 - 7

图 6 - 8

图 6 - 9

图 6 - 10

图 6 - 11

图 6 - 12

图 6 – 13

图 6 – 14

图 6 – 15

图 6 – 16

图 6 – 17

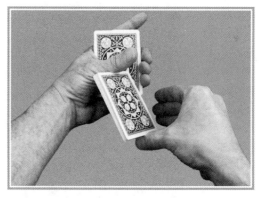

图 6 – 18

图 6 – 19

图 6 – 20

Quick Triple Cut ♣♦♥♠♣♦♥♠♣♦♥♥♠♣♦♥♠♣♦

这个花式是以"Sybil"（原作者为 Chris Kenner）的起始动作为基础而形成的。

左手以标准握牌握住牌，用右手的食指分大概整副牌的三分之一出来（图6–21，图6–22）。当最上面的牌被右手食指抬起来的时候，右手大拇指在牌的近短边充当一个旋转点。接下来，用右手大拇指从近短边撬起整副牌的三分之二（图6–23），同时保证右手食指所控制的那三分之一的牌与下面的牌是分开的。现在用左手的食指作为两叠牌的旋转点。将双手分开（图6–24，图6–25），直到中间那叠牌与底下那叠牌完全分开为止（图6–26）。在你将双手收回到一起的时候，将上面两叠牌滑到最下面那叠牌的下面（图6–27到图6–29）。然后将牌整理好（图6–30）。一旦中间的那叠牌和最下

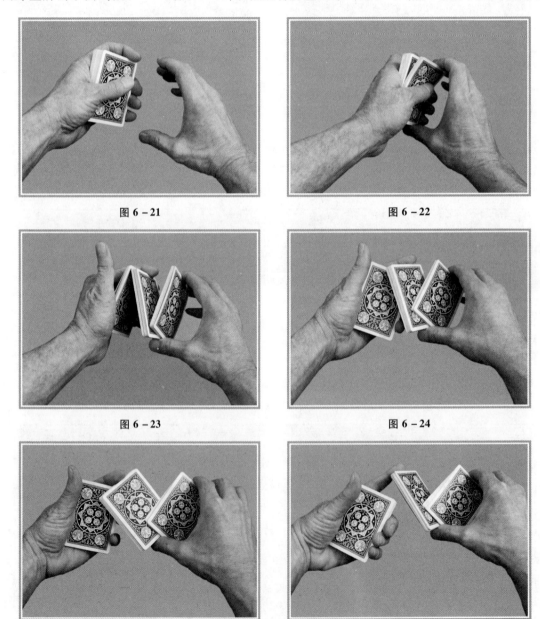

图 6 – 21　　　　　　　　　　　图 6 – 22

图 6 – 23　　　　　　　　　　　图 6 – 24

图 6 – 25　　　　　　　　　　　图 6 – 26

面的那叠牌如图6－26所示完全分开的话，用左手的无名指和小大拇指将最下面的那叠牌抬起来一点，以确保上面的两叠牌有足够的空间进去。

图 6 – 27

图 6 – 28

图 6 – 29

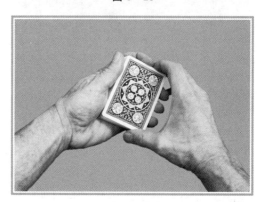

图 6 – 30

Butterfly Cut ♣ ♦ ♥ ♠ ♣ ♦ ♥ ♠ ♣ ♦ ♥ ♠ ♣ ♦ ♥ ♠ ♣ ♦ ♥ ♠

这类叫做 **Butterfly Cut** 的切牌以各种形式频繁地出现在我们的眼前，有些版本在切牌过程中需要将牌旋转。我做这个花式的方法很简单，只要双手做几个 **Roll Cut**，最后再将牌全都合在一起就可以了。

首先你需要将牌分成两部分。最直接也是最简单的方法就是先用左手大拇指拨大约一半的牌（图6－31，图6－32）。将大拇指插进两叠牌的间隙中去（图6－33），大拇指用力，将上面半副牌翻到右手的四指上去（图6－34，图6－35）。然后左手稍稍向上抬，使上半副牌的左长边向上，直到这半副牌完完全全地落进你的右手（图6－36）。

现在双手各做一个 **Roll Cut**。用你的两个大拇指各拨一半牌（图6－37，图6－38）。你可以把食指放在牌的底部来帮助牌弯曲。我通常都会这样做，尤其是遇上比较硬的牌的时候。之后将大拇指插进两叠牌的中间（图6－39）。用大拇指将牌推到四指的指甲上（图6－40）。现在将双手的手指放到如图所示的位置，也就是说，在上面的牌现在会被你的食指、小拇指在下，中指、无名指在上所夹住（图6－41）。将四指伸直（图6－42，图6－43）。你的双手需要靠得很近，这样的话，如图所示的两个牌角才能够碰到一起（图6－43）。将双手放到一起，将左手上面的牌放到右手下面的牌上面，然后

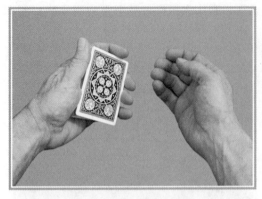

图 6 - 31

图 6 - 32

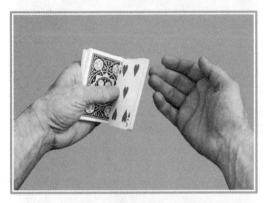

图 6 - 33

图 6 - 34

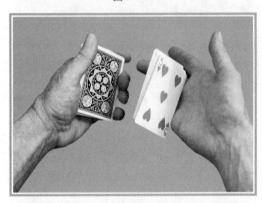

图 6 - 35

图 6 - 36

图 6 - 37

图 6 - 38

将右手上面的牌放到左手上面的牌上面（图 6 - 44，图 6 - 45）。结束的时候将牌放到一起，然后整理好牌（图 6 - 46，图 6 - 47）。

图 6 - 39

图 6 - 40

图 6 - 41

图 6 - 42

图 6 - 43

图 6 - 44

图 6 - 45

图 6 - 46

图 6 – 47

Riffle Cut ♣♦♥♠♣♦♥♠♣♦♥♠♣♦♥♠♣♦♥♠♣♦♥

　　为了节省书的空间，插图部分展示的这个切牌只将牌分成了四份。当你在练习或者表演的时候，试着将牌分成六份或者八份。拨牌之后将牌分开对于初学者来说比较简单。但是经过一系列的练习之后，你会发现，你能够在不拨牌的情况下将牌分开。

　　以右手大拇指在牌的一个短边，食指弯曲在牌的牌背，右手剩下的三个指头在牌的另一个短边来握住整副牌（图 6 – 48）。如图 6 – 49 所示，将左手放到右手的下面。从你右手的中指、无名指以及小拇指的位置拨出一小叠牌，然后用左手的大拇指以及掌心来限制其行动（图 6 – 50）。将你的右手向右移动，这样的话，被拨下来的那叠牌就会停在左手的手指之上（图 6 – 51，图 6 – 52）。这叠牌停在了左手的食指以及中指的位置。而左手的无名者以及小拇指则位于其侧，限制了这叠牌的移动，使这叠牌能够时刻保持整齐。用右手的大拇指拨下来另一叠牌（图 6 – 53）。用左手大拇指弯曲的那个关节使牌不要移动。将右手向左移动，然后将新的那叠牌放置到原来位于左手掌心的那叠牌之上（图 6 – 54 到图 6 – 57）。用右手的四指再度拨下一叠牌（图 6 – 58）。将这叠牌放到之前就在左手的牌上（图 6 – 59，图 6 – 60）。不要忘记用你的左手小拇指以及大拇指来保证连续降临的牌的整齐。用右手的大拇指拨下最后一叠牌（图 6 – 61），然后将这最后一叠牌放置在剩下的牌上面（图 6 – 62，图 6 – 63），用左手的中指以及无名指的最外关节来限制住整副牌的移动。用左手大拇指将牌抬起，然后整理好整副牌（图 6 – 64）。

　　当你把牌分成更多份的时候，最后一叠牌也许不是被右手大拇指，而是被你的右手四指拨下去的，

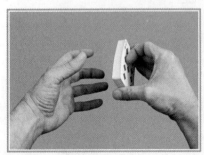

图 6 – 48

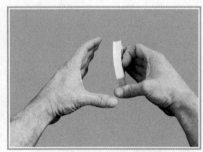

图 6 – 49

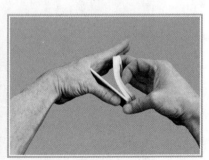

图 6 – 50

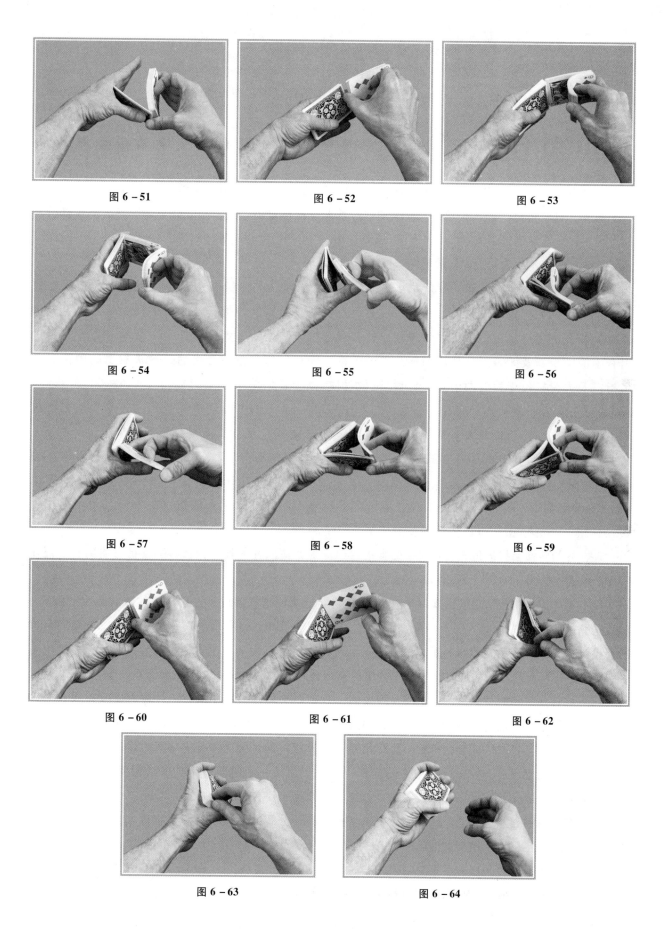

图 6 – 51

图 6 – 52

图 6 – 53

图 6 – 54

图 6 – 55

图 6 – 56

图 6 – 57

图 6 – 58

图 6 – 59

图 6 – 60

图 6 – 61

图 6 – 62

图 6 – 63

图 6 – 64

不过这也不错。作为这个切牌的结束，这两种方法都是可以接受的。你甚至可以利用大拇指代替四指，拨下第一叠牌。

做这个切牌，然后做一会儿 **Thumb Riffle Cut**，最后以这个切牌作为结尾。

Thumb Riffle Cut   ♣ ♦ ♥ ♠ ♣ ♦ ♥ ♠ ♣ ♦ ♥ ♠ ♣ ♦ ♥ ♠ ♣

大多数的连续切牌都需要将手里所有的牌都切完。但是这个 **Thumb Riffle Cut** 却并非如此，它是一个能够"自给自足"的连续切牌。这个切牌简单来说就是双手都需要做上一个切牌时大拇指部分所完成的花式。当你能将 **Riffle Cut** 或者 **Thumb Riffle Cut** 做得更快更好的时候，你就完全不用先拨牌，然后再将其分开了。你可以直接将牌很干净地分成两份。

这个花式的插图是以第一视角拍摄的。左手握牌（图 6 - 65）。左手中指以及无名指放在牌的一个短边，大拇指放在牌的另一个短边上。左手的食指以及小拇指放在牌的两个长边上，以保证牌的整齐。之后将左手食指放到牌背，使其弯起来，利用左手大拇指拨下一叠牌（图 6 - 66）。用右手的中指以及无名指最外边的那个关节来将牌停住。将牌放下去之后，牌被右手的中指、无名指以及大拇指位于牌的两个短边，食指、小拇指位于牌的两个长边所握住（图 6 - 67 到图 6 - 69）。之后用左手的大拇指再拨下一叠牌（图 6 - 70）。但是这一次不要用任何手指来接应它，只是需要用左手的中指以及无名指的最外关节来夹住这叠牌。将右手向里旋转（图 6 - 71，图 6 - 72），然后将新分出来的那叠牌放到右手上（图 6 - 73，图 6 - 74）。用左手的大拇指再分第三叠牌出来（图 6 - 75）。将右手向回转（图 6 - 76），然后将新分出来的那叠牌放到右手已有的牌上（图 6 - 77 到图 6 - 79）。现在，牌在右手积存了起来，并且被右手大拇指以及中指、无名指在短边，食指、小拇指在长边稳稳地夹住了。

现在开始转换手指的位置：将左手的食指放到左手握住的牌的长边，将右手食指弯曲到右手握住的牌的牌背（图 6 - 80，图 6 - 81）。

用右手的大拇指拨一叠牌出来（图 6 - 82）。将新分出的这叠牌放到左手握住的牌的上面（图 6 - 83，图 6 - 84）。用右手的大拇指再拨牌，分出一叠牌来（图 6 - 85）。右手旋转 180 度，然后将新分出的那叠牌放到左手握住的牌的上面（图 6 - 86 到图 6 - 89）。然后用右手大拇指拨牌，分第三叠牌出来（图 6 - 90）。在旋转左手的同时，将右手分出的第三叠牌放到左手（图 6 - 91 到图 6 - 95）。

再一次转换手指的位置。将左手的食指弯曲，放到左手握住的牌的牌背上，将右手食指放到右手握住的牌的长边上（图 6 - 96）。用左手大拇指拨牌，分一叠牌出来（图 6 - 97）。将这叠牌放到右手握住的牌的上面（图 6 - 98 到图 6 - 100）。用左手大拇指拨牌，再分一叠牌下来，然后将这叠牌放到右手握住的牌的上面，在你做这些动作的时候，不要忘记将左手向外转 180 度（图 6 - 101 到图 6 - 104）。你可以一直重复这个动作，或者单纯地将左手的牌放到右手的牌的上面去（图 6 - 105 到图 6 - 108）。记住，你将食指弯曲，并放到牌背是为了在拨牌、分牌的时候帮助牌进行弯曲，而将食指挡在牌的长边则是为了保持手中握住的牌的整齐。

插图中，这个切牌是以右手握牌结束的，这样你可以紧接着做一个 **Riffle Cut**。无须多言，你完全可以通过调整使得 **Thumb Riffle Cut** 在你的左手中结束。

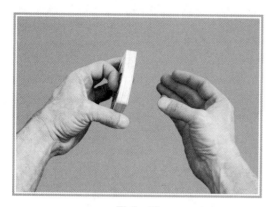

图 6 - 65

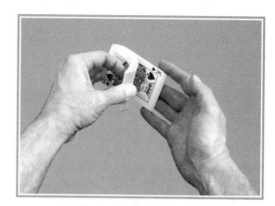

图 6 - 66

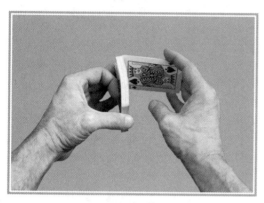

图 6 - 67

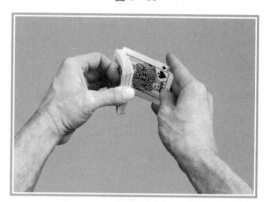

图 6 - 68

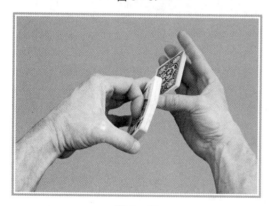

图 6 - 69

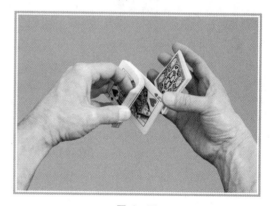

图 6 - 70

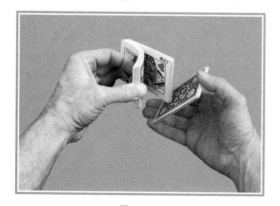

图 6 - 71

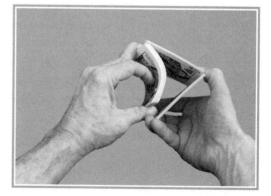

图 6 - 72

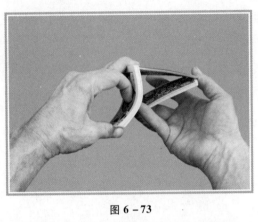

图 6 – 73

图 6 – 74

图 6 – 75

图 6 – 76

图 6 – 77

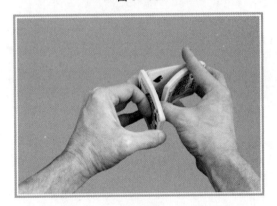

图 6 – 78

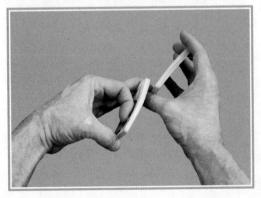

图 6 – 79

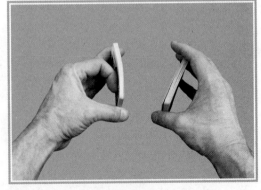

图 6 – 80

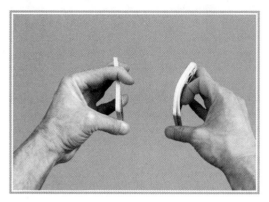

图 6－81

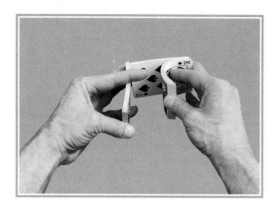

图 6－82

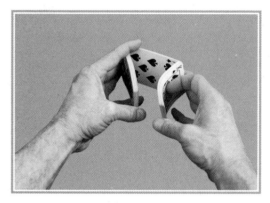

图 6－83

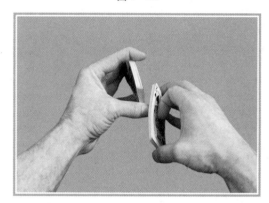

图 6－84

图 6－85

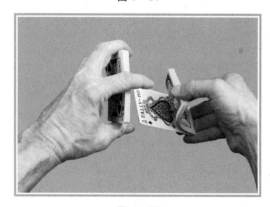

图 6－86

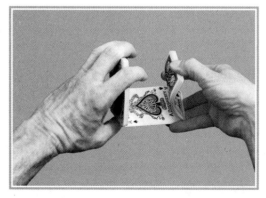

图 6－87

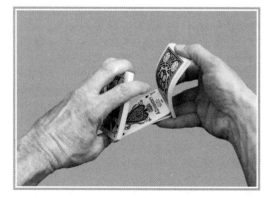

图 6－88

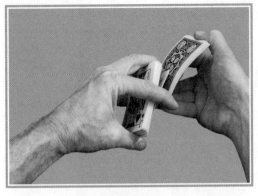

图 6 – 89

图 6 – 90

图 6 – 91

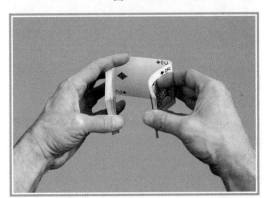

图 6 – 92

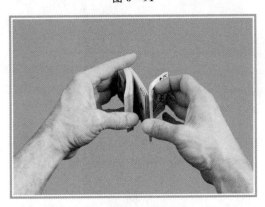

图 6 – 93

图 6 – 94

图 6 – 95

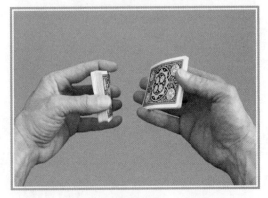

图 6 – 96

图 6 – 97

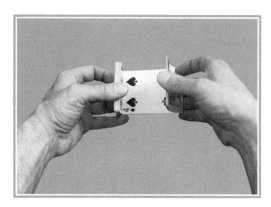

图 6 – 98

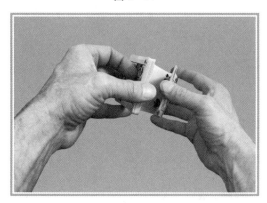

图 6 – 99

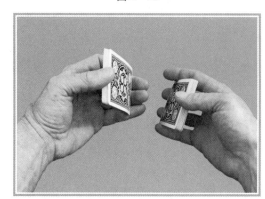

图 6 – 100

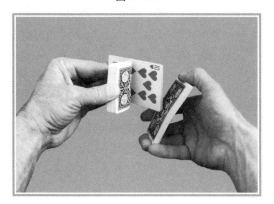

图 6 – 101

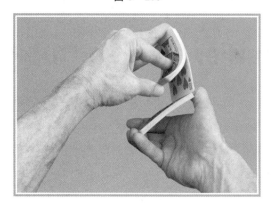

图 6 – 102

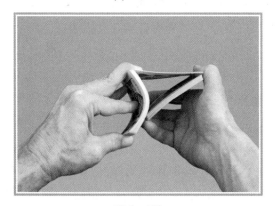

图 6 – 103

图 6 – 104

图 6 – 105

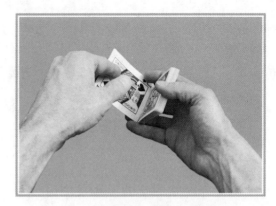

图 6 – 106

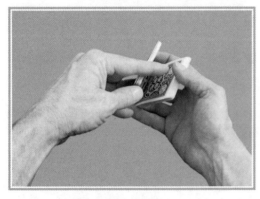

图 6 – 107

图 6 – 108

Charlier Combo Cut ♣♦♥♠♣♦♥♠♣♦♥♠♣♦♥♠

　　这个切牌组合了三个切牌，是一个很好的例子，能够告诉你怎样将几个不同的单手切牌或者双手切牌组合成一个切牌。在这个 **Charlier Combo Cut** 当中，你可以融合进像开扇或者一些整副牌旋转之类的别的花式。通过另一只手的帮助能够使一个单手切牌变得十分复杂，通过加上单手切牌也能够使一个双手切牌变得更加华丽。在之前的 **L – X Interpolation** 当中，你应该已经看到了这个理念的基本应用了。

　　第一个切牌组合了一个 **Charlier Pass** 和一个用右手进行的花式。一开始先做一个 **Charlier Pass**，直到基本完成这个切牌（图 6 – 109 到图 6 – 112），但是不把上下两叠牌合到一起。相对应的，用你的右手食指、中指在下，大拇指在上握住那叠牌（图 6 – 113）。然后将右手握住的那叠牌向右移，然后将右手向里转，直到这叠牌的牌面朝上（图 1 – 114 到图 1 – 117）。当你在做这个动作的时候，左手再开始做另外一个 **Charlier Pass**。将右手握住的那叠牌放到左手手心的那叠牌的上面（图 6 – 118，图 6 – 119）。现在用右手将位于上方的那叠牌拿起来，但是这次你的右手大拇指在下，而右手四指则放在牌的上面（图 6 – 120）。将右手握住的那叠牌向里转，直至牌面朝上（图 6 – 121 到图 6 – 123）。同时，左手用其握住的牌再开始一个 **Charlier Pass**。将右手那叠牌放到左手下面那叠牌的上面（图 6 – 124，图 6 – 125）。再次用右手拿起左手上面的那叠牌，这次和上次一样，右手大拇指在下、四指在上，不同的是这次握住的是牌角（图 6 – 126）。将牌向外旋转（图 6 – 127 到图 6 – 129）。当这叠牌牌面朝上的时候，把右手的食指放到牌面上，然后将大拇指放到这叠牌的下面（图 6 - 130 到图 6 - 133）。接下来，将这叠牌向外旋转，使得牌背朝上（图 6 - 134，图 6 - 135）。当然，你的左手需要在合适的时候再做一个 **Charlier Pass**。将右手的那叠牌放到位于左手掌心的那叠牌的上面，最后完成这个 **Charlier Pass**（图 6 - 136，图 6 - 137）。

相信我，刚刚的这个切牌不过是你能够通过诸多切牌组合而成的切牌的冰山一角。在左手切牌的时候，你的右手可以做很多不同的动作。你可以试试用在另一章节讲到的 **Regrip Flip**，**Deck Flip** 或者 **Corner Twirl**。你的右手甚至可以做一个 **Right – Hand One – Hand Indices Fan**，然后在左手做完另一个 **Charlier Pass** 之后将扇子收进去。或者你可以双手扭曲，就像在做 **Inversion Cut** 一样。或者可

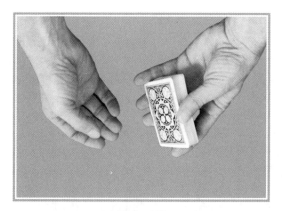

图 6 - 109

图 6 - 110

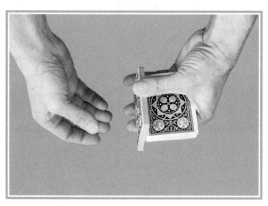

图 6 - 111

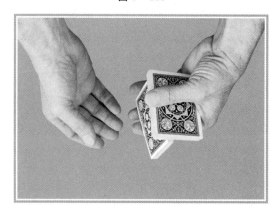

图 6 - 112

图 6 - 113

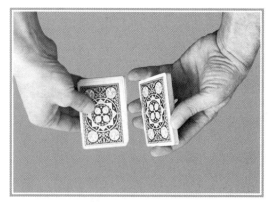

图 6 - 114

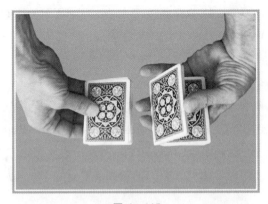

图 6 – 115

图 6 – 116

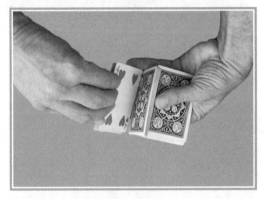

图 6 – 117

图 6 – 118

图 6 – 119

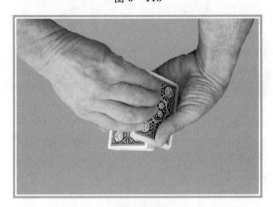

图 6 – 120

图 6 – 121

图 6 – 122

图 6 – 123

图 6 – 124

图 6 – 125

图 6 – 126

图 6 – 127

图 6 – 128

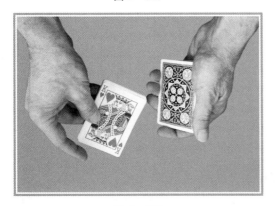

图 6 – 129

图 6 – 130

图 6 – 131

图 6 – 132

图 6 – 133

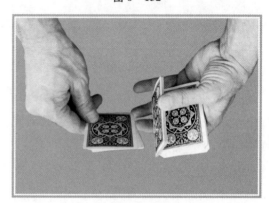

图 6 – 134

图 6 – 135

图 6 – 136

图 6 – 137

以换一下，右手做 **Charlier Pass**，然后左手做一些其他的东西。你还可以用一个右手的 **Extension Cut** 将一叠一叠的牌放进左手不断重复的 **Charlier Pass** 当中去。你的右手甚至可以做手臂展牌。

Paddlewheel Combo Cut ♣ ♦ ♥ ♠ ♣ ♦ ♥ ♠ ♣ ♦ ♥ ♠

在学习完 **Paddlewheel Cut** 以及 **Vertical Spin Cut** 之后，我才建议你开始学习这个切牌。

以标准握牌的姿势握牌，然后开始做普通的 **Paddlewheel Cut**。（看一下第五章里介绍的 **Paddlewheel Cut** 的第一种方法。）右手从下面切上来整副牌的三分之一（图 1 – 138 到图 1 – 140）。将右手的那叠牌顺时针旋转，左手的那叠牌逆时针旋转，然后重新组成两叠部分重合并且牌面朝上的、如图 6 – 142 所示的姿势（图 6 – 141，图 6 – 142）。将两叠牌移动成如图 6 – 144 所示的"T"字形（图 6 – 143，图 6 – 144）。不要忘记用你的右手食指来整理右手握住的那叠牌。将左手的那叠牌放到右手的牌的上面，保证两叠牌重叠的部分是整叠牌的一半（图 6 – 145）。将左手向下移动，两叠牌再次组成一个倒吊的"T"字（图 6 – 146）。将右手那叠牌放到左手那叠上面，保持两叠牌重合的部分（图 6 – 147，图 6 – 148）。在你做这个动作的时候，将左手握住的牌落进左手的掌心里去。将左手的无名指以及小拇指插进左手握住的那叠牌的中间（图 6 – 149）。将左手的那叠牌通过左手的

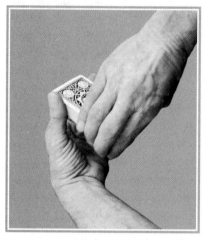

图 6 – 138

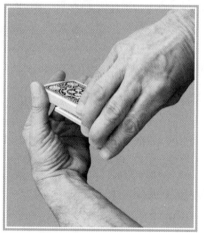

图 6 – 139

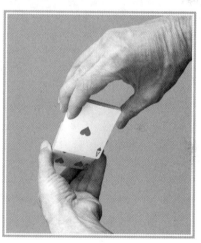

图 6 – 140

图 6 – 141

图 6 – 142

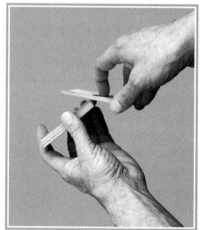

图 6 – 143

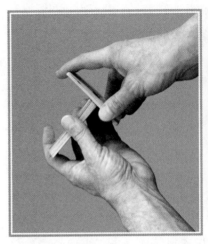

图 6 - 144

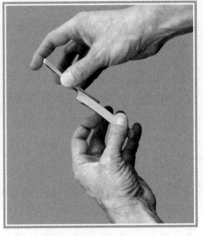

图 6 - 145

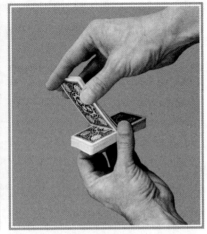

图 6 - 146

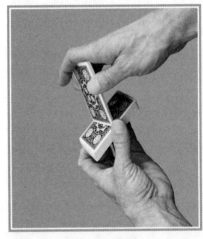

图 6 - 147

图 6 - 148

图 6 - 149

无名指以及小拇指分成两叠，然后将上面的半叠牌抬起来（图 6 - 150）。现在用你右手的那叠牌以及左手刚刚分开的半叠牌开始做 **Paddlewheel Cut** 的动作。

在普通的 **Paddlewheel Cut** 和左手将牌分成两份、然后用上面那叠牌与右手做的 **Paddlewheel Cut** 之间存在着两个主要的区别。首先，在第二种情况下，你的左手大拇指必须处在被分开的那叠牌的牌面或者牌背，而不是在长边上。其次，在第二种情况下，左手的四指会随着切牌的进行从牌的一面移动到另一面。现在，你的左手在做一个 **Vertical Spin Cut**，右手在做着一个 **Paddlewheel Cut**。如果你的左手也在尝试着做正常的 **Paddlewheel Cut** 的话，这是挺不现实的事，因为毕竟在左手手掌里的牌会向下掉。

以组成一个 "T" 字形开始（图 6 - 151）。将两叠运动着的牌放到一起，但是不要忘记错开一部分（图 6 - 152）。然后就像做基本的 **Paddlewheel Cut** 一样，将两叠牌组成一个倒吊着的 "T" 字形（图 6 - 153）。将右手的牌贴在左手的牌上，跟往常一样稍微错开一点（图 6 - 154，图 6 - 155）。继续这个动作，直到你再一次将牌组成一个倒吊的 "T" 字（图 6 - 156 到图 6 - 160）。像做 **Charlier Pass** 一样，通过左手的食指将最下面的那叠牌推起来（图 6 - 161 到图 6 - 163）。当你将最下面的这叠牌向上推的时候，用左手的中指以及最上面的那叠牌，或者用左手的中指和无名指将中间那叠牌固定住。另外，你可以像做 **Herrmann Cut** 一样，通过按角使得最下面的一叠牌抬起来。最后一种方法是最干净直接的，但也是最难做的。最后将所有的牌合到一起（图 6 – 164 到图 6 – 166）。

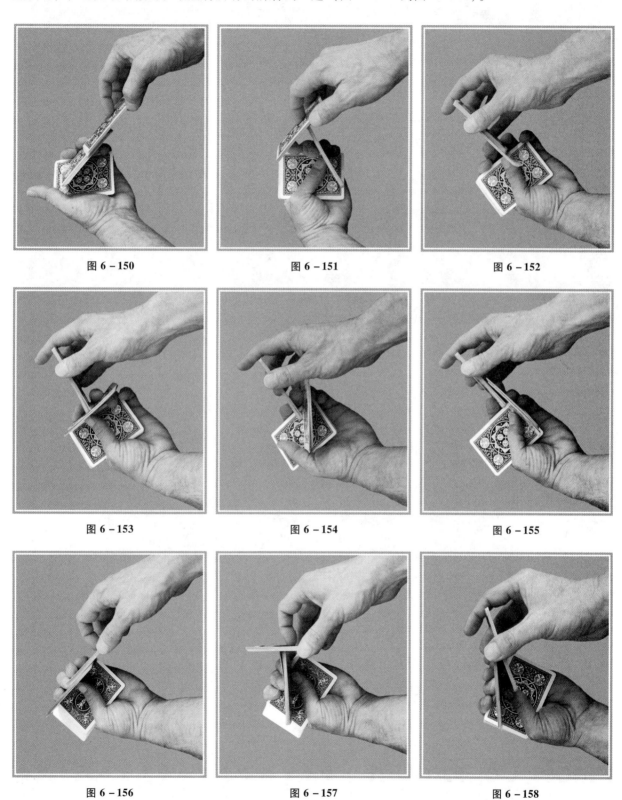

图 6 – 150　　　　　　　　　图 6 – 151　　　　　　　　　图 6 – 152

图 6 – 153　　　　　　　　　图 6 – 154　　　　　　　　　图 6 – 155

图 6 – 156　　　　　　　　　图 6 – 157　　　　　　　　　图 6 – 158

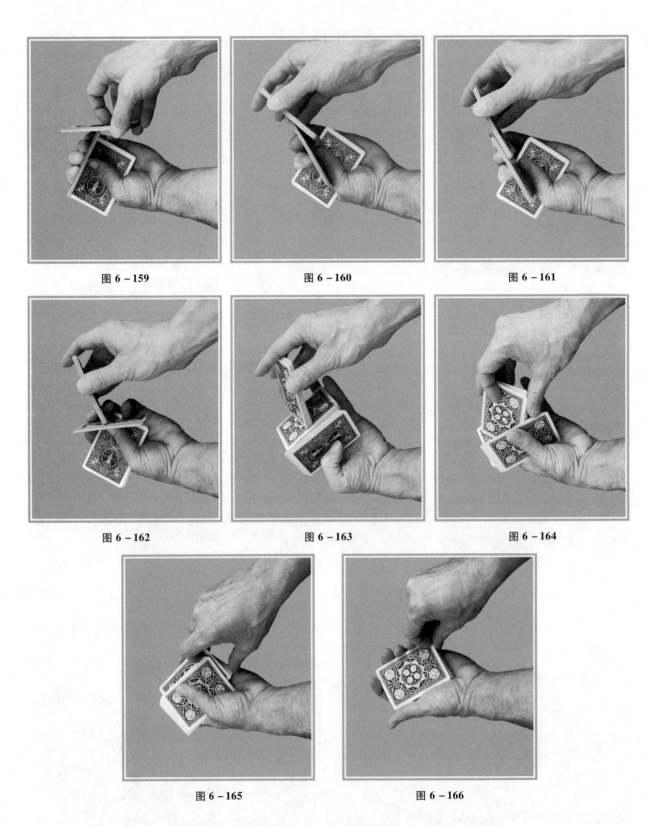

图 6 – 159

图 6 – 160

图 6 – 161

图 6 – 162

图 6 – 163

图 6 – 164

图 6 – 165

图 6 – 166

Pincer Combo Cut ♣♦♥♠♣♦♥♠♣♦♥♠♣♦♥♠

现在我们开始将 Casaubon 那无与伦比的 **Pincer Grip Cut** 合成一个双手切牌。这个切牌会告诉你：

怎样用双手将牌分成几份，然后去做 **Pincer Grip Cut**。

　　首先左手以标准握牌法握牌，左手的无名指弯曲之后放在整副牌的下面，就好像你要开始做一个单手的 **Pincer Grip Cut** 一样（图 6 - 167）。如图 6 - 168 所示，用你的右手食指以及无名指通过两个短边夹住整副牌的三分之一。将右手向右移动（图 6 - 169）。接下来将右手顺时针旋转，直到你能够用 Hindu Shuffle 从左手的牌中分出另一叠牌（图 6 - 170，图 6 - 171）。然后用你的右手食指以及右手大拇指从左手那叠牌中分一半出来（图 6 - 172）。将新分出的那叠牌向里拉（图 6 - 173），然后向左移动（图 6 - 174）。左手以 **Pincer Grip Cut** 的握牌姿势握住左手里剩下的牌（左手的无名指弯曲，放在这叠牌的下面）。右手向左移动，使得右手的食指以及小拇指夹住的那叠牌移动到左手的上方，之后被左手的食指以及大拇指所握住（图 6 - 175）。事实上，现在你握住的这叠牌，就好像是你在做单手的 **Pincer Grip Cut** 时握住的上半副牌那样。现在你有一叠牌在右手的大拇指和食指之间，一叠在左手的食指以及大拇指之间，还有一叠位于左手的小拇指、中指以及无名指之间。现在左手开始做一个 **Pincer Grip Cut**，同时将右手向右移动（图 6 - 176，图 6 - 177），然后再撤回来（图 6 - 178）。将右手握住的这叠牌放到被左手的大拇指以及食指所握住的那叠牌的下面（图 6 - 179）。将左手的手指全都合拢（图 6 - 180，图 6 - 181），最后整理好牌（图 6 - 182）。

　　如果你展示的角度不对的话，那么整个切牌的艺术效果就会完全丧失。对于很多切牌来说是这样，对于这个 **Pincer Combo Cut** 来说更是这样。从侧面看，这个花式就像一坨污泥一样难看。但是如果从插图的角度来看的话，这个切牌还是很华丽的。

图 6 - 167

图 6 - 168

图 6 - 169

图 6 - 170

图 6 – 171

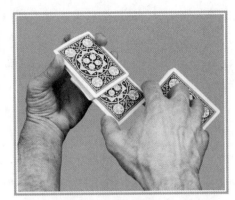

图 6 – 172

图 6 – 173

图 6 – 174

图 6 – 175

图 6 – 176

图 6 – 177

图 6 – 178

图 6 – 179

图 6 – 180

图 6 – 181

图 6 – 182

Juggle Cut ♣♦♥♠♣♦♥♠♣♦♥♠♣♦♥♠♣♦♥♠♣♦

　　左手以标准握牌将牌握住，右手放在左手向右几英寸的地方（图 6 – 183）。将左手的食指以及小拇指从右长边插进牌里去，分出整副牌的三分之一（图 6 – 184）。将最上面三分之一的牌滚到右手上去（图 6 – 185 到图 6 – 187）。用相同的办法再分三分之一的牌出来（通过将左手的食指以及小拇指插入左手这叠牌的中间部分）（图 6 – 188）。然后通过将右手的食指以及小拇指放到右手那叠牌的下面，将右手那叠牌抬起来（图 6 – 189）。将左手分出的第二叠牌滚进现在空出的右手手心（图 6 – 190 到图 6 – 194）。之后将左手的食指和小拇指放到左手剩下的那叠牌的下面，然后和右手对付第一叠牌的方法一样，将这叠牌抬起来（图6 – 195，图 6 – 196）。然后将右手四指夹住的那叠牌扔到左手的手掌里去（图 6 – 197 到图 6 – 199）。将右手的食指以及小拇指放到左手握住的那叠牌的下面（图 6 – 200）。将右手那叠牌抬起来（图 6 – 201）。将左手被四指夹住的那叠牌扔到右手的手心当中去（图 6 – 202 到图 6 – 204）。将左手的食指以及小拇指放到留在左手的那叠牌的下面（图 6 – 205）。将这叠牌抬起来（图 6 – 206）。将被右手抬起来的那叠牌扔进左手的手心里去（图 6 – 207，图 6 – 208）。将右手的食指以及小拇指放到右手那叠牌的下面，然后将这叠牌抬起来（图 6 – 209，图 6 – 210）。将被左手抬起来的那叠牌扔到左手的手心里去（图 6 – 211到图 6 – 213）。将左手剩下的那叠牌抬起来（图 6 – 214，图 6 – 215）。将被右手抬起来的那叠牌扔进左手（图 6 – 216，图 6 – 217）。你可以来回来去地扔牌，直到让别人看得晕倒，再也不想看为止。或者你在给别人留下深刻的印象之后，就收起左手的两叠牌，然后将右手那叠牌扔到左手之上

（图6－218到图6－222）。如果你完全按照插图来进行的话，最后你会发现整副牌的顺序都没有改变。当

图 6 – 183

图 6 – 184

图 6 – 185

图 6 – 186

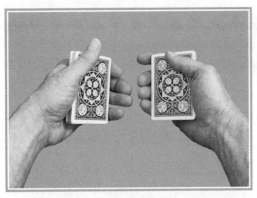

图 6 – 187

图 6 – 188

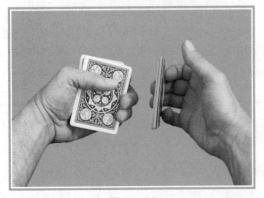

图 6 – 189

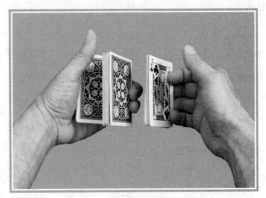

图 6 – 190

图 6 – 191

图 6 – 192

图 6 – 193

图 6 – 194

图 6 – 195

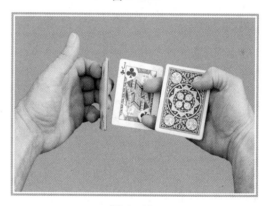

图 6 – 196

图 6 – 197

图 6 – 198

图 6 – 199

图 6 – 200

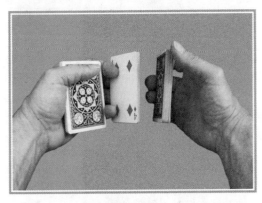

图 6 – 201

图 6 – 202

图 6 – 203

图 6 – 204

图 6 – 205

图 6 – 206

图 6 - 207

图 6 - 208

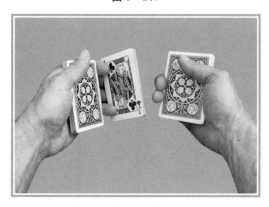

图 6 - 209

图 6 - 210

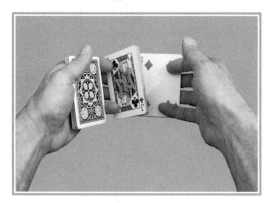

图 6 - 211

图 6 - 212

图 6 - 213

图 6 - 214

图 6 – 215

图 6 – 216

图 6 – 217

图 6 – 218

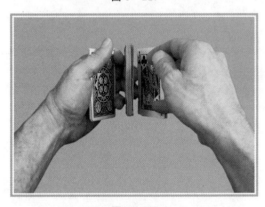

图 6 – 219

图 6 – 220

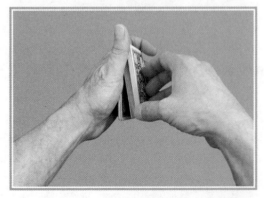

图 6 – 221

图 6 – 222

你对这个花式更加熟悉之后，你可以适当地增加双手之间的距离。还有一点，如果可能的话，尽量让这个花式变得更加流畅，在中途不要有不必要的停顿。将扔牌的速度减慢可以增加你将食指和小拇指归位的时间，所以提高食指和小拇指归位的速度就可以使整个切牌的速度加快。整个流程大概只需要花 5 至 6 秒钟。当你能够掌握这个切牌的正确节奏的时候，在别人看来，你就好像真的在拿几叠牌杂耍一样。

Triple Transfer Cut ♣♦♥♠♣♦♥♠♣♦♥♠♣♦♥♠

接下来的三个切牌是一组拥有相同的"主题"的切牌。尽管这三个切牌是有明显区别的，但它们都是利用了相同的握牌方式进行的切牌。它们都用和 **Extension Cut** 相同的握牌姿势来进行握牌。尽管这个切牌没有任何的扔牌动作，但是牌会沿着被大家熟知的三球杂耍一样的路线在双手间穿梭。这三个切牌都能够使牌很流畅地在双手间穿梭，构成一个具有视觉冲击的切牌流程。下面切牌的感觉和之前的 **Juggle Cut** 差不多，但是会用到不同的握牌姿势。而且 **Juggle Cut** 是一个扔切牌，而 **Transfer Cuts** 则没有丝毫扔牌的动作。尽管如此，你会发现：如果你学会了 **Juggle Cut**，那么接下来的切牌对你来说就再简单不过了。

插图是以第一视角拍摄的——所以低下头来对比你的手和书上的插图吧。

首先你需要将整副牌最上面的三分之一弄到右手的手心里去，你可以像做 **Butterfly Cut** 一样将牌滚进你的右手，或者做 **Juggle Cut** 一开始的动作（图 6 - 223 到图 6 - 225）。然后将右手转换成 **Extension Cut** 的握牌。将右手的中指放到右手那叠牌的牌角下面（图 6 - 226）。保证你的右手食指放在整叠牌的前面。接下来，将你的左手中指同样从牌角插进左手那叠牌一半处的中间（图 6 - 227）。将你的左手食指也放到左手的那两叠牌的前面。通过伸直右手手指将右手握住的那叠牌抬起来（图 6 - 228）。然后再通过伸直左手手指将左手上面的那叠牌抬起来（图 6 - 229）。将被左手抬起来的牌放到右手的手心里去（图 6 - 230，图 6 - 231）。将左手的中指放到左手剩下的那叠牌的下面（图 6 - 232）。将左手剩下的这叠牌抬起来（图 6 - 233）。将被右手抬起来的那叠牌放到现在空着的左手掌心（图 6 - 234，图 6 - 235）。将右手的中指放到右手那叠牌的下面（图 6 - 236）。不断地来来回回地将牌抬起，然后在双手间交换（图 6 - 237 到图 6 - 242）。随后你可以转换去做 **Twirl Transfer Cut**。或者将牌全部堆到左手来结束这个花式（图 6 - 243 到图 6 - 246）。

图 6 - 223

图 6 - 224

图 6 - 225

图 6 - 226

图 6 - 227

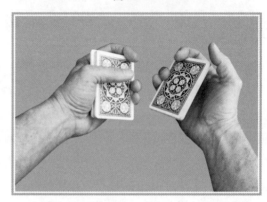

图 6 - 228

图 6 - 229

图 6 - 230

图 6 - 231

图 6 - 232

图 6 - 233

图 6 - 234

图 6 - 235

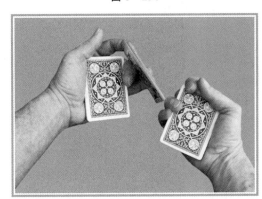

图 6 - 236

图 6 - 237

图 6 - 238

图 6 - 239

图 6 - 240

图 6 – 241

图 6 – 242

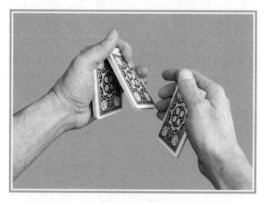

图 6 – 243

图 6 – 244

图 6 – 245

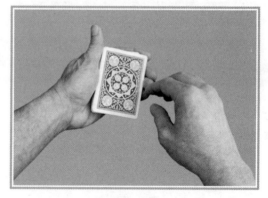

图 6 – 246

　　将牌用胶水粘住对学习这类花式的帮助是无法计量的。你自己都会很惊讶，你怎么能够这么快地掌握这类切牌的方法。但是，当你真正能够用没有胶水的牌做出这个动作时，我相信，你会把你所有的精力都花在保持牌的整齐上面。在这里，我给你四个小建议，能够对此有所帮助：第一，用些质量不错的开扇粉，它能够让牌粘在一起，并且能够保持牌的整齐。第二，随时保持很稳固的握牌；可以的话用大拇指将牌按在手心里，用四指好好地握住。第三，你要去寻找在某一类切牌中间往往有这么一个能够让你很自然地整理牌的时间点，在这个时间点你可以很快地用四指整理一下或者将牌向手推齐。第四，也是最后一点，如果你能够发明一个可以保持牌整齐的版本，那么就去用你发明的这个吧。

Twirl Transfer Cut ♣♦♥♠♣♦♥♠♣♦♥♠♣♦♥♠♣

首先你要处于做 **Triple Transfer Cut** 的姿式：整副牌的三分之一在你的右手，三分之二在左手。（向下看看你的手，再一次跟图片对照一下。）右手的中指放到右手握住的那叠牌的牌角下面，左手的中指则插进左手握住的那叠牌的中间（图 6 - 247）。食指还是放在牌的前面。通过将手指伸直，将右手的那叠牌以及左手上面的那叠牌抬起来，并将左手抬起的那叠牌放到右手的手心里（图 6 - 248 到图 6 - 250）。将右手的手指弯曲，使被抬起来的那叠牌降下来，直到你的右手大拇指能够放到它上面为止（大拇指压在牌的长边，对面便是右手四指）（图 6 - 251）。通过右手中指将这叠牌放开（图 6 - 252）。右手大拇指向下用力，右手的中指、无名指以及小拇指向上发力（图 6 - 253）。右手食指什么都不用做就行。将左手的中指放到左手握住的那叠牌的下面，然后将牌抬起来（图 6 - 254）。将右手翻转，手心朝下，然后将右手四指夹住的那叠牌放到左手的手心里去（图 6 - 255 到图 6 - 258）。当你将右手翻转的时候，记得用你的右手大拇指夹住贴在手心里的那叠牌。然后将你的右手翻过来，手心向上（图 6 - 259）。随后用被左手抬起来的那叠牌做与之前完全相同的流程：将你的左手手指弯曲，来降低被抬起的那叠牌的高度，直到你的左手大拇指能够触碰到这叠牌的长边为止（图 6 - 260）。将左手中指从牌底抽出来，然后左手大拇指向下，四指向上发力，再一次将这叠牌抬起来（图 6 - 261）。在你将右手翻转，将那叠被左手抬起来的牌放到右手手心的同时，右手手指发力，将位于右手的那叠牌抬起来（图 6 - 262 到图 6 - 265）。然后将左手翻转，手心向上（图 6 - 266）。之后用被右

图 6 – 247

图 6 – 248

图 6 – 249

图 6 – 250

手抬起来的那叠牌做与之前完全相同的流程：降低被抬起的那叠牌的高度，直到你的右手大拇指能够触碰到这叠牌为止（图6-267）。右手大拇指向下，四指向上发力，将牌抬起来（图6-268）。当你将右手翻转之后，在将右手的那叠牌放进左手的时候，用和之前一样的方法将左手那叠牌抬起来（图6-269到图6-272）。降低你左手被抬起的那叠牌的高度，直到你的左手大拇指能够触碰到这叠牌为止，然后再重复之前的流程，或者转换到另一个切牌去，又或者将所有的牌放到左手，整理好牌，结束这个切牌（图6-273到图6-276）。

图 6 - 251

图 6 - 252

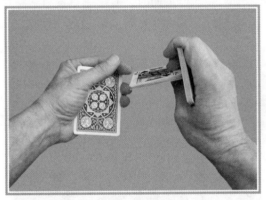

图 6 - 253

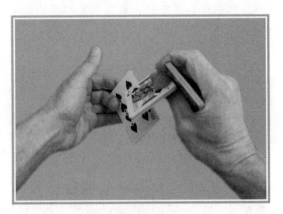

图 6 - 254

图 6 - 255

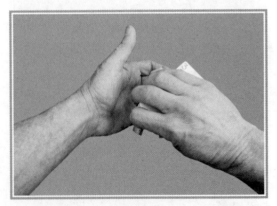

图 6 - 256

图 6 – 257

图 6 – 258

图 6 – 259

图 6 – 260

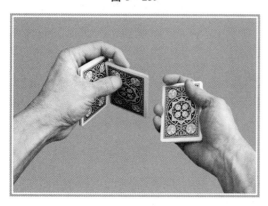

图 6 – 261

图 6 – 262

图 6 – 263

图 6 – 264

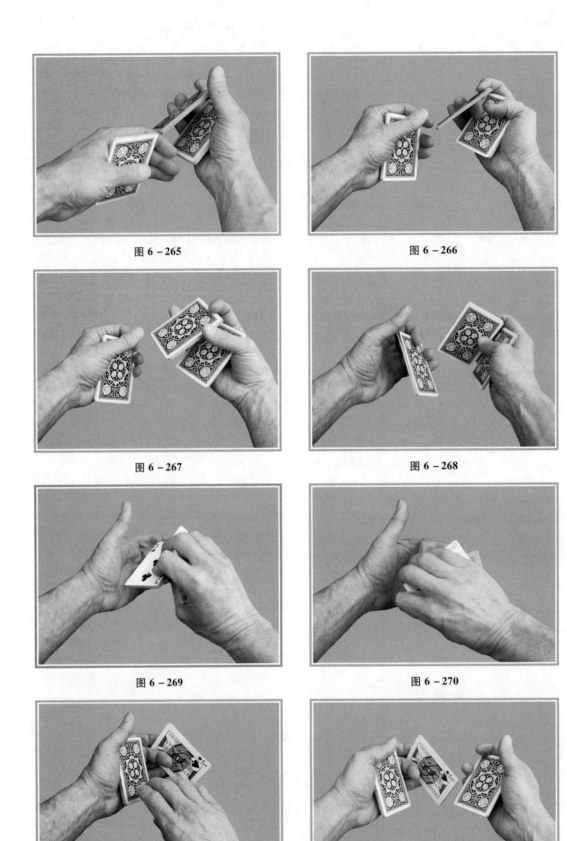

图 6 – 265

图 6 – 266

图 6 – 267

图 6 – 268

图 6 – 269

图 6 – 270

图 6 – 271

图 6 – 272

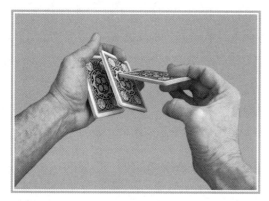
图 6 - 273

图 6 - 274

图 6 - 275

图 6 - 276

Loop Transfer Cut ♣ ♦ ♥ ♠ ♣ ♦ ♥ ♠ ♣ ♦ ♥ ♠ ♣ ♦ ♥ ♠

这个切牌跟前面的三个切牌相比，手臂的动作大了很多。增加手臂的动作能够把你切牌流程的结尾推向高潮，也可以逗观众一乐。

你可以在做别的 **Transfer Cuts** 之后，将握牌的姿势换过来，或者从普通握牌转换到这个握牌：右手握住整副牌的三分之一，右手中指弯曲，放到这叠牌的下面，右手食指放在牌的前面。剩下的三分之二放在左手的手心里，将左手的中指插进这叠牌的中间，左手的食指放在牌的前面（图 6 - 277）。将左手握住的那叠牌以及右手握住的牌都抬起来（图 6 - 278）。将左手抬起来的那叠牌放进右手的手心（图 6 - 279，图 6 - 280）。将右手翻转，手心向下（图 6 - 281 到图 6 - 283）。你可以用右手的大拇指将牌按在手心里，或者用右手大拇指的指根以及右手的中指和小拇指夹住这叠牌。右手的手心向下，用左手的大拇指以及四指夹住处于右手掌心的那叠牌（图 6 - 284，图 6 - 285）。将这叠牌从手心中拉出来（图 6 - 286）。将右手翻转，掌心朝上（图 6 - 287 到图 6 - 291）。把左手手指握住的这叠牌放回到右手的手掌里面去（图 6 - 292）。将左手的中指放到左手握住的那叠牌的下面，并将这叠牌抬起来（图 6 - 293）。将右手被抬起来的那叠牌放到左手的手心里去（图 6 - 294）。将左手翻转，手心向下（图 6 - 295 到图 6 - 297）。用右手的大拇指以及四指将左手手里的那叠牌夹住（图 6 - 298）。在你将左手翻转到手心向下的时候，用右手将左手掌心里的那叠牌拉出来（图 6 - 299 到图 6 - 301）。将这叠牌重新放回到左手的手掌心里（图 6 - 302）。将右手的中指放到右手那叠牌的下面，然后将这叠牌抬起来（图6-303）。将左手被抬起来的那叠牌放到右手的手心里去（图6-304，图6-305）。将右手翻转，手心向下（图6-306到图6-309）。用左手的大拇指以及四指夹住右手手心的那叠牌（图6-310）。当你的右手再次翻转，将手心翻到上面的时候，用左手将那叠牌拉出来（图6-311到图6-314）。将这叠牌放回到你右手的手掌心（图6-315）。继续切牌，直到你为此消得人憔悴，或者干脆直接将牌都放回到左手（图6-316到图6-318）。在你做这个切牌的时候，移动你的双手以及双臂，以便能让观众看到更多牌的部分。

图6-277

图6-278

图6-279

图6-280

图6-281

图6-282

图 6 – 283

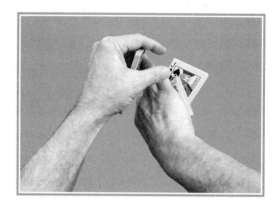

图 6 – 284

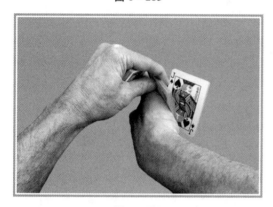

图 6 – 285

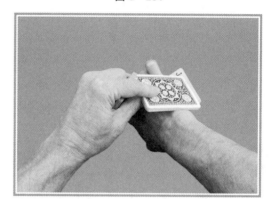

图 6 – 286

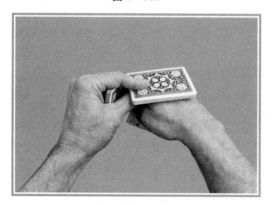

图 6 – 287

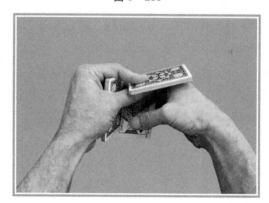

图 6 – 288

图 6 – 289

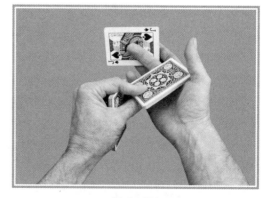

图 6 – 290

图 6 – 291

图 6 – 292

图 6 – 293

图 6 – 294

图 6 – 295

图 6 – 296

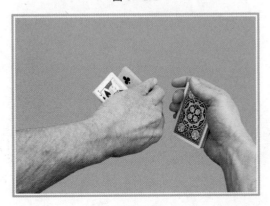

图 6 – 297

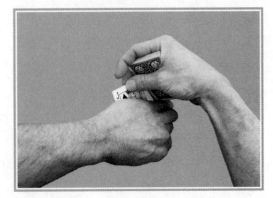

图 6 – 298

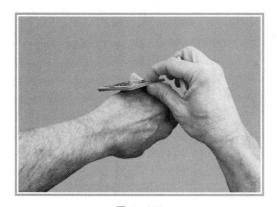

图 6 – 299

图 6 – 300

图 6 – 301

图 6 – 302

图 6 – 303

图 6 – 304

图 6 – 305

图 6 – 306

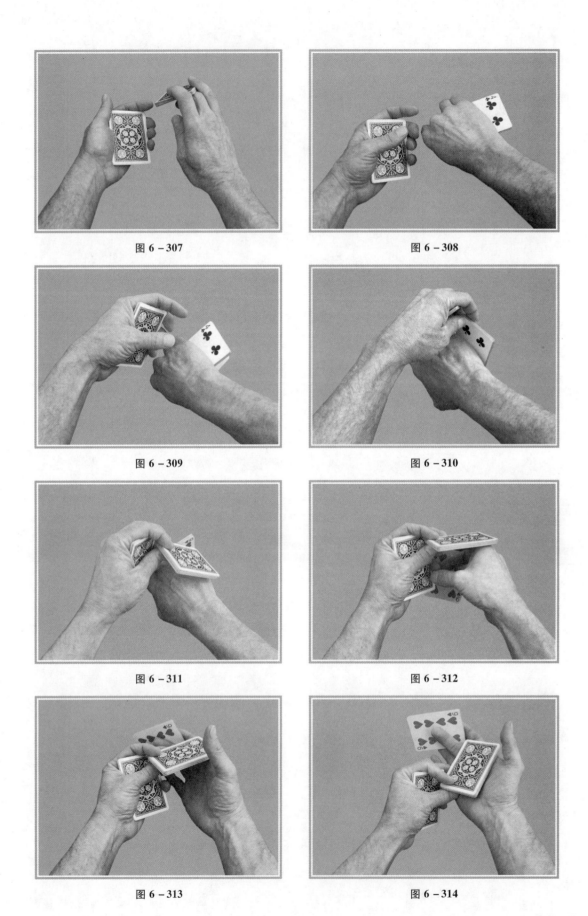

图 6 – 307

图 6 – 308

图 6 – 309

图 6 – 310

图 6 – 311

图 6 – 312

图 6 – 313

图 6 – 314

图 6 – 315

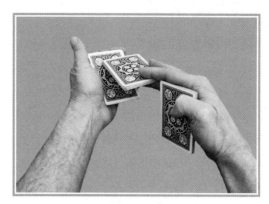

图 6 – 316

图 6 – 317

图 6 – 318

Half Gearscrew Cut ♣ ♦ ♥ ♠ ♣ ♦ ♥ ♠ ♣ ♦ ♥ ♠ ♣ ♦ ♥ ♠

　　这个切牌的插图是从观众的视角进行拍摄的。如果我以第一人称进行拍摄的话，我认为你会看不清楚四指的动作。而大拇指从始至终就没有动过。确确实实，这个切牌以及 **Full Gearscrew Cut** 从大拇指的角度看起来都会更好看一些。其实因为你的大拇指根本没有移动——几叠牌好像是自己分开的，这样会让这个切牌看起来更加优雅。再加上，不管你从哪个角度基本都能看到这个切牌的全貌。所以将你身体的右侧转向你的观众，将手臂向前延伸，让他们能够从大拇指那边看到这个切牌。在下一个切牌，**Full Gearscrew Cut** 的结尾部分，我将从大拇指的角度给你展示这套切牌。

　　尽管如此，如果你想通过镜子来和这套图对应的话，那么很不幸，这是很困难的，你唯一能够做的就是将观众的视角转换成第一人称，以第一人称定位。换句话来说，我所说的远长边是指离你远的那个长边，而不是离观众远的那个长边。

　　像图 6 – 319 那样握住牌。牌面朝上或者牌背朝上对这个切牌都没有影响。右手的食指放在上方的短边那里，四指放在牌的远长边，大拇指放在近长边——靠近上方牌角的地方。左手的食指、中指以及无名指在远长边，大拇指在近长边——靠近下方牌角的地方。左手的小拇指完全没有触碰到牌，当然，如果你是为了不让底面的短边散开，而将小拇指放到短边，那就另说了。用左手的食指抬起十张左右的牌（图 6 – 320）。再用右手的小拇指分十张左右的牌（图 6 – 321）。将中间那一大叠牌当作一个天平，将上下两小叠牌从这个天平上拿走（图 6 – 322）。将左手的那叠牌向上提，右手的那叠牌向下拉，让这三叠牌更远地错开（图6-323）。用右手的食指再分十张左右的牌出来（图6-324）。用左手的小拇指再分一小叠十张左右的牌出来（图6-325）。将右手向上提，左手向下拉（图6-326，图6-327）。右手继续向上升，左手继续向下降，直到右手小拇指控制的那叠牌和左手食指控制的那叠牌都稳稳地放回到中间那叠牌的上下为止（图6-328）。将剩下的三叠牌放到一起，最后整理好牌（图6-329，图6-330）。

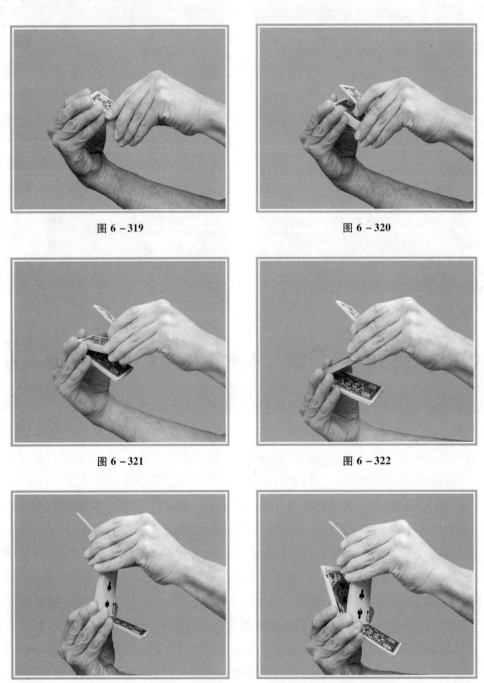

图6-319

图6-320

图6-321

图6-322

图6-323

图6-324

图 6 – 325

图 6 – 326

图 6 – 327

图 6 – 328

图 6 – 329

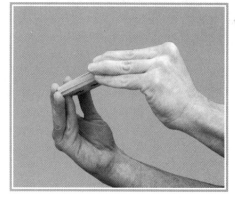

图 6 – 330

Full Gearscrew Cut ♣♦♥♠♣♦♥♠♣♦♥♠♣♦♥♠

  这是一个华丽的八段双手切牌。插图会给你展示四指的所有动作，在最后，我还会从另一个角度给你展示这个花式的全貌。就像我之前所说的，我认为从大拇指的角度来看这个 **Full Gearscrew Cut** 比从四指的角度看要好得多。而且不管处于哪种情况，你都应该知道你的双手大拇指应该放在哪里。

  就像做 **Half Gearscrew Cut** 一样将牌握住。右手的食指放到上短边上面，两个大拇指放到一个长边相对的两头，四指从上至下排列在另一个长边（图 6 – 331）。用右手的小拇指以及左手的食指各分六张左右的牌（图 6 - 332）。将双手分开：左手向上、右手向下移动（图 6 - 333，图 6 - 334）。用你的左手小拇指再分六张左右的牌（图 6 - 335）。之后用右手食指再分六张左右的牌（图 6 - 326）。将右手向上提，左手向下拉（图 6 - 337，图 6 - 338）。用右手的无名指分出六张左右的牌（图 6 - 339）。之后用左手的中指再分出六张左右的牌（图 6 - 340）。将右手稍稍向下拉，左手稍稍向上提（图 6 - 341）。将四指分得更开，保证每叠牌之间有更大的空隙（图 6 - 342）。现在，你双手的手指应该从中间那叠牌那里拨出来了好几叠牌，同时让中间那叠牌变得越来越薄。现在用你的右手中指以及左手无名指将这最后剩下的一叠牌分成两份（图 6 - 343）。事实上，在这个时候，唯一能空闲出来的两根手指应该就是你的右手中指和左手无名指了。左手向左，右手向右将双手分开（图 6 - 344），现在看好了！——八段！

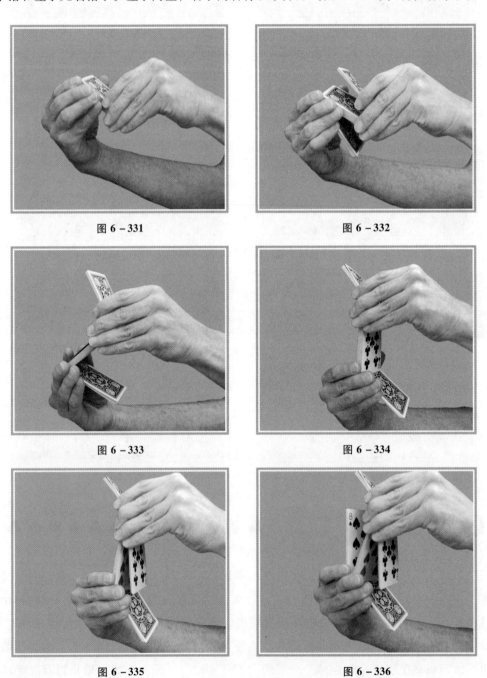

图 6 - 331

图 6 - 332

图 6 - 333

图 6 - 334

图 6 - 335

图 6 - 336

图 6 - 337

图 6 - 338

图 6 - 339

图 6 - 340

图 6 - 341

图 6 - 342

图 6 - 343

图 6 - 344

那么现在我们该做什么呢？首先，先用一种华丽而又简单的方法将这个超级展牌收起来吧。将一组牌放到另一组的上面（图 6-345）。慢慢地将双手合拢，很熟练地将所有的牌一叠一叠地堆在一起（图 6-346 到图 6-349）。

图 6-345

图 6-346

图 6-347

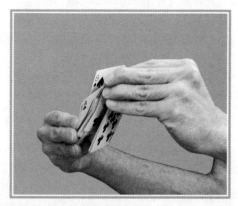

图 6-348

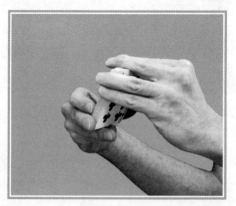

图 6-349

之后呢，我会告诉你好几种不同的方法，将这个展牌摆成有趣的形状。后面的插图便都是从第一视角，也就是你的大拇指那一侧拍摄的。将两叠牌相互交错，然后来回转动几次（图 6-350 到图 6-355），就像是两个相互契合的齿轮在转动一样。这个动作你不管是从上下看，亦或是从两侧看，都能看到不错的效果。从侧面你可以看到齿轮转动的效果，而从上下你可以看到那种逐渐绽开的效果。

通常来说，你都会想让这个切牌给人更大的视觉冲击，所以在你转动手腕时，动作的幅度要尽量大一些。转动的时候要保证流畅和轻快。

接下来，将一组牌放到另一组牌的前面，将你左手的大拇指手指甲贴住右手中指的指甲（图6－356）。将右手向前移动一英寸左右，这样的话两叠牌就不会撞上了。在你将这两组牌朝上的时候，将左手手腕顺时针、右手手腕逆时针旋转，在你将这两组牌朝下的时候，将左手手腕逆时针、右手手腕顺时针旋转（图6－357到图6－365）。这两组牌就会像螺旋桨一样旋转。最后将一组牌放到另一组的上面，然后将这两组牌收起来（图6－366到图6－370）。当然，在你将两叠牌收到一起之前，你还可以做一些其他的动作。在镜子里看一下自己，来找出那些好看的造型，同时尽量避免在做动作时影响到一组牌当中与牌之间的距离。试着将所有的牌都展示给观众，并且如果可能的话，将你的大拇指那一侧展示给他们。

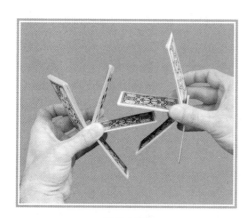

图6－350

图6－351

图6－352

图6－353

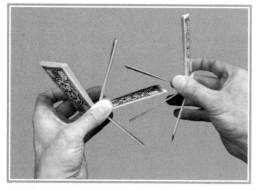

图6－354

图6－355

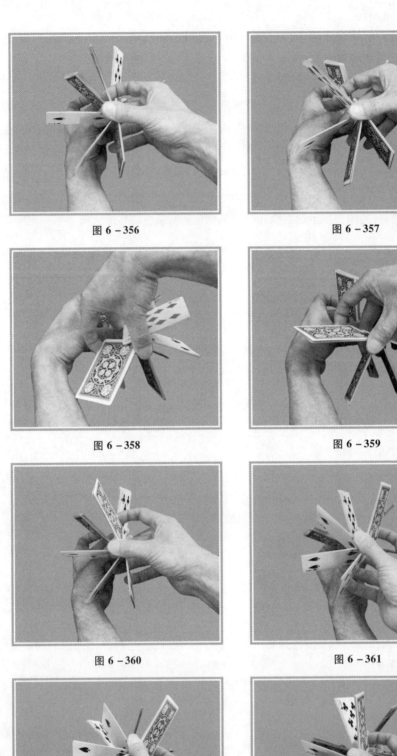

图 6 – 356

图 6 – 357

图 6 – 358

图 6 – 359

图 6 – 360

图 6 – 361

图 6 – 362

图 6 – 363

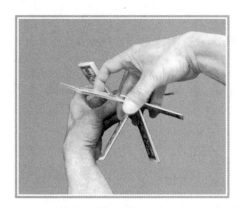

图 6 – 364

图 6 – 365

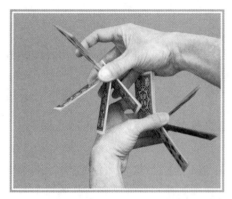

图 6 – 366

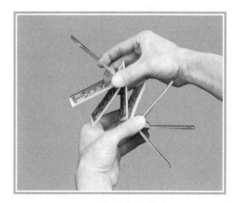

图 6 – 367

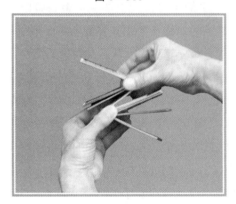

图 6 – 368

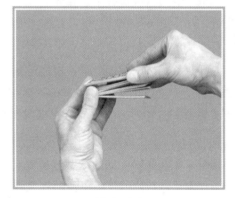

图 6 – 369

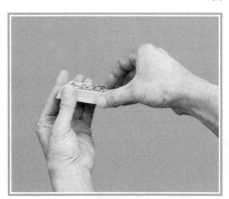

图 6 – 370

这个花式的精髓就在于每叠牌之间相同的间隔以及每叠整齐的牌。所以说，如果有一叠牌与其他牌之间的距离不合适了，或者有一叠牌不整齐，都会大大地影响这个花式的冲击力。

Tower Cut ♣♦♥♠♣♦♥♠♣♦♥♠♣♦♥♠♣♦♥♠♣♦

Sybil Cut 是这几年来出现的名副其实用全新理念创造出的切牌（就算现在这也是一个很新颖的切牌）。Chris Kenner 以及 Homer Liwag 在他们所写的书《完全失控》（*Out of Control*）里提供了好几种不同的切牌方法，这些切牌就像这本书里的魔术一样吸引人。不仅如此，在这本书里还利用天马行空的想象创造出了从纸牌到硬币，从皮筋到绳子的各式各样的魔术，虽说这样，我还是对这本书里的花式最感兴趣。如果你在哪里看到了这本书，不要犹豫，把它买下来，然后去了解一下最原始版本的 **Sybil Cut**。尽管你能将牌分成一份又一份，然后摆出这一类的图形，但是我认为将牌分成八份就是极限了。如果将牌分成五份以上来做 **Sybil Cut** 的话，很多时候这样的切牌就会被称为 **Extended Sybil Cut**。不是那些四段、五段、六段亦或是七段的切牌，这里是我的八段 **Sybil Cut** 的版本。

这是一个超级猛的展牌，如果你能听从我的建议，在展完牌之后，收牌之前将整组牌反过来，再返回去，就会让这个切牌看上去更加生猛。尽管你不能够像收五段 **Sybil Cut** 那么简单地收这个展牌，但是你仍旧可以很流畅地将这八叠牌合到一起。

如果你已经能够熟练地掌握 Kenner 原始版本的 **Sybil Cut** 的话，那么这个八段的超帅展牌对你来说就会相对简单一些。总的来说，你需要以五段 **Sybil Cut** 为基础，在开始之前加上一叠牌，结束之后再加上两叠牌，这样就成了我的八段展牌了。首先，先用你的右手的小拇指指根部分从整叠牌的前面分五到六张牌出来（图 6 – 371，图 6 – 372）。现在，你上面那叠牌的远短边需要顶在你的右手小拇指以及手掌之间的那条线上。这叠牌的另一个短边则被右手大拇指顶着。图 6 – 373 只是为了告诉我们第一叠牌是怎样被夹住的，并不是要求你将这叠牌提上去。用你的右手食指再分五到六张牌（图 6 – 374，图 6 – 375）。然后从牌的背后，用右手大拇指将除了最底下的五六张以外的所有牌抬起来（图6 – 376）。把右手中指伸下去，将除了这叠牌最下面五六张以外的所有牌都分出来（图 6 – 377）。所以现在，你最开始分的那叠牌（最上面那叠牌）被你右手小拇指的指根以及右手大拇指的指根所夹住。接下来的一叠牌则是被右手的食指以及大拇指握住。第三叠牌，也是最厚的那叠牌，则被右手的中指以及大拇指夹住。后面一叠牌则位于右手大拇指以及左手食指之间。最下面的那叠牌则安安稳稳地睡在左手的掌心（图 6 – 378）。

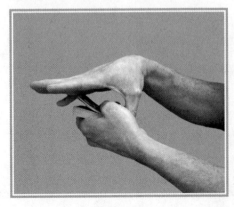

图 6 – 371

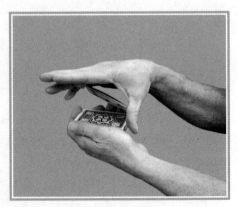

图 6 – 372

图 6 - 373

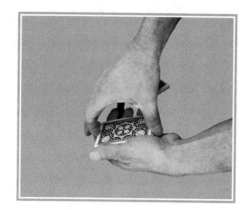

图 6 - 374

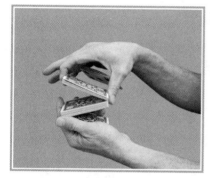

图 6 - 375

图 6 - 376

图 6 - 377

　　从现在开始，光是利用插图并不能很好地教学这个花式了。如果我以最好的角度给你展示接下来三叠牌是怎样分开的话，那么插图的视角会一变再变，这样会让你感到更纠结。所以插图的拍摄位置一直处于左侧。不要为在个别的图片里面你看不到个别的牌而纠结。从宏观来讲，接下来的动作应该是这样的：最厚的那叠牌被放到左手的中指、大拇指之间。然后再用右手的食指以及小拇指夹住最厚这叠牌的四分之三。然后用你左手的小拇指以及中指夹住现在最厚的那叠牌的三分之一。最后，用你的左手中指以及左手大拇指分下来被右手食指和小拇指握住那叠牌的一半，

　　现在从图 6 - 378 开始，首先右手顺时针旋转（图 6 - 379），直到你的左手大拇指以及中指能够从最厚那叠牌的两个长边将这叠牌夹住（图 6 - 380）。用你的左手大拇指以及中指将整叠牌夹好，并向里稍稍地拉一点（图 6 - 381）。当最厚的这叠牌和其他牌完全分开了之后（图 6 - 382），将这叠牌向左向前移动（图 6 - 383 到图 6 - 385）。用你的右手食指以及右手小拇指握住最厚那叠牌的三分之二，并将其一分为二（图 6 - 386，图 6 - 387）。通过将你的右手四指向高处抬，使得现在最厚的那叠牌与别的牌分开（图 6 - 388，图 6 - 389）。将新分出的这叠牌向右移动，到达整组牌的侧面，然后再将这叠牌向后拉一点（图 6 - 390，图 6 - 391）。用你左手的中指以及小拇指握住这叠牌，并从下分这叠牌的三分之一出来（图 6 - 392，图 6 - 393）。然后将右手向右移动（图 6 - 394），这样，被分下来的牌就被左手的大拇指以及中指握住，现在最厚的那叠牌则还是被右手的食指与小拇指夹住（图 6 - 395）。用你的左手大拇指以及中指将右手中指以及小拇指夹住的这叠牌再分一半出来（图 6 - 396 到图 6 - 398）。在任何一叠牌都不失去控制的情况下，将你的双手尽可能远地分开（图 6 - 399，图 6 - 400）。

现在整副牌的排列已经让它变身成了一个超级华丽的展牌——这已然展示出了这副牌的所有价值。如果你将双手倒过来的话，那么这个展牌与之前相比会有很明显的不同。你需要做的不过是以双手大拇指握住的那两叠牌为中心，将整个牌塔旋转（图 6-401）。在你将整个牌塔翻转的时候，你可以去擦擦脑门上的汗，或者低头看看你的手表。之后将其还原，最后把它收起来。这个展牌可以从各种不同的角度来观看。所以对着镜子，找出那个能让你的这个切牌看上去最棒的角度吧。

现在我们该将这个切牌收回成一叠牌了。将最后分出来的那叠牌放回它原来所在的位置——也就是右手的食指、小拇指握住的那叠牌的下面（图 6-402 到图 6-405）。再一次尽可能远地将你的双手分开（图 6-406）。最后将双手合在一起就解决问题了（图 6-407 到图 6-411）。在你这样做的时候，将你的右手四指以及大拇指当作护栏，不让牌乱飞。整理这个八段展牌比起四段或者五段的展牌要麻烦一些，但是经过练习之后，你可以迅速地将剩下的七叠牌收起来。

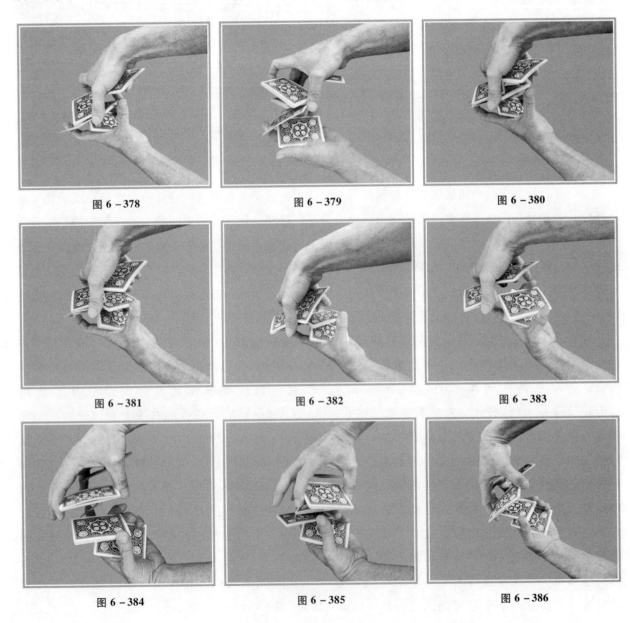

图 6-378

图 6-379

图 6-380

图 6-381

图 6-382

图 6-383

图 6-384

图 6-385

图 6-386

图 6 - 387

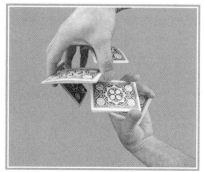

图 6 - 388

图 6 - 389

图 6 - 390

图 6 - 391

图 6 - 392

图 6 - 393

图 6 - 394

图 6 - 395

图 6 - 396

图 6 - 397

图 6 - 398

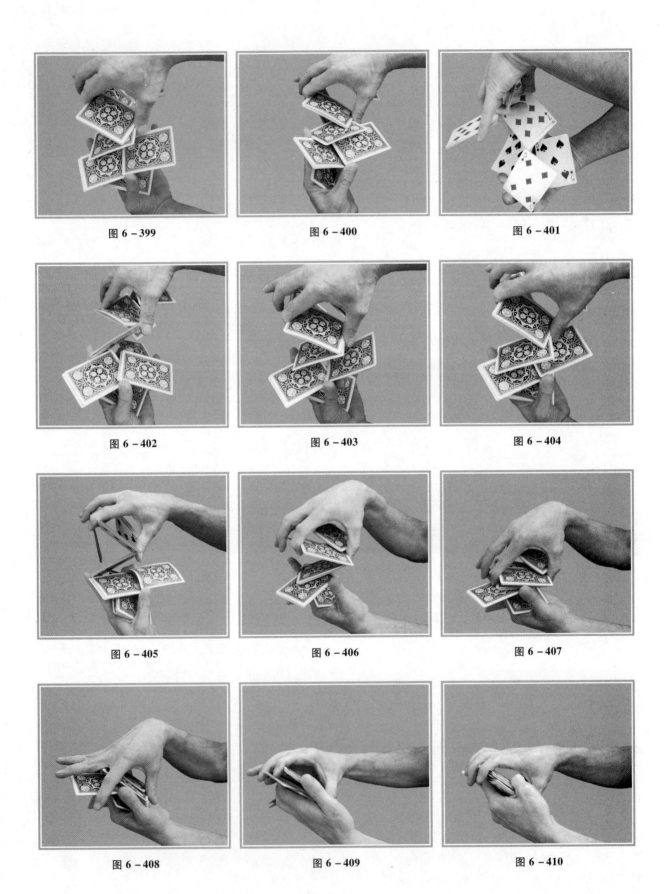

图 6 – 399

图 6 – 400

图 6 – 401

图 6 – 402

图 6 – 403

图 6 – 404

图 6 – 405

图 6 – 406

图 6 – 407

图 6 – 408

图 6 – 409

图 6 – 410

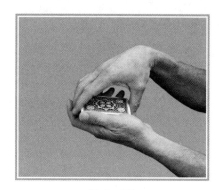

图 6 – 411

双手切牌后记 ♣♦♥♠♣♦♥♠♣♦♥♠♣♦♥♠♣♦♥♠

多段的扔切牌。你完全可以将双手版本的 **Helicopter Throw Cut，Roll Throw Cut，Flip Throw Cut** 以及 **Arm – Roll Cut** 做成一个多段切牌。你所需要做的只是简单地将牌多分几份。另一种将扔切牌变为多段切牌的方法就是将牌在双手之间来回来去地扔，最后将一只手里的牌打开，接住另一只手扔出来的牌。每次扔牌的时候，换一种扔牌的方法能够让这个切牌看起来更棒。但是要注意，在一副牌里一定不能有任何一张弯曲的牌。去寻找那些合适的切牌，然后进行一些适当的调整。如果说，一叠牌牌面朝上或者干脆垂直着掉到你的手里了，我们该怎么办？一般来说，掉下来之后两叠牌中间会自然地分开，用这道间隔来做一个单手 **Roll Cut** 就能够解决问题。对于那些横过来的牌，用你的手指将它们弄正即可。

四段或者五段的 **Sybil Cut**。在一般情况下，我通常会做刚刚教你的八段 **Tower Cut**，但是要切几段，那是你的自由。在《完全失控》（*Out of Control*）里面，只是开玩笑地提过将这个切牌做到五段以上，你可以想象一下，用三只手和一只脚来做出五段以上的 **Sybil Cut**。如果你想去看原版四段或者五段的 **Sybil Cut**，或者想去学习一些不错的魔术，去看《完全失控》（*Out of Control*）吧。

不同 **Sybil Cut** 的版本。近期，大量关于花式的视频以及书籍涌入我们的视野。很不幸的是，它们对于拉牌的描述都是错误的。而且它们还都教学了不同版本的 **Sybil Cut**。我喜欢双手的花式。而且我想看见的是看起来完全不同的双手花式。但值得一提的 **Sybil Cut** 还是存在的［去看看 Brian Tudor 的视频教学《炫耀》（*Showoff*）吧］。但是除了切牌以外，纸牌花式还有许多别的东西呢。与其将 **Sybil Cut** 的这个理念发挥得淋漓尽致，为什么不开阔一下你的视野，去关心一下那些酷酷的拉牌，优雅的开扇，华丽的手臂展牌以及震撼的扔牌呢？单手以及双手切牌在花式领域占据了不过一小点的位置，而且 50 个看起来差不多的、使用了同样技巧的不同花式会令所有的观众不爽，不管是外行人还是魔术师。

数不胜数的那些别的单手和双手切牌。通过整合这本书里的内容，花上一段时间，好好考虑一下，你完全可以创造出自己的切牌。这样，你便可以发明各式各样的切牌，甚至可以用这些切牌来控牌。如果加上一个桌子的话，能够创造的切牌更是不计其数了。华丽而又特立独行的切牌也是数不胜数的。

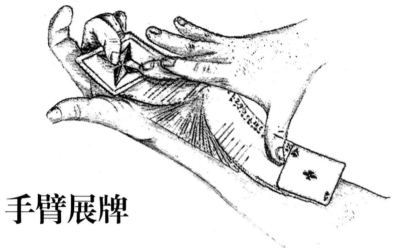

手臂展牌

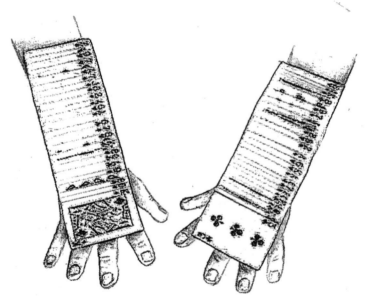

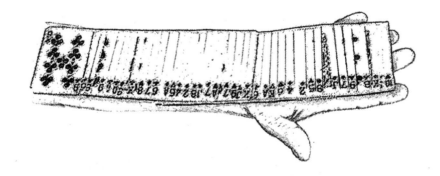

手臂展牌

花式扑克的秘诀在于，用十根手指和一副牌，表演者能够展现出各种灵巧的动作。——Camille Gaultier

在花式纸牌当中，只有很小一部分内容像手臂展牌一样充满着错误的教学。手臂展牌的基本理念就是在胳膊上将牌呈"－"字排开，然后像多米诺骨牌一样将牌翻过来，然后再按同样方式让它们还原，然而，并没有很多的资料介绍过如何完美地完成这些动作。即使像 Walter Gibson 那样令人仰止的魔术作家也曾举例说明了一些不恰当的、误导性的做手臂展牌的方法。具体请查阅他的《纸牌魔术画册》（*Complete Illustrated Book of Card Magic*）。这本书的插图显示，把牌竖直在胳膊上排开，牌的长边就会形成一条轨迹。但是这样的展牌会让整个展牌显得松散，而且也露不出牌的点数，相比由牌的短边形成的展牌（本书的手臂展牌都是由短边形成的展牌），就逊色多了。Gibson，像其他作家一样，也给出这样的错误指导：在胳膊上利用拉牌的方法将牌一张一张弹出去进行展牌，事实上应该利用压力将牌抹开。尊敬的 Jean Hugard 在他那本大作《纸牌绝技》（*Card Manipulations*）系列中给出的图片，也是教大家将牌竖直展成，和 Gibson 所教授的展牌一样难看，样子冗长，甚至错误地建议人们"将牌以拉牌的准备姿势拿在右手"。就连 Lewis Ganson，花式纸牌最高产的作家之一，在其《专业纸牌手法》（*Expert Manipulation of Playing Cards*）中也给出了相同的错误做法。在接下来的表演当中你会发现，成功地完成手臂展牌的最大敌人就是空气，如果你利用拉牌的方法进行展牌的话，牌与牌之间会掺进空气，展出来的牌就会变得参差不齐。

为什么说任何想利用牌的长边展牌的人跟我完全不是一个世界的？因为这种展牌的方式相当不稳，而且也不好翻转，且不合适地掩藏了牌的点数，效果十分不美观。我在老的视频里看过 Houdini 这么做手臂展牌，但因为这是 Houdini 做的，所以这些动作做得漂亮极了。Houdini 甚至能将 *Rosette* 做得十分具有观赏性，但是即使是 Houdini 做这个也需要用些特殊的方法：用他的手臂，甚至身体来固定牌。

说到 Houdini，最有问题的分析莫过于 Walter Gibson 对其完成双手臂展牌的可能性的分析了。Harry Houdini 的纸牌之王的海报展示了他正在两只胳膊上同时翻转一副展在手臂上的牌（还是那样的毫无美感的长边展牌）。Gibson 声称这样的绝技"即使是对 Houdini 那样的人，也是不可能被掌握的"。其他人对这个海报也持相同看法，Lee Jacobs 曾经说过："根据当今许多纸牌专家的经验来说，海报的左上角的动作是不可能完成的，不管 Houdini 是一个多么专业的牌术师。"Jacobs 在 1980 年写了以上的话，那么他所说的那些纸牌专家到底是谁呢。我觉得 Jacobs 只不过是在引述 Gibson 的话，或者只是间接引述他的话。

其实，做到双手臂展牌的方法可以说是应有尽有，尽管在这种情况下还要完成 **Back－Arm Reverse** 并不容易，但是不容易和不可能差着十万八千里。而且，Farelli 和 Gaultier 早在 Gibson 以及其他人声称双手臂展牌是不可能完成的之前就介绍过双手臂展牌以及 **Back－Arm Reverse** 的做法了。如果 Houdini 能做到双手臂展牌，他之后肯定还会接一个 **Single Back－Arm Reverse** 或者 **Double Back－Arm Reverse**。

你会找到 **Elbow Double Arm – Spread**，这是做双手臂展牌最简单的方法了，在这章一开始就会介绍。

手臂展牌是很华丽的，而且看上去难度相当大，绝对是能够让观众喝彩的动作。这类花式可以说是花式流程的终结技。在做手臂展牌的过程中，你可能遇到最大的困难就是胳膊上的汗。即使是天气干燥的时候，你的胳膊也可能流汗，任何的汗液对这个花式都有着致命的影响。也许你已经能做三分钟惊艳的切牌、开扇、洗牌、拉牌，可是就因为手臂上的汗，你完成不了整个流程的终结技——手臂展牌。找一件长袖外套就能解决汗的问题。接下来教学的插图我展现的全都是裸臂。

在本章中，你将学到正确完成基本手臂展牌的方法。同时你还能学到正确完成各种进阶手臂展牌的方法。最后，没错，你还会看到"不可能完成"的双手臂展牌。

Basic Arm – Spread，Turnover and Glide Catch

左臂在肘处弯曲成120度角。左小臂向体前伸出，手指伸直，小臂与地面平行，手掌向上。右手给予足够压力，将牌沿左小臂均匀展开。在做这类花式时，牌粉是必要的，随着牌的展开，右手手指要给予牌充足的压力，牌在展到距肘关节一英寸左右处停下来。注意最后一张牌与你的二头肌一定要要保持一定的距离，这样才能把整副牌翻过来。新牌，或者没上过牌粉的牌很难控制。而且记住，胳膊上的汗会在很大程度上影响你的表现。

你可以用两种方法中的一种来进行展牌。右手以标准握牌姿势握牌，然后将牌放到左手指尖开始展牌，（图7－1到图7－3）或左手以标准握牌持牌（图7－4）。在这种情况下，保证左手的牌不散开，右手拿起牌来，将牌移到左手指尖（图7－5到图7－7）。不管用哪只手，一定要让牌保持整齐。接下来，当你开始展牌的时候，用右手大拇指将牌的下部向前推，使牌形成一个斜角（图7－8，图7－9）。你会发现将左手弯曲成一个弧形对展牌也是有帮助的（图7－8）。从左手指尖开始，沿左前臂把牌向肘关节展开（图7－10到图7－14是从另一个角度拍摄的插图）。将你的左手手指弯曲，将整副牌翻转过来，就像在翻很薄的多米诺骨牌一样（图7－15到图7－17）。现在你可以做很多事情，比如将已经被翻过来的展牌再一次翻过去，移到另一个胳膊，抛向空中，用任何一种你喜欢的方法将其接住。或者你可以做 **Glide Catch**。**Glide Catch** 是这样完成的，将手臂向下转动，或者将胳膊向前推，使牌滑到你准备好接牌的左手（图7－18，图7－19）。普通的展牌，动作并不是很具观赏性，但如果能干净利落地收起双 **Giant Arm－Spread**，或者能够在牌没展好的情况下华丽地将其收起，效果就完全不一样了：经过不断地练习，你可以不用将胳膊放低，而是仅仅将胳膊一推，很快地将手向回拉就能够将牌接住。如果你的展牌做得不好的话，用这个方法处理，观众根本发现不了你展牌的失误。但是如果你的展牌做得很完美，那么就将胳膊放低，观众会看到牌流畅地滑落到了手中。

图 7－1

图 7－2

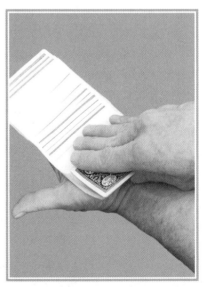

图 7－3

图 7 – 4

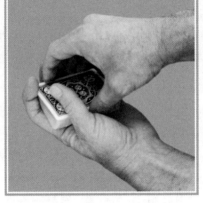

图 7 – 5

图 7 – 6

图 7 – 7

图 7 – 8

图 7 – 9

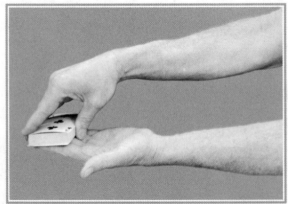

图 7 – 10

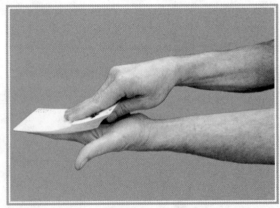

图 7 – 11

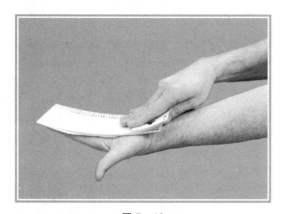

图 7 – 12

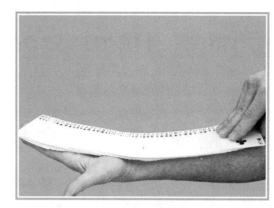

图 7 – 13

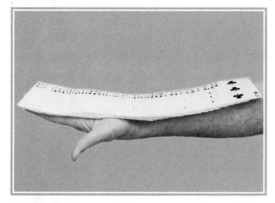

图 7 – 14

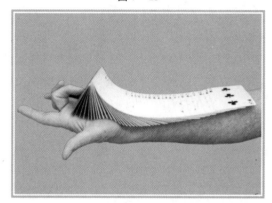

图 7 – 15

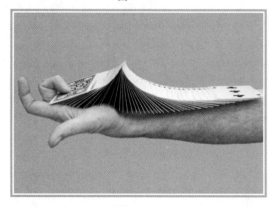

图 7 – 16

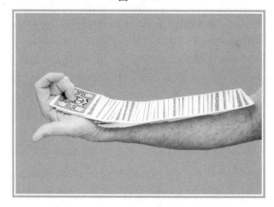

图 7 – 17

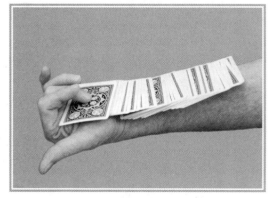

图 7 – 18

图 7 – 19

Opposite – Hand Scoop Catch ♣♦♥♠♣♦♥♠♣

这是在手臂展牌当中最常见的收牌。可以断言，这是最不具观赏性的收牌方法之一。如同滑落收牌一样，这仅仅是对没展好的展牌的一种挽救。如果你想让这个收牌显得好看一点，你可以把牌尽可能地向上抛，抛完之后立即将左臂下移，这时牌似乎静止在半空中。表演这种收牌时，身体左侧朝向观众，这样右手就不会遮挡观众视线了。

在左臂展牌（图7－20到图7－26），如果你打算做 Opposite – Hand Scoop Catch 的话，在翻牌时，右手就放到整副牌的后面，右手大拇指贴着整个展牌的尾巴。这样的话在翻转时最后一张牌就会落到你的右手大拇指上。如果牌没展好，想用这个动作来补救的话，将大拇指放到整个展牌的下面，就像图7－26一样。左臂快速上移，然后猛然下降，将整副牌抛在空中，右手向前推进（图7－27到图7－29）。如果跟上图一样，你的右手大拇指在展牌的下面准备进行收牌的话，那么这个动作就会变得简单很多。你可以做 Same – Hand Scoop Catch，但我会推荐另一个容易很多，但效果很相似的在手臂背完成的花式。

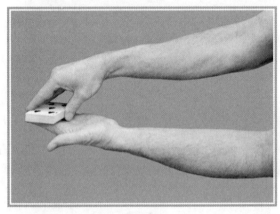

图 7 – 20

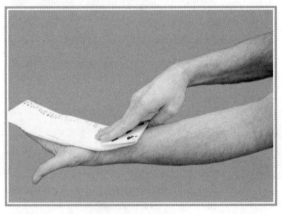

图 7 – 21

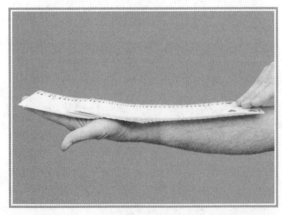

图 7 – 22

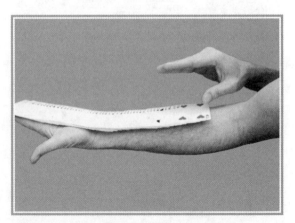

图 7 – 23

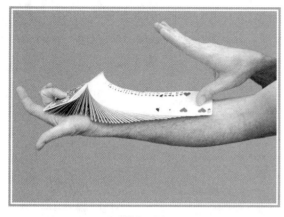

图 7 - 24

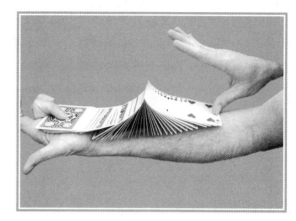

图 7 - 25

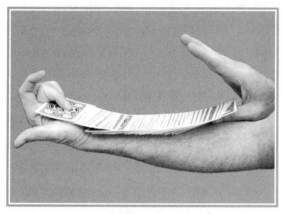

图 7 - 26

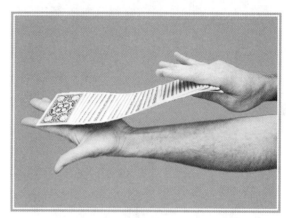

图 7 - 27

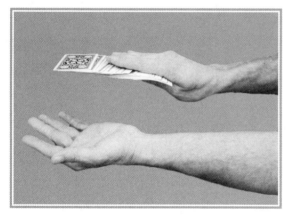

图 7 - 28

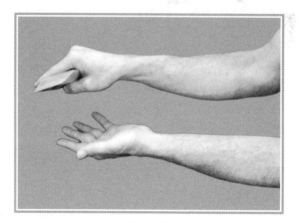

图 7 - 29

Same – Hand Fall Catch ♣ ♦ ♥ ♠ ♣ ♦ ♥ ♠ ♣ ♦ ♥ ♠ ♣

现在我们学习一个真正不错的收牌法。

你已经在你的左臂将整个展牌翻转了过来（图 7 - 30）。而你的右手正在做一个两张牌的花式。这时候你该怎么办？左臂稍向下移，然后突然上抬，小臂肘关节弯曲（图 7 - 31，图 7 - 32）。凭借着惯性，牌会被扔到空中，然后展牌会从水平变为垂直（图7-33）。这时迅速将左臂向回拉，从下面准备接牌（图7-34，图7-35）。大拇指在后，其余手指在前，接好向下落的展牌（图7-36，图7-37）。不管你做哪种展牌，都要在展牌的尾端和二头肌指尖留下足够空间，这样牌才能够翻过来。双臂都练习这个动作，为下面华丽的 **Elbow Double Arm - Spread** 做准备。

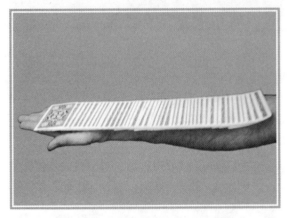

图 7 - 30

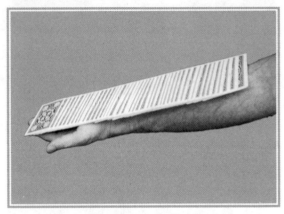

图 7 - 31

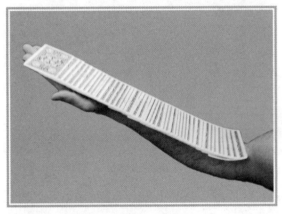

图 7 - 32

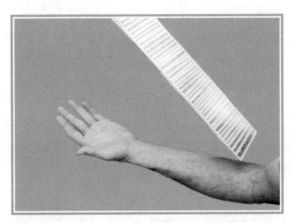

图 7 - 33

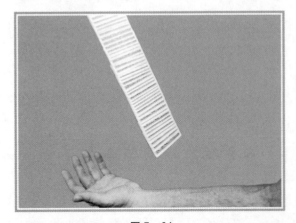

图 7 - 34

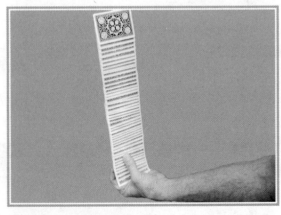

图 7 - 35

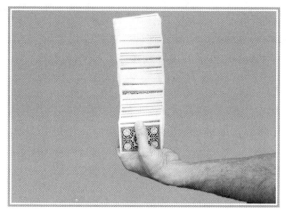

图 7 - 36

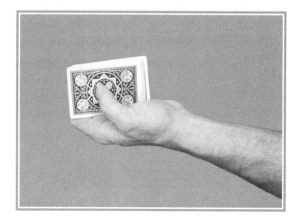

图 7 - 37

Opposite – Hand Fall Catch ♣ ♦ ♥ ♠ ♣ ♦ ♥ ♠ ♣ ♦ ♥

作为收手臂展牌的方法，**Fall Catch** 的种类可谓是数不胜数。右手将牌在左臂上展开，左手将牌翻转。左臂向上抬，肘部弯曲，将整个展牌抛起，会使展牌与地面成角度，之后表演者再用右手将整副牌接住。除去换了手，这个花式和上一个动作是一样的（图 7 - 38 到图 7 - 40）。这样能够让牌与地面更垂直，落下来的牌像瀑布一样流畅。这样不但能使收牌变得容易，还能增加观赏性，因为从正面看观众能够看到更多牌。

做这个花式最重要的事情是要用收牌的手抓紧展牌的尾部。在做 **Same – Hand Fall Catch** 就大可不必这么小心，因为在抛牌时，展牌的尾部就已经位于左手边上。做 **Opposite – Hand Fall Catch** 的时候，在左手展牌抛起至竖直的过程中，就要将右手移动到整个展牌尾部。整个展牌垂直之后，它就能落到你接牌的手中。

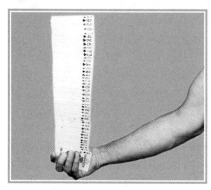

图 7 - 38

图 7 - 39

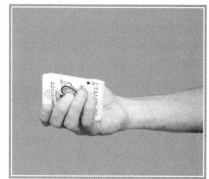

图 7 - 40

No – Turnover Down Catch ♣ ♦ ♥ ♠ ♣ ♦ ♥ ♠ ♣ ♦ ♥

这种收牌的亮点在于，你可以真正地向观众展示出一个完整的展牌，接下来还做出了一个看起来难度很高的动作。但是我说的是看起来难度很高，但其实这个花式很容易完成。首先你不用将牌翻转，这样当你的手向下收牌的时候，整个展牌就处于一种相对好收的状态。如果你尝试从另一个方向收牌，这样做的话就不光是看起来难了，因为这和牌与牌之间形成的纹路方向相反。如果你的牌的状态良好的话，你可以做出双 **No – Turnover Down Catch**，因为翻转牌两次会使整个展牌的牌处于刚开始不变的位置。

在左臂将牌面朝下展开（图7－41）。右手放在展牌的最末端（图7－42）。将左臂向上提，直到整个展牌与地面垂直（图7－43，图7－44）。左臂向左下方移动，这样观众的视线便不会被你的手臂所遮挡（图7－45）。将右臂迅速向下移动，用右手将牌收起（图7－46到图7－48）。相当容易做到。将收起的牌放到左手，然后用你的右手再做一次手臂展牌。你可以将左臂右移，交叉双臂来做这个动作使这个花式看起来更棒。这种收牌的另一个好处是：适用于没上牌粉的牌。将牌翻转是手臂展牌当中相当棘手的一个动作。没有了它，你便可以用借来的牌做这个动作。当你熟练掌握这个动作时，先将左臂向上提，然后再迅速将右手移到展牌的顶端进行收牌。

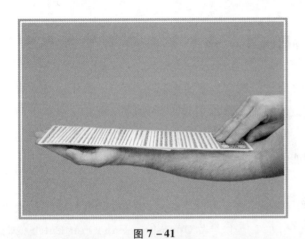

图7－41

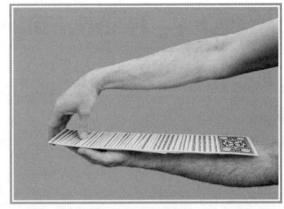

图7－42

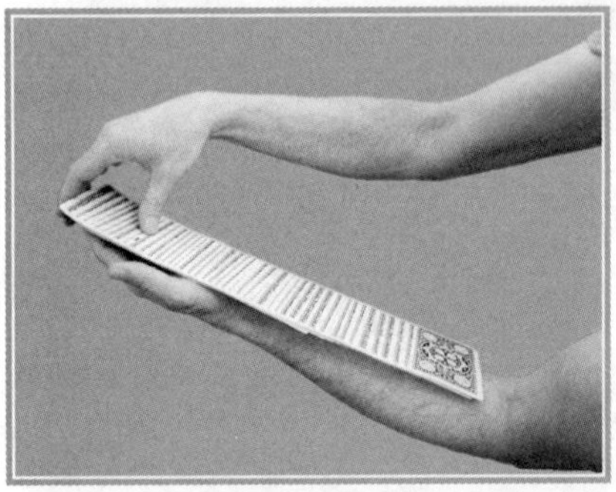

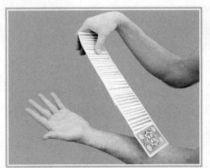

图7－43

图7－44

图7－45

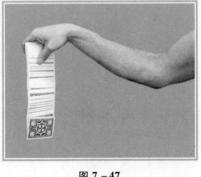

图7－46

图7－47

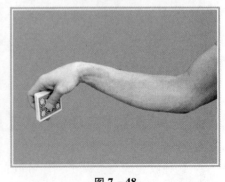

图7－48

Full – Deck Cross Catch ♣ ♦ ♥ ♠ ♣ ♦ ♥ ♠ ♣ ♦ ♥ ♠ ♣

　　这个动作和在之后所要教授的手臂交叉完成的 **Continuous Alternating Back – Arm Catches** 十分相似。它们区别在于，这个花式是在一个胳膊上展示一整副牌，而之后所教授的那个则是在两个胳膊上各展示半副牌。在这里我可能需要违背我所说的学习同一动作尽量少使用的版本的原则了，在这里我首先要解释怎样做一副牌的交叉接牌，并且告诉你做这个花式的几个要点。首先，这个花式跟之后的连续交叉接牌不一样，连续交叉接牌所用的牌必须处于极好的状态，而这个花式使用旧牌或是没有打牌粉的牌都能够完成。其次，展牌能够展得很长，而且你没有能够遮挡观众视线的多余动作，再加上收牌动作显得十分随便，这些足够带给观众视觉上的冲击。最后，也许你认为丰富多样的手臂背接牌是只有花式专家才能掌握的技巧，但这个 **Full – Deck Cross Catch** 却是人人都能学会的。

　　牌面向下，在你的右臂背面将牌展开（图 7 – 49 到图 7 – 51）。你只需要让牌在你的手臂背上保持一秒钟的平衡就好。如果你使用的牌的状态并不好的话，你就需要在展牌的背面伸开左手五指将它稳稳地按在右臂上，直到移开你的左手准备进行收牌。左手放到展牌最外侧的左端（图 7 – 52）。将右臂向上提，使右臂稍稍向内弯曲，将牌向左边扔起来（图 7 – 53 到图 7 – 55）。你一定希望牌面能够朝向你的观众，这就是你之所以要将右臂向左转动的理由。将右臂向左转动，牌面就会逐渐朝向右侧，也就是观众的那面。你还需要将右臂迅速向下移动然后向右撤去，整副牌就会具有向左的惯性，现在将牌干净利落地收回左手，最后以标准握牌将牌拿住（图 7 – 56 到图 7 – 59）。如果左手始终如图 7 – 52所示的话，那么这个收牌动作将会无比美观。

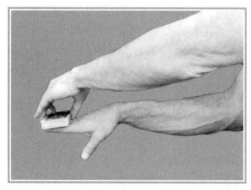

图 7 – 49

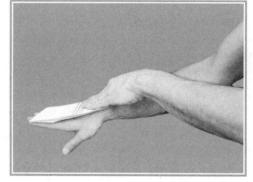

图 7 – 50

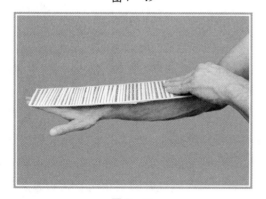

图 7 – 51

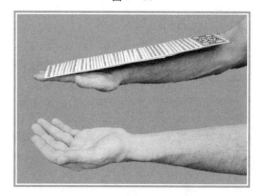

图 7 – 52

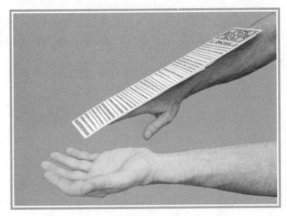

图 7 - 53

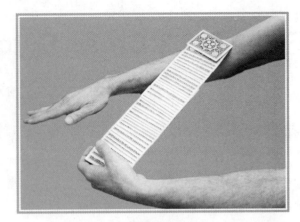

图 7 - 54

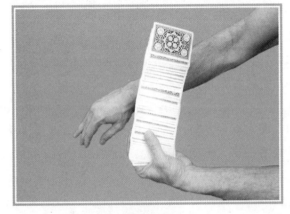

图 7 - 55

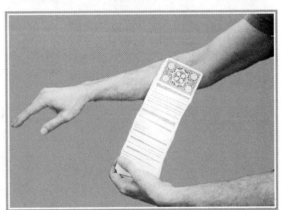

图 7 - 56

图 7 - 57

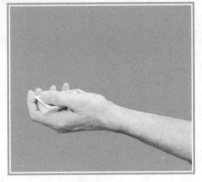

图 7 - 58

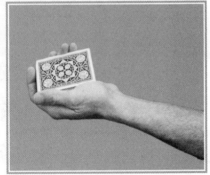

图 7 - 59

Half – Turnover Down Catch ♣♦♥♠♣♦♥♠♣♦

　　这绝对是一个十分正确的观点：牌眼看着就要掉到地上的一瞬间，你将牌收了起来，还有你将牌十分迅速地收了起来，这两者其实都很容易完成。两个听起来都很棒，所以推荐你做集两个优点于一身的 **Half – Turnover Down Catch**，不光是因为这个花式看起来更舒展。更是因为在观众看来牌在刚刚好要掉到地上的时候，你抓住了它，这就制造了一种紧张的气氛，看起来扣人心弦，观众很喜欢这样的表演。与之前四种收牌方式不同，表演时，你必须以身体的一侧朝向观众。书中的插图我是以身体的左侧对向观众的。

在左臂展牌，将牌翻转一半（图 7 – 60 到图 7 – 62）。然后右手虎口接触到展牌立起来的那些牌（图 7 – 63）。右手尽量张开，迅速将两臂上抬三英寸，然后左臂迅速向下移动撤走（图 7 – 64，图 7 – 65）。右手向下冲，这样下落的牌就会被收集到右手虎口处（图 7 – 66 到图 7 – 68）。所以一开始，右手一定要尽量张开，收牌时，要用你的手指顺势将牌夹住。右手向下收牌的速度将会影响牌下落的高度。你可以让牌下落一英尺，也可以在收到牌之前让它几乎掉到地面。

如果你很难将展牌翻转到一半时停下来，要么是你的左手手指翻牌翻得太快，要么是你的牌粉没上够。翻牌需要使用上足牌粉的牌才可以，如果你觉得牌下降得太快，也许是因为你之前两臂没有上抬。

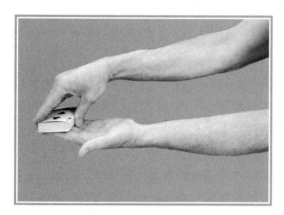

图 7 – 60

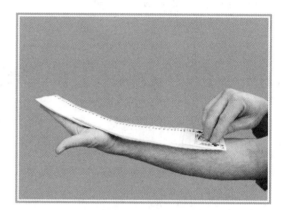

图 7 – 61

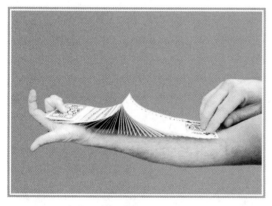

图 7 – 62

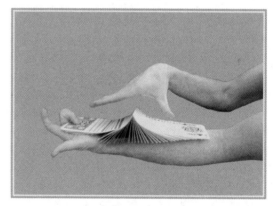

图 7 – 63

图 7 – 64

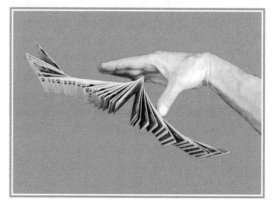

图 7 – 65

图 7-66

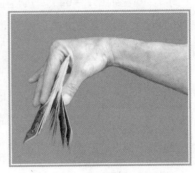
图 7-67

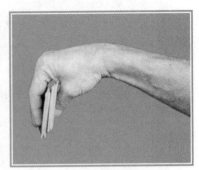
图 7-68

Half – Turnover Up Catch ♣♦♥♠♣♦♥♠♣♦♥♠

尽管这种收牌看起来比起向下收牌难多了，但其实它并没有那么难，而且它的效果绝对值得花精力去练习。这个花式也必须要将侧面对着观众。在这里的插图中，我的左侧将朝向观众。

在左臂展牌，将牌翻转到四分之一处的时候停下来（图 7-69）。右手放到展牌中间的上面，右臂和右手尽可能向上抬。右手始终位于展牌的牌峰之上。左臂迅速上移，将整副牌抛起（图 7-70，图 7-71）。左臂不要弯曲。一个足够的向上的力量会把牌送到右手中去（图 7-72，图 7-73）。右手按和上一个花式相同的方法收牌，手指顺势将牌夹住。你需要给予牌足够的惯性，将牌送到右手，并且停留足够长的时间能够让手指将其夹住。在学习这个花式的过程当中，你需要将右手向下的动作逐渐变小，以求效果的最佳。因为这套动作的亮点就在于，你是把牌"扔"到右手的。

因此，翻牌时在展牌的四分之一或三分之一处停下来，会使动作变得容易，并且丝毫不影响效果。

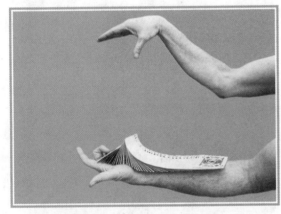
图 7-69

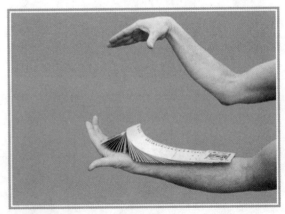
图 7-70

图 7 –71

图 7 –72

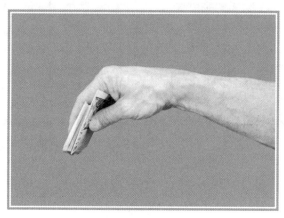

图 7 –73

Changeover Arm – Spread ♣ ♦ ♥ ♠ ♣ ♦ ♥ ♠ ♣ ♦ ♥ ♠

这个动作来自大师 Jeff Edmonds。将牌在左臂展开。然后在将牌翻转过之后，右臂压在左臂上，两臂将牌紧紧地夹在中间。然后将双臂上下颠倒：将夹着牌的双臂顺时针旋转，牌就会从左臂移动到右臂上去，整副牌仍旧没有散开。一旦右臂与地面平行，左臂上抬之后移走，然后用右手手指再次将牌翻转。

一开始在左臂将牌在牌面朝上的情况下进行展牌，然后利用左手手指将牌翻转（图 7 – 74，图 7 – 75）。将右臂盖到牌的上面，使牌被稳稳夹住，两臂间的压力不能过轻，如果过轻的话会使牌散开（图 7 – 76）。将夹着牌的双臂作为一个整体翻过来（图 7 – 77，图 7 – 78）。然后将左臂移开（图 7 – 79），注意将左臂移开的时候不要将牌弄乱。所以你需要避免两臂的横向运动。用你的右手手指翻牌，然后以 **Same – Hand Fall Catch** 来结束这个花式，你同样可以用其他的那些能够让你的粉丝惊叹的方式结束这个动作。

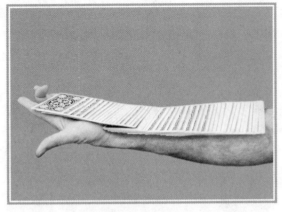

图 7 – 74

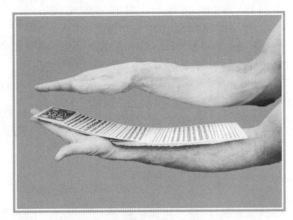

图 7 – 75

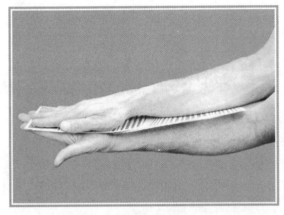

图 7 – 76

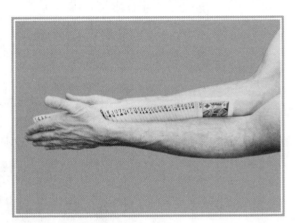

图 7 – 77

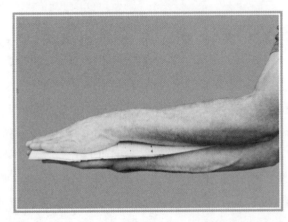

图 7 – 78

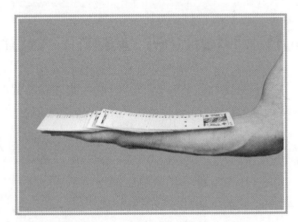

图 7 – 79

Upright Arm – Spread ♣ ♦ ♥ ♠ ♣ ♦ ♥ ♠ ♣ ♦ ♥ ♠ ♣ ♦ ♥

　　这个手臂展牌是不能够被翻转的手臂展牌。它包含了两组互相重叠的展牌，但是这个展牌做起来相当的容易，所以它看起来不过是一个普通的展牌，而且，整个展牌由于在牌边处获得了平衡点，于是在手臂上立了起来。尽管它基于一种十分常见但却没有太多视觉冲击的桌面展牌，但是我认为这个手臂展牌绝对是个了不起的原创动作。Andrus 在《安德鲁斯带你走进魔幻世界》（*Andrus Deals You in*）一书当中介绍了基于统一理念的桌面展牌以及不怎么样的手臂展牌。他以长边将牌展开，而不将这个展牌立起来，只介绍了从一端把它拿起来的方法。

Lewis Ganson，与 Hugard 和其他人的做法一样，在《专业纸牌手法》（*Expert Manipulation of Playing Cards*）一书中给出了一种截然不同的"三明治"版本。这个"三明治"展牌的目标是要露出牌的点数，展牌用的是短边展牌，然后用双臂将其夹在了中间，之后将双臂旋转 90 度，就能够尽可能多地露出牌的点数了，尽管如此观众能看到的点数还是少得可怜。如果你真想做出这种效果的话，那么你只需要在做 **Changeover Arm – Spread** 的时候半途停下来，两臂夹住牌就好。或者干脆做个令人吃惊的 **Upright Arm – Spread**，它绝对更能给人留下深刻的印象。但是令人费解的是，Ganson 并没有描述过任何用短边展牌并且能够露出数字的正确展牌方法，只在介绍他那蹩脚的"三明治"版本的直立展牌时用的是短边展牌。

这本书中介绍的 **Upright Arm – Spread** 是一个很好的花式。在展示了一个简单的手臂展牌和收牌之后做这个动作，再在最后用上 **Elbow Double Arm – Spread** 或者 **Forearm Double Down Catch**。一开始展示普通的收牌和翻牌，意在让观众得知重力的存在，之后再做 **Upright Arm – Spread** 才能够体现出这个花式无视重力的亮点。另外，我觉得在整个流程的最后，还得加上一个华丽的双手臂展牌。

用你的右手握住牌，跟在准备做其他的手臂展牌一样。牌面朝上，从手指一直到手肘只展半副牌（图 7 – 80 到图 7 – 83）。展牌展的比一般情况下要少，但是不能够太少。第一层牌是否均匀并不是那么重要，所用的牌可以比第二层少。向远离身体的方向展第二层牌，这次的方向是从肘部一直到手指，展在第一列牌之上（图 7 – 84 到图 7 – 86）。右手四指按正常方向从手指到肘部进行展牌，右手大拇指则从肘部到手指完成这种不常见的展牌。

如果前半副牌铺不好，最可能的原因就是牌粉没上足。试着先拿半副牌在右手进行展牌。当你能很顺利地展半副牌的时候，用上全副牌，一开始只展底面的半副牌，如果能很好地完成这个，就能够将上半副牌铺在第一层牌的上面了。

因为将整副牌立在手臂上时，观众只能够看到上面半副牌，所以这半副牌展得一定要均匀，而且需要比下面那层多几张。下面那层牌，变成了垫底层，当牌被立起来的时候，它的作用仅仅是支撑前面那一层牌。

一旦你能利索地把两列牌都展均匀了，你就可以把牌立起来了。右手大拇指在上，食指、中指无名指在下握住整列牌的最远端（图 7 – 87）。将左臂向右翻的同时将右臂顺时针旋转直到两列牌竖起来（图 7 – 88 到图 7 – 90）。两列牌必须位于右小臂的中央，和普通的水平展牌一样。如果你把牌铺到右小臂的其他部位，牌很有可能会掉下去。两列牌最不稳定的地方在靠近肱二头肌处，其他地方都还算稳定。一开始可以先将牌展得很短，然后慢慢加长展牌的长度，直到其末端几乎达到肱二头肌的位置。你可以慢慢地将两列牌抬起，来增加它看上去的难度，或者在适当练习后，快速地将两列牌扔到右臂立起来的位置。因为保持牌立在手臂上的平衡在观众看上去很难，所以你可以在这方面好好忽悠他们。

我知道两种收这种手臂展牌的方法。第一种是单手收牌，这种收牌是用来挽救做得不好的展牌或者在边上有牌要往下掉的展牌。假设你将两列牌立了起来，但是两列牌的状态不容乐观，你不得不用左手手指去扶牌的末端，以保证牌不会掉落。这时将左手移开，迅速将右手向内移动，同时减少右手握牌的压力。整副牌会自己集到一起去。但是如果你不放开右手手指，牌就会无处可去。右手握牌如果握得太松的话，牌就会集不到一起去，甚至可能会散落一部分。

第二种收牌方式，尽管是双手收牌，但是看起来却比第一个要难并且好看。将右手抬高，不减少握牌的压力，在没有必要做刚刚讲过的单手收牌的情况下做这个动作（上一个收牌是用于那些没展好的牌）。现在把左手放到两列牌的末端，左手大拇指在前，四指在后（图7－91）。左手向右手手指移动，将牌收到左手（图7－92到图7－94）。注意右手始终没有减少对牌的压力，牌便不会掉落。如果你一开始将左手顺时针旋转成手心朝上，看起左手大拇指位于牌的背面，那么效果看上去会更好。另一种变招：右臂抬起，并在手肘处弯曲，直到两列牌与地面垂直，然后再将两列牌收到左手。此时需要降低右手来进行收牌，就像拉手风琴一样。在此过程中，左手保持不动。

牌面向上来做这个花式的话能够达到这个花式的最好效果，这样做的话当将牌立在你的手臂上的时候就能够展示出牌的点数了。如果你展示的是牌背的话，牌必须十分均匀，否则效果会大打折扣。为了取得完美的效果，展牌必须要做得均匀。同时不能让观众发现其实你有两叠牌，要让他们相信你能够让一个"普通"的展牌立在手臂上。

与 Hugard 在《纸牌绝技》（*Card Manipulations*）中所教学的 **Upright Spread** 相比，这个花式不知道强了多少倍。

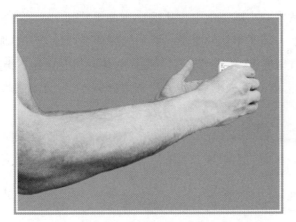

图 7 － 80

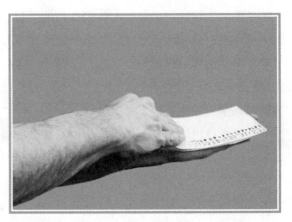

图 7 － 81

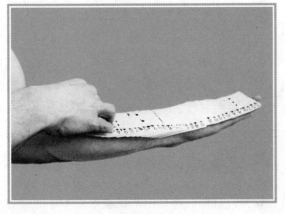

图 7 － 82

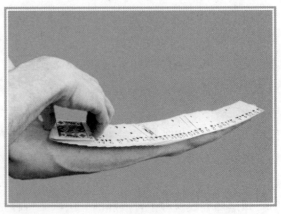

图 7 － 83

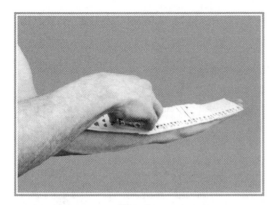

图 7 - 84

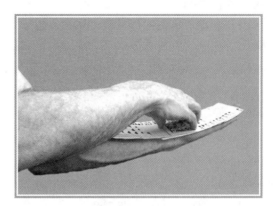

图 7 - 85

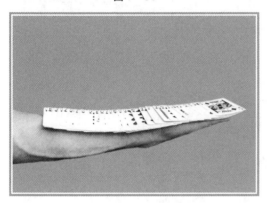

图 7 - 86

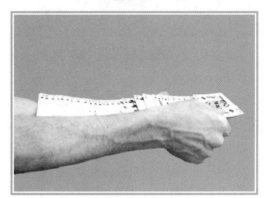

图 7 - 87

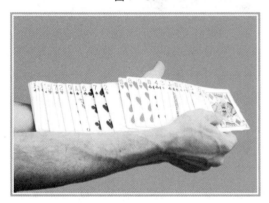

图 7 - 88

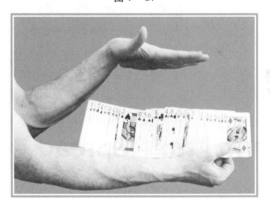

图 7 - 89

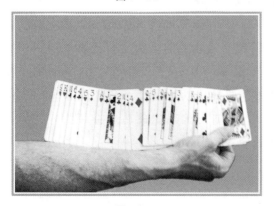

图 7 - 90

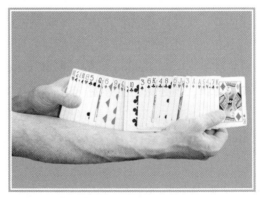

图 7 - 91

图 7 – 92

图 7 – 93

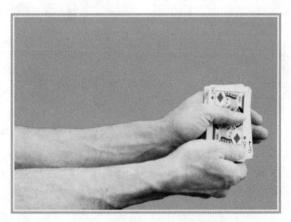

图 7 – 94

Giant Arm – Spread ♣♦♥♠♣♦♥♠♣♦♥♠♣♦♥♠

先进行完美洗牌，将上半副牌插入下半部分约四分之一英寸的位置（图 7 – 95）。将交错的牌从手指尖向手肘方向进行展牌，和做 **Basic Arm – Spread** 是一样的（图 7 – 96 到图 7 – 100）。事实上不光展牌部分，整个花式就是在用一副被完美洗完的牌做 **Basic Arm – Spread**。在做完美洗牌的时候必须要小心，以保证牌的末端不会掉落。两个半副牌交错在一起，宽度会比单单的一副牌宽得多。然后将牌翻转，用 **Behind – the – Back Catch** 或者 **Same – Hand Fall Catch** 来将牌接住。如果你已经完成了展牌，但是做得并不好，也没有自信能不能将牌成功地翻过来，那么用 **No – Turnover Down Catch** 来收牌。如果你已经将牌翻转过来后，发现有可能不能成功地将牌收好，那么就用 **Glide Catch** 或 **Opposite – Hand Scoop Catch** 来结束这个花式。

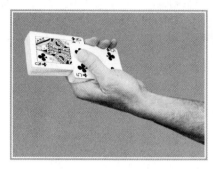

图 7 - 95

图 7 - 96

图 7 - 97

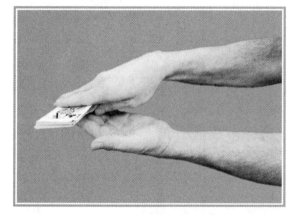

图 7 - 98

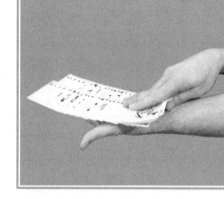

图 7 - 99

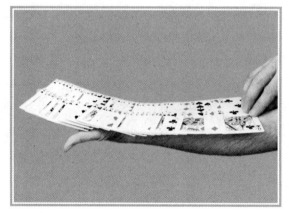

图 7 - 100

Behind – the – Back Catch ♣♦♥♠♣♦♥♠♣♦♥♠

　　如果你对这个近乎在看不见的情况下操纵的收牌的细节足够留意的话，那么你很可能能够收获一些意想不到的效果。始终将肘部末端的牌放在收牌手的正上方，你需要做的只是将牌倒入收牌手就好。

　　在左臂将牌展开，然后翻转。右臂尽量远地向背后放，这样的话你的右手是可以从前面看到的（图 7 - 101）。如果你胳膊不够长的话，别担心。将你身体左侧转向观众直到他们可以看到你的右手为止。但是转的角度不宜过大。将你的腰向前挺对这个动作也有帮助。右手大拇指接触到左臂肘部，左手肘部朝向你的右手。接下来，做 Opposite – Hand Fall Catch 将牌落进你的右手（图 7 - 102 到图 7 - 106）。

整副牌被抛起来的话，会近乎于地面垂直，这时如果右手放到左臂肘部处，也就是这列牌的末端处，那么能够使这个收牌变得更容易完成。在收牌完成前，尽量看着牌。如果你胳膊足够长的话，你也许能够看到收牌的发生。

你也可以去做同手背后收牌，但是考虑到投入的精力与这个花式的效果，这个花式可不像简单的反手背后收牌有那么高的性价比。

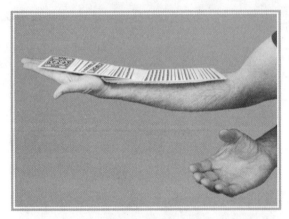

图 7 - 101

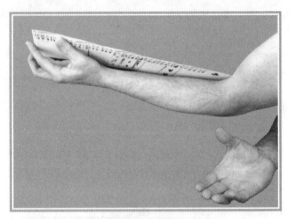

图 7 - 102

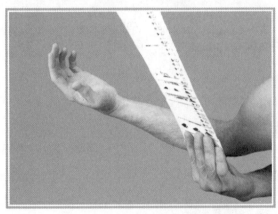

图 7 - 103

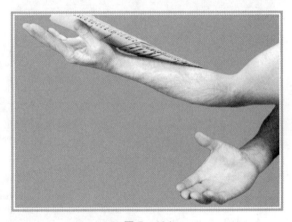

图 7 - 104

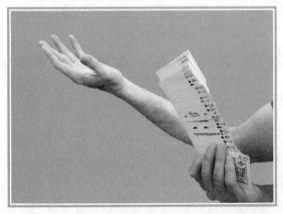

图 7 - 105

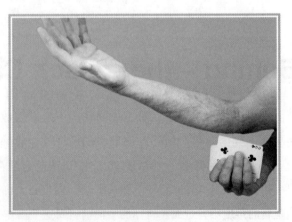

图 7 - 106

Elbow Double Arm – Spread ♣ ♦ ♥ ♠ ♣ ♦ ♥ ♠ ♣ ♦

两个胳膊上各展半副牌，将牌翻转，然后同时将其抛向空中最后完美地把牌收起来。观众可以清楚地看到牌翻转的过程，并且整整 52 张牌的收牌过程都清晰可见。这确实是一个轰动的绝技。尽管这个动作相当难完成，但它的效果绝对对得起你的那份努力，这也是做真正的双手臂展牌最简单的方法了。

首先，你需要做的是用肘部进行展牌，尽管这看起来比用手指来做难看一些。但是因为肘部所处的位置实在是做这个动作的最佳选择，所以观众不会在意的，最重要的是，再也没有比这更简单的做双手臂展牌的方法了。

右手持牌，就好像要做一个标准的手臂展牌一样（图 7 - 107）。牌面朝上，在左臂将半副牌展开（图 7 - 108 到图 7 - 110）。这就像是在做 **Upright Arm – Spread** 的前半部分，不同之处在于 **Elbow Double Arm – Spread** 是将牌精确地分成两份的，右手拿着上半部分。右手转换一下握牌的方式，将右手大拇指移动到牌下，四指移动到牌上（图 7 - 111 和图 7 - 112）。然后将右手顺时针旋转直到其翻转过来（图 7 - 113）。上述的一系列动作就是要把右手上的半副翻过来，如果你不这样做的话，就会出现半副牌朝上，半副牌朝下的情况，这可不是好事。右手中的半副牌翻过来后，如图所示将牌握住（图 7 - 114），右手食指与小拇指分别夹住牌的两个短边，大拇指在左长边，但并没有触碰到牌，中指和无名指在左长边也没有触碰到牌。这里的握牌是相当重要的，这才能使你右手中的半副牌在没有右手大拇指和中指无名指辅助的情况下不散开。你应该能够仅用右手小拇指和食指夹住牌。还有很重要的一件事：在展牌的时候，右手上的半副必须接触到指尖，展完牌之后，右手手指才能够将牌翻转。要做到这点，用右手大拇指将牌向前推一下即可。因为这半副牌是被你的右手食指和小拇指夹住的，所以这半副牌在你向前推它的时候也能够保证不散开。

这样，在你的左臂上就有了被展的相当均匀且完美的半副牌。另外半副牌则在你的右手，被右手食指小拇指夹着，牌面朝上整整齐齐地躺着。你现在要做的就是 Walter Gibson 所说的连 Houdini 也做不到的事。你将另一半牌展开。（在别的地方会有说明，Houdini 用了一种不同的方法做双手臂展牌以及单或者双 **Back – Arm Reverse**。）

将握着半副牌面朝上的牌的右手手心朝上放到左肘下（图 7 - 115）。在右手的牌的中心接触到左臂手肘之前左臂不要动，右手产生向上的压力将牌压在左臂手肘上。在准备好展牌之前保证你右手的牌不要散开。准备好后，将右手手指伸直，随后向后移动左臂，向前移动右臂（图 7 - 116）。继续同样的动作，直到完成右臂的展牌为止（图 7 - 117 到图 7 - 119）。纸牌从右手手指一直铺到右臂靠近关节处，跟在左臂上的展牌是一样的。而右臂肘部仅起到一个很大的手指的作用，所以在展牌的时候你应该不会遇到什么困难。如果你遇到了麻烦，把牌放到牌垫上，然后用肘部先在牌垫上做桌面展牌。你会发现这并不难完成。事实上，**Elbow Double Arm – Spread** 的难点不在于展牌，而在于展牌后怎样处理它们。

这就是你现在要处理的问题了。保持两臂绝对与地面平行。如果你在做近景花式表演，那么可以让双臂在同一水平线上。至于舞台花式，或者你只是单纯地想让这个花式表现出最好的效果，那么用身体左侧朝向观众，将一只胳膊抬高，始终保持两臂与地面平行。你既可以同时将两列牌翻转，也可以依次将其翻转。手指弯曲，将牌慢慢翻转，就像在做单臂的手臂展牌一样（图 7 - 120 到图7 - 122）。然后双手同时做 **Same - Hand Fall Catche**。最后向观众鞠躬。

最普遍遇到的困难不是翻牌，而是在根本没法进行翻牌，或者如果没有展好牌的话，在将牌翻转前后会出现掉牌的情况，以及在收牌时候的掉牌。

如果你没法进行翻牌的话，有可能是因为右边展牌的末端没有足够地向前延长，导致手指够不着。右手半副牌的底牌必须接触到中指指尖，在开始展牌之前不要忘记将右手的牌推到中指指尖的位置。如果左臂无法完成翻牌的话，你可能是在移动左臂的过程中将展牌给破坏掉了。

展牌之后出现掉牌最可能出于以下三个原因：牌粉不足，展牌不均以及手臂动作过多。翻牌也不要太快，这会让最后一张牌弹向肘部。你需要大量牌粉。如果上得足够多，牌会粘在一起，牌之间的阻力会相当大，所以在表演之前要上好牌粉保证牌处于一个相当好的状态。展牌要绝对的均匀，并且一旦展牌完成，手臂便不能够轻易移动，除非为了让观众看得清楚，将右臂慢慢向上抬，但仍始终保持与地面水平。

双手多多练习并完全掌握 **Same - Hand Fall Catch** 是防止在收牌时掉牌的最好方法。有的时候需要以 **Glide Catch** 来收展得不好的牌，然后对展得好的牌则用 **Same - Hand Fall Catch** 来进行收牌。你也可以依次做 **Same - Hand Fall Catch**，这样的话够使你的注意力集中在每一个展牌，提高收牌的稳定性。

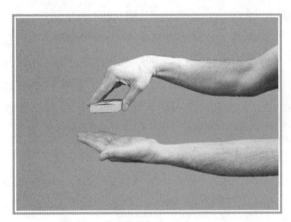

图 7 - 107

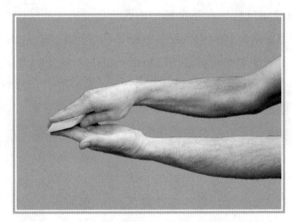

图 7 - 108

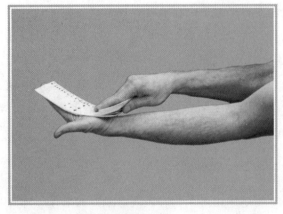

图 7 - 109

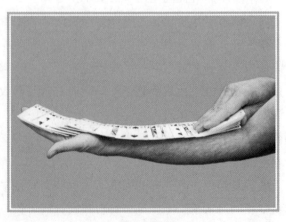

图 7 - 110

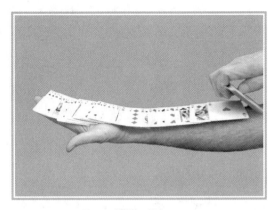

图 7 – 111

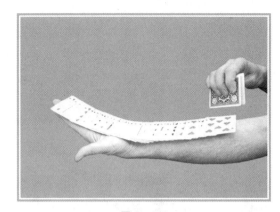

图 7 – 112

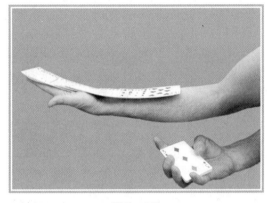

图 7 – 113

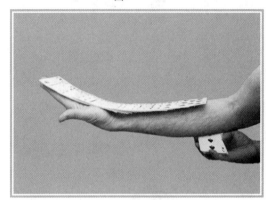

图 7 – 114

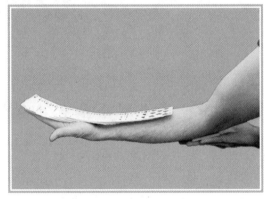

图 7 – 115

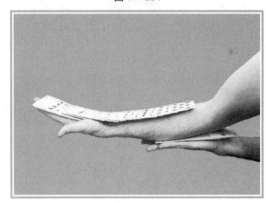

图 7 – 116

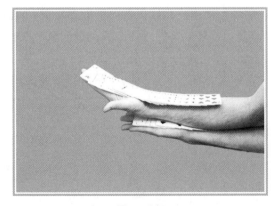

图 7 – 117

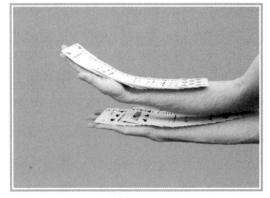

图 7 – 118

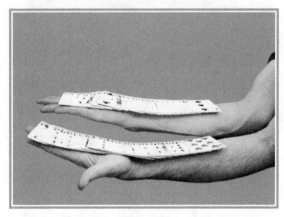

图 7 - 119

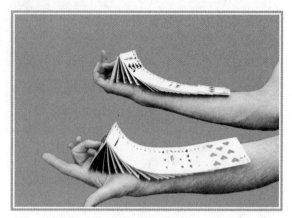

图 7 - 120

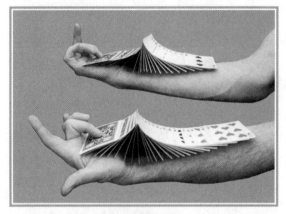

图 7 - 121

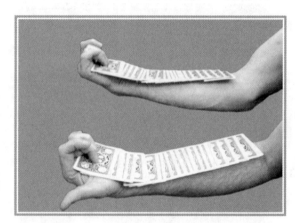

图 7 - 122

Forearm Double Down Catch ♣♦♥♠♣♦♥♠♣♦

　　展牌部分和刚刚讲过的 **Elbow Double Arm – Spread** 相同，但是不将展牌翻转过来。这个收牌并不容易学会。尽管如此，这个动作还是比一般的双手臂展牌要容易一些，这个花式是一个收尾的动作。你可以先练习单臂的，但是记住单臂的这个动作看起来还没双臂的十分之一那么好看。收整副牌也比收半副牌要困难许多。在插图中，我只用单臂做演示，但是你知道我在这里所说的展牌是指双臂展牌。

　　把牌分为两半，做 **Elbow Double Arm – Spread**，直到你将纸牌翻转之前。这列牌的末端要比指尖略靠里一点。这时不要翻牌，保持纸牌在手臂上水平躺着。手指收拢夹住牌（图 7 - 123）。当你将手臂移动到身体两侧时，迅速地将你的小臂移动成垂直的位置（图 7 - 124，图 7 - 125）。保持肘部弯曲。离心力会让纸牌无视重力在空中停留一下，时间不会太长。迅速将双手下沉，从上往下收牌（图 7 - 126 到图 7 - 128）。这种收牌基本上就是一个小臂与地面垂直的 **Glide Catch**。当最后一张牌纳入掌中之后，将牌握好。

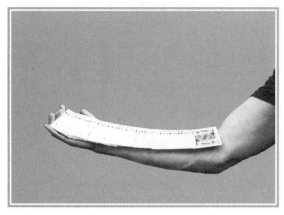

图 7 - 123

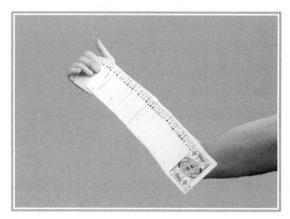

图 7 - 124

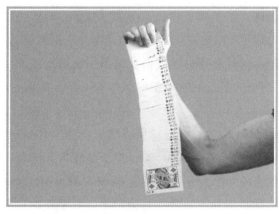

图 7 - 125

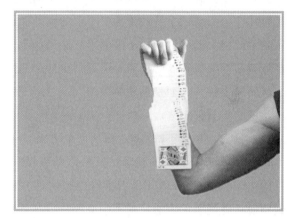

图 7 - 126

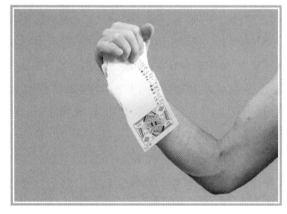

图 7 - 127

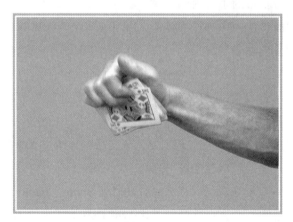

图 7 - 128

Back – Arm Reverse ♣♦♥♠♣♦♥♠♣♦♥♠♣♦♥♠

要在手臂背面进行展牌，和在手臂内侧展牌的方法是一样的，但你的手臂要更加水平，因为手臂背面并不如内侧那样平滑和平整。你已经在 **Full – Deck Cross Catch** 中试过手臂背展牌了。幸运的是，通常来说你在任何时候都只需要在两条胳膊上各铺半副牌，半副牌很显然完成起这个动作来要比一副牌简单得多。

我个人从不尝试将手臂背面的展牌翻转，因为它不如在手臂内侧进行翻牌稳当，我觉得在手臂背面的展牌如果不翻转直接扔到手臂内侧的话会更好看。**Back – Arm Reverse** 的难度相当大，我希望我下面描述的方法能够让这个花式简单一点。

手臂背和内侧展牌的另一个区别在于，手臂背展牌的时候，方向是相当随意的。而在手臂内侧你几乎从来没有自肘部向手指展过牌。我认为只有在做 **Upright Arm – Spread** 时有必要自肘部向手指展牌。

手臂背展牌之后可以接一个 **Back – Arm Reverse**，这个动作使展牌向上抛起几英寸，然后手臂迅速翻转后接住没有散开的牌（图 7 – 129 到图 7 – 132）。接下来将整副牌翻转（图 7 – 133）然后收牌。动作要领在于抛牌的力度和接牌的时机。抬臂时要快而小心，趁牌在空中，迅速翻转手臂，用手臂内侧将牌接住。不要用手臂做出抽鞭子似的动作来进行抛牌。想象牌被你扔了上去，然后你转臂，用转动完的手心朝上的手臂接住下降的牌。胳膊的上升下降必须严格遵循牌的升降的速度。一旦将牌扔出，手臂就该跟上，但是胳膊还需迅速下沉少许来进行翻转。这样接牌时手臂需要向下一沉进行缓冲，牌不会从胳膊上弹开，而是慢慢落稳在手臂上。就像接一个鸡蛋，手随鸡蛋的惯性有一个下降的过程，而不是猛然将其停下来。

这就是 Houdini 用来做双手臂展牌的方法，但是 Houdini 是用长边进行展牌的。我看过 Houdini 做单 **Back – Arm Reverse** 的视频。如果你想只做一次 **Back – Arm Reverse** 来完成双臂展牌是没有问题的，所以 Houdini 如果真想做双手臂展牌的话，他是绝对可以做到的。利用单 **Back – Arm Reverse** 方法做到双手臂展牌的方法我就不用插图进行说明了。具体过程如下：将牌分为两半，双手都以标准握牌各握住半副牌。在左臂背上，用右手将左手的牌自左手手指向肘部进行展牌，然后在右臂上用左手进行正常的手臂内侧展牌，展牌时注意保持左臂水平。然后用左臂做 **Back – Arm Reverse**，之后双手同时将两列牌进行翻转，最后用最华丽的收牌将两列牌收入手中。如果牌展得不均匀的话，我也教过你处理办法了。

或者，你可以在做双臂展牌之后双臂同时做 **Back – Arm Reverse**。将牌分成两半，在手中两叠牌都是牌面朝上的（图 7 – 134 到图 7 – 136）。将左手握住的那叠牌从手指到肘部在右臂背上铺开（图 7 – 137 到图 7 – 139）。右手上的半副牌也是利用同样的方法铺到左臂上（图 7 – 140 到图 7 – 143）。双臂同时或者先后做 **Back – Arm Reverse**。

如果牌落在手臂上之后，展牌还是十分均匀，那么用最基本的方法将牌翻转。如果在翻转过后展牌还是十分均匀，那么双臂同时做 **Same – Hand Fall Catch**。如果一开始牌落在手臂上的时候就已经不是很均匀了，那么就做 **Forearm Double Down Catch**。

我已经介绍了两种截然不同的做双手臂展牌的方法了：利用肘部展牌和利用 **Back – Arm Reverse**。还有，你也可以试着做两次 **Back – Arm Reverse**。这还有一个方法，叫百分百单手手臂展牌，将在手臂展牌后记当中介绍。

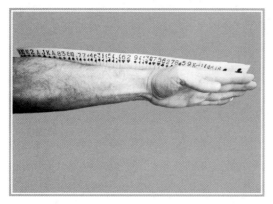

图 7 - 129

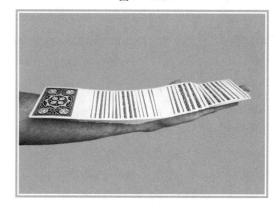

图 7 - 130

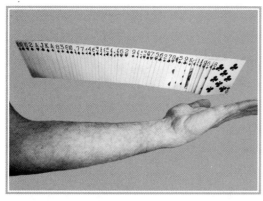

图 7 - 131

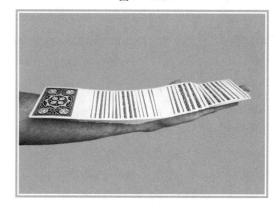

图 7 - 132

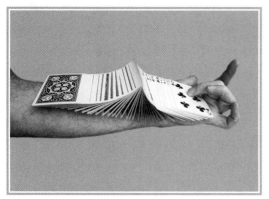

图 7 - 133

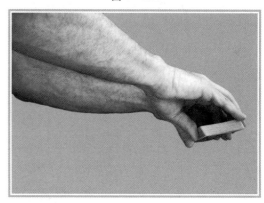

图 7 - 134

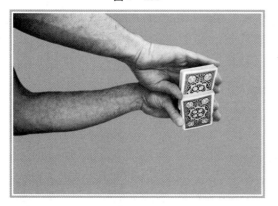

图 7 - 135

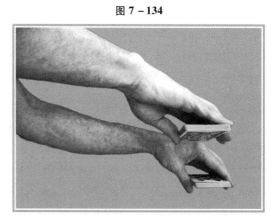

图 7 - 136

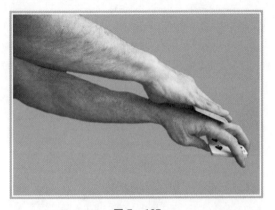

图 7 – 137

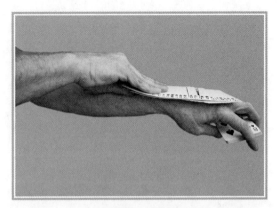

图 7 – 138

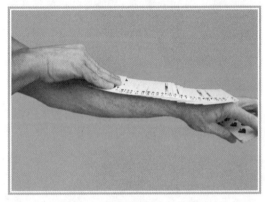

图 7 – 139

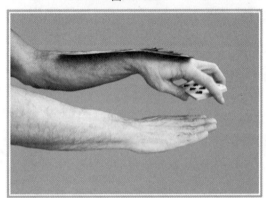

图 7 – 140

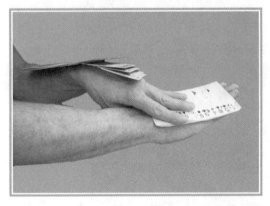

图 7 – 141

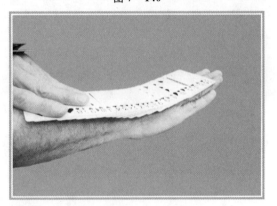

图 7 – 142

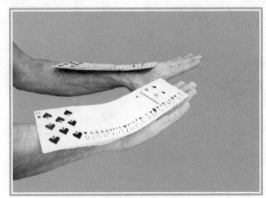

图 7 – 143

Continuous Same Back – Arm Catch ♣♦ ♥ ♠ ♣

　　Farelli, Gaultier 以及其他人介绍了各种不同的手臂背展牌和收牌的方法。他们所介绍的那些方法，效果有限，且难以欣赏。于是我想到了一种将手臂背展牌和收牌系统化的方法。按我的办法，你可以连续做展牌和收牌动作 12 到 15 次，这样就有了一个令人满意的流程，而不是 3 秒钟的昙花一现。

　　第一步要学会的是重复在左臂背展半副牌，并且抛起，然后进行收牌的动作。

　　右手以标准握牌握住一副牌面向上的牌。左臂在肘部弯曲，小臂向前伸出，掌心朝下。将右手旋转成掌心朝下，握住牌就会变为牌背朝上，在左手的肘部开始向手指方向展牌（图 7 – 144 到图 7 – 147）。一路将牌展到左手指尖。将左臂迅速竖起，将牌抛起（图 7 – 148 到图 7 – 150）。将牌抛起之后，迅速翻转左手，把左手移动到在空中的展牌的下部（图 7 – 151，图 7 – 152）。做 **Same – Hand Fall Catch**（图 7 – 153，图 7 – 154）将牌收起。其实，这不过是利用手臂背进行抛牌然后做 **Same – Hand Fall Catch** 的过程。

　　左臂再次转成手心朝下（图 7 – 155，图 7 – 156）。左手手指同时把刚才收好的牌整理一下。现在把右手中握的半副牌铺到左臂，从肘部铺到手指（图 7 – 157 到图 7 – 159）。完成展牌之后，右手把左手上的半副牌接过来（图 7 – 160），将这半副牌翻转，使牌背朝向右手掌心（图 7 – 161）。左臂将新展的牌抛起，然后进行收牌（图 7 – 162 到图 7 – 166）。

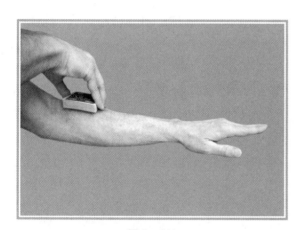

图 7 – 144

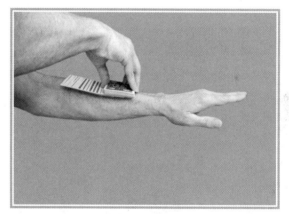

图 7 – 145

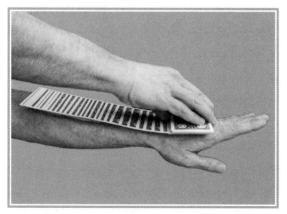

图 7 – 146

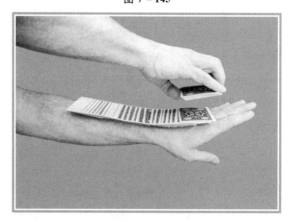

图 7 – 147

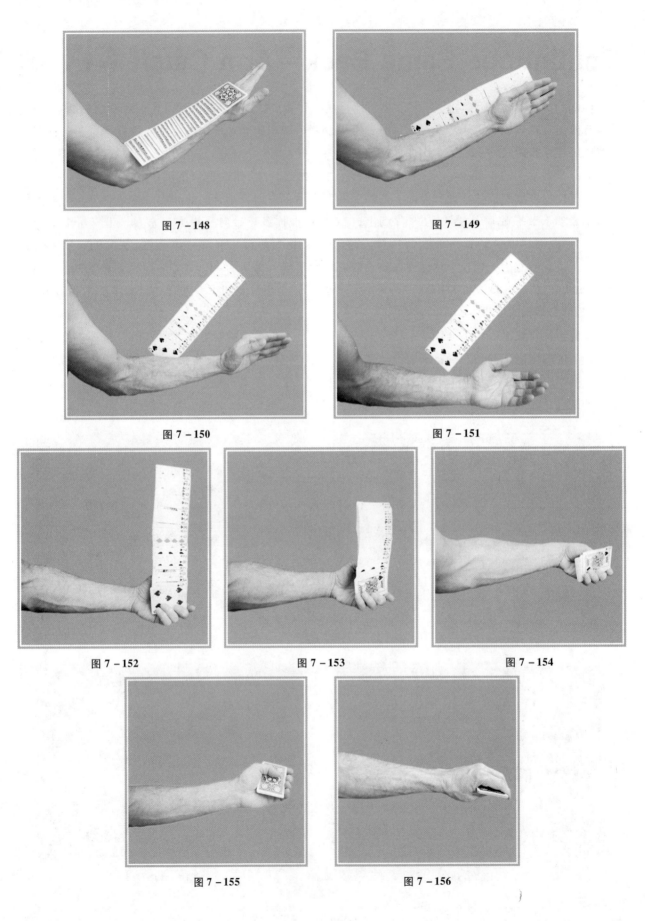

图 7 – 148

图 7 – 149

图 7 – 150

图 7 – 151

图 7 – 152

图 7 – 153

图 7 – 154

图 7 – 155

图 7 – 156

图 7 - 157

图 7 - 158

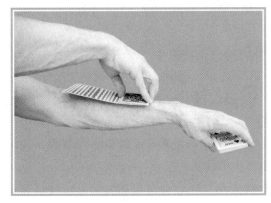

图 7 - 159

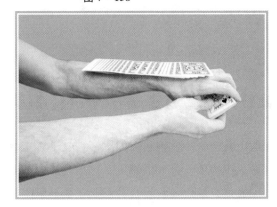

图 7 - 160

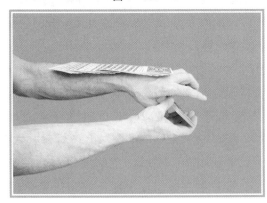

图 7 - 161

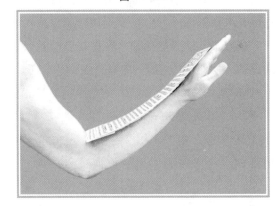

图 7 - 162

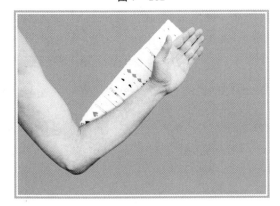

图 7 - 163

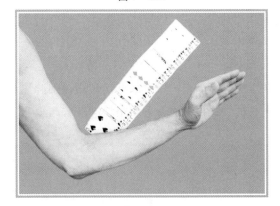

图 7 - 164

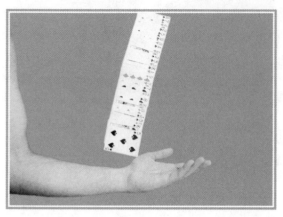

图 7 –165

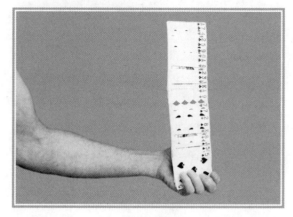

图 7 –166

Continuous Alternating Back – Arm Catches

在这里我会教你三种很炫的方法来收手臂背展牌。这些收牌的方式都能够被重复数次，让牌在空中停留形成飞舞的丝带般的感觉。这里的插图都是以第一人称拍摄的。

可以通过表演之前我教过的那些花式来引出这些收牌方法。比如你可以用右手在左臂手背从手肘到手指展开半副牌，右手则握住另外半副牌，左臂将牌抛起，做 **Same – Hand Fall Catch**。现在你双手就都各持有半副牌了。你也可以直接将牌分为两半。只要保证牌被分成了两份，而且所展的牌都是牌面朝下的就好了。这就能保证你在抛接牌的时候，观众能看到牌的正面。

这是第一种收牌方法。将牌分成两份（图 7 –167）。右手在左臂背面由手指到手肘进行展牌（图 7 –168 到图 7 –171）。右手放到左手指根处（图 7 –172）。左臂以手肘为轴弯曲，将小臂抬起把左手这列牌扔起来与地面垂直（图 7 –173）。左臂迅速向右移动，右手向下移动进行收牌（图 7 –174，图 7 –175）。右手将牌整理好，准备再次展牌（图 7 –176）。左手移动到右臂上方，在右臂背面以从手指到手肘的方向进行展牌（图 7 –177 到图 7 –179）。左手放到右手手指指根处（图 7 –180）。将右臂抬起，使整列牌与地面垂直，将右手左移，左手向下移动进行收牌（图 7 –181 到图 7 –182）。整理收到的牌，准备再一次展牌（图 7 –183）。将右手移动到左臂上方，再次将右手中的半副牌铺到左臂背上（图 7 –184 到图 7 –185）。继续用这个收牌方法，或者换一种收牌方式，既然牌都被分为两半了，两手也不妨同时做些单手切牌，或者开扇等，或者以 **Double Back – Arm Catch** 中的一种来结束这个花式。

这些收牌属于在手臂背展开的利用半副牌完成的 **No – Turnover Down Catch**。你的目标是在收牌时，让观众能够清晰地看到整个展牌被收起来。

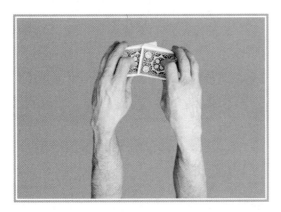

图 7 - 167

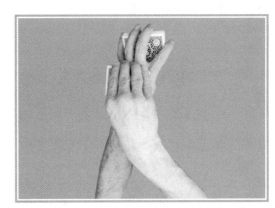

图 7 - 168

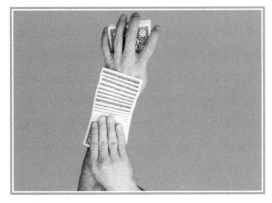

图 7 - 169

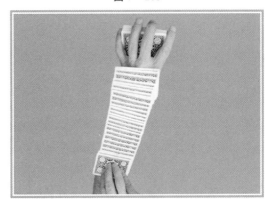

图 7 - 170

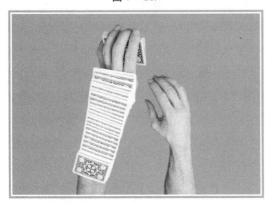

图 7 - 171

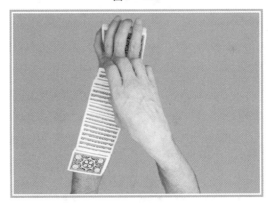

图 7 - 172

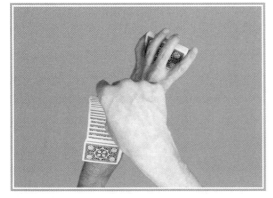

图 7 - 173

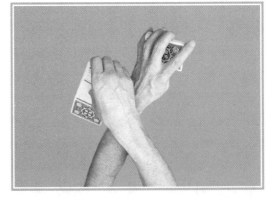

图 7 - 174

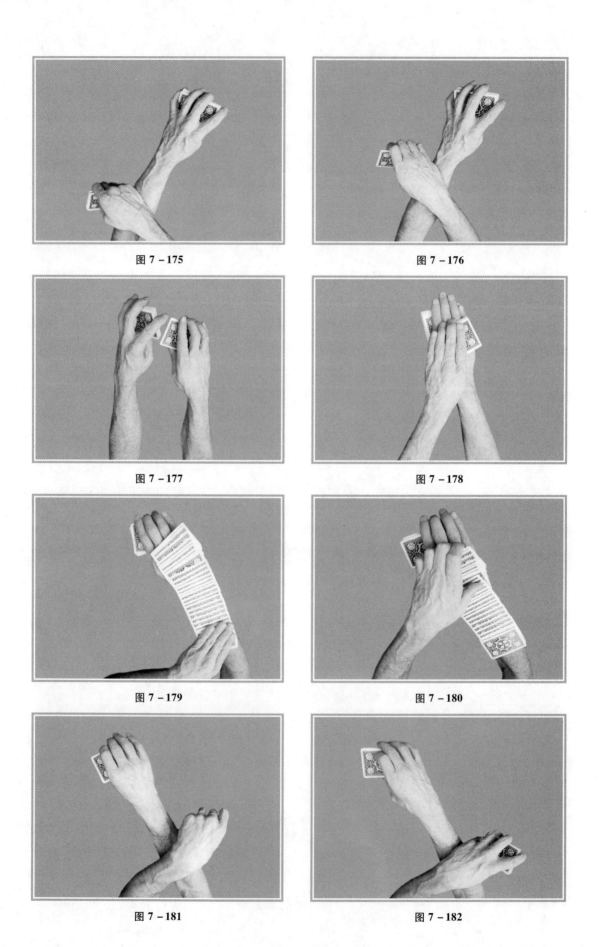

图 7 – 175

图 7 – 176

图 7 – 177

图 7 – 178

图 7 – 179

图 7 – 180

图 7 – 181

图 7 – 182

图 7 – 183

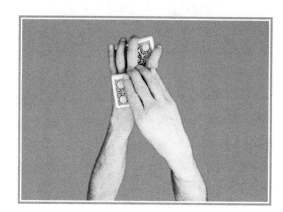

图 7 – 184

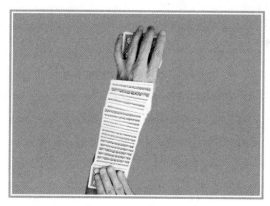

图 7 – 185

　　接下来这个收牌跟上一个拥有很多相似之处，只不过右小臂需要在体前弯曲。之后你会将与地面平行的牌抛起来，这样观众就能看到被展开的牌的牌面了。

　　用你喜欢的方法将牌分成两份，双手握牌，牌面朝下（图 7 – 186）。左臂在体前弯曲，保持水平，右手在左臂上由手肘到手指进行展牌（图 7 – 187 到图 7 – 189）。右手放到整列牌的最右端（图 7 – 190）。左臂迅速上抬然后下移，将整列牌抛起，然后牌会在空中短暂地停留一下（图 7 – 191）。右手从右向左抓住牌（图 7 – 192，图 7 – 193）。左右手如图所示进行移动，右手将收好的牌握好，准备下一次展牌（图 7 – 194，图 7 – 195）。然后左手在右手手臂上展牌（图 7 – 196 到图 7 – 198）。左手放到整列牌的最左端（图 7 – 199）。将牌抛起，然后进行收牌（图 7 – 200 到图 7 – 202）。两臂如图所示移动（图 7 – 203，图 7 – 204）。左手整理牌，准备下一次展牌（图 7 – 205）。将右手的半副牌铺在左臂（图 7 – 206，图 7 – 207）。

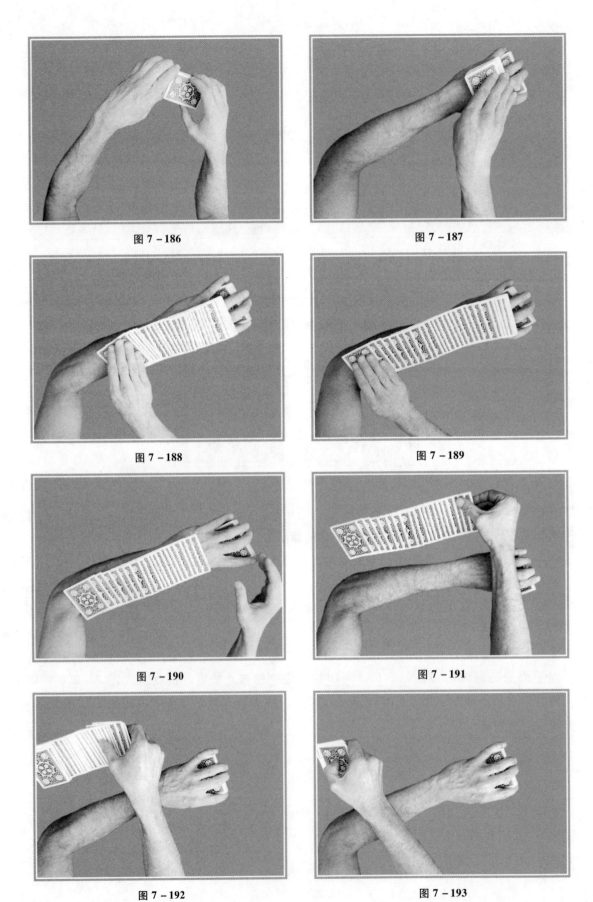

图 7 - 186

图 7 - 187

图 7 - 188

图 7 - 189

图 7 - 190

图 7 - 191

图 7 - 192

图 7 - 193

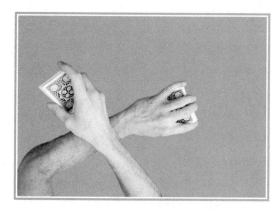

图 7 - 194

图 7 - 195

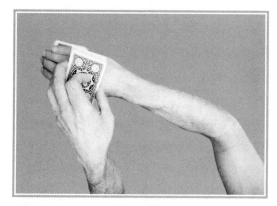

图 7 - 196

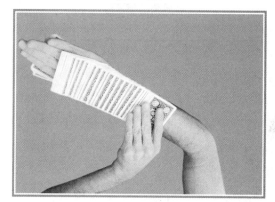

图 7 - 197

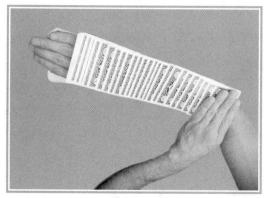

图 7 - 198

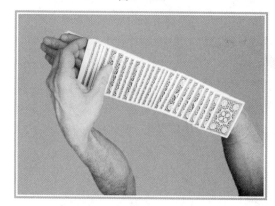

图 7 - 199

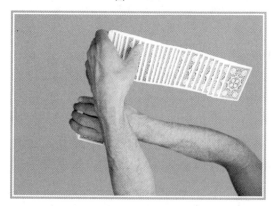

图 7 - 200

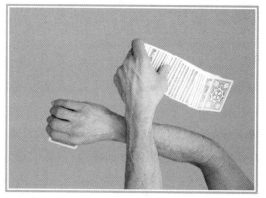

图 7 - 201

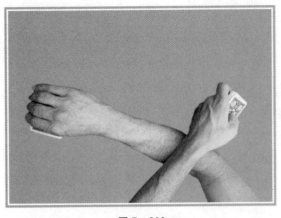

图 7 - 202

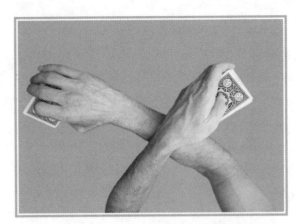

图 7 - 203

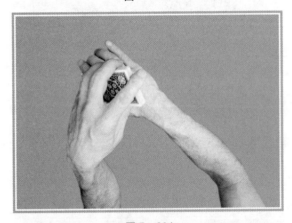

图 7 - 204

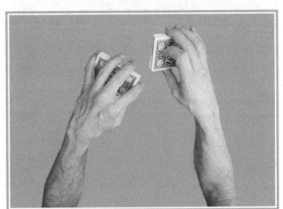

图 7 - 205

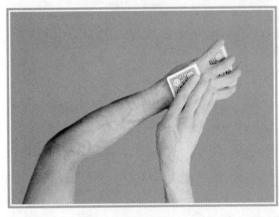

图 7 - 206

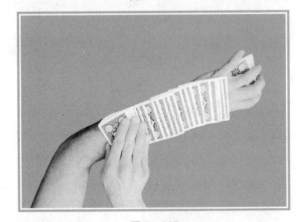

图 7 - 207

　　最后，我们试试换个方向来展牌，即从手肘到手指的方向。和上一个展牌收牌相同的是，手臂依然要横在体前；不同的是，要收的是竖直的展牌而非横向的展牌。

　　为什么要改变展牌的方向？试试由手肘到手指进行展牌，然后做前两个 **Continuous Alternating Back - Arm Catches**，你就能够明白。尽管无论怎么展牌都可以完成收牌动作，但是按我所说的方向铺牌，能明显降低难度。通过尝试两种不同的展牌方向，你自己也会得到相同的结论。

　　两只手各持有半副牌面朝下的牌，准备进行展牌。左手在右臂上从手肘到手指方向进行展牌（图

7－208）。右臂迅速竖起，使展牌也随之竖起并离开手臂（图7－209，图7－210）。左手从右手手肘底部伸出去，让牌下落到左手之中（图7－211，图7－212）。左手整理好接到的牌，牌背朝向手心，准备再一次展牌。右手在左臂上从手肘到手指展牌（图7－213到图7－215）。将展牌竖直抛起用右手接住牌（图7－216到图7－219）。右手整理牌，牌背朝向手心，准备下一次展牌。在右臂背从手肘到手指进行展牌（图7－220，图7－221）。

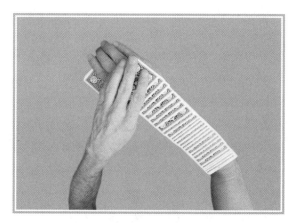

图 7 – 208

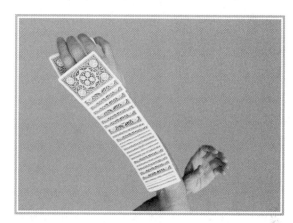

图 7 – 209

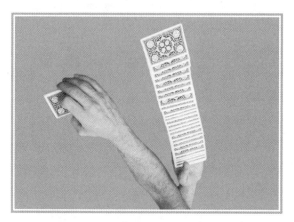

图 7 – 210

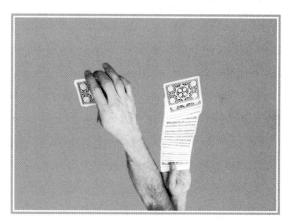

图 7 – 211

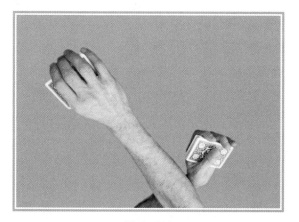

图 7 – 212

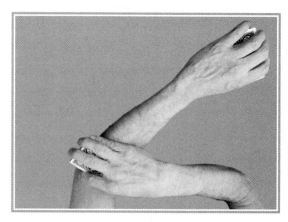

图 7 – 213

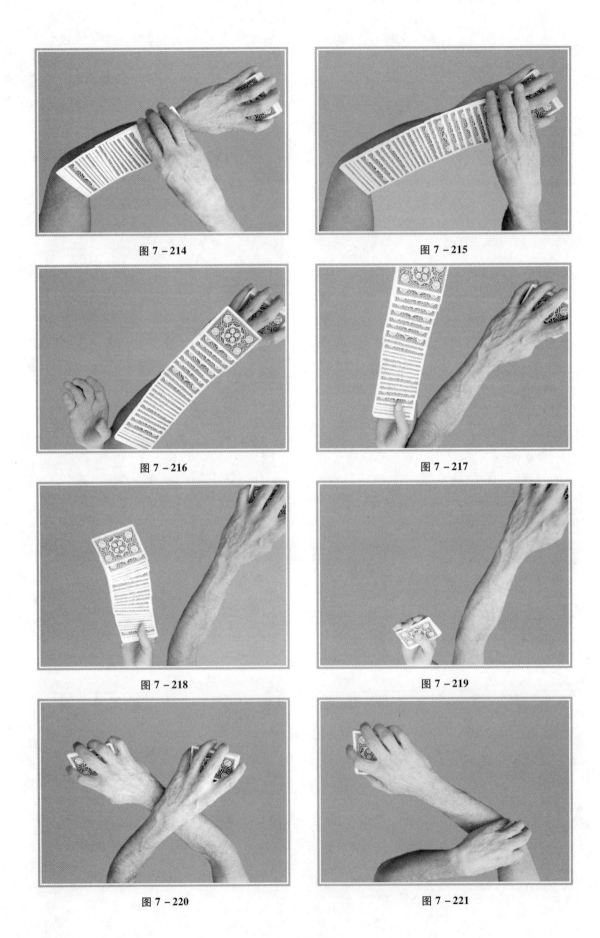

图 7 - 214

图 7 - 215

图 7 - 216

图 7 - 217

图 7 - 218

图 7 - 219

图 7 - 220

图 7 - 221

Double Back – Arm Catches ♣♦♥♠♣♦♥♠♣♦

在这里我会教你结束手臂背展牌流程的方法。我已经给出了所有你必须掌握的收牌方式的图片和文字说明。你现在所要做的就是在两臂上同时实行。你可以在任何胳膊上按任何方向进行展牌，你同样可以用以下任何方式进行收牌：**No – Turnover Down Catche**，**Same – Hand Fall Catche**，**Opposite – Hand Fall Catche**，以及 **Sideways Sweep Catche**，或者任何这些收牌法的组合。将半副牌在左臂背由肘部到手指进行展牌，另一半在右臂背按照同样的方式展开。将牌抛起，做双 **Same – Hand Fall Catche**。或者干脆将手臂抬得比头高，两边同时做头上的 **Same – Hand Fall Catche**，两臂都要伸直。或者交叉双手，做交叉手的头上 **Same – Hand Fall Catche**。或者将手臂横在体前，在其上铺牌，抛牌，然后交叉双臂之后将牌接住。记住，一定要将抛起的牌的牌面朝向观众，这样在牌抛起的时刻，观众就能完整地看到展牌的点数。

手臂展牌后记 ♣♦♥♠♣♦♥♠♣♦♥♠♣♦♥♠♣♦♥♠

Behind – the – Head – Catch。这是一个在头后面完成的、不需要经过翻牌动作的收牌法。在头后面收牌的确困难不小，但是如果你能把牌抛得够高的话，还是能够实现的。在左臂上展牌，牌面朝下。如果牌展得很均匀的话，用左手手指把牌翻转过来，然后再用右手手指把牌翻回去。或者，干脆就不要翻牌。把右手放到头的后面，左臂带着牌列迅速抬起，将牌抛起至右手中。就像 **Half – Turnover Up Catch** 一样，你必须给予牌足够大的惯性，才能将其收拢到右手中，全都收拢后，右手手指将牌夹紧。右手不要弯曲或者向下沉，你需要做的是将牌 "喂" 给你的右手。掌握 **Half – Turnover Up Catch**，然后不将牌进行翻转来做 *Behind – the – Head Catch*。学习这门技术，必须对着一块镜子。牌被抛起的时候，看到左手几乎碰到右手。这就是你刚开始练习时想要出现的效果，这将帮助你掌握收牌的要领。在表演的时候，当牌被抛向空中，使双手之间的距离尽量增大，这样这个收牌的难度看起来就高了不少。试着抛出一列能够让观众看清的牌，并且让其流畅地飞进右手当中。

Pirouette Catch。这是一个悲剧的事实：如果你会单足旋转，你就能快速掌握这个动作，做一个完美的展牌，将牌翻转，然后做 **Same – Hand Fall Catch**。但如果你跟我一样，从没接受过任何舞蹈训练，就需要花大量时间来学习了。就像没学过杂技抛球的人学杂技扔牌一样。如果你仅仅试图通过快速转体来接牌的话，并不能取得很好的效果。首先你需要决定在哪只手臂上进行展牌，向哪个方向转体，用哪只手接牌。根据你选择并且组合不同的转体方向，展牌的手臂，接牌的手，对不同的人来说难度是不一样的，在观众看起来也会有一些小小的区别。如果你已经能够做单足旋转而且已经适应沿固定方向进行转体，将这种花式去适应你已经掌握的技术，而不必用改变你已经掌握的技术来适应某一种花式。

Biceps Catch。在左臂做基本的展牌，然后将牌翻转，做反向的 **Glide Catch**。就是说将手掌抬高，让牌向内滑落。把手臂抬得够高，牌就会沿着手臂滑落到大小臂之间。用大小臂将牌夹住，然后让手臂向下移动来将牌整理整齐。然后猛抬小臂，使牌从大小臂的交接处飞起，用左手接住牌。

Elevated Forearm Catch。Chavez 讲述了一种独一无二的小臂收牌，尽管不是严格意义上的手臂背

的收牌，但效果相似。用不正确的方法——长边展牌的方法将牌展开，手臂高举，与头部同高。和之前介绍的 **Forearm Double Down Catch** 完全没法比。令人莫名其妙的是，Chavez 居然称标准的手臂展牌与翻牌为"革命"。

Andrus'East Indian Cobra。跟它的名字一样的奇怪，这个花式是：沿掌心朝下的左臂的下端进行长边展牌，然后设法用右手把牌按在左臂上。无须翻牌，无须收牌，一点意思都没有。

你能见到其他已经出版的大部分手臂背收牌，大多数会用长边，也就是不正确的方法展牌。收牌会十分急促，难以欣赏，不如我的手臂外侧收牌体系中那些可操作性强的、连绵不绝的展牌。这些收牌法的主要问题是，观众顶多看到牌薄薄的切面。而你应该把牌的正面和点数展示给观众们看。

Ganson's Upper Arm – Spread。这记载在《专业纸牌手法》（*Expert Manipulation of Playing Cards*）一书中。整个左臂在体前伸直。小臂在肘关节处向右边弯曲，保证整个手臂与地面水平。在大臂上从手肘到肩膀进行展牌。然后垂臂，牌就会下滑，你需要接住滑下来的牌。但就我而言，这个花式也不怎么样，同样是因为观众顶多看到牌的侧边。把我那一套在手臂背展牌的套路应用到大臂铺牌，你会受益匪浅的。

Mulholland Grab。这就是 **Half – Turnover Down Catch** 的长边版本。

Faux Arm – Spread。McBride 和其他人都有提起过这个花式。左臂指向观众，向上弯曲，这样他们看不到小臂内侧了。接下来从左手手指开始，右手假装将牌展到了左手，其实牌还是整整齐齐地攥在右手里。左臂猛抬，同时右手下沉就好像进行了一次收牌一样。这个动作就跟假拉牌一样站不住脚，你可以通过将牌偷偷放进衬衫或者夹克口袋里来消失一副牌，观众如果真给你骗了，那你还是学会了点东西的。

100% One – Handed Arm – Spread。小臂在肘关节弯曲，牌放在伸直的手指尖上，将胳膊向前推，惯性就会把牌铺开，让它向肱二头肌方向滑开。仅当这种情况下，*100% One – Handed Arm – Spread* 才勉强可行。与将牌扔到桌子上来进行桌面展牌是同一个概念，牌的状态至关重要。牌如果只上了一点牌粉，那么这个动作做起来会容易些，如果你为了达到很好看的效果，这个动作可并不是很好的选择。牌展出来很短，远不如真正的手臂展牌那么均匀。它却出人意料地被一本魔术杂志转载了。

双手洗牌

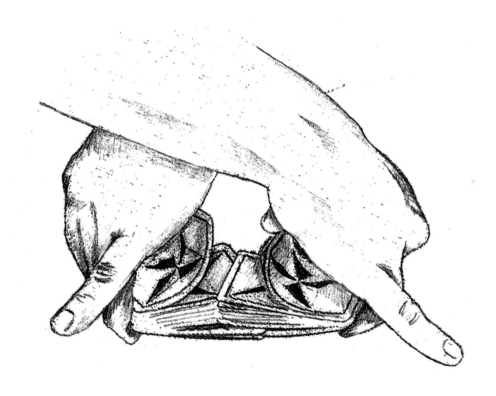

双手洗牌

首先，你必须能够很得体地握住并且处理你的牌。不管你的魔术变得有多好，如果你洗牌的时候像一个外行人一样洗得一塌糊涂，这必定会使你的魔术效果大打折扣。——Bill Turner

比起别的花式，现在很多外行人都能够做像 Waterfall（一种结束洗牌的方法，在之后会有介绍）、**Dovetail**（鸽尾洗牌法）或者 **Bridge Shuffle**（跟 Waterfall 是一个东西，不同的叫法）这些简单的洗牌。我之所以还是在这里对其进行了教学，是因为你还是有极小的概率没有接触过它们。我当时都不想在这本书里写有关看起来并不怎么样的 **Double and Triple Waterfall Shuffle** 的教学了，但是貌似外行人都好这口，也许是因为他们都比较喜欢 **Waterfall** 的那种感觉吧。

我第一次看到双手洗牌的花式是在 20 世纪 70 年代一个叫作 Sanford and Son 的电视喜剧里。Redd Foxx 在出场时做了一个 **Spring Shuffle**，就好像他真的玩牌玩得很好一样。

在这里我会介绍两个版本的 **Double Fan Shuffles**。首先是原版的 **Double Fan Shuffles**，总之人们用这个方法来收 **Twin Fans**，于是乎，原版的这个洗牌就变成了一个假洗牌。然后是第二种真洗牌的版本，尽管 Scarne 在他的书《约翰·石卡农的神奇魔术世界》（*The Amazing World of John Scarne*）中吹牛，说自己能做出这个版本，但是确实在此之前没有人提到过或是做过第二种版本的 **Double Fan Shuffles**。所以说，原始版本的 **Double Fan Shuffles** 是一个假洗牌，而第二种 **Double Fan Shuffles** 则是一个真洗牌。在我做原始版本的 **Double Fan Shuffles** 的时候，经常会有人问我是不是真的洗牌了。比起跟他们说实话，我往往说："哦，当然了，我当然洗了"，然后给他们展示一个第二种版本的 **Double Fan Shuffles**。

Giobbi 在他写的那套《纸牌学院》（*Card College*）里介绍了一种不错的花洗方法以及好多不怎么样的花洗方法。我说的那个不错的花洗方法是 **Double Waterfall Shuffle**。一个不怎么样的是用两个长边来洗牌，另一个不怎么样的是用两个长边来洗牌的改良版。说实话，我觉得如果一个花式必须要观众集中精力才能去享受它的话，那这就不是一个好花式。好的花式一定要是突出的、鹤立鸡群的。就像用长边来洗牌，我们有这么多洗牌的方法，光用长边来洗牌可吸引不了观众的眼球。

Basic Waterfall Shuffle ♣ ♦ ♥ ♠ ♣ ♦ ♥ ♠ ♣ ♦ ♥ ♠ ♣ ♦

　　这个洗牌已经被教了几百万次了，很多外行人都能够做这个洗牌，所以从某种意义上来说，你不可能不会做这个洗牌。如果说你只能在桌子上做这个洗牌，我会教你在空中做这个洗牌的方法。当然我也会教你将牌分成两叠的正确方法，这样的话你就不用把时间浪费在不必要的整理牌上面了。当你能够熟练地掌握这个洗牌之后，接下去就能够学习双手交叉的洗牌了。

　　右手从牌的上方通过牌的两个短边握住整副牌，将右手食指弯曲，贴在牌的牌背上。将整副牌弯曲，将左手的食指弯曲后，将左手放在如图所示的位置（图 8 - 1）。用右手大拇指将牌拨到你的左手中指、无名指以及小拇指的指尖上，将牌分成两叠（图 8 - 2）。左手食指在上，剩下三指在下，将被分出来的那叠牌夹住（图 8 - 3）。用右手手指将左手的那叠牌向上推，直到你的左手大拇指能够触碰到这叠牌的短边为止（图 8 - 4，图 8 - 5）。现在你的左手大拇指位于左手那叠牌的一个短边，左手食指弯曲，贴在牌背，剩下的三个手指则位于这叠牌的另一个短边。右手部分则应该早早地就处于这个姿势了。将两叠牌弯曲（图 8 - 6），之后拨牌，将两叠牌均匀地交错在一起（图 8 - 7，图 8 - 8）。将双手的大拇指放到两叠牌交错的位置（图 8 - 9）。通过弯曲左右手的中指、无名指以及小拇指的最外关节，使其夹住被洗进去的那两叠牌。手的最后关节就好像是两个肉垫一样使牌保持稳固。当两叠牌完全被洗到一起的时候，用相同的手指的最后两个关节握住这两叠牌中还没有被推进去的牌（图 8 - 10）。将两叠牌弯曲成桥状，双手的大拇指贴住两叠牌交错地方的上面（图 8 - 11）。逐渐将手指伸直，然后让牌慢慢地混合在一起（图 8 - 12，图 8 - 13）。用右手将整副牌放回到左手，左手以标准握牌姿势将牌握好（图 8 - 14，图 8 - 15）。在做 **Waterfall** 部分的时候，你也可以反着做，将牌反着弯曲（图 8 - 16 到图 8 - 19）。

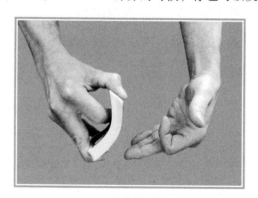

图 8 - 1

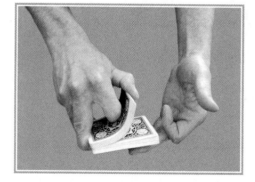

图 8 - 2

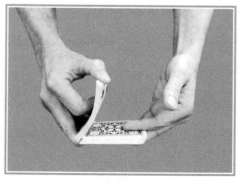

图 8 - 3

图 8 - 4

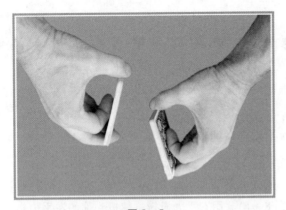

图 8 – 5

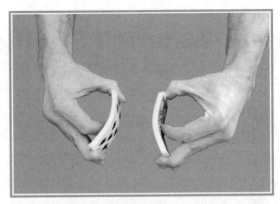

图 8 – 6

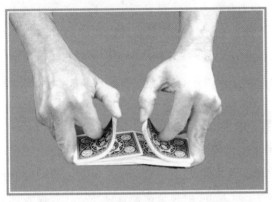

图 8 – 7

图 8 – 8

图 8 – 9

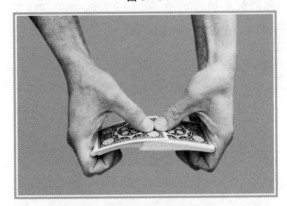

图 8 – 10

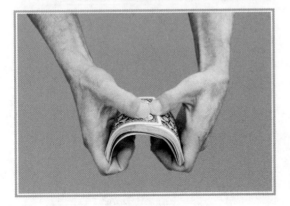

图 8 – 11

图 8 – 12

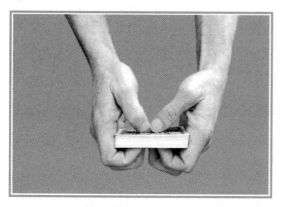

图 8 – 13

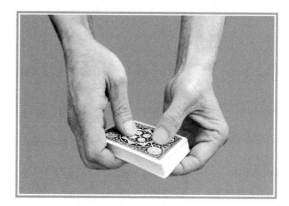

图 8 – 14

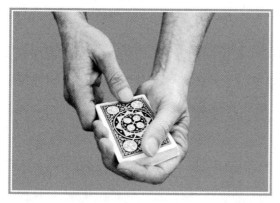

图 8 – 15

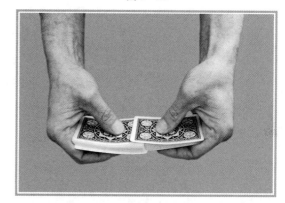

图 8 – 16

图 8 – 17

图 8 – 18

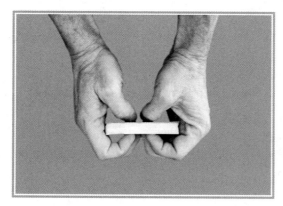

图 8 – 19

Cross – Hand Waterfall Shuffle ♣ ♦ ♥ ♠ ♣ ♦ ♥ ♠ ♣

　　首先用和上一个洗牌方法一样的方法将牌分成两叠。当两叠牌都处于它们应该在的位置，并且你的食指弯曲在两叠牌的牌背的时候（图 8 – 20），将两叠牌翻转至牌面朝上（图 8 – 21）。右手手腕顺时针旋转，左手手腕逆时针旋转。在两手的手腕处将双臂交叉（图 8 – 22）。哪只手的手腕放在上面是无关紧要的，但是记住保证每次放在上面的是同一只手。在保证双手手腕贴住的情况下，将双手向里旋转，直到两叠牌再一次牌背朝上（图 8 – 23 到图 8 – 28）。将两叠牌洗到一起（图 8 – 29 到图 8 – 31）。将两个大拇指放到两叠牌交错的地方（图 8 – 32）。用 **Waterfall** 将两叠牌插进去，以此作为整个洗牌的结束（图 8 – 33 到图 8 – 35）。在双手交叉的情况下，将牌尽量整理好，然后用右手将整副牌握住。最后将右手顺时针旋转，直到将整副牌放到你的左手并以标准握牌姿势握好（图 8 – 36 到图 8 – 39）。当然你也可以像做上一个花式一样，将牌反着弯曲来做 **Waterfall**。你还需要注意一点，那就是在做这个花式的时候，最好能给观众一个完整的视角——换句话说就是不要用你的双手去遮挡你的洗牌动作。

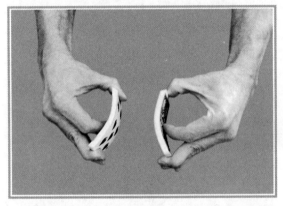

图 8 – 20

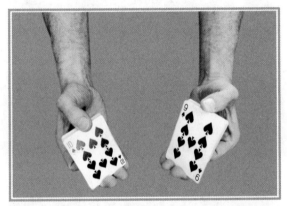

图 8 – 21

图 8 – 22

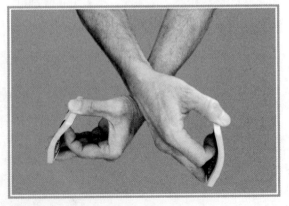

图 8 – 23

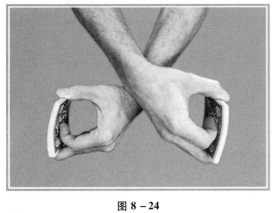

图 8 – 24

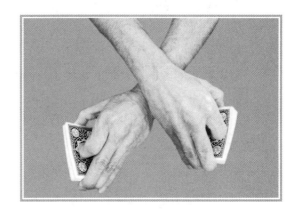

图 8 – 25

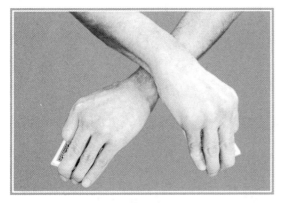

图 8 – 26

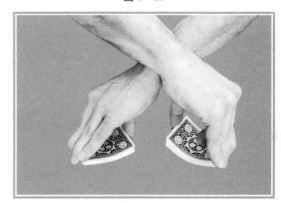

图 8 – 27

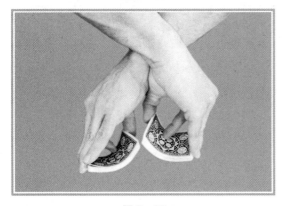

图 8 – 28

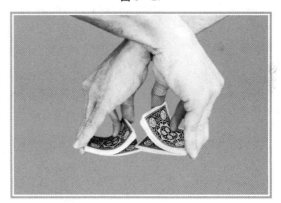

图 8 – 29

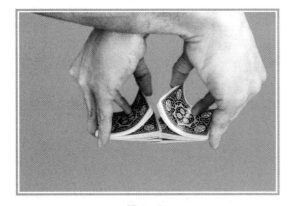

图 8 – 30

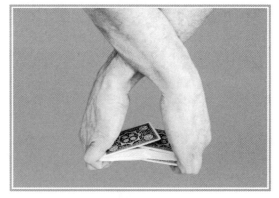

图 8 – 31

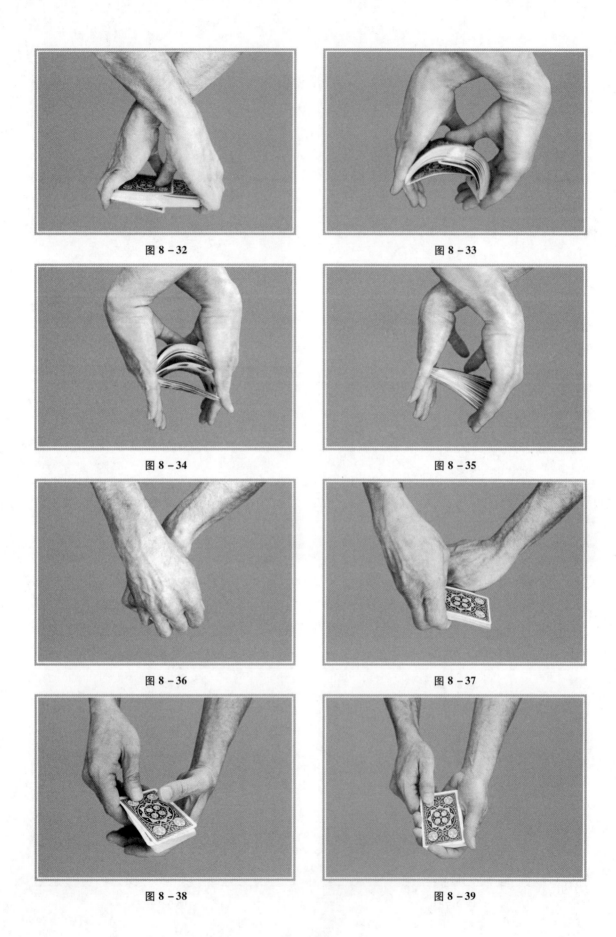

图 8 – 32

图 8 – 33

图 8 – 34

图 8 – 35

图 8 – 36

图 8 – 37

图 8 – 38

图 8 – 39

Double and Triple Waterfall Shuffle ♣ ♦ ♥ ♠ ♣ ♦

接下来介绍的这些花式尽管微不足道，但是却并不常见。

我会教你两种做 **Double Waterfall Shuffle** 和一种做 **Triple Waterfall Shuffle** 的方法。

首先我教你的是一种做 **Double Waterfall Shuffle** 的方法，是三种方法里最简单，效果最平淡的一种。首先将两叠牌洗到一起，交错的部分达到八分之一英寸足矣（图 8 - 40，图 8 - 41）。用 **Waterfall** 将牌稍稍地插进去一点（图 8 - 42 到图 8 - 45）。接下来再使用相同的方法将剩下的部分插到一起（图 8 - 46 到图 8 - 48）。这个花式就完成了。Farelli 曾经教授过这个花式。第二次将牌插进去的时候，如果能够将牌反着弯曲来做 **Waterfall** 的话，这个花式看起来会更棒一些。

第二种 **Double Waterfall Shuffle** 比第一种看起来稍微好一点。首先将两叠牌洗到一起，长边交错的地方达到四分之一英寸左右，需要注意的是，这时候短边也错开，短边交错的地方也不过错开半英寸（图 8 - 49，图 8 - 50）。将长边利用 **Waterfall** 插到一起（短边仍旧是错开的）（图 8 - 51，图 8 - 52）。在你将右手放到整副牌的上面之前，用你的左手来握住整副牌（图 8 - 53，图 8 - 54）。接下来就像做单手洗牌一样，将牌的短边用 **Waterfall** 洗到一起（图 8 - 55 到图 8 - 57）。Giobbi 在他的神作《纸牌学院》（*Card College*）中介绍过这个版本的洗牌。

接下来介绍的 **Triple Waterfall Shuffle** 则结合了上述两种方法的精髓。还是要先将两叠牌洗到一起，长边交错的地方达八分之一英寸，短边错开的地方在四分之一英寸左右（图 8 - 58）。用 **Waterfall** 的方法将长边部分插进去一半，但是保证短边还是处于错开的状态（图 8 - 59 到图 8 - 62）。用左手握住整副牌，然后将右手放到整副牌的上面（图 8 - 63，图 8 - 64）。通过右手在牌上，右手四指以及大拇指在牌的两个长边挤压，左手食指在牌下向上发力（图 8 - 65）。用 **Waterfall** 的方法将牌短边错出来的部分也插进去（图 8 - 66，图 8 - 67）。用左手将牌握住，这样的话你的右手又能够移动了（图8 - 68，图 8 - 69）。最后以一个最平常的 **Waterfall** 作为这个花式的终结（图 8 - 70 到图 8 - 72）。为了使整个过程更加流畅，在洗牌的时候要保证顶牌和底牌都是左手那半副牌的牌。

如果外行人能够做 **Basic Waterfall Shuffle** 的话，他绝对会以此为荣，而且他们似乎很喜欢这里教学的这个花式，尽管这个花式只是在 **Basic Waterfall Shuffle** 的基础上做了一点小小的改动。

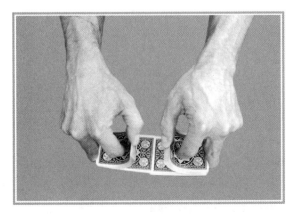

图 8 - 40

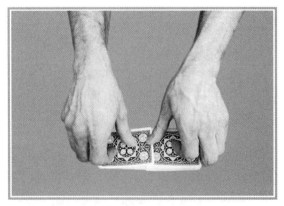

图 8 - 41

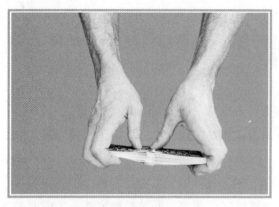

图 8 - 42

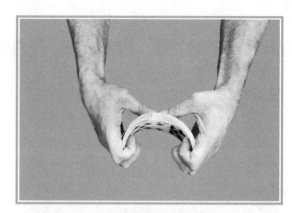

图 8 - 43

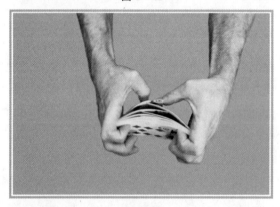

图 8 - 44

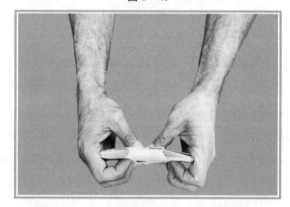

图 8 - 45

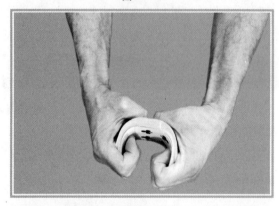

图 8 - 46

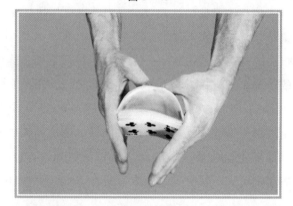

图 8 - 47

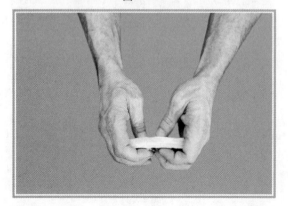

图 8 - 48

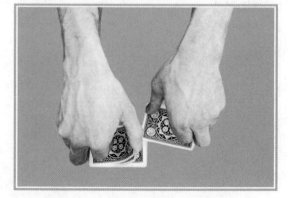

图 8 - 49

图 8 - 50

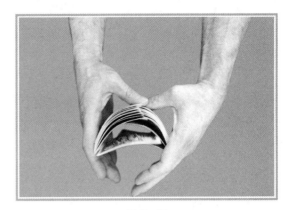

图 8 - 51

图 8 - 52

图 8 - 53

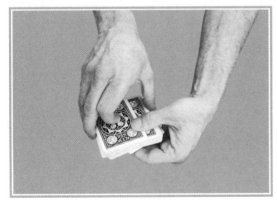

图 8 - 54

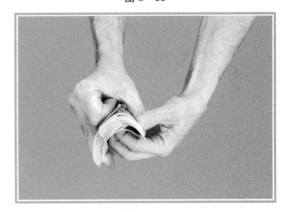

图 8 - 55

图 8 - 56

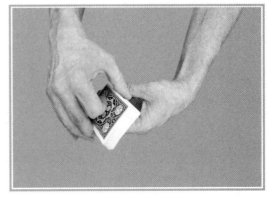

图 8 - 57

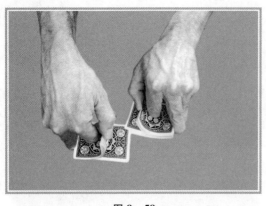

图 8 – 58

图 8 – 59

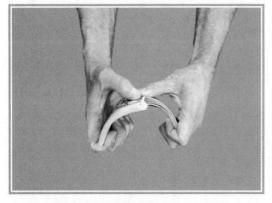

图 8 – 60

图 8 – 61

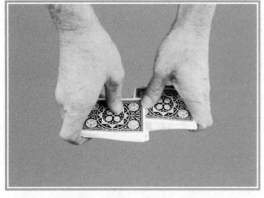

图 8 – 62

图 8 – 63

图 8 – 64

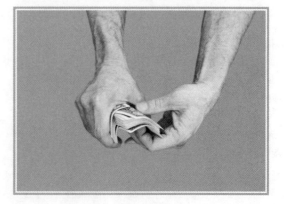

图 8 – 65

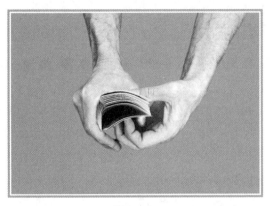

图 8 – 66

图 8 – 67

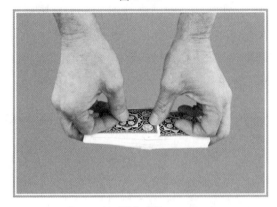

图 8 – 68

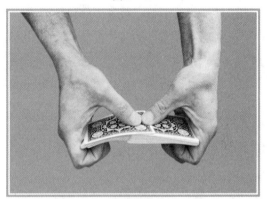

图 8 – 69

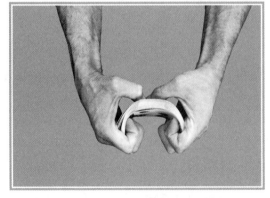

图 8 – 70

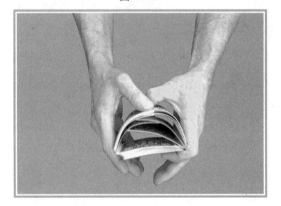

图 8 – 71

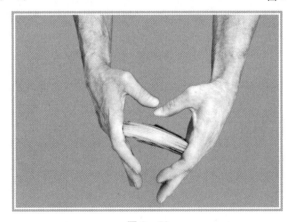

图 8 – 72

Spread Shuffle ♣ ♦ ♥ ♠ ♣ ♦ ♥ ♠ ♣ ♦ ♥ ♠ ♣ ♦ ♥ ♠ ♣ ♦ ♥

　　这个花式改编自桌面花式那一章将要介绍的 **Meshing Spread**。将牌分成两叠。将两叠牌放到牌垫上或者相同材质的表面。将两叠牌靠里的牌角贴在一起（图 8－73）。两叠牌的夹角也如图 8－73所示。然后将两叠牌向里做展牌（图 8－74）。两叠牌的牌角不一定非要始终贴在一起，但是在整个过程中它们必须始终贴得很近。双手同时向前伸，同时将牌翻转过来（图 8－75 到图 8－77）。在你这样做的时候，通过双手相互稍稍相向用力，对两叠牌交错的地方施加一小点压力。如果之前所说的你都能很好地完成的话，两叠牌就会像拉链一样，一张一张地咬合在一起（图 8－78）。双手向前将两叠牌收入手中（图 8－79，图 8－80）。接下来以一个标准的 **Waterfall** 来结束这个花式（图 8－81，图 8－82）。在你表演近景魔术的时候，这个花式能够帮助你在不经意间展示出你高超的技艺。如果你对做这个花式还有困难的话，在学习完 **Meshing Spread** 之后一切就都解决了。

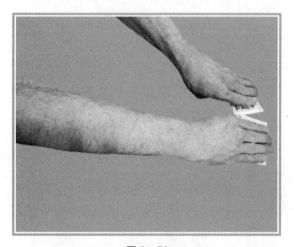

图 8－73

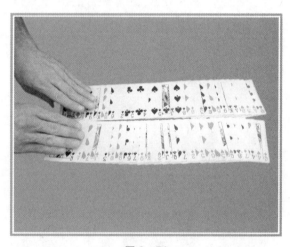

图 8－74

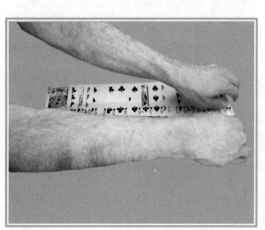

图 8－75

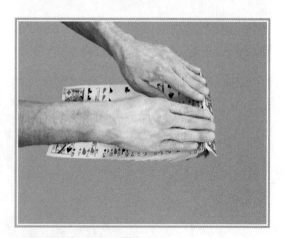

图 8－76

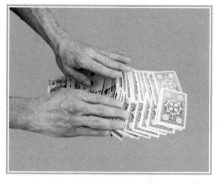

图 8 – 77

图 8 – 78

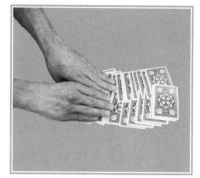

图 8 – 79

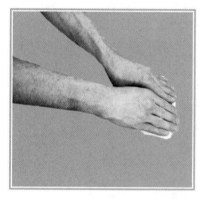

图 8 – 80

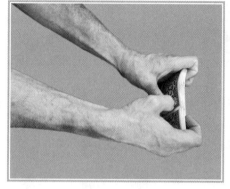

图 8 – 81

图 8 – 82

Flat Drop Shuffle ♣ ♦ ♥ ♠ ♣ ♦ ♥ ♠ ♣ ♦ ♥ ♠ ♣ ♦ ♥ ♠ ♣ ♦

　　在这里我要教给你两个版本的 **Flat Drop Shuffle**，一种是不完全的 **Flat Drop Shuffle**，另一种则是完全的 **Flat Drop Shuffle**。

　　和做 **Spring Shuffle** 相比，你会发现，做 **Flat Drop Shuffle** 的时候，牌更好控制，不易散落，而我认为会做一个不完全的 **Flat Drop Shuffle** 已经足够了。首先像做 **Basic Waterfall Shuffle** 一样将牌分成两份。左手像做标准的拨牌洗牌一样握住半副牌，放于桌面上方，右手则放于左手数英寸的上方（图 8 – 83）。右手跟拉牌一样握牌（不要忘记大拇指位于牌角）。右手做 **Flat Drop Shuffle**，当牌落下来的时候，左手拨牌，将两叠牌洗到一起去，重叠部分大概为四分之一英寸（图 8 – 84 到图 8 – 86）。利用 **Waterfall** 将两叠牌洗到一起（图 8 – 86 到图 8 – 89）。

　　至于那个完全版本的 **Flat Drop Shuffle**，你需要的只是用握牌角的方法握住两叠牌，然后将两叠牌像做 **Flat Drop Shuffle** 一样落下去，交错在一起（图 8 – 90）。以 **Waterfall** 的方法将牌洗到一起作为这个花式的完结。这个完全版本的 **Flat Drop Shuffle** 比较难掌握，只要这个花式做得不够流畅，它的美感就会被完全破坏。你可以在桌面上练习 **Flat Drop Shuffle**，当双手落牌的高度都能达到一英尺的时候，再练习如何将落下的牌交错到一起。

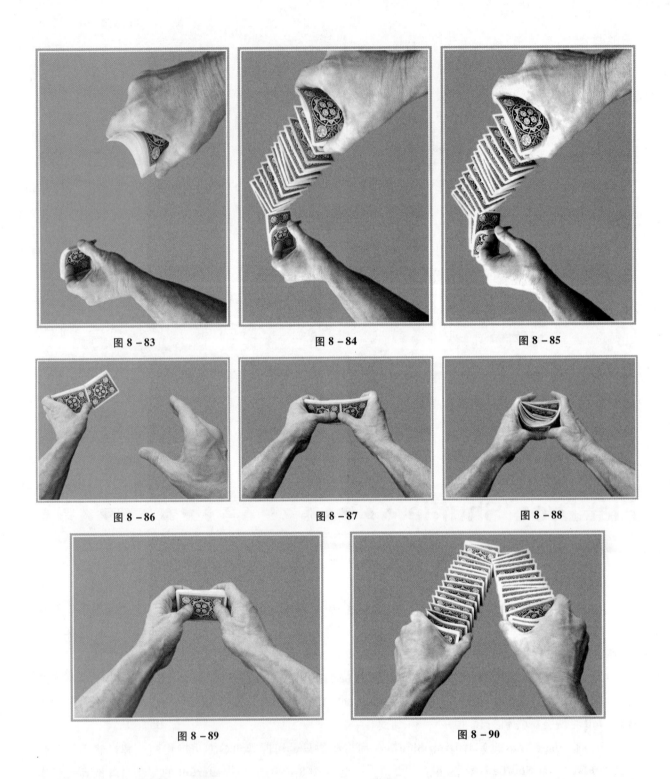

图 8 – 83

图 8 – 84

图 8 – 85

图 8 – 86

图 8 – 87

图 8 – 88

图 8 – 89

图 8 – 90

Spring Shuffle ♣♦ ♥♠♣♦ ♥♠♣♦ ♥♠♣♦ ♥♠♣♦ ♥

　　如果要做插图的话，那么不完全版本的 **Spring Shuffle** 的插图和不完全版本的 **Flat Drop Shuffle** 的插图可以说是相似至极的。**Spring Shuffle** 到底要怎样做呢？首先将牌分成两叠，右手跟做拉牌一样将牌握住。左手的姿势则像做标准的 **Basic Waterfall Shuffle** 一样。在你左手拨牌洗牌的时候，将右手的牌弹进左手那叠牌中间。右手拉牌的高度则是越高越好。经过练习之后，你会发现右手弹出来的牌会越来越整齐。在做这个花式的过程中，左手拿着的半副牌始终是要保持整齐的。至于怎样做？将左手小拇指、无名指以及中指放在牌与桌面之间，左手食指施加压力便可。

完全版的 **Spring Shuffle** 看起来更加震撼人心，但是难度却很大，这个花式极难做得很整齐。这次我们要将牌分成两份之后，双手同时用握牌角拉牌的握法将牌握住。现在将两叠牌向桌面上弹，记住两叠牌插进去的部分不要太多，最后才能以华丽的做 **Waterfall** 来结束这个花式。一开始做这个花式的时候，你会做得乱七八糟的，造成这样的后果，主要有两个原因：第一个原因是你用桌面而不是左手接住牌，桌面不会像左手一样，可以利用手指保持牌的整齐。第二个原因则是你还没有习惯用左手拉牌。很幸运的是，仅仅将牌弹到桌子上比你将牌从一只手弹到另一只手还是要容易一些的。而且，如果你在练习双手同时拉牌，那么你的左手可以参照右手。不久你便会发现，尽管拉牌的高度会被左手拉后腿，但是你仍旧可以把牌拉得很高。最难的部分并不是这些，而是怎样才能够将牌整齐地弹到一起。我个人建议你在这个环节稍微作一下弊：首先，做一个以 **Waterfall** 为结尾的、不完全版本的 **Spring Shuffle**。接下来去做一个完全版本的 **Spring Shuffle**，但是在拉牌的时候，将两叠牌相交得更深，然后不做 **Waterfall**，只是普通地整理好牌。或者干脆直接做那个很容易掌握的 **Flat Drop Shuffle** 完事。Farelli 曾经教授过这个最后不做 **Waterfall** 的 **Spring Shuffle**。

Double Fan Shuffles ♣ ♦ ♥ ♠ ♣ ♦ ♥ ♠ ♣ ♦ ♥ ♠ ♣ ♦ ♥

我们先来说说假洗牌版本的 **Double Fan Shuffles**，你所需要的只是开出一对 **Twin Fans**，然后将这两个扇子收起来，这两叠牌就好像被洗了一般（图 8 - 91 到图 8 - 100）。注意一点，这两个扇子是利用左手手掌的右侧作为挡板，将扇子收起来的。这能够让你利用靠下的那个长边将牌收起来。当然，如果你在桌子上做这个花式的话，你完全可以用桌子来代替你的左手手掌。一般来说，如果你要展示牌面的话，就最好开两个点数扇。那么顺理成章，如果你展示的是牌背的话，那么你只需要开两个够圆、够匀的扇子就足够了。你可以和插图一样，展示给观众你大拇指的那一面，顺带将双臂前伸。

如果你要做真洗牌版本的 **Double Fan Shuffles** 的话，你需要在左手开一个点数扇，在右手开一个白扇，然后实实在在地将牌洗到一起。首先，开出两个如上文提及的扇子（图 8 - 101）。如果你仔细看这两个扇子的边缘，你会发现这两个扇子都是有两层边的（图 8 - 102）。将两个扇子左手小拇指旁边的两层扇子插进右手小拇指那边的两层扇子中间去（图 8 - 103 到图 8 - 105）。如果你在将两个扇子靠近的时候，牢牢地按住扇子的边，那么两个扇子的牌会进行连锁，然后两叠牌将会被洗到一起（图 8 - 106，图 8 - 107）。这次你就不能用你的左手手掌当作挡板来收牌了。不过，如果你是在桌面上做这个花式的话，你还是可以用桌子来当挡板收牌的。但是，比较纠结的是：如果你在空中做这个洗牌的话，你唯一收牌的方法只有通过增加握牌的力度，然后将扇子收起来。当这两个扇子开始交叉的时候，紧紧地握住最靠近小拇指的牌（第一张交错的牌），然后将剩下的扇子插进去，收成一块被洗好的牌。当两个扇子基本都收好的时候，将这两叠牌向手掌方向推，用手掌当作挡板，整理好牌。

这里将牌交错地插到一起并不是指完美洗牌，但是当你掌握这个洗牌的窍门之后，你会发现你可以用一个正常的 **Waterfall** 来完成这个洗牌了（图 8 - 108 到图 8 - 110）。

那么，既然这个真洗牌的版本这么难做，我们何必再纠结于此呢？其实吧，你要是不想做就别做了。我只会在外行人看了我的假洗牌版本之后对其有疑问的情况下，再给他们看这个真洗牌的版本。至于魔术师，他们倒是很喜欢看我做真洗牌版本的 **Double Fan Shuffle**，魔术师都喜欢看一些他们不知道的新玩意儿。我很少做这个花式的原因主要是：在将两个扇子插到一起的时候，这两个扇子的边总是很硬。在做这个的时候，这两个扇子往往不能很顺利地一张一张地像完美洗牌一样插进去，更多的时候，扇子边上的牌会弹开、分开，或者聚在一起。所以用那些你不会用它们做 **Behind – the – Back Deck Separation** 的牌来练习这个花式吧。

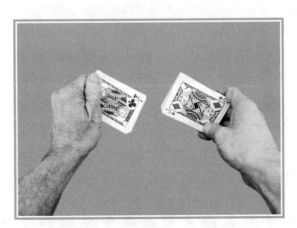

图 8 – 91

图 8 – 92

图 8 – 93

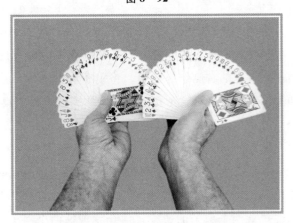

图 8 – 94

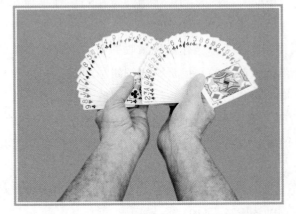

图 8 – 95

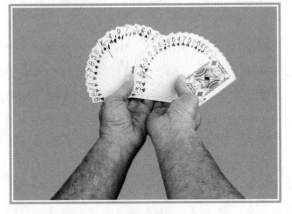

图 8 – 96

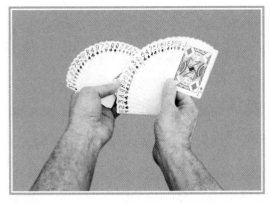

图 8 - 97

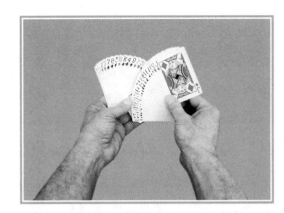

图 8 - 98

图 8 - 99

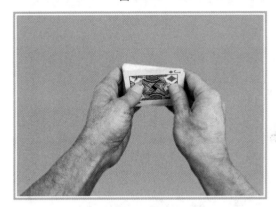

图 8 - 100

图 8 - 101

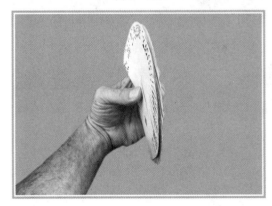

图 8 - 102

图 8 - 103

图 8 - 104

图 8 - 105

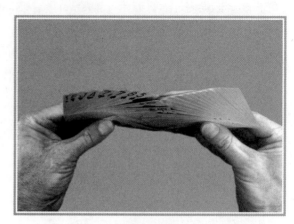

图 8 - 106

图 8 - 107

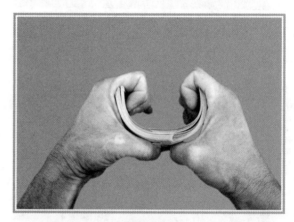

图 8 - 108

图 8 - 109

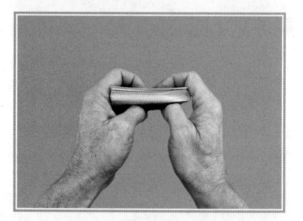

图 8 - 110

Turning Overhand Shuffle ♣ ♦ ♥ ♠ ♣ ♦ ♥ ♠ ♣ ♦ ♥ ♠

这是一个 **Overhand Shuffle** 的变种——还是一个十分稀有的版本。你可以用很多种不同的方法来进行这个洗牌，当然这些方法在后文都会一一讲述。然而，不管你用什么方法，你在旋转右手那叠牌的时候必须保证流畅，并且跟做一般 **Overhand Shuffle** 的节奏一样。不要将右手的牌一叠一叠地扔下来，用你的左手大拇指将他们一叠一叠地剥下来。

第一是基本的洗牌姿势。首先以 **Overhand Shuffle** 的握牌方法握牌，然后用 **Overhand Shuffle** 的方法将一叠牌剥下来（图 8 - 111 到图 8 - 113）。我在做 **Overhand Shuffle** 的时候会将右手食指放在牌的长边上。如果你在做这个洗牌的时候，将右手食指放在牌的短边，这也挺不错的。如果你的食指和我放的地方是一样的话，那么你在将右手的牌翻转过来的时候，就需要将食指伸直了。现在就开始了。将右手（从第一人称看）顺时针旋转180度（在这里的插图中则是逆时针旋转）（图 8 - 114 到图 8 - 117）。利用你的左手大拇指，从右手剥一叠牌下来（图 8 - 118 到图 8 - 121）。将右手转回到原来的方向（图 8 - 122 到图 8 - 124）。用平常的方法再剥一叠牌下来（图 8 - 125 到图 8 - 127）。再一次将牌旋转（图 8 - 128，图 8 - 129）然后剥一叠牌下来（图 8 - 130 到图 8 - 133）。将牌转回到原来的位置，将右手所有的牌扔进左手（图 8 - 134 到图 8 - 137）。这就是这个切牌的基础洗牌方法。

第二，还有另一种旋转的方法。以基本的洗牌方法握牌（图 8 - 138）将你的右手逆时针旋转180度（从第一人称看）（图 8 - 139 到图 8 - 141）。然后剥下来一叠牌（图 8 - 142，图 8 - 143）。

现在你已经掌握了三种不同的从右手将牌剥下来的方法。所以我们现在管第一种方法，就是图 8 - 113的方法叫做方法 A。将顺时针旋转的那种方法叫做方法 B（图 8 - 117）。最后管那个将手腕逆时针旋转的方法叫做方法 C（图 8 - 141）。基本的洗牌是 A，B，A，B，A 这样洗牌。加上方法 C 之后就有了很多种选择。在此，我给出两种我比较喜欢的方法：第一种方法是，A，B，A，C，A，B，A，C，A。第二种方法能够让你的手腕活动范围变到最大，A，B，C，B，C，B，A。

如果你将牌平行地放在身体前的话，你会发现这个洗牌变得容易多了。换句话说，你向下看的时候，刚好能够看到你的左手在身前，将左手顺时针旋转到四指朝向自己的身体为止，但是，记住千万别把手指插进肚皮里去。

图 8 - 111

图 8 - 112

图 8 - 113

图 8 – 114

图 8 – 115

图 8 – 116

图 8 – 117

图 8 – 118

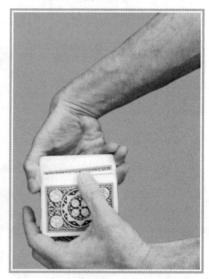

图 8 – 119

图 8 – 120

图 8 – 121

图 8 – 122

图 8 - 123

图 8 - 124

图 8 - 125

图 8 - 126

图 8 - 127

图 8 - 128

图 8 - 129

图 8 - 130

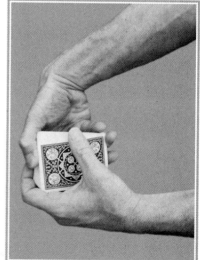

图 8 - 131

图 8 – 132

图 8 – 133

图 8 – 134

图 8 – 135

图 8 – 136

图 8 – 137

图 8 – 138

图 8 – 139

图 8 – 140

♣♦ 352 ♥♠

图 8 – 141

图 8 – 142

图 8 – 143

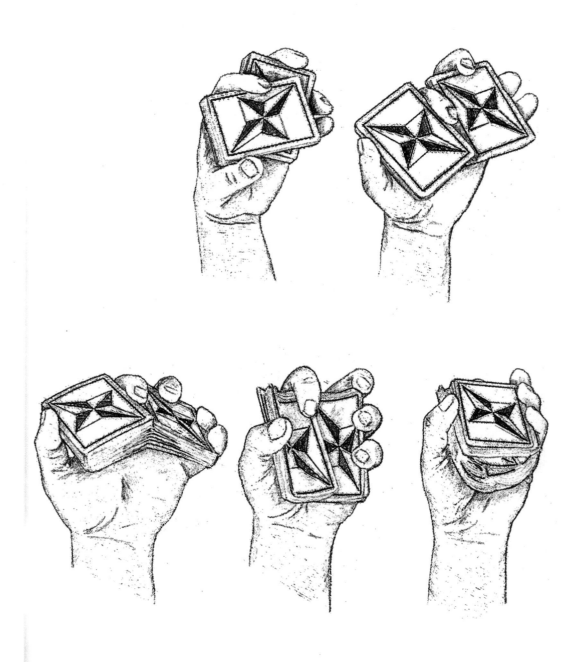

单手洗牌

单手洗牌

在 Houdini 投身于魔术事业没多久的时候，毫无疑问在那个时代他是最好的纸牌操纵者之一，于是他便自称为'纸牌之王'。作为一个魔术师，他无时无刻不想让自己的表演看起来更加华丽，所以在他已经精通了很多细腻的手法的时候，他将注意力转向了纸牌花式。——Walter B. Gibson

由于一个单手洗牌是模仿一个双手洗牌而创造出来的，所以我们很好区分一个单手多段切牌以及一个单手洗牌。后面我将教你的 **One – Hand Overhand Shuffle** 以及 **Pincer Grip Shuffle** 都满足"由双手洗牌改编过来的"这个条件。尽管从理论上来解释，这两个洗牌也完全可以归类于单手多段切牌，但是这个念头你就藏在心里好了。很明显，这个 **Pincer Grip Shuffle** 是印度洗牌的单手版本，而 **One – Hand Overhand Shuffle** 则很明显是从双手版本改编过来的。相反，如果一个花式，你认为它比起洗牌更像一个多段切牌，那么好的，这就是一个多段切牌了。这就是 **Charlier/Thumb "Shuffle"** 是一个多段切牌而不是洗牌的原因——他的确是将牌混到了一起，但是它看起来就不像一个洗牌。同样的原理适用于没有教授的 **Casaubon Shuffle** 以及连续进行的 **Scissor Cut**。

当我们掌握这些花式的技巧之后，你的单手拨牌洗牌就能变成一个名副其实的完美洗牌了。这些都是外行人想知道，但却不知道的东西。我常常对着外行人做单手的拨牌洗牌，但是在他们看来，这与普通的双手拨牌洗牌没有什么区别。最后不要只是单纯地将牌推进去，而是要做一个好看的 **Waterfall** 来结束这个花式。我认为唯一在洗牌之后可以将两叠牌推到一起去，而不用做 **Waterfall** 的就是 **One – Hand Table Riffle Shuffle** 了。因为这是赌徒用来洗牌的桌面洗牌的单手版本，而一个赌徒永远不会展示 **Waterfall** 以及别的任何的花式。尽管他们中的好多人强大到可以用赌场的筹码来做花洗。

一个认真的花式爱好者都应该左右手同时掌握至少一种单手洗牌的方法，这样的话，左右手各一副牌，你就能够做出被认为是不可能完成的同时洗两副牌的花式了。我建议你去练习我的 **Turning One – Hand Riffle Shuffle**，想要不看牌就做出这个花式并不困难，甚至你可以将牌放到背后去做。

真正的单手洗牌是很少见的，能在书中找到它们踪影的更是少之又少。Bill Turner 曾经在他的那本《怎样表演纸牌魔术》(*How to Do Trick With Cards*) 中，错误地将一个单手多段切牌命名成了单手洗牌。Lynn Searles 在他的书《纸牌专家》(*The Card Expert*) 中也犯了同样的错误。不仅他们，许许多多的作者都有着同样的认知上的错误。Lewis Ganson 在他的《专业纸牌手法》(*Expert Manipulation of Playing Cards*) 那本书的标题 "*One – Hand Waterfall Shuffle*" 下教学了这样一个花式：先用双手洗牌，然后用单手完成 **Waterfall** 部分。这个花式怎么看都不是一个单手洗牌。在 Dai Vernon 的众多作品中，至少有三个或者以上的单手洗牌，但是他的 ***Benzon's Shuffle*** 不过是一个怪异的伪拨牌洗牌，***The Notis Cascade*** 只是一个普通的 **Cascade** 的没有什么新意的附带品。近些年来也有不少新的洗牌方法，其中包括单臂的 Renee Levand 创作的无价的洗牌方法（他甚至创造出一种单手假洗牌的方法）。在这个章节里，我会教大家单手拨牌洗牌，单手手上洗牌以及 Casaubon 的 **Pincer Grip Shuffle**，这个洗牌对我来说就是印度洗牌的单手版本。

在表演的时候，能够娱乐大众的表演方法就是：用单手完成所有常见的双手洗牌。比如先做一个双手的手上洗牌，然后做一个 **One – Hand Overhand Shuffle**。做一个赌场用的标准双手桌面洗牌（将牌角洗进去，不要做 **Waterfall**）。之后再做一个没有 **Waterfall** 的 **One – Hand Table Riffle Shuffle**。接下来是一个双手版本的印度洗牌。之后来一个 **Pincer Grip Shuffle**。然后做一个双手带 **Waterfall** 的标准洗牌。最后接上一个 **One – Hand Riffle Shuffle** 就圆满了。你不用说出这些花式的名字，尽管你要想说的话，也没人拦着。对于那些双手洗牌，我一般会这样说：不过是些平常的洗牌罢了。另一点需要注意的是：如果你在做完双手手上洗牌之后，立即跟一个 **One – Hand Overhand Shuffle** 的话，请保证两个洗牌是由同一只手完成的。换句话说，如果你在左手做出了一个 **One – Hand Overhand Shuffle** 的话，那么，在之前你需要完成的是左手做的双手手上洗牌。这样，因为两个花式很相似，观众才能明白表演者技艺的高超。做 **Pincer Grip Shuffle** 时也是同样的道理。通常双手版本的换手（比如原本左手握牌，右手拿牌洗牌，换成了右手握牌，左手拿牌洗牌）相对来说比单手版本的换手要简单一些。

Standard One – Hand Riffle Shuffle ♣ ♦ ♥ ♠ ♣ ♦

　　我认为这个花式是由 Howard DeCourcey 发明并写进他的书中的。Dai Vernon 曾在他的书中不止一次介绍并为这个花式配图。Joe Cossari 也讲过这个花式，但是我认为：他那些过多的小建议完全是没有必要的，像在单手洗牌之前使纸牌横向弯曲，而且每次单手洗牌的时候要用同一副纸牌。哪个建议都是没用的。

　　首先左手握住牌，将牌置于左手手指最外关节处，小拇指和食指放在相对的两个短边，大拇指和中指、无名指放在相对的两个长边，如图 9 - 1 所示。用食指向下拨牌，然后将其放进牌的中间，把牌分成两份（图 9 - 2）。将食指插进两叠牌之间（图 9 - 3）之后，下面的半副牌就会由你的大拇指以及食指握紧并控制住。将你的大拇指、食指所控制的那半副牌向左移，中指、无名指以及小拇指所控制的那半副牌向右移的时候，你需要倾斜你的左手，利用重力控制由中指、无名指和小拇指所控制的那叠牌（图 9 - 4）。需要依赖重力的那一瞬间，是整个花式中最需要技巧的部分，而后面的 **Turning One – Hand Riffle Shuffle** 则没有这个问题。当两叠牌完全分开的时候（图 9 - 5），将左手食指放进两叠牌的中间，然后调整手指对于上半副牌的握牌动作。将两叠牌稍微地进行调整，最终它们的样子应该如图 9 - 6 所示。这个花式的另一个难点就是：在将两叠牌的牌角合拢的时候，你很难保证两叠牌都是整齐的（图 9 - 7，图 9 - 8），之后两叠牌开始被洗进去（图 9 - 9）。如果将牌从上向下洗进去也是可以的（当然，前提是你这样做很顺手）。继续向交错的两个牌角发力，让牌继续向里插（图 9 - 10）。当你在学习这个花式的时候，你可以试试在将牌向里插之前，上下调整牌角的位置，或多或少会让这个花式变得顺手一些。接下来，从理论上来说，将牌插进去的动作是一口气完成的——当第一张牌被插进去了之后，剩下的牌紧跟着就进去了。在一些近景表演中，你甚至可以减慢这个织牌的动作，让它看起来更像一个拨牌洗牌。

　　一开始的时候，你会急于寻找单手织牌的窍门。当你练习一段时间以后，你就能够找到适合你自己的那个窍门。但是织牌的时候还有一点需要注意的，那就是洗完之后最上面一张和最下面一张牌的问题。如果你不想掉牌的话，右边的那半副牌（四指所控制的）一定要比左边的（大拇指所控制的）稍微厚一点。换句话说，洗完牌之后的顶牌和底牌必须同样出自右边那叠牌。

　　当两叠牌被织到一起之后（图 9 - 11），将食指从两叠牌中间拿出来（图 9 - 12），然后将两叠牌向里推大概四分之一英寸（图 9 - 13）。同时用你的左手食指稍微控制一下两叠牌，保证它俩是整齐的（同样是图 9 - 13）。将食指在关节处弯曲，然后将两叠牌向手掌的方向压（图 9 - 14），同时别的手指要稳稳地握住牌。当你开始逐渐放松你的食指的时候，牌就会出现 **Waterfall** 的效果，并且会混到一起去（图 9 - 15，图 9 - 16）。最后用常用的方法将整副牌整理好。

　　很多人在做 **Waterfall** 的时候，会将手翻过来，换句话说他们在做 **Waterfall** 的时候牌面是朝上的，或者牌面朝上做洗牌，最后再把手翻过去做 **Waterfall**。很明显，这是根据双手洗牌的 **Waterfall** 的理论做出来的举动。然而这东西还真让我有点生气。洗牌的任何时刻都不应该以牌面朝上。我基本上每次都像图片所展示的那样做 **Waterfall**，但是没有人，即使是外行人也不会说：我看你这样倒着做 **Waterfall** 很不爽。但是，为了那些纯粹主义者，我还准备了一个反向 **Waterfall** 给你们。因为这个方法比正常的 **Waterfall** 要稍微难一点，所以我一般会把这个方法留到很重要的表演中去。我会做一个双手版本的洗牌，然后做单手洗牌配上反向 **Waterfall**，意在与双手版本的动作进行对比。而如果我要双手同时做单手洗牌、在背后做单手洗牌或者一只手做单手洗牌另一只手做些别的花式的话，那么我会选择使用简单的一般的 **Waterfall**。

当两叠牌被织到一起之后，将食指的关节弯曲，钩在两叠牌交错的位置上。然后将左手的中指弯曲，放到两叠牌的下面。食指向下，中指向上，大拇指以及无名指、小拇指向下用力。这样的话整副牌会成一个桥的形状，你就可以做出反向 **Waterfall** 了。

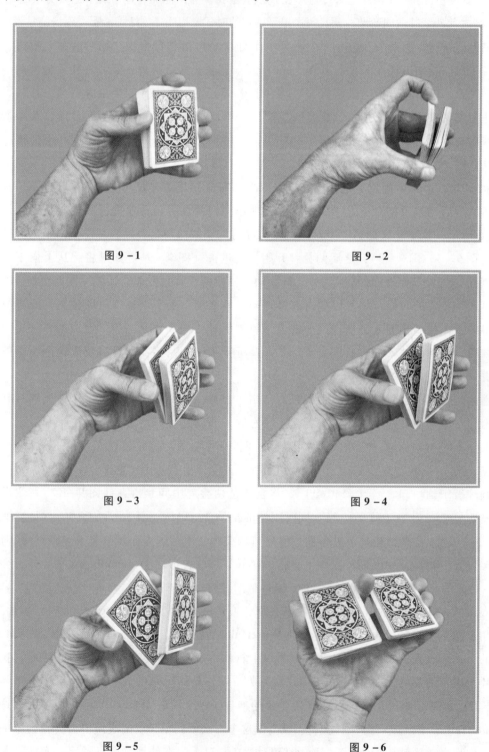

图 9－1

图 9－2

图 9－3

图 9－4

图 9－5

图 9－6

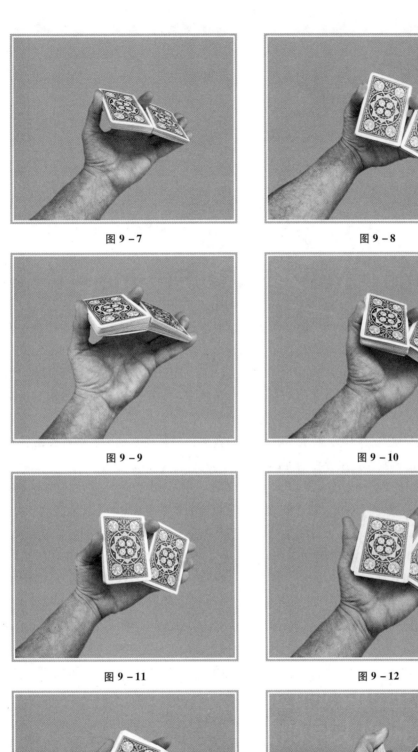

图 9 – 7

图 9 – 8

图 9 – 9

图 9 – 10

图 9 – 11

图 9 – 12

图 9 – 13

图 9 – 14

图 9 – 15

图 9 – 16

Turning One – Hand Riffle Shuffle ♣ ♦ ♥ ♠ ♣ ♦ ♥

因为这个洗牌动作当中将牌分成两份的动作关系，所以这个花式比上一个更加稳定，不容易出现什么差错。通常来说，只是一开始分牌的动作不一样，没有必要把它弄成两个不同的花式。但是，如果你做的是 **Turning One – Hand Riffle Shuffle** 的话，那么这个花式的分牌动作能够使你后面的动作更顺手。在表演的时候，我不会展示先前教你的那种单手洗牌方法，而是直接开始表演这个洗牌，就连外行人也能看出其中的区别来。

我知道很多不同的利用镰刀切牌来将牌分成两份的方法，但是说真的，它们都没有什么太大的差别，并且没有一个分牌能像我在这里教你的那么靠谱。

用你的左手握住牌：左手的中指放在牌的短边上（图 9 – 17）。你可以先以标准握牌将牌握住，然后将左手手指逆时针动一下，放到如图 9 – 17 所示的位置。用你的左手大拇指向下拨右后方的牌角（图 9 – 18），并且将大拇指插进去，大拇指关节处刚好卡在两叠牌中间（图 9 – 19）。用你的左手大拇指推动上半副牌，使其向左移动（图 9 – 20）。大拇指继续向左移动，使得上面半副牌旋转 180 度（图 9 – 21，图 9 – 22）。保证两叠牌在整个过程中一点都不散乱，然后将两叠牌的牌角按在一起（图 9 – 23）。将两叠牌织到一起（图 9 – 24 到图 9 – 26）。将食指从两叠牌中间移走（图 9 – 27）。将两叠牌相互再推进去一点，之后将食指放在两叠牌交错的地方（图 9 – 28）。用食指将整副牌向你的手掌中压，然后做 **Waterfall**，将两叠牌完全洗在一起（图 9 – 29 到图 9 – 31）。如果洗进去的那叠牌的顶牌和底牌都来自右边的那叠牌（由四指所控制的那叠），那么这个洗牌会更加稳固。你也可以将整个左手翻过来做这个动作，会同样的稳固。

图 9 – 17

图 9 – 18

图 9 – 19

图 9 - 20

图 9 - 21

图 9 - 22

图 9 - 23

图 9 - 24

图 9 - 25

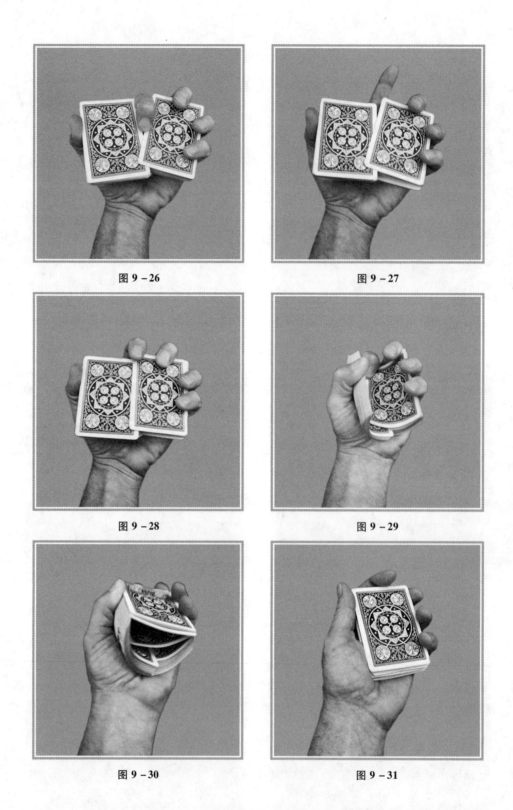

图 9 – 26

图 9 – 27

图 9 – 28

图 9 – 29

图 9 – 30

图 9 – 31

One – Hand Table Riffle Shuffle ♣♦♥♠♣♦♥♠

Dai Vernon 曾经教授过这个花式。你可以根据自己的需求来决定，最后是否以 **Waterfall** 作为这个花式的结尾。这个花式有几个不同的版本，其一就是利用大拇指代替食指来完成洗牌的动作。其二就是将长边对着观众，然后把短边洗到一起，跟标准的双手洗牌的感觉一样。如果你能做到这些的话，这个花式会相当具有观赏性。但是并不容易做到，因为你的手指必须要横跨两个长边的长度。当我尝试这个版本的时候，我就把我的手给弄伤了。

下面我们来介绍一下最基本的版本：将整副牌放在桌子上，短边朝向观众（图9－32）。用你的左手四指以及大拇指握住这副牌上半副的两个长边，将其抬起来（图9－33），然后将它放到下面半副牌的右边四分之一英寸的地方（图9－34，图9－35）。保持两叠牌不要散乱。伸出你的手，将两叠牌前面的角贴到一起（从第一人称看）（图9－36）。将小拇指放到左边半副牌的后边。然后将食指放在两叠牌牌角相交的地方（图9－37）。食指的指尖会碰到桌面。用整个手牢牢地框住整副牌（图9－38）。大拇指、中指、无名指发力，将两叠牌向中间压，同时食指向上发力，将两叠牌触碰的牌角部分向上抬（图9－39到图9－41）。两叠牌应该从下到上被织到了一起。整个过程，你的手掌要向下压住这两叠牌。

你可以用下面的方法来完成这个花式。将食指放在两叠牌交错地方的下面。通过食指将整叠牌向上弯曲，直到两叠牌交错的地方能够牢牢地贴住你的手掌（图9－42）。将食指放松，之后这两叠牌就会以 **Waterfall** 的形式合在桌子上了（图9－43，图9－44）。

如果你发现你织不了牌的话，你可以试试以下的办法。第一，确定你现在是要从最下面的牌一张一张开始织，而不是想一下子将所有的牌织好或者从最上面一张牌开始织。一旦最下面的一张牌开始被织进去，剩下的东西基本都会自动完成的。第二，确定你的手掌在整个织牌的过程中能够保证足够的压力，并且手掌能够触碰到这两叠牌。最后，这两叠牌必须是完全整齐的牌，不得有一丝的散乱或者倾斜。

图 9－32

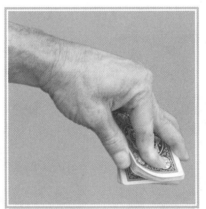

图 9－33

图 9－34

图 9－35

图 9－36

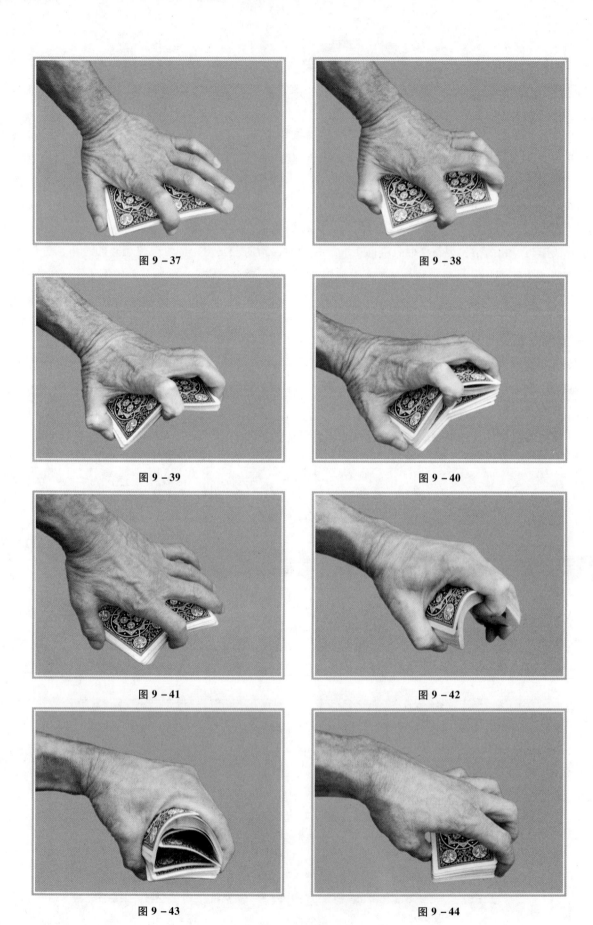

图 9 – 37

图 9 – 38

图 9 – 39

图 9 – 40

图 9 – 41

图 9 – 42

图 9 – 43

图 9 – 44

One Hand Overhand Shuffle ♣ ♦ ♥ ♠ ♣ ♦ ♥ ♠ ♣ ♦

　　这个洗牌是标准双手手上洗牌的单手版本，它不单单模仿双手的版本，并且将其变得更加优雅，看起来更具冲击力了。

　　首先用你的左手大拇指以及食指在靠下的牌角处握住两个短边（图9-45）。食指和大拇指离牌角必须足够近。将整副牌向剩下的三个手指靠近（图9-46）。一开始，中指位于牌的牌角（右面靠下的牌角）；当洗牌开始的时候，中指会移动一小点到牌的短边去，保证不让接住的牌散乱。但是如果你一开始就把中指放到牌的短边的位置，那么你的食指就没有足够的空间分下第一叠牌了。当你练到足够熟练的时候，你可以很快地从标准握牌移动到如图9-46所示的位置。用食指和大拇指将除了被分出来的那十张左右的牌以外的那一大摞牌抬起来（图9-47）。你只需要将大拇指以及食指的指尖向后拉，牌就会被分开。如果你想多分出来一点，那就多向后拉一点，能分出半副牌。如果你只想分出来几张的话，那就少向后拉一点，只分出一张牌也是有可能的。

　　将你的中指移动到被分出来的牌的远短边，这样一方面能帮着举牌，另一方面能保证整副牌不散乱。将后面那叠数量比较多的牌抬起来（图9-48，图9-49），让被分出来的那小叠牌躺在无名指以及小拇指上面。继续将后面那一大叠牌向上抬，直到两叠牌完全分开（图9-50）。将大叠牌移动到小叠的前面（图9-51）。用相同的方法放下第二叠牌（图9-52，图9-53）。再一次将主要的那叠牌向上抬，直到两叠牌完全分开（图9-54），然后把第二叠被分出来的牌放在第一叠上面。利用大拇指以及食指将握住的那叠牌降下来（图9-55），然后再分一叠牌下来（图9-56）。按照相同的方法来完成这个动作（图9-57到图9-60）。如果你在分牌的时候马马虎虎，只是随便弄弄的话，那么这个洗牌和普通的手上洗牌看起来就没什么区别了。当位于你大拇指和食指之间的那叠牌足够小的时候，将它扔到所有牌的上面来完成这个洗牌（图9-61到图9-63）。在插图中，我只将牌分成了四份，但是在你表演的时候，完全可以将牌分成七到八份来达到最好的效果。

　　就像在漫画里一样，这个切牌为我们提供了一种潜在的可能：先做双手手上洗牌，洗牌过程中将一只手拿走再拿回来，整个过程中洗牌并未中断。这个动作可以十分不经意地做出来：在洗牌过程中，表演者可以去调整它的领带，或者去看手表等。这个看起来很厉害的花式的秘密就在于不要老老实实地去做一个真正的双手手上洗牌。相反，你需要一只手做单手的手上洗牌，另一只手只是单纯地装模作样地盖在前面。就是说，你的左手做 **One - Hand Overhand Shuffle**，右手放在左手的前面，装作好像参与了洗牌一般。不要忘记右手大拇指也要跟着动一动，好像在将牌剥下来一样。接下来，你需要做的就是在洗牌过程中将右手拿走再拿回来。当我用左手学会 **One - Hand Over-hand Shuffle** 的时候，我只能假装做双手手上洗牌的左手版本。所以如果你以前没有用左手学过这个东西，而且你习惯于做双手手上洗牌的右手版本，那么我建议你还是学习右手的单手洗牌，而不要去学左手的。

图 9 – 45

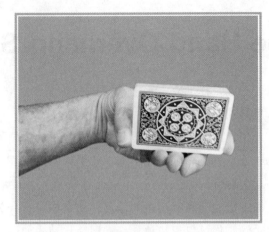

图 9 – 46

图 9 – 47

图 9 – 48

图 9 – 49

图 9 – 50

图 9 – 51

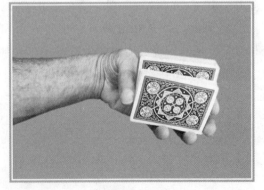

图 9 – 52

图 9 – 53

图 9 – 54

图 9 – 55

图 9 – 56

图 9 – 57

图 9 – 58

图 9 – 59

图 9 – 60

图 9 – 61

图 9 – 62

图 9 – 63

Pincer Grip Shuffle ♣ ♦ ♥ ♠ ♣ ♦ ♥ ♠ ♣ ♦ ♥ ♠ ♣ ♦ ♥ ♠

以做 **Pincer Grip Cut** 的握牌方法握好牌。无名指弯曲在整副牌的下面，右手食指放在牌的右前角上，大拇指则放在牌的左前角（图 9 – 64）。用你的大拇指和食指夹住最上面的五到六张牌（图 9 – 65）。将这一小叠牌掀起来，食指和大拇指向外拉，剩下的三个手指向里拉（图 9 – 66）。继续这个动作直到两叠牌完全分开为止（图 9 – 67，图 9 – 68）。你还必须将小拇指、无名指以及中指伸直，这样才能够使两叠牌完全分开。然后将那一小叠牌放进掌心里去（图 9 – 69 到图 9 – 72）。用你的大拇指和食指再分一叠牌下来（图 9 – 73 到图 9 – 79）。用同样的方法再分几叠牌出来（图 9 – 80 到图 9 – 86）。当除了剩下的几张牌以外，所有的牌都被移到了掌心之后，手指合回去，然后整理好（图 9 – 87 到图 9 – 89）。

当作为一个单个切牌的时候，这个花式最难的部分就是怎样将大拇指和食指所控制的那叠牌与剩下三个手指所控制的那叠分开。在将牌向前拉之前，试着用你的大拇指将上面那叠牌抬起来。然后试着将你的小拇指放在右后方的牌角上，尽量多保留一些牌不被分走。

这是《罗斯的手法魔术》（*Ross Bertram on Sleight of Hand*）这本书中，Dr. George Casaubon 那章众多精华中的一个。我一般管这个洗牌叫做单手印度洗牌。

图 9 – 64

图 9 – 65

图 9 – 66

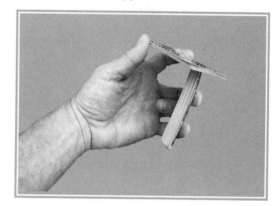

图 9 – 67

图 9 – 68

图 9 – 69

图 9 – 70

图 9 – 71

图 9 - 72

图 9 - 73

图 9 - 74

图 9 - 75

图 9 - 76

图 9 - 77

图 9 - 78

图 9 - 79

图 9 – 80

图 9 – 81

图 9 – 82

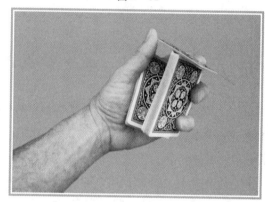

图 9 – 83

图 9 – 84

图 9 – 85

图 9 – 86

图 9 – 87

图 9-88

图 9-89

单手洗牌后记 ♣ ♦ ♥ ♠ ♣ ♦ ♥ ♠ ♣ ♦ ♥ ♠ ♣ ♦ ♥ ♠ ♣ ♦ ♥ ♠

Benzon's Shuffle。这个奇怪的洗牌在 Dai Vernon 的《纸牌魔术的更多秘密》（*More Inner Secrets of Card Magic*）中提到过。这不是一个实实在在的单手切牌，但也不是一个单手洗牌，这个花式是通过蛮力将一叠一叠的牌混合在了一起。所以毫无疑问，它会缺少单手织牌的优雅，但是确实和以往的动作有那么一点不一样。其实你用 **Charlier/Thumb "Shuffle"** 就能够完全替代它了。

More Andrus Weidness。我很喜欢 Jerry Andrus，但是有时候我不太明白他是怎么想的。我认为他的《控牌手法》（*Card Control*）里面都是常见的魔术手法。《安德鲁斯带你走进魔幻世界》（*Andrus Deal You in*）里面不只有简洁的原创效果和一些乱七八糟的畸形东西。然后在《神奇的纸牌》（*Kurious Kards*）里干脆就直接包括了很多不切实际、根本完成不了的东西了。在这些没有可能实现的东西里面，最可笑的便是那个 ***Square Shuffle*** 了。这个桌面洗牌你能在《安德鲁斯带你走进魔幻世界》（*Andrus Deal You in*）这本书里找到。准备好。首先将牌分成两份，将这两叠牌织到一起。然后将这两叠牌稍微旋转一下，使两叠牌垂直呈 "L" 字的形状。将这个 "L" 再一分为二。利用拨牌洗牌将两叠牌的四个短边中的两个短边洗在一起。呈 "U" 状。之后将这个新的、"U" 形状的、由四叠牌组成的牌再分成两份。将它们的四个短边两两洗进一英寸左右。这样整副牌就变成了一个正方形的形状。但是，虽说从理论上看起来挺可行的，但是我却不知道怎样开始做。首先，整副牌被分成了八小叠，这就意味着最后你洗进去的四叠牌，每叠就只有五到七张牌。Andrus 在他书中的插图，看起来至少用了 300 张牌。其次，正常的拨牌洗牌并不是一种能够实现完美洗牌的方法，所以洗完牌之后你总会觉得这些牌有些乱。然后就是最后一点，你辛辛苦苦地摆个四边形是要干什么啊？如果你真的像 Andrus 说的那样，做一个 "I. O. U" 的魔术，你的观众没准会特别生气。

Side Shuffles。Fox 和 Giobbi 都曾经教过这个不将短边而是将长边洗在一起的洗牌方法。Giobbi 在他的《纸牌学院》（*Card College*）中介绍了一个这样的桌面洗牌，Fox 则是利用小拇指从上向下用像在做拨牌洗牌一样的动作将牌洗在了一起。Jack Merlin 在《以及一小叠牌》（*…and a Pack of Cards*）中教授了另一种长边洗牌的方法。我认为所有利用长边洗牌的动作都不够大气。它们用了很多种不同的方法，但是没有一种方法能给人带来视觉上的享受。我教大家的 **Double and Triple Waterfall Shuffles** 是比这类洗牌要好看一点的洗牌，但是没法改变这类洗牌的本性，所以只能是让它变得好看一点点。

In – the – Hands Spring False Shuffle。这个洗牌需要在两手足够近的情况下，将一只手控制的牌用大拇指弹到另一叠牌的上面。这是一个假洗牌，虽说看起来也不太像真的把牌洗进去了吧。而且这个洗牌太过凌乱，以至于不能把它作为一个纸牌花式，Andrus 如是说。

In – the – Hands Side Spring Shuffle。做这个洗牌时，你需要握住两个长边而不是短边。然后再用大拇指将一叠牌弹进另一叠牌中间去，用这种方法完成整个洗牌。但我觉得这个洗牌一方面不够大气，另一方面太乱了。我希望有一些更好的花式洗牌方法。

Deck Expansion Shuffle。像做 **Waterfall Drop** 一样将牌压开。将牌分成两半，保证两叠牌都处于被压开的状态。从长边将一叠牌插进另一叠牌的中间来完成洗牌的动作。这样洗牌多少显得不够华丽。

Casaubon Shuffle。我认为，虽然一个连续的 **Scissor Cut** 是不错，但这不能算是洗牌。Tudor 就这样做过。跟 **One – Hand Overhand Shuffle** 很像，但是又不太一样。

接下来还有些别的东西，比如说：Casaubon 的 ***Stand – up Shuffle***。像做 **One – Hand Overhand Shuffle** 一样将牌握住。将靠下的长边贴在桌子上。然后开始做 **One – Hand Overhand Shuffle** 的动作（桌面充当了原来左手的中指、无名指以及小拇指的角色）。这就是这个洗牌——单手桌面手上洗牌。问题是并没有像双手桌面手上洗牌这样的东西存在。换句话说，这个洗牌并不是从别的洗牌演变过来的，尽管如此我们可以很明显地看出这是一个洗牌。并且是一个不错的动作，双手各拿一叠牌同时做这个切牌会使其看起来更棒。

单手 ***Wide – Reach Scissor Shuffle***。如果你有巨大无比的手，你可以先做 **Scissor Cut**，然后在两叠牌水平呈 "一" 字形的时候，将两叠牌织到一起。比起之前提到的那个单手桌面版本的洗牌，这个洗牌需要你将手伸得更开。

Somersault Riffle Shuffle。你需要对两叠牌面朝上的牌进行拨牌，然后这两叠牌则会旋转着下落，你需要让所有的牌都在牌背朝上的情况下落到桌面洗到一起。如果你能完成得很干净的话，这个洗牌看起来还是不错的，但是过高的难度和太多的不确定因素导致了它的效果不太容易出来。

Roll Shuffle。这是最新进入双手洗牌大家族的一员。首先做一个 ***Basic Waterfall Shuffle***，确保顶牌和底牌都来自右手的那半副牌。将左手松开，这样整副牌就都被右手所控制了。将右手顺时针旋转，直到这副牌的牌面朝上。将左手与右手交错，然后用左手大拇指、四指关节在下，四指指尖在上抓住牌面朝上的牌的右边。左手的食指必须接触到左边半副牌的顶牌。将右手松开，然后左手再顺时针旋转，直到整副牌再一次背面朝上。用 **Waterfall** 将两叠牌洗到一起。

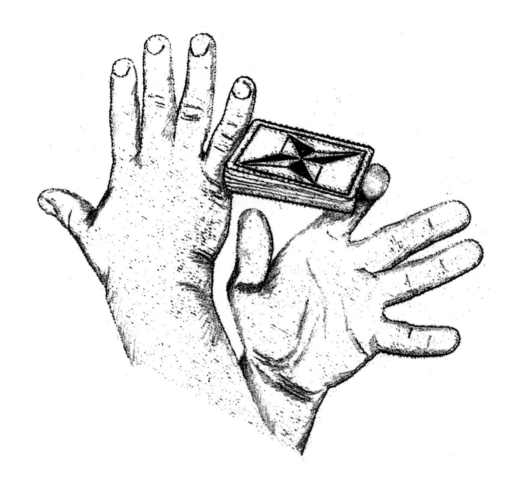

整副牌的空翻、
翻转以及旋转

整副牌的空翻、翻转以及旋转

就是通过花式为纸牌魔术师的表演添加一些亮点，这些超越平凡的亮点便是那些想要在云中漫步的人所期待的，利用纸牌花式为一个魔术师短暂的表演赋予魔鬼一般的魅惑……——Hugard 和 Braue

这一章包含了许多利用整副牌完成的动作，像整副牌的空翻、旋转或者翻滚。如果在花式发牌中加入单手的 **Deck Flip**，会让效果变得更炫。比如你可以做一个简单的 **Deck Flip** 或者 **Helicopter Deck Spin**，然后接上一个 **Twirl Deal**，随后将两个动作交替进行。也可以双手同时进行单手的整副牌的空翻，你只需要双手各拿半副牌就可以了，你可以将其加入各种单手切牌的流程当中去。天才的发明：**Flip Back** 就是一个很好的选择。双手进行整副牌的旋转往往作为一个流程中间各个动作的过渡，或者只是作为一个流程当中小小的调味料为这个流程增色。

所谓增色，我的意思是：你能够通过重复这些动作，使其成为一个流畅并且美观的动作。就像旋转一根木棒一样，你需要不断重复基础的旋转动作。这跟我之后要讲到的这些花式有着异曲同工之处。

作为各个动作的过渡，我的意思是通过一些整副牌的旋转，像 **Palm Twirl** 或者 **Corner Thumb Twirl**，让你从一个花式很自然地过渡到下一个花式。当一个舞者从一个舞台的一角移动到另一个地方时，他们不会单纯地走过去，而是会跟着律动的旋律，流畅地移动过去。同样，你在将身体向两侧转的时候，或者将双手从一个地方移动到另一个地方的时候，做这类花式都是很明智的。当然，你还可以用其中的一些来达到喜剧的效果——在等待一个动作很慢的观众就座的时候，你可以做 **Finger Twirl** 来消磨时间。

Flash Toss，**Deck Twist** 以及 **Quick Deck Spin** 都是十分迅速、随性并且华丽的花式，能够让你的观众对你的牌技肃然起敬。

将牌抛在空中的花式，我们经常能够见到，但是我并不是很喜欢。将整副牌放在你的左手手掌或者桌角上，大概有三分之一的牌露在外面，现在用你的右手手指径直向上，击打露在外面的那一部分。这会使得牌在空中翻个跟头。大多教学会告诉你，在牌翻过那艰难的半圈之后，用右手的五指将牌握住。但是我觉得，就算用这种方法能让牌转上整个 360 度也是够傻的。因为这种让牌飞起来在空中翻滚的方法并不能够让牌保持整齐。一个单手的 **Deck Flip** 或者双手的 **Twisting Deck Flip** 看上去会更好一些。一些以前从未发表的、看上去比整副牌的空翻要华丽多了的花式，将第一次在这本书中出现。

Thumb Twirl ♣ ♦ ♥ ♠ ♣ ♦ ♥ ♠ ♣ ♦ ♥ ♠ ♣ ♦ ♥ ♠ ♣ ♦ ♥ ♠ ♣

　　这几乎是所有整副牌的花式当中最不起眼的动作了，但是这个动作却十分实用，可以作为通往另一种花式的桥梁。你需要把它作为学习 **Corner Thumb Twirl** 以及 **Flash Toss** 的基础。如果你练过之前所说的 **Forward Tumble Cut** 或者跳过这里练习过后面的 **Deck Bounce** 的话，你也许已经能够做出 **Thumb Twirl** 了，只是你还不知道罢了。这个动作和一种展示牌的方法是十分相似的——假装给观众展示了一张牌的两面，实际只展示了一面而已。

　　以标准握牌将牌握住（图 10 – 1）。将你的左手大拇指放到整副牌的底下，然后将整副牌向上推到垂直的位置（图 10 – 2，图 10 – 3）。将左手翻到手心朝下（图 10 – 4）。将整副牌放到右手大拇指的上面（图 10 – 5）。然后用你的右手大拇指和四指将整叠牌夹住（图 10 – 6，图 10 – 7）。将你的右手翻过去，手心向下，然后将整副牌放到左手大拇指的顶部（图 10 – 8，图 10 – 9）。用你的左手大拇指和四指将整副牌夹住（图 10 – 10）。将左手翻过去，掌心向下（图 10 – 11），然后将整副牌放到右手的大拇指上（图10 – 12）。用你的右手大拇指和四指夹住整副牌（图 10 – 13，图 10 – 14）。我认为你已经掌握这个动作的要领了（图 10 – 15 到图 10 – 22）。在结束这个动作的时候，只要将牌背朝上地放回左手，用标准握牌将牌握好就行了（图 10 – 23，图 10 – 24）。在这个过程中，你需要做的就是将牌在双手之间来回去地翻，速度快了之后就好像牌真的在你的手中旋转一样。对于大多数花式来说，速度快是不好的。但是对于几乎所有的整副牌的旋转来说，则是越快越好。另一个让牌在你手中看起来更像旋转的方法就是增加牌旋转的幅度，就像转棒子一样。试着尽可能地扩展你手腕的活动幅度，这样牌就会比实际更像在手中旋转。但是不要动你的胳膊，如果胳膊的动作过大，会把牌的动作完全给盖下去。

图 10 – 1

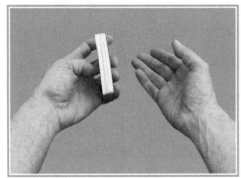

图 10 – 2

图 10 – 3

图 10 – 4

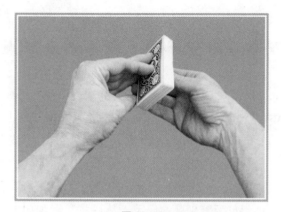

图 10 - 5

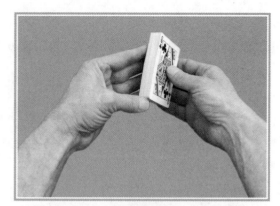

图 10 - 6

图 10 - 7

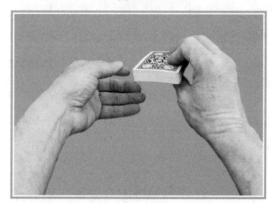

图 10 - 8

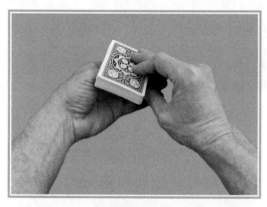

图 10 - 9

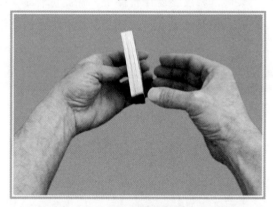

图 10 - 10

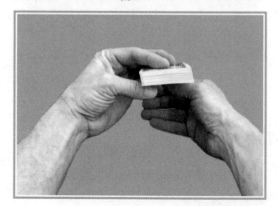

图 10 - 11

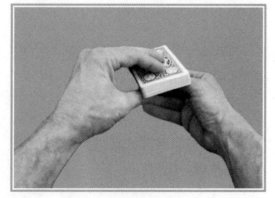

图 10 - 12

图 10 - 13

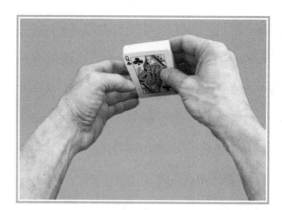

图 10 - 14

图 10 - 15

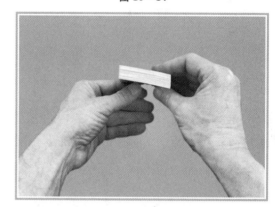

图 10 - 16

图 10 - 17

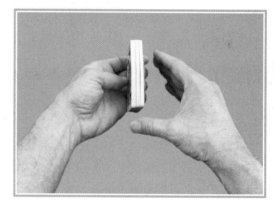

图 10 - 18

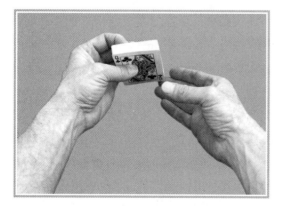

图 10 - 19

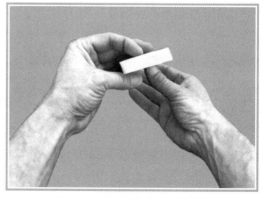

图 10 - 20

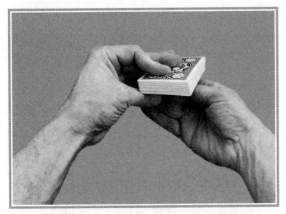

图 10 - 21

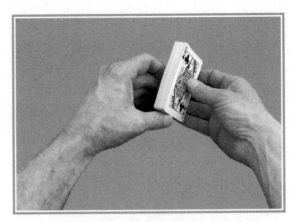

图 10 - 22

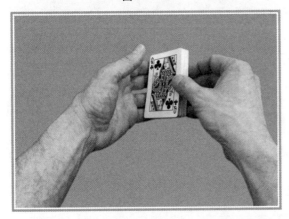

图 10 - 23

图 10 - 24

Corner Twirl ♣♦♥♠♣♦♥♠♣♦♥♠♣♦♥♠♣♦♥♠♣

关于这个花式，我要说的就是：你必须以非常快的速度完成这个花式，这样它的精髓才能被体现出来。之后的 **Corner Thumb Twirl** 能够使你更容易地将牌转快。如果你愿意的话，你完全可以只是学习现在我所说的这个花式的方法，但是不在其上下太大的功夫，而是去掌握之后讲到的 **Corner Thumb Twirl**。但是如果你做得流畅并且具有速度感的话，**Corner Twirl** 仍旧是一个非常好的动作。

用标准握牌将牌握住（图 10 - 25）。用你的右手，大拇指在上、食指和中指在下，夹住牌的右下角（图 10 - 26）。左手把牌松开（图 10 - 27）。将整副牌抬起来，使牌的左上角刚好能够触碰到你左手的掌心（图 10 - 28）。其实，到底是哪个牌角靠到你的左手掌心并不重要，将牌靠上去的唯一目的不过是利用你左手大拇指的根部使整副牌保持整齐罢了。通过将你的右手手腕逆时针旋转使得整副牌开始旋转（图 10 - 29）。将你的右手无名指放到大拇指的旁边，继续旋转（图 10 - 30）。将你的右手大拇指从整副牌面朝上的牌的下面移动到牌面上，然后将右手中指和食指陆续从牌面移动到牌背上（图 10 - 31 到图 10 - 33）。在图 10 - 31 的时候，整副牌暂时被你的右手无名指在牌背、右手食指和中指在牌面夹住。所以，从图 10 - 29 开始，你的手指动作是应该如下进行的：无名指移动到大拇指的旁边。大拇指移动到整副牌的另一边，食指的旁边。中指移动到整副牌的另一边，也就是无名指的旁边。食指移动到牌的另一边，也就是中指的旁边。这些动作会让牌继续逆时针旋转（图 10 - 34），直到你可以用你的左手大拇指、食指以及中指握住整副牌的左上角为止（图 10 - 35，图 10 - 36）。现在你的左手就承担了旋转整副牌的任务。在将整副牌的牌角触碰到你的右手掌心的情况下，开始将牌顺时针旋转（图 10 - 37）。将左手无名指放到左手大拇指的旁边（图 10 - 38）。通过跟之前一样的手指的移动（不要忘记这次换成了左手），将牌继续旋转（图 10 - 39 到图 10 - 41）。继续旋转直到你的右手大拇指和四指能够握住整副牌的右下角为止（图 10 - 42 到图 10 - 44）。继续用你的右手重复一开始逆时针旋转的动作（图 10 - 45 到图 10 - 50）。你可以继续重复这整套动作，或者将整副牌放回到你的左手手心（图 10 - 51，图 10 - 52）。

因为长时间保持整副牌一点都不散开是相当困难的，所以在做这个花式的过程当中，你需要不断地整理牌。你可以用三种不同的方法来实现这个目标。第一种方法：你可以利用你大拇指与四指之间的夹缝来引导整个旋转。第二种方法：当你的手指位于牌角的另一边的时候，利用你最方便的手指，在观众看不见的时候，通过快速整理牌不整齐的那个边或者角来使其变得整齐。第三种方法：要用到牌粉。一副被上了好多牌粉的牌是会粘在一起的。

我再强调一次，你必须以很快的速度完成这个花式，才能使牌看上去真的在旋转。利用下一个花式——**Corner Thumb Twirl**，你可以花费更少的努力来获得同样的效果。我能告诉你的好消息就是：在练习这类花式的时候，很少会有掉牌这类情况出现。当然，牌在经过几次旋转之后就会变得很不整齐。但是，如果你能够学会在过程中不断整理牌的话，这个问题也能得到很好的解决。

图 10 - 25

图 10 - 26

图 10 - 27

图 10 - 28

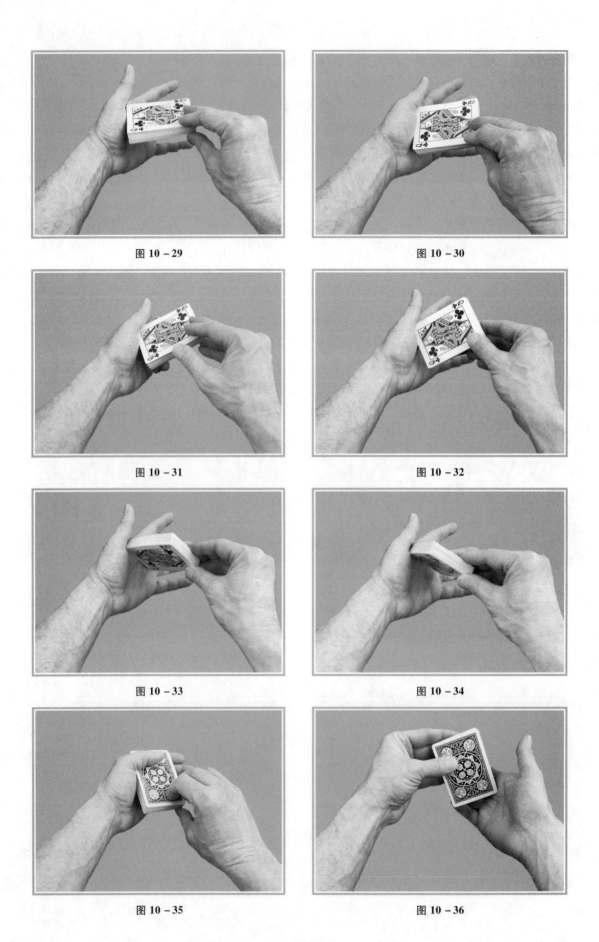

图 10 - 29

图 10 - 30

图 10 - 31

图 10 - 32

图 10 - 33

图 10 - 34

图 10 - 35

图 10 - 36

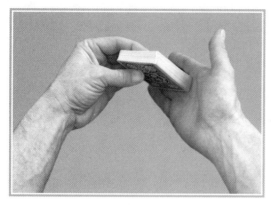

图 10 – 37

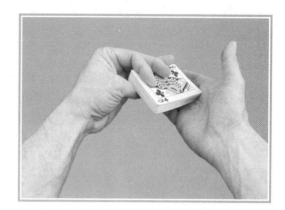

图 10 – 38

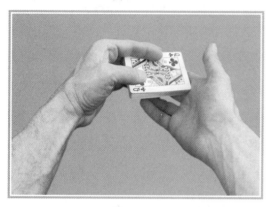

图 10 – 39

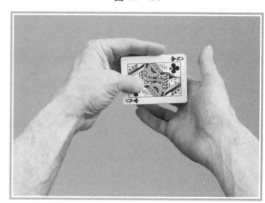

图 10 – 40

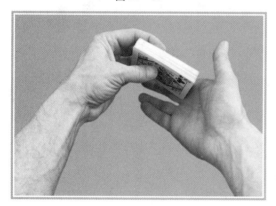

图 10 – 41

图 10 – 42

图 10 – 43

图 10 – 44

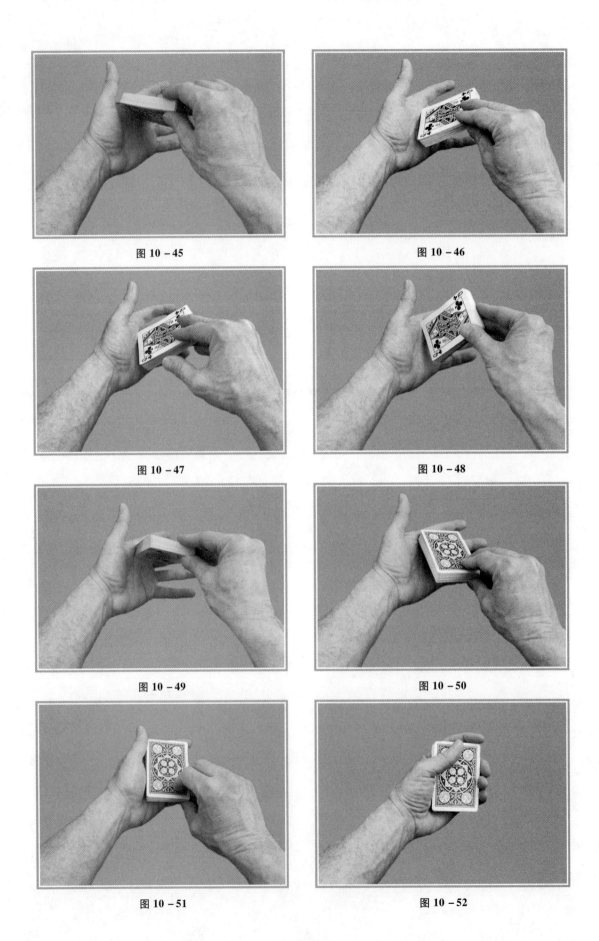

图 10 - 45

图 10 - 46

图 10 - 47

图 10 - 48

图 10 - 49

图 10 - 50

图 10 - 51

图 10 - 52

Corner Thumb Twirl ♣ ♦ ♥ ♠ ♣ ♦ ♥ ♠ ♣ ♦ ♥ ♠ ♣ ♦ ♥ ♠

这个华丽的花式是由前两个花式组合而成的。这个动作之所以看起来比刚刚教给大家的 **Corner Twirl** 要棒，是因为为了摆到 **Corner Thumb Twirl** 的起始动作，牌会自动转上一圈。当然你也需要以极快的速度完成这个花式，使其更具吸引力。

首先左手以标准握牌握住整副牌来开始这个花式（图 10 – 53）。然后开始做 **Thumb Twirl**。将左手大拇指插到整副牌的下面，将牌移动到垂直的位置（图 10 – 54）。将左手向里翻转，使整副牌几乎达到牌面朝下的状态（图 10 – 55）。将右手伸到整副牌的下面，大拇指在牌面、食指和中指在牌背，抓住牌的右下角（图 10 – 56 到 10 – 59）。要注意你的右手大拇指一开始是怎样移动到左边去的。

接下来你要做和正常的 **Corner Twirl** 同样的动作了，但是因为之前你已经做过一次 **Thumb Twirl** 了，所以在相同的动作幅度以及时间之内，牌会转两圈。

从图 10 – 59 开始，牌的右下角被右手大拇指、食指和中指握住。将右手无名指放到牌面，大拇指的旁边（图 10 – 60）。将右手逆时针旋转，直到整副牌处于牌面朝下的位置（图 10 – 61，图 10 – 62）。现在整副牌被右手大拇指无名指在下、中指食指在上握住。将右手大拇指放到右手食指的旁边，也就是整副牌的上面（图 10 – 63）。将右手中指放到右手无名指的旁边，也就是整副牌的下面（图 10 – 64）。将右手食指放到右手中指的旁边，也就是整副牌的下面（图 10 – 65）。现在整副牌被右手大拇指在上、四指在下握住。将右腕实实在在地逆时针进行旋转，来完成整个花式的最后一次旋转（图 10 – 66，图 10 – 67）。将整副牌面向下的牌放回左手掌心（图 10 – 68，图 10 – 69），重新以标准握牌将牌握好。注意左手在图 10 – 59 之后就再也没有动过。

你可以重复整个花式来获得更好的效果，或者你也可以用右手来学习这个动作。用右手来学习这个动作意味着你将以右手握牌为开始动作来完成整个花式。所有的动作都是相同的，但是双手的任务是相反的。进行一次 **Thumb Twirl** 使牌从左手移动到右手掌心。你可以将 **Thumb Twirl** 添加到 **Corner Thumb Twirl** 的结尾部分。其实说实话，你可以用你喜欢的方式连接所有连续的转牌：**Palm Twirl**，**Finger Twirl**，**Corner Twirl**，**Thumb Twirl** 以及 **Corner Thumb Twirl**。你还可以用它们和相似的切牌组成流程：**Drop Cuts**，**Forward Tumble Cut**，**Reverse Cut**，以及 **Twirl Cut**。但是要切记：每次结束的时候，必须以标准握牌将牌整整齐齐地握好。

有好多种不同的方法能使整副牌的旋转看起来更华丽更宏伟。使旋转的整副牌从左到右，再从右到左，在你的身前形成一条轨迹，就好像牌是一个陀螺在你的手上旋转似的。也可以在你的手左右缓慢移动的时候加上上下的摆动。但是在整个过程中，你的胳膊尽量不要大幅度地摆动。要将观众的注意力尽量集中在流畅的转牌上面，就好像它是靠着自己的意志力进行旋转的。如同旋转短棒、木棍或者鼓槌一样，这一类动作（胳膊的动作）都是越小越好。

图 10 – 53

图 10 – 54

图 10 – 55

图 10 – 56

图 10 – 57

图 10 – 58

图 10 – 59

图 10 – 60

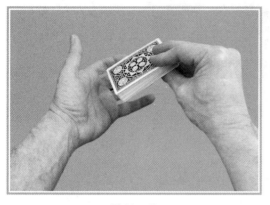

图 10 - 61

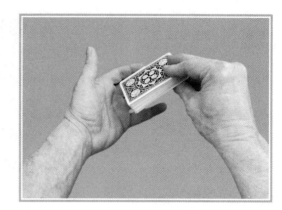

图 10 - 62

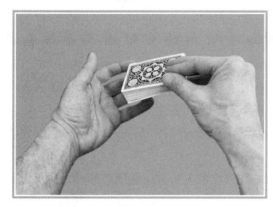

图 10 - 63

图 10 - 64

图 10 - 65

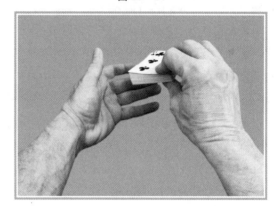

图 10 - 66

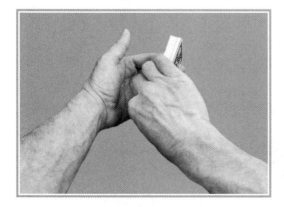

图 10 - 67

图 10 - 68

♥♠

图 10 - 69

Palm Twirl ♣♦♥♠♣♦♥♠♣♦♥♠♣♦♥♠♣♦♥♠♣♦

　　这是一个十分出色的转牌，它有着自己独一无二的优势；并且能够跟 **Finger Twirl** 接起来，效果相当理想。**Palm Twirl** 最大的一个特点就是在表演过程当中，使用其能够很轻松地将整副牌弄整齐。你可以在做 **Finger Twirl** 期间，利用 **Palm Twirl** 来保证整副牌的整齐。在我们学习完这两个动作之后，我会告诉你具体该怎样做。

　　首先左手以标准握牌将牌握住。在这种情况下，你必须将你的左手食指放到牌的远短边那里。右手向下，小拇指在最前面，让你的右手接近牌的近短边（图 10 - 70）。将右手小拇指放到近短边的下面，然后通过将右手向上移动，将牌的一段向上提（图 10 - 71，图 10 - 72）。在将整副牌抬到几乎要牌面朝上的时候，右手大拇指在下、四指在上将牌的近短边（在几秒钟之前还是牌的远短边的那个边）握住（图10 - 73）。将右手向前翻直到牌的牌背朝上（图 10 - 74 到图 10 - 76）。左手小拇指在图 10 - 76 时是触碰到牌的。将右手食指从整副牌的最下面移动到最上面去（图 10 - 77）。将右手大拇指从牌的上面移动到下面去（图 10 - 78）。将右手向回拉，整副牌便会旋转（图 10 - 79，图 10 - 80），直到能用左手掌心握住它（图 10 - 81，图 10 - 82）。这就是利用 **Palm Twirl** 转一个整圈的动作，你可以在没有间隔的情况下，重复地转一圈又一圈。

　　做一个 **Palm Twirl**，之后返回到标准握牌，立即开始一个 **Paddlewheel Cut**，结束之后再立即接上一个 **Palm Twirl**。或者做一个 **Palm Twirl** 之后将手背翘起来，使牌面对着观众。在牌面朝向观众的情况下，做一个 **Quick Deck Spin**，然后开一个 **Pressure Fan**。在牌面朝向观众的情况下做一个 **Twirl Close**，最后再做一个 **Palm Twirl**，这样整副牌就会回到标准握牌的位置。

图 10 - 70

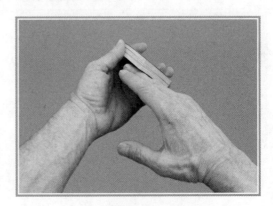

图 10 - 71

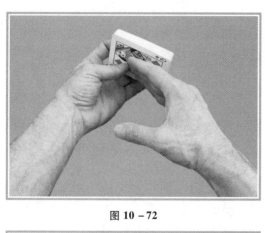

图 10 - 72

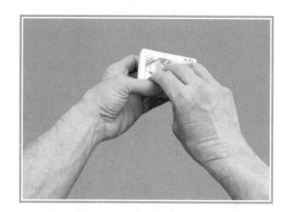

图 10 - 73

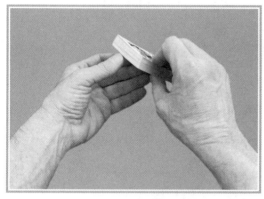

图 10 - 74

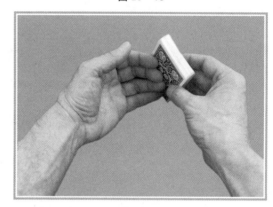

图 10 - 75

图 10 - 76

图 10 - 77

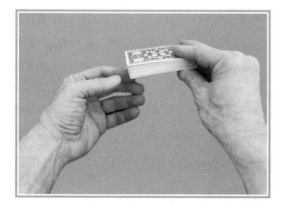

图 10 - 78

图 10 - 79

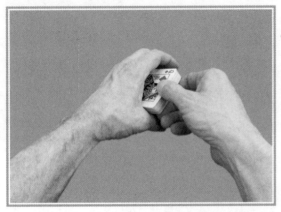

图 10 - 80

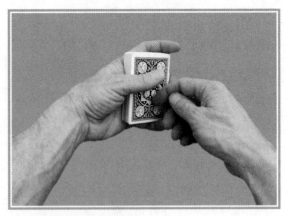

图 10 - 81

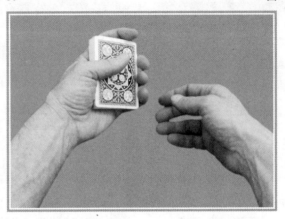

图 10 - 82

Finger Twirl ♣♦♥♠♣♦♥♠♣♦♥♠♣♦♥♠♣♦♥♠♣

Finger Twirl 是一个十分合理的动作，和常见的利用短棒或者木棒做出的动作很相似。从理论上来讲，整副牌会在两根食指之间旋转。但事实上，我们还需要一些别的手指来提供一些帮助才可以。

首先左手以标准握牌握住牌（图 10 - 83）。用你伸直了的右手食指放到整副牌的远短边上面去（图 10 - 84）。用你的右手大拇指和食指夹住牌的远短边（图 10 - 85），然后将整副牌向前滑，放到左手食指的上面（图 10 - 86）。将左手食指伸直，并且将左手大拇指缩回去（图 10 - 87）。右手带着整副牌向里翻（图 10 - 88）。当你能够把左手大拇指放到牌的远短边下面，并且用左手大拇指和食指将整副牌夹住的时候（图 10 - 89），将右手大拇指松开，并且将右手食指伸直（图 10 - 90）。在你将右手食指伸直的同时，将近短边向上并且向前推（图 10 - 91，图 10 - 92），同时将左手食指和大拇指握住的短边向里拉，直到你的右手大拇指能够放到牌的远短边的下面为止（图 10 - 93）。将整副牌向里翻（图 10 - 94），直到你可以再一次用左手握住整副牌（图 10 - 95）。立即松开右手大拇指，将整副牌向里翻直到你的右手大拇指可以再一次握住牌（图 10 - 96 到图 10 - 101）。继续做下去直到你的手上长满老茧，或者最后将整副牌推到左手掌心，用标准握牌将其握好（图 10 - 102 到图 10 - 109）。

这个花式最纠结的部分还是在于怎样能够保证牌的整齐，以及怎样将这个翻滚做得更快。你可以用你的两个无名指的关节来蹭牌的长边使其保持整齐，但是我认为最好的选择莫过于在流程中穿插

Palm Twirl 来整理牌。具体的方法是：先做 Finger Twirl，然后将牌用标准握牌握住，之后做一个 Palm Twirl，最后你还是用左手以标准握牌将牌握住。接着重新开始做 Finger Twirl。你利用 Finger Twirl 在你的身体前炫耀，然后利用 Palm Twirl 来整理牌。

这也是一个需要速度的花式，如果你做慢了，那么整个花式的效果就会大打折扣。

图 10 – 83

图 10 – 84

图 10 – 85

图 10 – 86

图 10 – 87

图 10 – 88

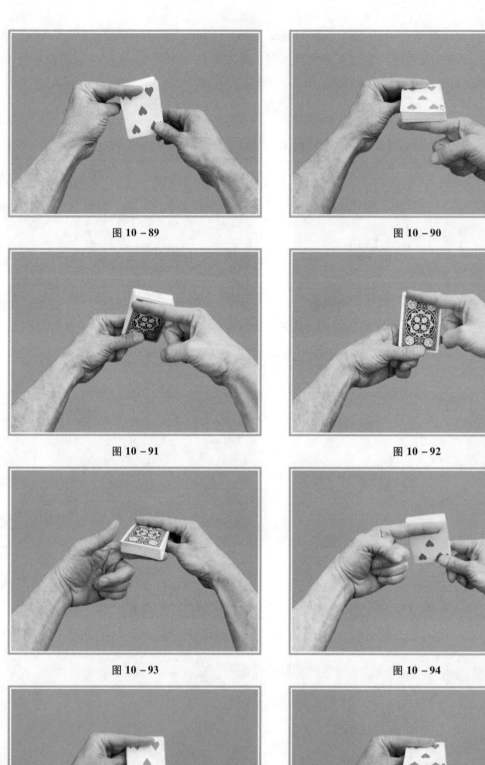

图 10 – 89

图 10 – 90

图 10 – 91

图 10 – 92

图 10 – 93

图 10 – 94

图 10 – 95

图 10 – 96

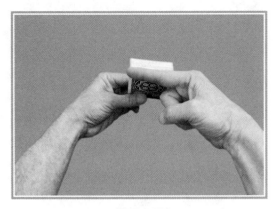

图 10 - 97

图 10 - 98

图 10 - 99

图 10 - 100

图 10 - 101

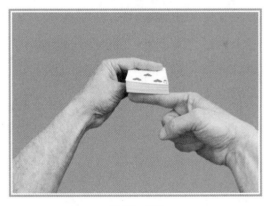

图 10 - 102

图 10 - 103

图 10 - 104

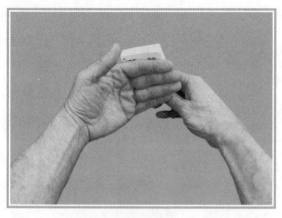

图 10 - 105

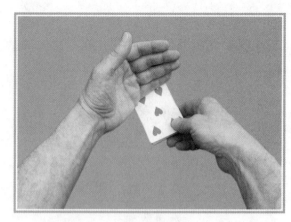

图 10 - 106

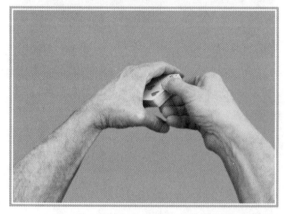

图 10 - 107

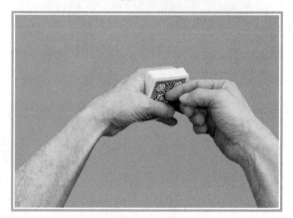

图 10 - 108

图 10 - 109

Quick Deck Spin ♣♦♥♠♣♦♥♠♣♦♥♠♣♦♥♠♣♦

　　如果你在做这个花式的时候，你身体的左侧对着观众，将牌的牌面展示给观众看，那么这个花式才能够达到最好的效果。插图则展示了如果观众在你的左边，并且能够看到牌面的话，你将看到的东西。试着尽可能多地把牌面展示给观众。就算你只将整副牌旋转了一次，用你的手指握住牌的两个长边快速地旋转，也使其看起来像旋转了好几次一样。

左手以标准握牌将牌握好，将左手食指弯曲放到整副牌的下面，然后通过左手食指发力，将整副牌推到左手掌心的上方（图 10 – 110）。将左手食指弯曲，这样只有食指的指甲能够触碰到整副牌底牌的中心部位。用你的右手食指在牌的右长边，大拇指在牌的另一个长边，在另一侧将牌握住。右手中指放在整副牌靠里靠下的那个牌角的位置（图 10 – 111）。剩下的右手手指全部弯曲。松开左手的大拇指、中指、无名指和小拇指以及位于牌左边的右手大拇指，左手食指的指甲始终位于底牌的中间位置（图 10 – 112）。当你松开左手手指的时候，将右手中指向右推，这样整副牌就会在被右手食指和中指夹着的情况下，在左手食指的指甲上转一圈（图 10 – 113 到图 10 – 116）。整副牌应该会完整地旋转360 度，直到你可以用你的左手大拇指碰到牌的左长边为止（图 10 – 117）。将左手食指伸直，将整副牌放回左手，重新以标准握牌将牌握住（图 10 – 118，图 10 – 119）。

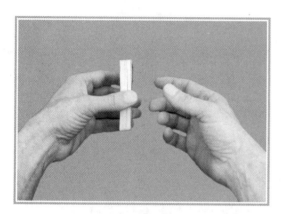

图 10 – 110

图 10 – 111

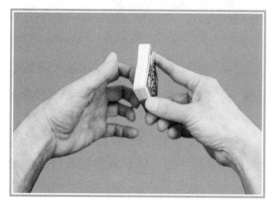

图 10 – 112

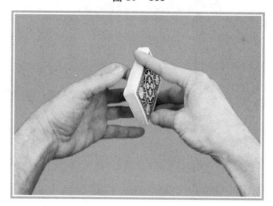

图 10 – 113

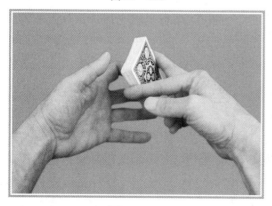

图 10 – 114

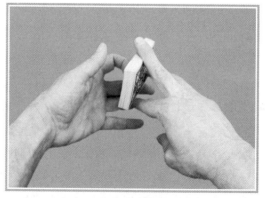

图 10 – 115

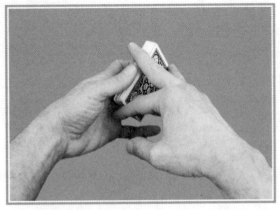

图 10 – 116

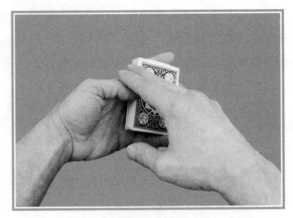

图 10 – 117

图 10 – 118

图 10 – 119

Deck Twist ♣♦♥♠♣♦♥♠♣♦♥♠♣♦♥♠♣♦♥♠♣♦

　　左手以标准握牌将牌握住（图 10 – 120）。这次你的左手食指必须放在牌的远短边，左手小拇指必须放在牌的近短边。事实上，牌是被你的左手食指和小拇指握住的，以这种姿势将牌抬起来（图 10 – 121）。右手以与左手完全相对的动作将牌夹住（图 10 – 122）。所以，现在牌被右手的食指在远长边，小拇指在近长边夹在了中间。用右手带着牌一起逆时针旋转（从上向下看），将除了小拇指以外所有的左手手指都依次放开（图 10 – 123 到图 10 – 126）。用左手的小拇指按住牌的短边，双手的小拇指一直在一起，直到你必须用你的右手小拇指将牌带走为止（图 10 – 127）。当你的右手已经尽自己最大的努力逆时针旋转到不能再转的位置时，只有右手食指触碰到牌（图 10 – 128）。而左手，只有左手的小拇指触碰到了牌。所以……现在整副牌被你的左手小拇指和右手食指夹在了中间。将整个动作反过去，将右手逆时针转回去（图 10 – 129）。当双手以牌为中心对称的时候（图 10 – 130），将左右手和牌当作一个整体顺时针旋转（图 10 – 131，图 10 – 132）。再一次用你的左手将整副牌握住（图 10 – 133）。将左手以及牌顺时针旋转到不能再转为止，在你必须用左手的小拇指将整副牌带走之前，双手的小拇指始终是在一起的（图 10 – 134）。当左手旋转到不能再旋转的时候，整副牌被你的左手食指以及右手小拇指所夹住（图 10 – 135）。将双手再逆时针旋转一次，直到牌被你的右手食指以及左手小拇指夹住为止（图 10 - 136 到图 10 - 141）。将双手再一次顺时针旋转，直到能够将牌很方便地放回左手为止（图 10 - 142 到图 10 - 148）。将牌放回到左手，再一次以标准握牌将牌握好（图 10 - 149）。整个动作可以概括为：整副牌向右旋转到极限，然后向左旋转到极限，再向右旋转到极限，再向左直到牌放回到左手为止。

图 10 - 120

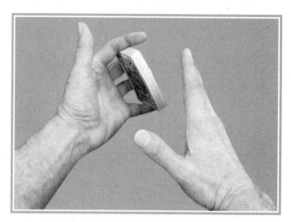

图 10 - 121

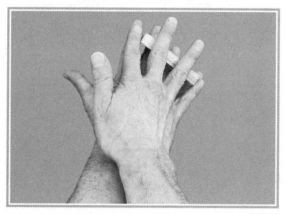

图 10 - 122

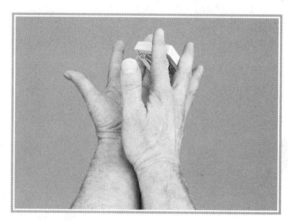

图 10 - 123

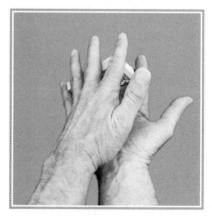

图 10 - 124

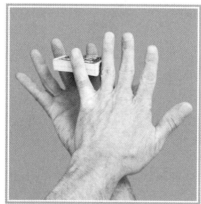

图 10 - 125

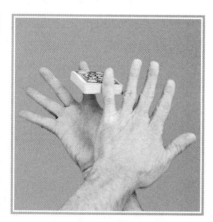

图 10 - 126

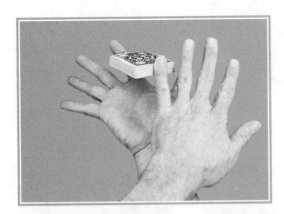

图 10－127

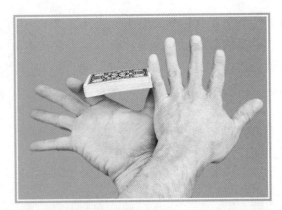

图 10－128

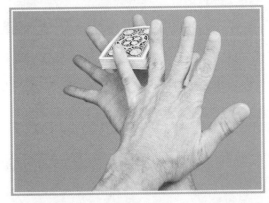

图 10－129

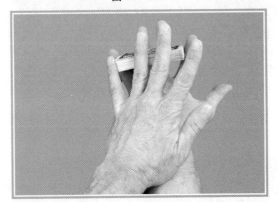

图 10－130

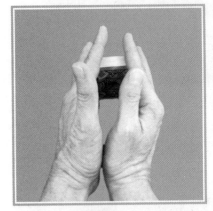

图 10－131

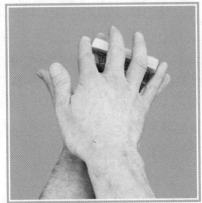

图 10－132

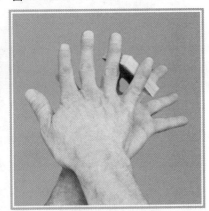

图 10－133

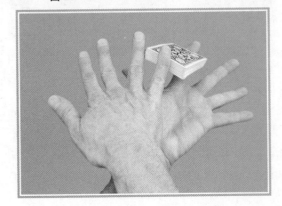

图 10－134

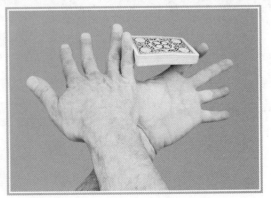

图 10－135

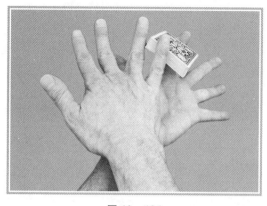

图 10 – 136

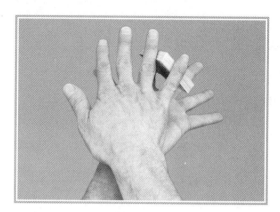

图 10 – 137

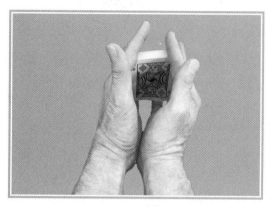

图 10 – 138

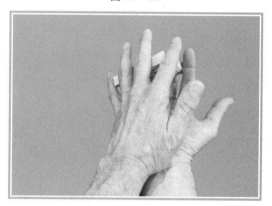

图 10 – 139

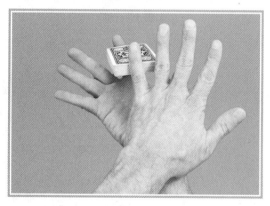

图 10 – 140

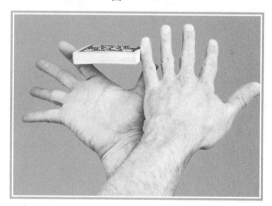

图 10 – 141

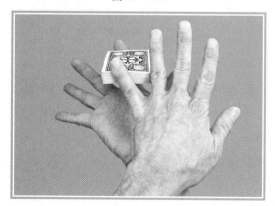

图 10 – 142

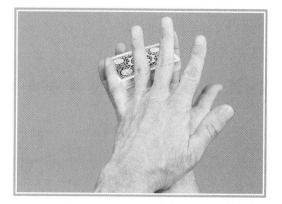

图 10 – 143

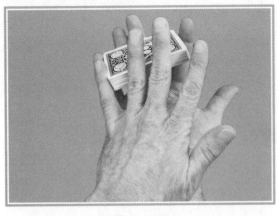

图 10 – 144

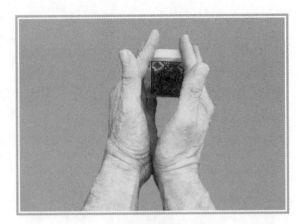

图 10 – 145

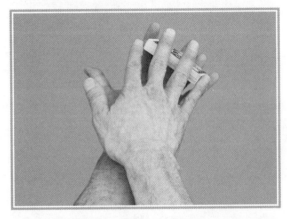

图 10 – 146

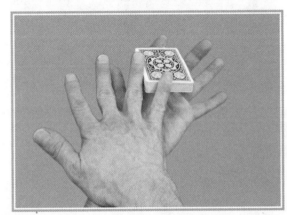

图 10 – 147

图 10 – 148

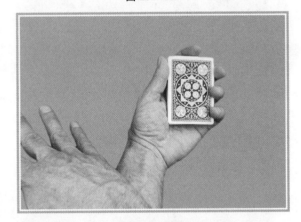

图 10 – 149

Flash Toss ♣ ♦ ♥ ♠ ♣ ♦ ♥ ♠ ♣ ♦ ♥ ♠ ♣ ♦ ♥ ♠ ♣ ♦ ♥ ♠ ♣ ♦

　　这个看起来很棒的动作是由 **Thumb Twirl** 和一个比较少见的整副牌的旋转动作组成的。当你搞清楚了其中的原理，你会发现这个花式十分容易并且十分有趣。插图并没有展示出这个花式实际的那种令人震撼的效果，所以不要让这些插图迷惑了你。如果你能够以足够快的速度很流畅地完成这个花式，观众会认为你是在双手间扔一副旋转着的牌。

这些插图是从上向下拍摄的。左手用标准握牌将整副牌握住（图10-150）。用你的左手大拇指将整副牌推到垂直的位置（图10-151）。右手将牌翻过去，翻到牌面朝下（图10-152）。用你的右手大拇指（图10-153）以及右手四指（图10-154，图10-155）将整副牌握住。在将牌翻转成牌背朝上的过程中，将右手提到比左手高十二英寸的位置（图10-156到图10-160），然后将手再翻过去一点（图10-161）。将刚刚的动作反过来做，使牌面再一次朝上（图10-162到图10-164）。将整副牌从你的右手手指上滚下来，翻到牌背朝上，使其落到左手手心当中去（图10-165，图10-166）。你需要如行云流水般地完成这个动作才能体现出其精华。为了以慢动作来展示这个动作，我把将牌在右翻转、然后扔回左手掌心的动作分解成了好几步。事实上，在图10-163的时候，整副牌就已经被抛了出去。尽管如此，牌还是会从你的右手手指上滚出来，转半圈之后落到左手掌心里去。

首先，左手放在比右手高一点的地方，做一个 **Thumb Twirl**。然后将右手向上升，在你的右手达到最高点的时候，将右手手腕顺时针快速地旋转。然后将牌扔回你的左手。最后，在你将牌扔回左手的时候，双手至少要相距一英尺，最好是两英尺。在插图中没有能够很好地展示出双手的距离，是为了更好地、并且更清晰地向大家展示这个花式的基础动作。

图 10-150

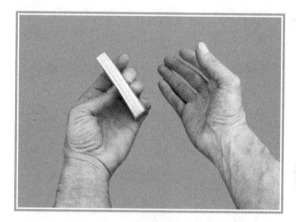

图 10-151

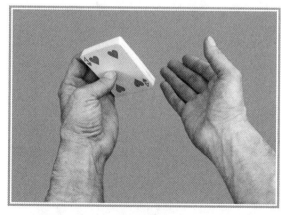

图 10-152

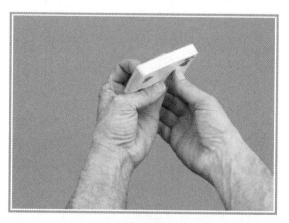

图 10-153

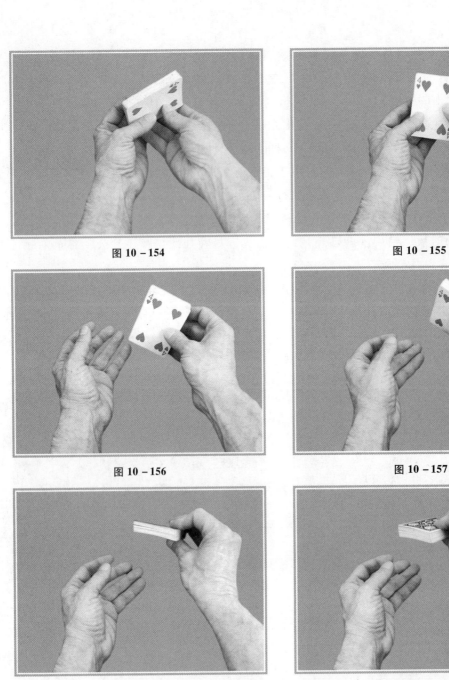

图 10 - 154

图 10 - 155

图 10 - 156

图 10 - 157

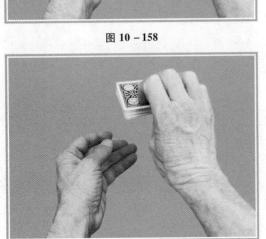

图 10 - 158

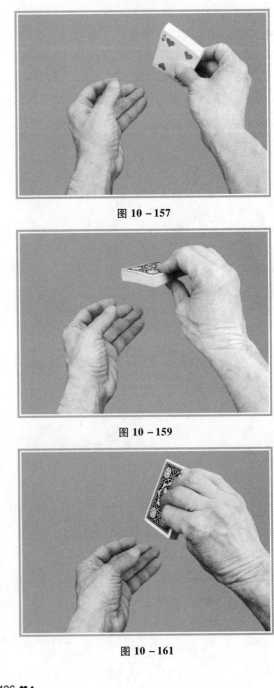

图 10 - 159

图 10 - 160

图 10 - 161

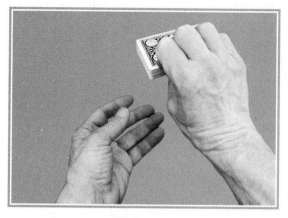

图 10 – 162

图 10 – 163

图 10 – 164

图 10 – 165

图 10 – 166

Regrip Flip ♣♦♥♠♣♦♥♠♣♦♥♠♣♦♥♠♣♦♥♠♣♦

从插图上来看，你也许会觉得 **Regrip Flip** 看起来不怎么样，但是如果和别的花式组合过后，它能够成为一个比它本身更复杂、更具观赏性的动作。比如在做 **Forward Tumble Cut** 的时候，你可以用右手的半副牌来做 **Regrip Flip**。**Charlier Combo Cut** 也是同样的道理。交替着做 **Regrip Flip** 以及 **Two – Hand Twirl**，就能够做出一个相当具有观赏性的效果。或者你也可以试着快速地连续做五

六个 **Regrip Flip**——这能够达到整副牌在被单手旋转着的效果。千万不要赤裸裸地出现停顿，比如做一个 **Regrip Flip**，停一下，看着观众，做出吃惊的表情。这不是你应该卖弄的东西。这是一个为了花式而创造出的花式，它是能够给别的更炫的花式润色的动作。

以标准握牌将牌握住（图 10 – 167）。用大拇指将牌推到垂直的位置（图 10 – 168）。将整副牌翻至牌面朝下（图 10 – 169 到图 10 – 171）。用你的大拇指在下、四指在上握住整副牌。将整副牌松开，让其在空中降落（图 10 – 172）。将左手迅速移动到整副牌的下面，重新用标准握牌姿势握住牌（图 10 – 173 到图 10 – 176）。

就像插图所描绘的那样，**Regrip Flip** 是一个比较稳定的花式，你可以用半副牌来完成它。如果牌的状态好的话，你可以试着增加牌的旋转。

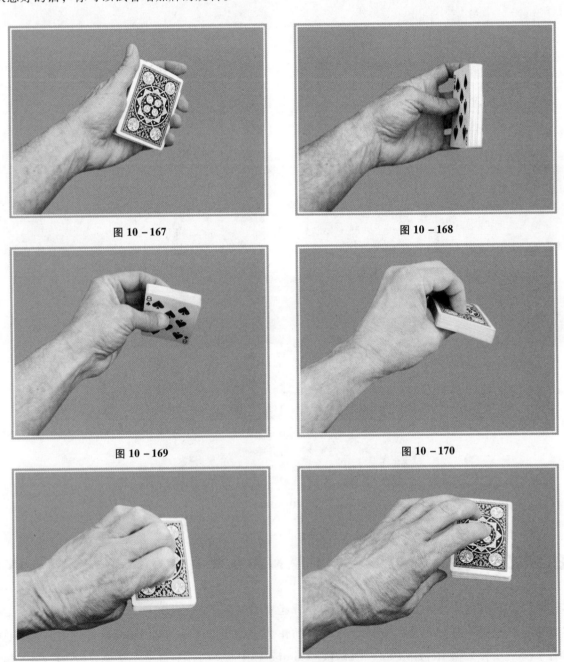

图 10 – 167

图 10 – 168

图 10 – 169

图 10 – 170

图 10 – 171

图 10 – 172

图 10 - 173

图 10 - 174

图 10 - 175

图 10 - 176

Flip Back ♣♦♥♠♣♦♥♠♣♦♥♠♣♦♥♠♣♦♥♠♣♦♥

　　这个花式出自极具创造力的神人 De'vo Vom Schattenreich。幸运的是，这个花式并不是特别难，虽说如果你能熟练并且流畅地完成它，绝对能够让观众惊叹你双手的灵活度。这绝对是一个伟大的花式，一方面这个花式的性价比绝对是一流的，另一方面这个花式真的是酷毙了。

　　左手用标准握牌将整副牌握住（图 10 - 177）。用你的大拇指以及小拇指在牌的两端（两个相对的牌角）将整副牌夹住，就好像你要准备做 Erdnase——那个众所周知的单手移牌一样（图 10 - 178）。注意：你的大拇指并不是放在整副牌的上面，而是顶在牌的短边上的。还要注意整副牌已经被你的大拇指和小拇指夹住了，所以你能够移走剩下的三根手指（图 10 - 179）。你能够，但是不要这样去做。相反地，将三根手指弯曲，放到整副牌的下面（图 10 - 180）。将手旋转，使大拇指朝向右方（图 10 - 181）。继续将手旋转，直到整副牌再一次牌背朝上，放在手指的关节上边（图 10 - 182，图 10 - 183）。继续这个动作，直到牌位于水平面（图 10 - 184）。这时，整副牌还是被小拇指和大拇指整整齐齐地夹着。将四指伸直（图 10 - 185）。现在整副牌被很华丽地展示给了观众。让牌落在你的手背上。每一个观众都会认为：你是将牌扔出去然后用手背接住的，但当他们尝试着重复你的动作的时候，他们注定会体验到牌散一地的感觉，这时，他们就会相信你是个技艺高超的大师了。好好练习，直到你能够在没有很明显手指动作的情况下很快地完成 Flip Back 这个动作为止。

现在，我们开始返回到一开始标准握牌的姿势。如果牌已经有些散开了的话，你只需要将牌向上扔一点点，然后很快地将手掌翻转，接住牌，用标准握牌的姿势将其握住就好了。但是，如果一切都没有问题，你只需要将这个花式的基础动作反着做就可以了。从图 10 - 185 开始，用小拇指和大拇指再次将整副牌夹住（图 10 - 186）。将手旋转，然后将四指伸直（图 10 - 187 到图 10 - 190）。再一次用标准握牌姿势将牌握住（图 10 - 191）。

双手各用一副牌同时做这个动作或者将其应用到 **Charlier Combo Cut** 当中去。

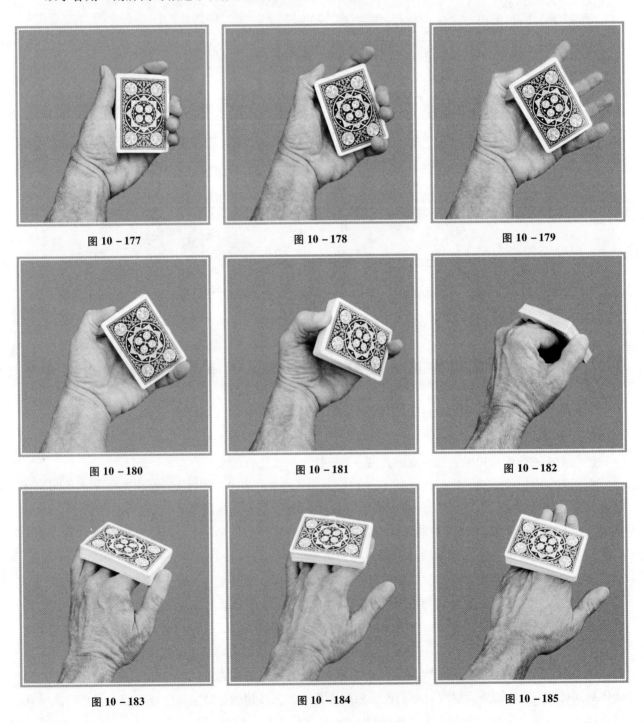

图 10 - 177

图 10 - 178

图 10 - 179

图 10 - 180

图 10 - 181

图 10 - 182

图 10 - 183

图 10 - 184

图 10 - 185

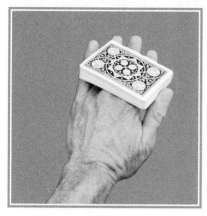

图 10 – 186

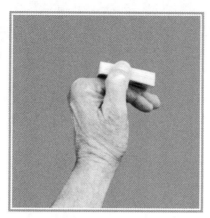

图 10 – 187

图 10 – 188

图 10 – 189

图 10 – 190

图 10 – 191

Deck Flip ♣ ♦ ♥ ♠ ♣ ♦ ♥ ♠ ♣ ♦ ♥ ♠ ♣ ♦ ♥ ♠ ♣ ♦ ♥ ♠ ♣ ♦ ♥

　　这个动作有双手完成的版本，有将牌在双手之间互扔的版本，还有单手的版本。将整副牌用左手握住，就好像你要做一个 **Roll Throw Cut** 一样，但是在这个花式当中，你要把整副牌当作在 **Roll Throw Cut** 里的上半副牌。换句话说，将左手食指和小拇指放到整副牌的下面，中指和无名指则在整副牌的上面（图 10 – 192），然后让牌在空中翻一到两圈（图 10 – 193 到图 10 – 196）。再用左手将其接住（图 10 – 197），或者将其扔进右手掌心。当双手各拿半副牌，将牌同时向相对的手扔的时候，这个花式会看上去非常有感觉。如果牌的状态够好，你可以一连将牌空翻好几次。飞一整副牌可比飞两叠半副牌要难不只一倍。当你飞一整副牌的时候，记得保证其完全整齐。不要想着用这样的一副牌——其中有一张牌是弯曲的——来完成这个花式。如果你想在桌子上做一个迅速出四 A 的花式，将四张 A 翻过来，弯曲，放到整副牌的底下。在做 **Deck Flip** 的同时，四张 A 就会从牌底飞出来，落到你的右手。

图 10 – 192　　　　　　　　图 10 – 193　　　　　　　　图 10 – 194

图 10 – 195　　　　　　　　图 10 – 196　　　　　　　　图 10 – 197

Helicopter Deck Spin ♣ ♦ ♥ ♠ ♣ ♦ ♥ ♠ ♣ ♦ ♥ ♠ ♣ ♦ ♥

　　如果你已经学会了单手和双手版本的 **Helicopter Throw Cut**，那么试着用一整副牌而不是半副牌来完成这个动作：将食指和中指放在整副牌的上面，无名指和小拇指放在整副牌的下面（图 10 – 198）。通过中指和无名指用力，使整副牌逆时针旋转着飞起来（图 10 – 199）。做这个动作的时候，如果你给牌足够的力量（图 10 – 200），牌会在空中旋转 360 度，然后落回到你的掌心（图 10 – 201 到图 10 – 203）。让牌旋转一次或者两次。或者用右手将整副牌接住。

　　第二种扔牌的方法如下所示。如图 10 – 204 将牌握住。大拇指在整副牌的上面，四指在下面。将整副牌扔出去，顺时针旋转一次（图 10 – 205 到图 10 – 208）之后，用与扔牌相同的手（图 10 – 209）

或者另一只手将整副牌接住。如果你愿意的话，可以让牌在空中多转几圈。如果你想让牌在空中多转几圈的话，用半副牌会相对容易一些。

用第一种方法，你可以将其添加在你的单手切牌流程当中去。第二种方法，你可以试着将牌扔出去，绕身体飞行，然后在身后将其接住。

如果你一直在用双手做 **Helicopter Throw Cut**，那么 **Helicopter Deck Spin** 绝对是一个非常棒也非常迅速的过渡动作。与一些花式发牌结合起来，会使流程变得很华丽，我建议你去相关的章节找一下我提到的这些过渡动作的用法。另一个超酷的玩法就是：在双手同时做单手切牌的时候，将右手的半副牌从身体后面扔出去，然后用右手在身体前方将牌接住，当然，在这期间，你的左手在不停地进行各种单手切牌。

图 10 - 198

图 10 - 199

图 10 - 200

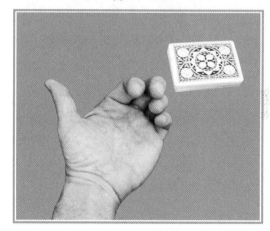

图 10 - 201

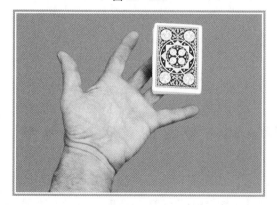

图 10 - 202

图 10 - 203

图 10 - 204

图 10 - 205

图 10 - 206

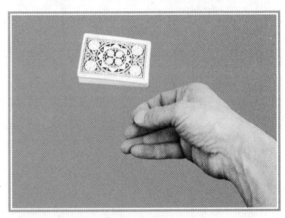

图 10 - 207

图 10 - 208

图 10 - 209

Twisting Deck Flip ♣♦♥♠♣♦♥♠♣♦♥♠♣♦♥♠♣

如果你曾经将牌放到牌盒里，那么握住牌盒的短边，然后手指用力，试着将整副牌在空中翻一个跟头，这样你就能够观察到一个现象，这个现象在物理学中跟 **Twisting Deck Flip** 有着密切的联系。当你给一个长方形的物体的短边施加动量或者别的什么东西，整副牌会在空中翻滚，并且在你试着只让其进行空翻的时候，它还会旋转。你的目标就是将牌飞出去，让其在空中很干净、很慢地翻一个跟头；通常还会加上一些斜向的旋转。在做这类动作的时候你必须保证：整副牌是十分整齐的，并且在空中不会有强风。让牌在空中分开的罪魁祸首就是弯了的牌，或者一叠弯了的牌或者是用得太旧的一副牌。如果空气能够进入两张牌之间，那么整副牌就会在这个地方分开。如果你要达到这个目的的话，那很好。刚开的新牌，没有上过牌粉，就能够在空中毫不费力地翻滚，这是因为两张牌之间是没有空气的。想要达到同样的效果，上牌粉是一个很不错的选择。

终于，我们回到 **Twisting Deck Flip** 了。将牌用标准握牌握在左手，并且用你的右手紧紧地握住牌的右下角，大拇指在上，食指、中指在下（图 10 - 210）。千万不要用任何的方式将牌弄得有一点不整齐——要保持它还像在牌盒里一样。事实上，在任何学习整副牌的旋转或者空翻的时候，你都可以先用一副放在牌盒里的牌来练习。现在，将牌向里翻，以短边为翻滚的中心（图 10 - 211）。将牌落到左手掌心里去（图 10 - 212）。一开始只让牌转一圈，然后试着让其转两圈。转一圈的时候，在一开始，牌可能只在空中翻滚但是并不旋转——如果真的是这样的话，你就发现了一种简单的花式。如果牌在空中翻两圈的话，那么牌就必须空翻外加旋转了，比起光空翻要华丽得多。以短边为轴心将牌翻滚两圈以上是很难的。但是如果利用长边为轴心的话，翻两三圈就没有什么压力，当然，牌的状态必须很好才可以。

这些牌的翻滚都不是一些很夸张的东西。为了使牌不分开，整副牌必须很快地翻滚，使得这个动作很难被肉眼或者相机捕捉到。如果是整副牌的话，我倒觉得使用效果相似、但是更容易的 **Flash Toss** 比较好一些。

用半副牌来完成这个花式会使失败的概率减少好多。事实上，我一般利用这个花式来完成一个双手切牌。首先，左手标准握牌。用右手将上面半副牌分出牌，握住，使其翻滚着旋转，同时迅速用左手手指将在手上的那半副牌抬起来。用你的左手手掌将落下的牌接住（图 10 - 213），然后将被左手四指抬起来的牌放下来。你也可以将这个方法应用到花式发牌当中去。只用一张牌来完成这个动作，将牌以这种方式发到桌面上。

图 10 - 210

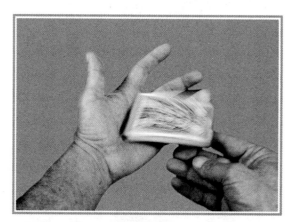

图 10 - 211

图 10 – 212

图 10 – 213

Arm Roll ♣♦♥♠♣♦♥♠♣♦♥♠♣♦♥♠♣♦♥♠♣♦♥

这个花式没有什么新鲜的，但是永远很难做好。

将左臂伸开，就好像要做手臂展牌一样（图 10 – 214）。手臂要保持水平，并且要与观众视线平行，使观众能够看到牌在你的手臂上滚动。用右手握住整副牌：大拇指在一个短边，食指、中指、无名指在另一个短边。将手指控制的那个短边放到左臂上，手肘的前方（图 10 – 215）。通过大拇指向前推，然后将整个手全部松开，将牌向左手四指的方向翻滚（图 10 – 216 到图 10 – 218）。整副牌至多旋转 360 度，然后用左手将其接住（图 10 – 219）。牌实际翻滚的角度取决于你手臂的长度，以及你开始翻滚的位置，你可以如图 10 – 219 所示将牌接住，或者用食指顶住的是牌的长边。一开始你可以将其放在牌盒里，用胶水将其粘住或者用皮筋绑住，然后寻找最合适的旋转角度。在牌开始翻滚的时候，牌的牌角会触碰到你的手臂上，将左臂向回拉，使得左手接牌的时候更顺手一些。

你必须使用特别新的牌。任何一点的弯折都会让牌在你表演的时候，在观众的面前，完完全全地散开。或者相当多的牌粉也能够使整副牌变成一坨。

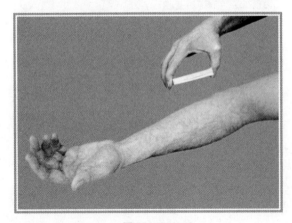

图 10 – 214

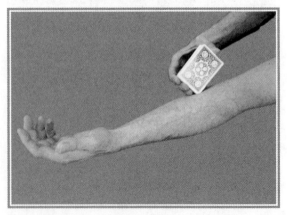

图 10 – 215

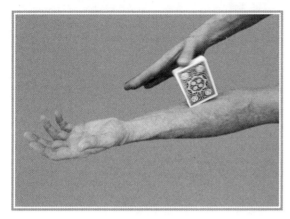

图 10 - 216

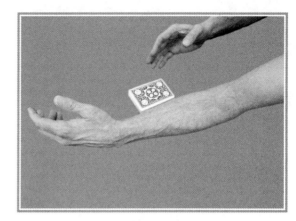

图 10 - 217

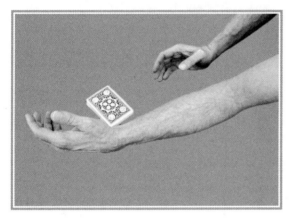

图 10 - 218

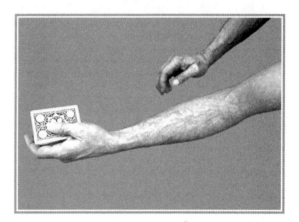

图 10 - 219

桌面花式

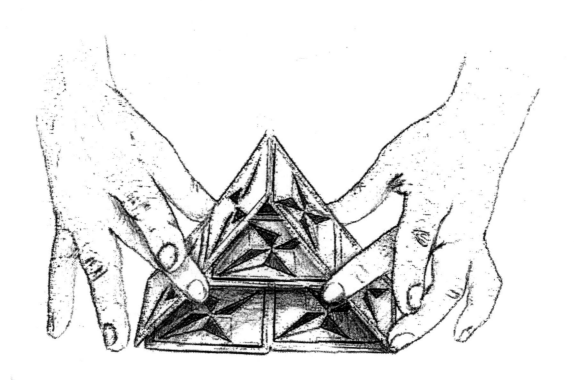

桌面花式

　　从心理学的角度来说，专家们会强烈建议表演者将纸牌花式加入他们的表演当中，尽管这与一个普通魔术师的一般建议不太一样。但是一些不太聪明的观众会真的相信你拥有超越一般魔术师的能力。——Charles Eastman

　　如果你做的纸牌花式足够华丽，表演足够吸引人的话，观众给你的赞许将会超越"一个优秀的魔术师"，上升为"纸牌的天才"。

　　我在其他章节中已经介绍过一些桌面洗牌了。它们分别是 **One – Hand Table Riffle Shuffle** 以及双手版本的 **Spring Shuffle** 和 **Flat Drop Shuffle**。在桌面做 **Cross – Hand Waterfall Shuffle** 跟在半空中做这个花式的效果一样好。

　　我不认为一般的桌面花式能像"在手中完成"的花式一样震撼。因为桌面的花式很显然没有别的花式做起来那么冒险——因为有桌子，所以牌不会有掉下去的危险。并且在做桌面花式的时候，你活动的空间是相当受限的。另外，因为大多数人都会坐在桌前玩牌，所以桌面花式还是所有花式里面看起来最自然的。所有用牌完成的最常见的动作，比如洗牌、切牌以及发牌，一般都是在桌面上完成的。

　　所以在这一章里，你能够看到华丽的桌面切牌，以及整副牌的花式和一些以桌面为基础完成的动作。

　　这一章也有关于花式发牌的讲述，但是只有普通的花式发牌，跟那些发底牌、发二张、发中间牌、发两张等以欺骗为目的的手法是区分开的。为了保证这本书主题的明确性，那些以炫耀为目的，但是没有魔术效果的花式，像单手发二张什么的，在这里我是不会讲解的（更不会教你单手发中间牌了），但是这绝对不意味着你要在这方面限制自己，我没有涉及这些东西只是因为篇幅所限，导致我没法写进那些花式、手法。但是我保证：我讲的这些花式发牌一定能够给你的花式增光添彩。

　　毫无疑问，Jerry Andrus 是桌面展牌的王者。他在他的《神奇的纸牌》（*Kurious Kards*）以及《安德鲁斯带你走进魔术世界》（*Andrus Deals You In*）中都讲解了桌面展牌，并且这个花式绝对能够让你兴奋不已。不幸的是，这些华丽的效果需要毁牌的弯牌，一次又一次的浪费时间的完美洗牌（有些情况下甚至需要完美洗三次或者四次牌）。我会给你一些我收集并整理的 Andrus 的花式理念，并且我十分推荐你去看看他的书，进行深入的研究。我看过 Andrus 的表演，他基本上是每一个展牌都用不同的一副牌。在表演之前，有的牌有可能已经被弯成了"S"形，然后将半副牌反过来，之后用完美洗牌将它们洗在一起，在表演之前一直放在牌盒里。虽说这种异乎寻常的展牌的确是很好看，但是这种方法就好像是用不同的小提琴来拉相同的协奏曲的相同旋律。这个花式真正好看的地方是由牌被惨不忍睹地弯曲，并且提前准备好而达成的。为了避免不断地换牌，你必须在观众面前不漏声色地去做这些浪费时间的弯牌和洗牌。不断地换牌或者浪费时间的准备使得我们在表演的时候不能够过多地去做 Andrus 的展牌。而且，如果你只有一副牌的话，为了表演 Andrus 的花式，你把牌弄弯之后，就做不了别的花式了。在这里我要告诉你的是：我发现了在 Andrus 的展牌中最常见的现象和理念。如果你要寻找别的可能性的话，那么请你自己去拜读他的大作。就连 Andrus 自己有的时候也不能够发现自己创造的东西有什么价值，比如他会给你这样的标题"瞎玩的一些东西"，或者干脆直接写出来"我也找不出这东西的用途"。

如果你想瞎玩点什么东西的话，去发明一个好看点的桌面切牌不是很好吗。我曾经因为这里面提到的桌面切牌而抓坏桌子。桌子就像是第三只手，所以桌面切牌能够为那些复杂的连续切牌提供无限的可能性。一只懒惰的、平平的、没有手指的手，但是还是能够为切牌提供很大的帮助。

Two – Hand Twirl Deal ♣♦♥♠♣♦♥♠♣♦♥♠♣♦

如果用这个动作与 **Regrip Flip**、单手的 **Helicopter Deck Spin** 或者 **Deck Flip** 这些花式交替着做的话，绝对能给观众带来视觉上的冲击。先做一个 **Two – Hand Twirl Deal**，做一个左手版本的 **Regrip Flip**，再做一个 **Two – Hand Twirl Deal**，然后做一个一圈的 **Deck Flip**，还做一个 **Two – Hand Twirl Deal**，再做一个 **Regrip Flip**……这样继续。这个花式最困难的地方在于要时刻保证整副牌的整齐。你可以用你的左手快速地整理一下牌，但是最好还是一直保持其不乱。或者你干脆就一直用 **Regrip Flip** 好了，因为用完 **Regrip Flip** 之后整副牌会变得十分整齐。

首先，用标准握牌将牌握住（图 11 – 1）。用你的左手大拇指将顶牌向右推（图 11 – 2）。然后用右手食指以及中指将这张牌夹住（图 11 – 3）。将这张牌在右手的手指间旋转（图 11 – 4 到图 11 – 9）。如果你想获取关于转牌这个动作更多的细节的话，就去看下一章的 **Card Twirl** 吧。当这张牌处于右手的无名指以及小拇指中间的时候（图 11 – 9，图 11 – 10），将右手大拇指放到牌面上去（图 11 – 11），然后将这张牌正面朝上发到桌子上（图 11 – 12）或者将其扔到更远的位置。

如果你不但想做转牌的动作，还想将这张牌牌背朝上发到桌子上，你可以用被 Marlo 称为 **The Cook's Move** 的动作。用你的左手大拇指将顶牌向右推（图 11 – 13）。将右手的大拇指插到这张牌的下面（图 11 – 14）。然后将右手的大拇指向左按，通过左手的关节以及指甲将这张牌翻过来（图 11 – 15，图 11 – 16）。然后用右手的食指和中指将这张翻过来的牌夹住（图 11 – 17）。然后再做一次旋转，这次当牌旋转到无名指和小拇指之间的时候，就应该是牌背朝上了。

如果你准备去做反方向的旋转的话，比起学习反方向的旋转，你还不如改进一下你的发牌方式呢。

图 11 – 1

图 11 – 2

图 11 – 3

图 11 – 4

图 11 - 5

图 11 - 6

图 11 - 7

图 11 - 8

图 11 - 9

图 11 - 10

图 11 - 11

图 11 - 12

图 11 – 13

图 11 – 14

图 11 – 15

图 11 – 16

图 11 – 17

One – Hand Twirl Deal ♣ ♦ ♥ ♠ ♣ ♦ ♥ ♠ ♣ ♦ ♥ ♠ ♣ ♦

我们经常能看到别人，其中还包括外行使用这个发牌方式。左手用标准握牌握住整副牌，然后用你左手的大拇指将顶牌向右推，使这张牌以一个圆弧的轨迹向右滑动。如果你在做这个发牌之前，做一个一张牌版本的 **Helicopter Throw Cut** 的话，你一定会吸引额外的目光。

有一个很好的发明单手花式发牌的理论，那就是在将牌发出去之前，让其在手指间旋转。将顶牌撬起来，使其能够被食指、中指，或者无名指、小拇指夹住。选择其中之一就是你自己的事了，通常来说，这个选择取决于你转牌的方向。如果你准备顺时针旋转的话，那么将牌从食指移动到小拇指的位置。我之所以说通常来说，是因为你不光可以从食指或者小拇指开始做顺时针旋转，还可以做逆时针旋转。如果你要做连续的单手转牌的话，那么我建议你每次转的时候最好都用相同的方法，这样一方面很流畅，另一方面能显出你做得很熟练。当然，在你练习的时候，转完一次可以紧接着转第二次。我习惯将牌夹在食指以及中指之间然后开始旋转。不用说，当你做 One – Hand Twirl Deal 的时候，最后你一定会将这张牌发到你的前面或者别的什么地方。这张牌在你的手指间转多少次取决于你自己，但是为了保证正常的发牌节奏，在所有的手指间转一次就完全够了。换句话说就是，这张牌被夹在食指和中指之间，然后会转到中指和无名指之间，之后到无名指和小拇指之间，最后到桌子上。

首先用一个地地道道的标准握牌握住牌（图 11 – 18）。将顶牌向右推（图 11 – 19）。将食指插到顶牌的下面（图 11 – 20）。通过你的食指将牌翘起到垂直的位置，然后到牌面朝上的位置（图 11 – 21 到图 11 – 23）。旋转这张牌（图 11 – 24 到图 11 – 32）。如果你想让这张牌牌背朝上落在桌子上，那么将牌放在桌子上便可（图 11 – 33）。但是，如果你想让它在接触桌子的时候牌面朝上，那么在图 11 – 28 的时候就应该停止旋转，或者到图 11 – 32 的时候还不能停止，继续转，直到这张牌的牌面朝上。

但是这个发牌，还有之前所说的 Two – Hand Twirl Deal，以及后面的 Roll Deal 都有一个小缺点，那就是不能掩藏发下来的是什么牌。如果你发牌的时候，是想把牌的牌面朝上发在桌子上的话，这是一点问题都没有的。但是如果你是在做一个魔术，尽管你在发牌的时候不想暴露它的牌面，但你却想用一个花式发牌，那么 Multiple Deal 或者在下一章将要讲到的、利用惯性的旋转来发牌没准能得到不错的效果。在下一章将要介绍的所有的射牌可能都能作为一个花式发牌来使用。Pinkie Propulsion 也许是最适合花式发牌的射牌了。你要给予一张牌最小的初速度，使其能落在桌子上，而不是飞在空中五英尺远。但是控制这张牌的初速度也并不是一件简单的事。

图 11 – 18

图 11 – 19

图 11 – 20

图 11 – 21

图 11 – 22

图 11 – 23

图 11 - 24

图 11 - 25

图 11 - 26

图 11 - 27

图 11 - 28

图 11 - 29

图 11 - 30

图 11 - 31

图 11 - 32

图 11 - 33

Two – Hand Roll Deal ♣♦♥♠♣♦♥♠♣♦♥♠♣♦♥

　　将牌掷着发出去，能使发牌这个动作看起来很花哨。用接下来我介绍的这两种方法都能取得同样的效果，但是利用右手将牌掷出去要比用左手单手完成整个花式简单得多。

　　左手以标准握牌将牌握住，左手大拇指将最上面的一张牌向右推（图 11 - 34）。利用右手拿住这张牌（右手大拇指在上，四指在下，拿住这张牌的右长边）（图 11 - 35）。每个手指必须都触碰这张牌的下面才可以。然后快速地将这张牌的右长边向上提（图 11 - 36），随后将这张牌牌背朝上掷到桌子上（图 11 - 37，图 11 - 38）。这张牌在空中转了一圈，然后牌背向上落到了桌子上。你在将牌掷出去之前，可以通过调整右手距离桌面的高度来调节这张牌旋转的圈数，从而使这张牌牌面朝上落到桌子上。或者你也可以利用 Marlo 的 **The Cook's Move** 来达到使其牌面朝上的效果。经过练习来实现这张牌不带倾斜地、平稳地落在桌子上的目的。我们需要调整的还有右手与桌子之间的距离。八英寸对于我来说是最合适的。

　　这个发牌的另一个不错的版本是通过握住牌的右边靠里的牌角，然后做一个一张牌版本的 **Twisting Deck Flip** 来实现的。

图 11 - 34

图 11 - 35

图 11 - 36

图 11 - 37

图 11 - 38

One – Hand Roll Deal ♣ ♦ ♥ ♠ ♣ ♦ ♥ ♠ ♣ ♦ ♥ ♠ ♣ ♦ ♥

　　纸牌，往往都是有些弹性的，所以在它们弯曲的时候，一般会充满着物理学家们所说的"潜在动力学能量"。这个发牌将会用到这种力量，用来控制牌发出去的方式以及着陆的地点。就像双手版本一样，如果你足够熟练的话，牌会像被磁铁吸住一样，很稳很整齐地落在桌子上。

　　用左手大拇指将顶牌向右推，然后将左手的食指以及小拇指插进顶牌的下面（图 11 - 39，图 11 - 40）。四指在牌的右长边提供向上的压力，左手大拇指一开始提供向下的压力，然后突然松开，使得牌飞出去，并且落到桌面上（图 11 - 41 到图 11 - 43）。如图所示的飞牌会使得牌转一圈后，牌背朝上地落到桌子上。当然，如果牌转了一圈半，那么就将是牌面朝上地落到桌子上了。和上一个花式一样，这里的诀窍就是要控制好桌面与手之间的距离。当你找到了适合你的高度，那么你下次做这个花式的时候，就保持这个高度。对于我来说，如果让牌转一圈半后，牌面朝上地落到桌面上的话，十二英寸是最好的选择。因为单手版本的 **Roll Deal** 会被牌挡住，所以需要与桌面之间的距离会比双手版本的稍微大一点，毕竟被牌挡住的左手是没有办法像右手一样让牌转起来的。

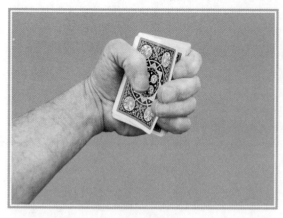

图 11 - 39

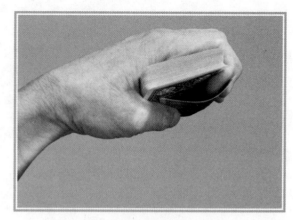

图 11 - 40

图 11 - 41

图 11 - 42

图 11 - 43

Multiple Deal ♣♦♥♠♣♦♥♠♣♦♥♠♣♦♥♠♣♦♥♠

这个花式能够发四人份的牌，而且是同时发四人份的牌。

几年前我看到过一个叫做逆向发牌（我认为它是这个名字）的发牌技巧。这个花式需要同时发出四张或者五张牌，右手通过逆时针旋转来完成发牌的动作。因为我一般都是顺时针发牌，所以我就想出了接下来要介绍的这个版本。如果你想要做原始的逆时针发牌的话，那么你看完我的描述之后跟其比较一下，选择你喜欢的方法学习就好。

这就是我在纸牌游戏中同时发四份牌的方法。用标准握牌将牌握住，然后用左手大拇指像开扇一样推出三张牌（图11-44）。用你手心向下的右手拿住这三张牌（四指在下，大拇指在上）（图11-45，图11-46）。通过大拇指向右、四指向左让这个扇子开得更大（图11-47）。当你在做这个动作的时候，将你的右手向前移动，同时用左手的大拇指将现在的顶牌向右推。将你右手的那些牌展得越开越好，然后以很快的速度将牌一张一张地发出去（图11-48到图11-51）。同时将左手大拇指所控制的那张牌推到桌子上去。掌握好时机，使这四张牌看起来就像是同时被发出去的一样。继续发牌，直到发够你所需要的牌为止（图11-52到图11-61）。在两次发牌之间不要有任何的间隙；这样，发四份牌的时间其实就跟发五张单牌的时间是一样的。

在四张牌看起来像是同时被发出去的情况下，这个花式看上去是最华丽的。但是事实上，这四张牌是按照这样的顺序被发出去的：左手那家，对家，自己，最后是右手那家。加快发牌的速度使得牌看上去像是同时被发出去的一样。右手可以作为一个遮挡物，用来遮住你的发牌动作。

图 11-44

图 11-45

图 11-46

图 11-47

图 11 – 48

图 11 – 49

图 11 – 50

图 11 – 51

图 11 – 52

图 11 – 53

图 11 - 54

图 11 - 55

图 11 - 56

图 11 - 57

图 11 - 58

图 11 - 59

图 11 – 60

图 11 – 61

Basic Ribbon Spread and Turnover ♣ ♦ ♥ ♠ ♣

这个花式十分容易，并且很常见到。我在这里进行教学只不过是为了这本书的完整性而已。

用右手握住牌，大拇指位于牌的一个长边，四指则位于另一个长边。将牌放到桌子上，然后将四指放置在牌的（从第一人称）右长边（图 11 – 62）。在四指向下施加压力的同时，将牌向左展开，将牌展成一个平滑而又均匀的长带（图 11 – 63，图 11 – 64）。将整个长带翻转（图 11 – 65 到图 11 – 67）。将牌"铲"起来，整理好（图 11 – 68 到图 11 – 71）。然后去做别的表演。

当然也有好多种不同的做 Ribbon Spread 的方法。第一种，就是将牌弹到桌面上，但是我并不推荐这种方法，因为这种方法会把整个展牌弄得很不整齐。第二种，就是我们偶尔能够见到的"扔展牌"。使用这种方法同样也无法展出一个又长又好看的展牌。如果你要做扔展牌的话，就让牌的长边与牌垫以很平的角度相撞。这样的话，每次你扔下来的牌都会先撞到之前的底牌。用合适的力量将牌扔出去，牌就会因为惯性而向前飞。一副没有打过牌粉的牌是最适合这个花式的，但是不打牌粉无疑会让你的别的花式效果大打折扣。

另外值得一提的就是，还有一些很实用的方法：那就是通过不同的握牌达到用不同的手指展牌的效果。图 11 – 72 展示了怎样用大拇指展牌，而图 11 – 73 则展示了利用食指展牌的方法。你握牌的是哪只手以及展牌的方向都是你用哪个手指来展牌的决定性因素。比如，如果你要用右手将牌从左向右展开，那么你用四指展牌就显得有点尴尬，用大拇指展牌也不是这么顺手，这时候你就会发现用右手食指是最好的选择。夸张一点，如果你用右手大拇指将牌从右向左展，这个动作就会显得异常畸形。这就是如何来运用这三种握牌的方法。当你学到之后的 Double Spread 以及 Upright Spread 的时候，我相信你会对我上面的话有更深的理解。

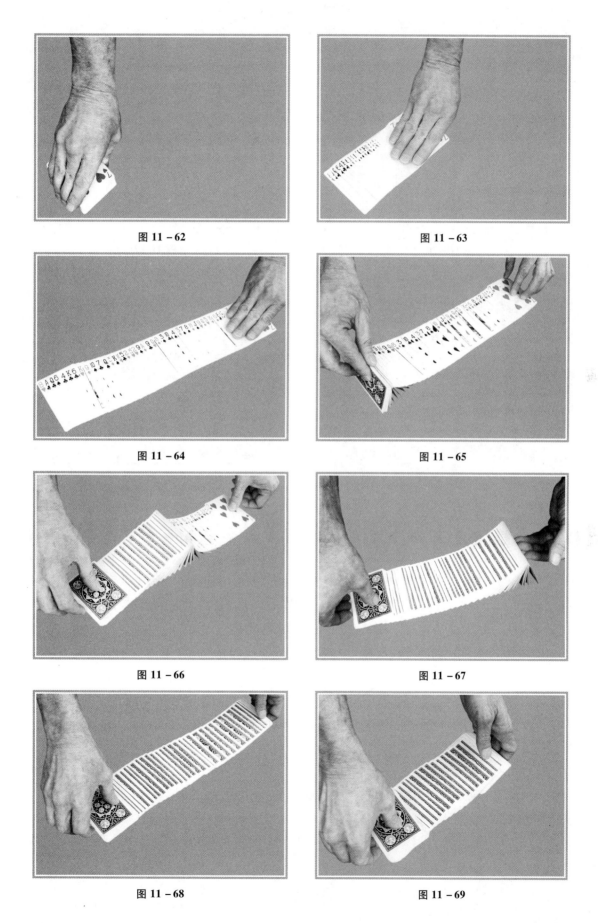

图 11 - 62

图 11 - 63

图 11 - 64

图 11 - 65

图 11 - 66

图 11 - 67

图 11 - 68

图 11 - 69

图 11 - 70

图 11 - 71

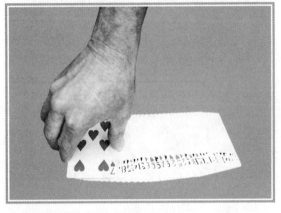
图 11 - 72

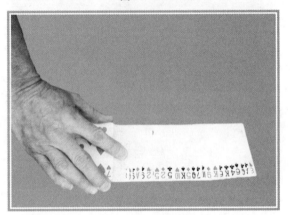
图 11 - 73

Split Spread ♣♦♥♠♣♦♥♠♣♦♥♠♣♦♥♠♣♦♥♠♣

　　将牌展开，然后翻转，但在翻转到一半的时候突然停下来。用你的两个食指将立起来的牌分成两份（图 11 - 74，图 11 - 75），然后将左半部分牌向左边翻转，右半部分牌向右翻转（图 11 - 76 到图 11 - 78）。然后将整个展牌再翻回到一开始的样子（图 11 - 79，图 11 - 80）。接下来将剩下的一半牌从左向右翻转过去（图 11 - 81，图 11 - 82）。"铲"起所有的牌，并且将其整理好（图 11 - 83，图 11 - 84）。

　　如果你用的是一副打好牌粉的牌，并且在一个很合适的桌面上进行展牌的话，那么你可以从图 11 - 82 的位置再一次翻转回来。你甚至可以在图 11 - 80 的时候交叉双手，将牌再一次分成两份。然后把双手移回，继续后面的动作。

　　你也可以用一张或者两张牌代替你的食指来完成分牌以及控制翻转。从一端拿出一张牌，将这张牌插到整副牌的最下面，将底牌抬起来，然后开始翻转（图 11 - 85 到图 11 - 87）。在翻转到一半的时候停止（图 11 - 88）。再从一端拿起一张牌，然后将其放置在整副牌立起来的地方——原来那张牌的前面，并且施加向下的压力（图 11 - 89，图 11 - 90）。对两张牌都向下施加压力，将你的左手向左移动，右手向右移动，这样的话，这个展牌将会被分开（图 11 - 91，图 11 - 92）。

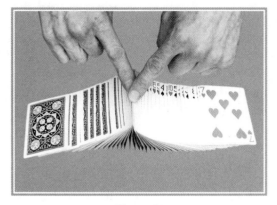

图 11 – 74

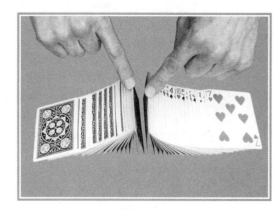

图 11 – 75

图 11 – 76

图 11 – 77

图 11 – 78

图 11 – 79

图 11 – 80

图 11 – 81

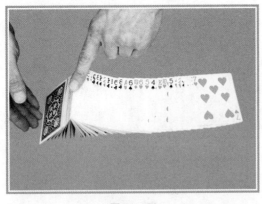

图 11 - 82

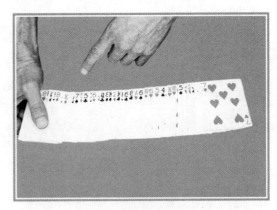

图 11 - 83

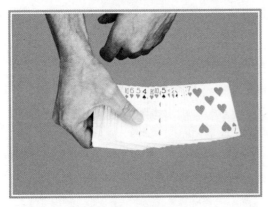

图 11 - 84

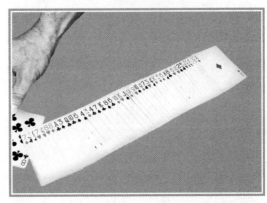

图 11 - 85

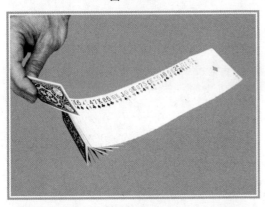

图 11 - 86

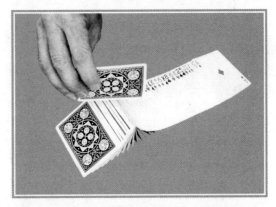

图 11 - 87

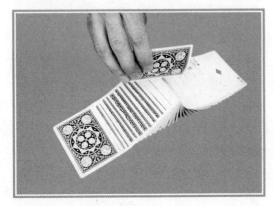

图 11 - 88

图 11 - 89

图 11 - 90

图 11 - 91

图 11 - 92

Double Spread ♣ ♦ ♥ ♠ ♣ ♦ ♥ ♠ ♣ ♦ ♥ ♠ ♣ ♦ ♥ ♠ ♣ ♦ ♥

为了实现这个花式，你首先需要用你喜欢的方法将整副牌分成两份（**Paddlewheel Cut** 永远是个很棒的选择），然后分别将这两叠牌在桌面上摊开。如果你想很巧妙地将这两叠牌摊开的话，那么听我的，将双手交叉，左臂位于右臂的上面（图 11 - 93，图 11 - 94）。在将双臂恢复到原本不交叉的姿势的同时将牌摊开（图 11 - 95 到图 11 - 97）。将双手分别从一叠牌移动到另一叠的旁边（图 11 - 98），将这两叠牌同时翻转（图 11 - 99 到图 11 - 102）。将双手移动到这两叠牌的另一端（图 11 - 103）。将牌"铲"起来，并整理好（图 11 - 104 到图 11 - 106）。

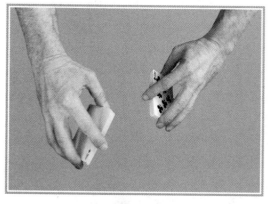

图 11 - 93

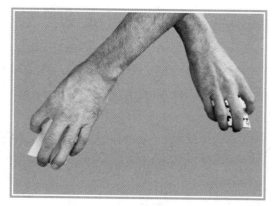

图 11 - 94

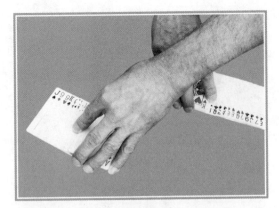

图 11 - 95

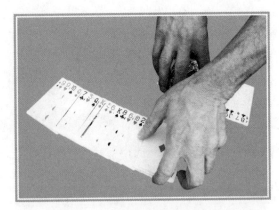

图 11 - 96

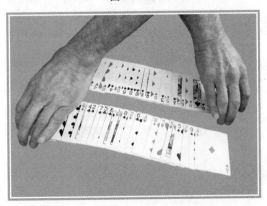

图 11 - 97

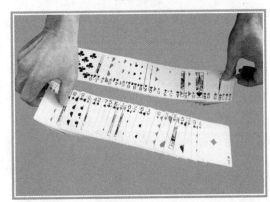

图 11 - 98

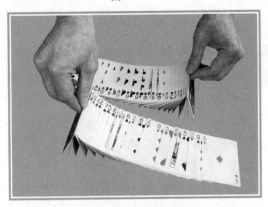

图 11 - 99

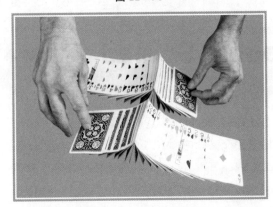

图 11 - 100

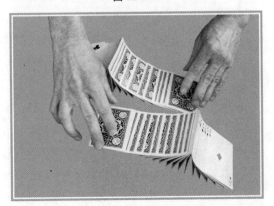

图 11 - 101

图 11 - 102

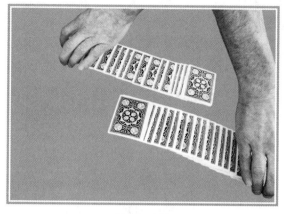

图 11 – 103

图 11 – 104

图 11 – 105

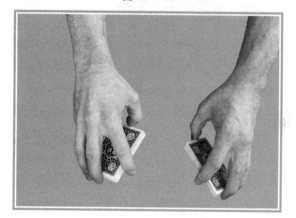

图 11 – 106

Upright Spread ♣ ♦ ♥ ♠ ♣ ♦ ♥ ♠ ♣ ♦ ♥ ♠ ♣ ♦ ♥ ♠ ♣ ♦ ♥

　　我经常看到有人将这个花式做成一个又短又小、毫无欣赏价值的展牌。在这里，我会教你将这个展牌做得更长、更具吸引力的方法。就像 **Upright Arm – Spread** 一样，如果你能够淡定、缓慢而又不失优雅地做出这个展牌，那么绝对能够让你的观众为之震惊。你可以先做几个别的桌面展牌，然后作为杀手锏来做这个展牌。

　　将整副牌背朝上的牌放置在桌子上，用右手大拇指将其中半副从左向右摊开（图 11 – 107，图 11 – 108）。这半副牌从理论上来说要比剩下的那半副稍微多一点，并且必须要摊得很均匀。开始摊牌的时候，不要忘记将左手的四指放置在整副牌的下面。然后将剩下的半副牌从右向左摊到一开始摊的那半副牌的上面（图 11 – 109 到图 11 – 111）。第二次摊牌用的牌比第一次要少一些，并且摊得不用像第一次那么均匀。这样，你就做出了一个两层的展牌，你现在需要通过两边将它们立起来（图 11 – 112 到图11 – 114）。将双手合拢，把这个展牌收起来（图 11 – 115，图 11 – 116）。在把牌立起来的时候，观众看到的是你第一次展的那半副牌，所以，如果你没有展好那半副牌的话，整个花式的美感就会大打折扣。第一次展牌之所以需要从左到右，也是因为这样做的话，立起来之后，露出来的牌角的数字是在右上方的。

　　另一种收这个展牌的方法是：用双手将这两层牌立起来之后，仅仅用左手控制住它（图 11 – 117）。然后将左手向右快速移动，达到将整副牌收起来的效果（图 11 – 118，图 11 – 119）。

图 11 - 107

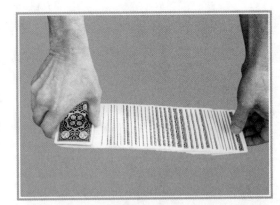

图 11 - 108

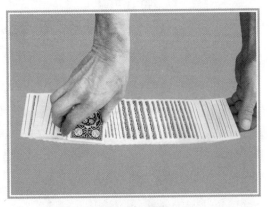

图 11 - 109

图 11 - 110

图 11 - 111

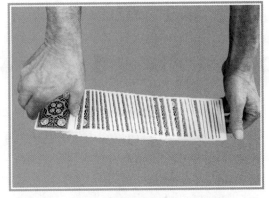

图 11 - 112

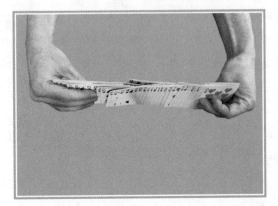

图 11 - 113

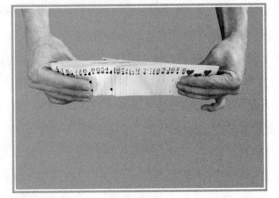

图 11 - 114

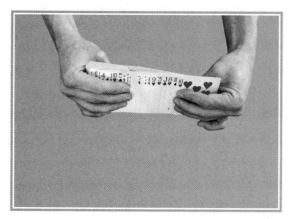

图 11 – 115

图 11 – 116

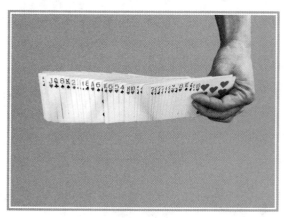

图 11 – 117

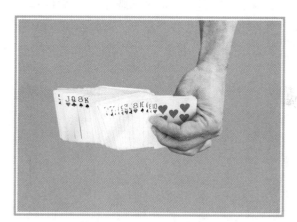

图 11 – 118

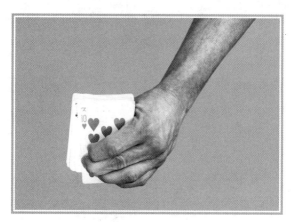

图 11 – 119

Meshing Spread ♣♦♥♠♣♦♥♠♣♦♥♠♣♦♥♠♣♦

　　这个花式是由 Jerry Andrus 原创的。首先将牌分成两部分，然后将其摆成一个中间成 90 度的直角形（图 11 – 120，图 11 – 121）。把你的双手中指放到两叠牌如图所示的牌角处，并向下压

（图 11 – 222）。双手各做一个展牌，两个展牌的方向都是朝向你自己的（图 11 – 123，图 11 – 124）。两个展牌的牌角部分应该刚刚有一小点的接触。慢慢地将两个展牌同时翻转（图 11 – 125 到图 11 – 128）。到目前为止如果你没有做错任何地方的话，两个展牌就会交错到一起并且能够立在桌面上（图 11 – 129）。用你的四指来辅助牌的交错以及站立。

如果这两个展牌没有交错到一起的话，那么试着调整一下两个展牌之间的距离或者两叠牌之间的夹角的大小。

但是，Andrus 并没有想好怎么收这个展牌。我发现，如果你从长边将这两个立起来的展牌拍平（图 11 – 130 到图 11 – 132），然后将这两叠牌向自己的方向收起来（图 11 – 133 到图 11 – 136），那么，两叠牌就会被洗到一起去，最后你可以做一个 **Waterfall** 来终结这个花式。由此看来，做 **Meshing Spread** 的时候还会附赠一个桌面洗牌的效果。如果你想让这个桌面洗牌的效果看起来更直接、更干净，那么就去看看关于双手洗牌那章的 **Spread Shuffle** 吧。当然，如果你想在把牌织好之后做这个动作，将这个展牌变成一个超大的展牌，我也没有什么意见。如果你想知道更多的关于展牌的知识，那就去看看 Andrus 的书吧，尽管他的花式有不少跟折纸艺术品没什么两样。

图 11 – 120

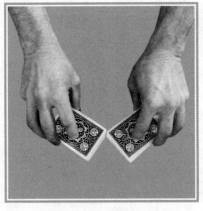

图 11 – 121

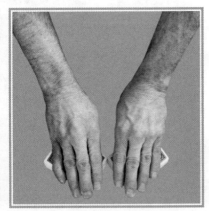

图 11 – 122

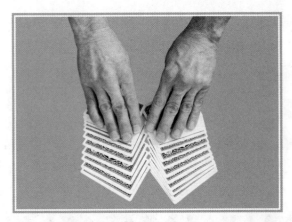

图 11 – 123

图 11 – 124

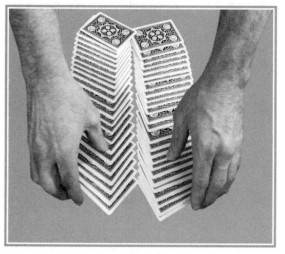

图 11 – 125

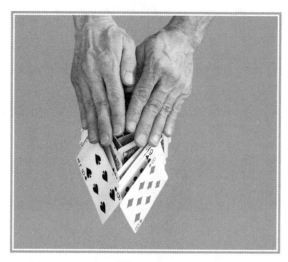

图 11 – 126

图 11 – 127

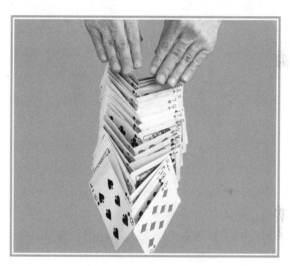

图 11 – 128

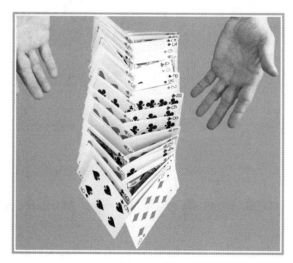

图 11 – 129

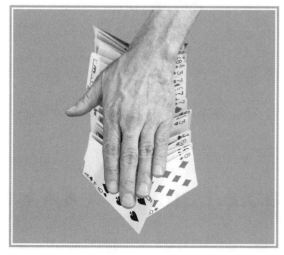

图 11 – 130

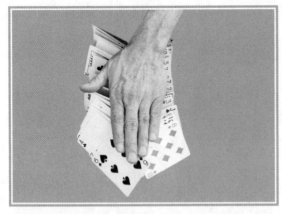

图 11 – 131

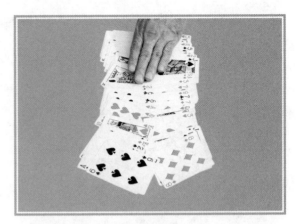

图 11 – 132

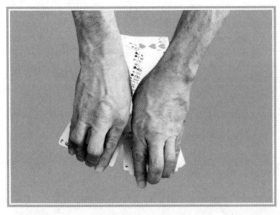

图 11 – 133

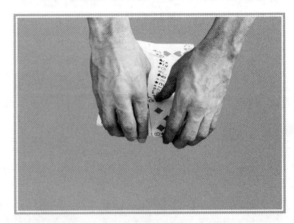

图 11 – 134

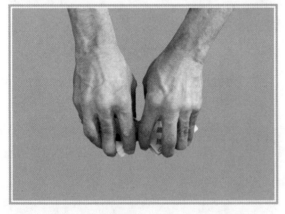

图 11 – 135

图 11 – 136

Table Fans ♣♦♥♠♣♦♥♠♣♦♥♠♣♦♥♠♣♦♥♠♣♦

这个花式的技巧是非常基本并且简单的。但是，你还是需要一段时间来练习，以达到完美的效果。使用牌粉能够取得更好的效果。

首先我教的是，如何用左手单手放下在左手开出的扇子。先做一个 **Pressure Fan**，牌面朝向自己，扇子的外延处接触桌面（图 11 – 137）。大拇指向下施加压力，这样的话，四指就会被夹在桌面与牌之间。在保持大拇指压力的同时将四指移走（图 11 – 138，图 11 – 139）。这就是这个花式的全部流程了。如果你想将这个扇子收起来的话，用大拇指按住扇子的中间，然后将扇子收起来。或者你干脆把扇子再拿回到手中，然后将其收起来。

图 11 – 140 到图 11 – 142 向我们展示了如何利用同样的方法将一个大扇子放到桌面上。

接下来是双手的方法，将扇子的外延接触桌面（图 11 – 143）。用你的左手大拇指向下压，接下来用右手的食指代替左手大拇指（图 11 – 144）。当你将左手四指从牌底下移出去的时候，右手食指始终向下施加压力（图 11 – 145）。利用双手的话，你可以更简单地、不留痕迹地将左手四指移走。

图 11 – 146 到图 11 – 148 则展示了怎样用双手将一个 **Card Circle** 放到桌子上。除了右手食指以外还用到了别的手指，这使得这个放置变得更稳。

最后，你可以用一副放在桌子上的牌来开一个扇子。你需要的只是做一个 **Pressure Fan**，但是一方面你需要尽量减小动作的幅度，另一方面是你不能让牌弯曲（图 11 – 149 到图 11 – 152）。

图 11 – 137

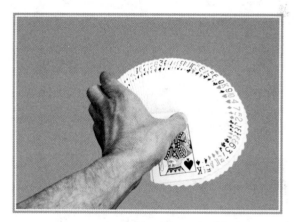

图 11 – 138

图 11 – 139

图 11 – 140

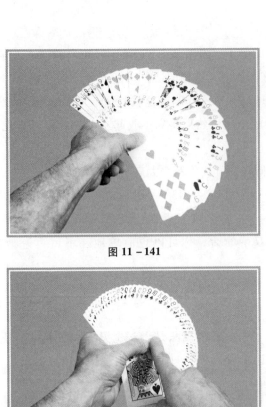

图 11－141

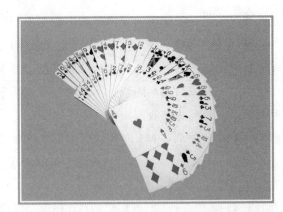

图 11－142

图 11－143

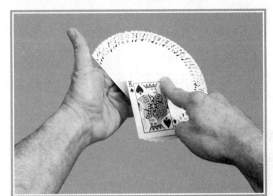

图 11－144

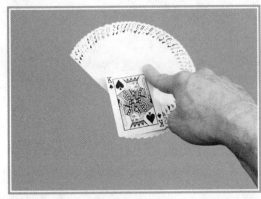

图 11－145

图 11－146

图 11－147

图 11－148

图 11－149

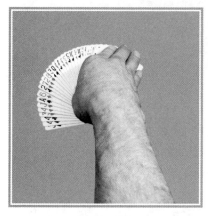

图 11 – 150

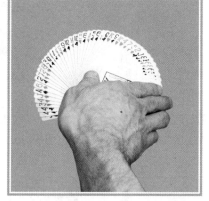

图 11 – 151

图 11 – 152

T Cut ♣♦♥♠♣♦♥♠♣♦♥♠♣♦♥♠♣♦♥♠♣♦♥♠♣

　　将牌放置在桌面上，将大拇指放在一个长边，中指、无名指放在另一个长边，拿起半副牌（图 11 – 153，图 11 – 154）。把拿起的这半副牌立起来，并与剩下的那半副牌垂直（图 11 – 155）。在大拇指向下施加压力的同时将无名指以及中指从牌的下面移出去（图 11 – 156）。现在你的大拇指和桌面夹住了这叠牌。在保持大拇指不动的情况下，将整个手掌移动到躺在桌边上的那叠牌的上面（图 11 – 157）。用大拇指放下立起来的那叠牌，使其靠在无名指上（图 11 – 158）。用你的右手无名指以及中指牢牢地夹住这半副牌（图 11 – 159）。要保证你的两个手指夹住的是这半副牌的中间。然后用你的食指以及大拇指拿起躺在桌子上的那叠牌（图 11 – 160）。从第一人称视角看的话，接下来你需要将手顺时针旋转（如果你用的是右手）（图 11 – 161，图 11 – 162）。将原本位于上面的那半副牌放到桌面上（图 11 – 163，图 11 – 164），然后再将另半副牌放上去（图 11 – 165 到图 11 – 168）。在整个过程中一定要保证动作的流畅以及牌的整齐。

图 11 – 153

图 11 – 154

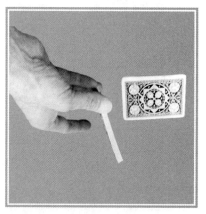

图 11 – 155

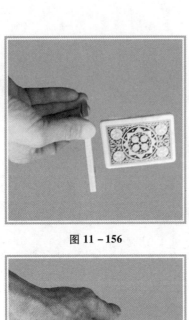

图 11 - 156

图 11 - 157

图 11 - 158

图 11 - 159

图 11 - 160

图 11 - 161

图 11 - 162

图 11 - 163

图 11 –164

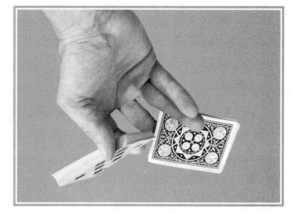

图 11 –165

图 11 –166

图 11 –167

图 11 –168

One – Hand Square Cut ♣♦♥♠♣♦♥♠♣♦♥♠♣

这是另一个很简单却又很优雅的切牌。你的双手都需要掌握这个花式，以便为之后的 **Two – Hand Square Cut** 做准备。

牌背朝上将牌放在桌子上，你的手放在牌上面，准备切牌（图 11 –169）。用中指和大拇指分三分之一的牌出来（图 11 –170）。将这三分之一的牌立起来（图 11 –171 到图 11 –173）。因为在做别的切牌的时候染上的毛病，我在将牌抬起来的时候，喜欢一开始将食指弯曲在牌背，当牌立起来的时候，再将食指放回到牌的长边。如果你愿意的话，你也可以一开始就将食指放在牌的长边。将那叠立起来的牌贴在躺在桌子上的牌的短边上。将无名指弯曲（图 11 –174）。现在这叠立起来的牌会被你的食指以及弯在后面的无名指所控制，你需要放开大拇指以及中指对这叠牌的约束。然后用这两个手指再分一半躺在桌子上的牌出来（图 11 –175，图 11 –176）。现在你用来固定立起来的那叠牌的食指也可以放开了。将新分出来的那叠牌向上移动，直到和立起来的那叠牌完全分开为止（图 11 –177 到图 11 – 179）。在这叠牌向上升的过程中，立起来的那叠牌应该贴在弯曲的无名指上面。当这两叠牌完全分开了之后，用你的无名指推一下那叠立起来的牌，这样的话，这叠牌就会落到躺在桌子上的那叠牌的上面（图 11 –180）。再将大拇指、中指所握住的那叠牌放到上面，然后整理好牌（图 11 –181，图 11 – 182）。做这个切牌的时候你可以适当慢一点，让观众看出几叠牌的转换。

你也可以在分出第二叠牌的时候，将整个剩下的牌都抬起来。你还可以做出好多不同版本的 **One – Hand Square Cut**。首先，你可以试试 **Two – Hand Square Cut** 以及 **Running Square Cut**。接下来你可以尝试不同的将第一叠牌立起来的方法。在切牌的过程中尝试各种不同的分牌。通过一点小的改变依旧能够创造出一个别出心裁的新切牌或者一个没人能够察觉出来的假切牌。

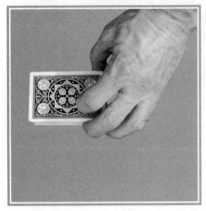

图 11 – 169

图 11 – 170

图 11 – 171

图 11 – 172

图 11 – 173

图 11 – 174

图 11 – 175

图 11 - 176

图 11 - 177

图 11 - 178

图 11 - 179

图 11 - 180

图 11 - 181

图 11 - 182

Two – Hand Square Cut ♣♦♥♠♣♦♥♠♣♦♥♠♣

这个花式是由双手同时做 **One – Hand Square Cut** 而组成的。

首先双手放置在牌的两个短边的旁边（图 11 – 183）。用你右手的中指以及大拇指分整副牌的五分之一出来（图 11 – 184，图 11 – 185）。将这叠牌向上升到与桌面垂直（图 11 – 186，图 11 – 187）的位置。然后用你的左手中指以及大拇指分另五分之一的牌出来，将其升到与桌面垂直（图 11 – 188 到图 11 – 190）。将双手的无名指都弯曲（图 11 – 191）。用你双手弯曲的无名指以及食指将这两叠牌固定住。然后用你的右手中指以及大拇指再分五分之一的牌出来（图 11 – 192）。将这叠牌向上抬（图 11 – 193，图 11 – 194）。在向上抬的过程中，让垂直的那叠牌靠在右手无名指上。将右手与桌面平行的那叠牌向上提，直到它将要和垂直的那两叠牌分离的时候，用你的左手中指和大拇指再分五分之一的牌出来（图 11 – 195）。接下来，将这叠牌向上提（图 11 – 196）。在你将左手握住的这叠牌向上提的同时，将右手握住的那叠牌提到两叠垂直立在桌面的牌的上方（图 11 – 197）。首先把右边那叠立在桌面的牌贴在右手的无名指上，接下来用你的右手小拇指向上滑动，代替你的右手无名指成为那叠牌的依靠。两叠立起来的牌的内侧都会贴在右手握住的那叠与桌面平行的牌的两端，然后再贴在左手握住的那叠与桌面平行的牌的两端。继续将两叠与桌面平行的牌向上升，直到它们离开两叠立起来的牌的顶端为止（图 11 – 198，图 11 – 199）。如果那两叠立起来的牌没有自动落下去，那么用你的小拇指敲一下。慢慢地将两叠与桌面平行的牌放到桌面上的牌的上面（图 11 – 200 到图 11 – 202），然后整理好牌。在将与桌面平行的那两叠牌向上提或者向下落的时候，尽量保持三叠牌中间的空间相等。

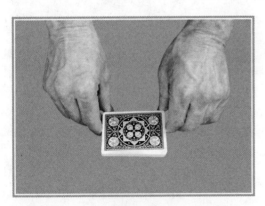

图 11 – 183

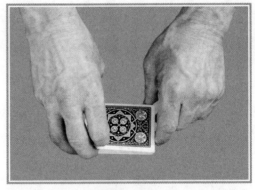

图 11 – 184

图 11 – 185

图 11 – 186

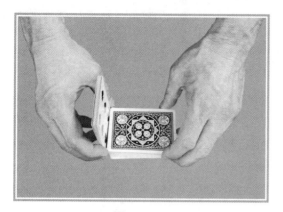

图 11 - 187

图 11 - 188

图 11 - 189

图 11 - 190

图 11 - 191

图 11 - 192

图 11 - 193

图 11 - 194

图 11 - 195

图 11 - 196

图 11 - 197

图 11 - 198

图 11 - 199

图 11 - 200

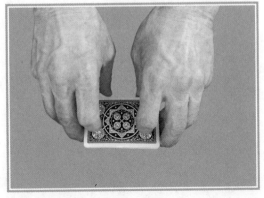

图 11 - 201

图 11 - 202

Running Square Cut ♣ ♦ ♥ ♠ ♣ ♦ ♥ ♠ ♣ ♦ ♥ ♠ ♣ ♦ ♥

　　跟上一个花式用同样的方法，利用中指和大拇指将两小叠牌分出来，并将它们提到与桌面垂直的位置（图 11 –203 到图 11 –207）。用你的右手大拇指以及中指再分一小叠牌出来，然后将这叠牌向上提到距离两叠立起来的牌的顶端四分之一英寸的地方（图 11 –208 到图 11 –210）。这时用你的左手大拇指和中指再分一叠牌出来，并将其向上提（图 11 –211）。当你左手握住的那叠与桌面平行的牌足够高，并且能够阻止立起来的牌落下来的时候，将右手握住的那叠与桌面平行的牌向上提，直到与两边的牌分开（图 11 –212）。将右手控制的那叠与桌面平行的牌掠过与桌面垂直的那叠牌，然后向下拉（图 11 –213，图 11 –214）。将这叠牌与右边立起来的牌合二为一。当你在做这些动作的时候，继续将左手控制的那叠与桌面平行的牌向上移动，但不要超过垂直的那两叠牌的顶端。之后迅速用你的右手中指和大拇指再分一小叠牌出来（图 11 –215）。然后将新分出来的这叠牌向上移动，直到它可以阻止两叠与桌面垂直的牌下落为止（图 11 –216）。将左手控制的那叠与桌面平行的牌移动到两叠与桌面垂直的牌的上方，之后与左手控制的那叠与桌面垂直的牌合为一体（图 11 –217，图 11 –218）。然后再用左手分一叠牌出来（图 11 –219）。尽可能地再多切几次牌，然后以标准的 **Two – Hand Square Cut** 来结束这个花式（图 11 –220 到图 11 –229）。在将与桌面平行的牌向上移动的时候，与桌面垂直的牌的外沿是被无名指、小拇指所控制的。

　　在这个切牌中，切牌节奏是最重要的。分牌和将牌抬起来的节奏最好是一样的，这样才能让这个切牌显得更加流畅。尽量做到两叠向上移动的牌之间的距离始终是一样的。

图 11 –203

图 11 –204

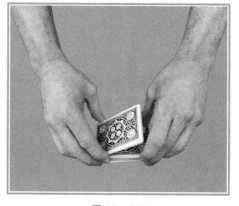

图 11 –205

图 11 –206

图 11 - 207

图 11 - 208

图 11 - 209

图 11 - 210

图 11 - 211

图 11 - 212

图 11 – 213

图 11 – 214

图 11 – 215

图 11 – 216

图 11 – 217

图 11 – 218

图 11 - 219

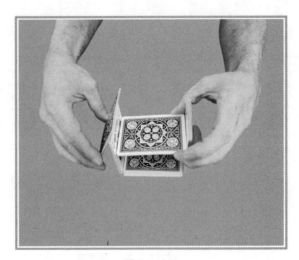

图 11 - 220

图 11 - 221

图 11 - 222

图 11 - 223

图 11 - 224

图 11 - 225

图 11 - 226

图 11 - 227

图 11 - 228

图 11 - 229

Fall Cut ♣♦♥♠♣♦♥♠♣♦♥♠♣♦♥♠♣♦♥♠♣♦♥♠

就像你要做牌面朝上的双手洗牌一样，将牌牌面朝上分成两份（图11-230到图11-233）。将两叠牌握住，使其牌背相对，双手之间的距离大约为牌长边的长度。将握住两叠牌的四指部分向上抬，跟桌面之间的距离大概也是一个长边的长度。通过你的右手大拇指放一小叠牌下来（图11-234）。在你将你的右手向左移动的时候，让这叠牌的短边贴到桌面上（图11-235）。将你的右手向左移动，这样的话，最后它将牌背朝上落在桌子上（图11-236）。然后用同样的方法放一叠左手握住的牌到第一叠牌的上面（图11-237到图11-240）。再用右手放另一叠牌下来（图11-241到图11-243）。你可以试着同时放两叠牌下来（图11-244到图11-247）。在落下好多叠牌之后，将你手上剩下的牌放到桌子上的牌的上面（图11-248到图11-252）。通过少量的练习，你就能够将一叠牌整齐地落到另一叠的上面了。当然速度也是很重要的。足够快地完成这个花式，一叠一叠的牌就会像是从手中飞出来，然后弹到了一起。

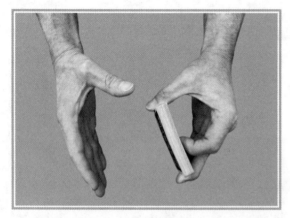

图 11-230

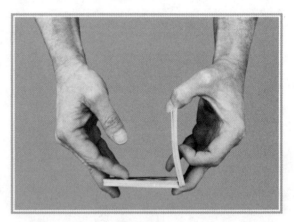

图 11-231

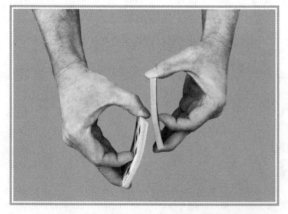

图 11-232

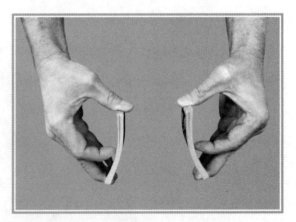

图 11-233

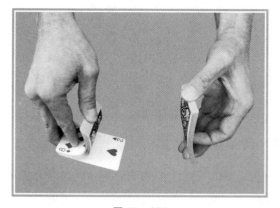

图 11 - 234

图 11 - 235

图 11 - 236

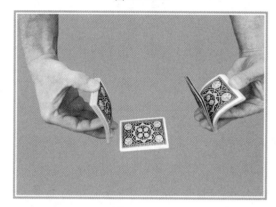

图 11 - 237

图 11 - 238

图 11 - 239

图 11 - 240

图 11 - 241

图 11 – 242

图 11 – 243

图 11 – 244

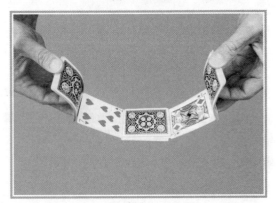

图 11 – 245

图 11 – 246

图 11 – 247

图 11 – 248

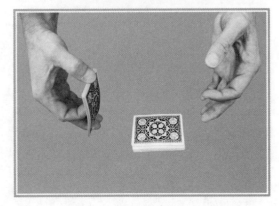

图 11 – 249

图 11 - 250

图 11 - 251

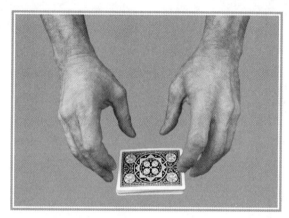

图 11 - 252

Rolling Cut ♣♦♥♠♣♦♥♠♣♦♥♠♣♦♥♠♣♦♥♠♣

　　用你的右手从下面切三分之一的牌到右边去（图 11 - 253，图 11 - 254）。将这叠牌放到整副牌的上面，但是需要你用你的右手食指保持这两叠牌处于分开的状态（图 11 - 255）。用你的右手中指再分三分之一的牌（图 11 - 256）。将双手分开，你的右手就会握住两叠分开的牌，而左手则握住了一叠牌（图 11 - 257，图 11 - 258）。将右手所控制的两叠牌的上面一叠放下来，并且夹在左手那叠牌和右手剩下的那叠牌的中间（图 11 - 259）。将左手那叠牌向下压，右手那叠牌向上提，使得中间那叠牌在桌面上立起来（图 11 - 260）。接下来，在保证左手那叠牌不动的情况下，将右手那叠牌向前推，使得中间那叠牌牌面朝上向前翻过去（图 11 - 261）。注意那叠牌面朝上的牌与左手那叠牌刚好有四分之一面积的重合。将你左手的那叠牌再一次向上提，使中间那叠牌再一次立起来，但这一次是长边立了起来（图 11 - 262）。让中间那叠牌牌背朝上落到你右手控制的那叠牌上（图 11 - 263，图 11 - 264）。用你右手的那叠牌再一次将中间那叠牌翻转（图 11 - 265，图 11 - 266）。然后再用你左手的那叠牌让中间那叠牌翻到牌背朝上（图 11 - 267 到图 11 - 269）。继续这一套动作，或者将三叠牌收到一起（图 11 - 270）。

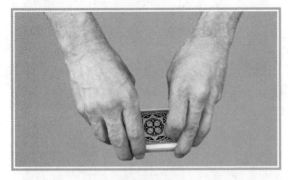

图 11 – 253

图 11 – 254

图 11 – 255

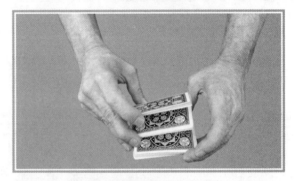

图 11 – 256

图 11 – 257

图 11 – 258

图 11 – 259

图 11 – 260

图 11 – 261

图 11 – 262

图 11 – 263

图 11 – 264

图 11 – 265

图 11 – 266

图 11 – 267

图 11 – 268

图 11 - 269

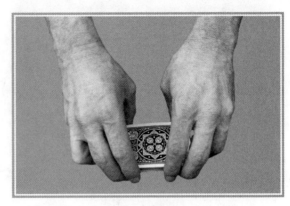

图 11 - 270

Flap Cut ♣ ♦ ♥ ♠ ♣ ♦ ♥ ♠ ♣ ♦ ♥ ♠ ♣ ♦ ♥ ♠ ♣ ♦ ♥ ♠ ♣ ♦ ♥

你可以通过 **Two – Hand Square Cut** 来达到这个切牌中最精华的展牌部分，但是不要这样做。我希望你能掌握更多不同的方法，当然也包括这个切牌。用你的右手切三分之一的牌下来（图 11 - 271，图 11 - 272），再用左手切三分之一的牌（图 11 - 273，图 11 - 274）。用你的两个食指将牌分成两份（图 11 - 275，图 11 - 276）。通过你的双手中指将这两叠牌分成四叠（图 11 - 277）。现在左右手各用大拇指和食指握住上面一叠牌，用大拇指和无名指握住下面一叠牌。将双手旋转，直至两叠由大拇指和无名指握住的牌牌面相对（图 11 - 278，图 11 - 279）。让这两叠牌面相对的牌的短边靠住桌子上的那叠牌（图11 - 280）。放下大拇指和无名指固定的那叠牌，让其靠在小拇指上（图 11 - 281）。将手向上抬，然后展示五叠牌（图 11 - 282）。迅速将所有的牌合到一起，这样的话，观众看到的只有以图 11 - 282，图 11 - 286 和图 11 - 288 为顺序的很快的一闪。现在以慢镜头来回放，将手合到一起（图 11 - 283）。用右手的小拇指将靠在右手小拇指的牌弹下去（图 11 - 284）。用左手将靠在左手小拇指上的牌弹下去（图 11 - 285）。将剩下的两叠牌放到牌上，然后整理好牌（图 11 - 286 到图 11 - 288）。

这个切牌能够很简单地变身为一个假切牌。你只需要先将左手握住的牌放下去，然后再将右手的牌放下去，整副牌就会处于原本的顺序。

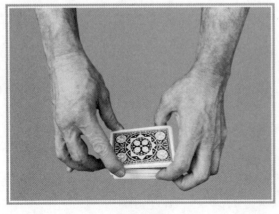

图 11 - 271

图 11 - 272

图 11 - 273

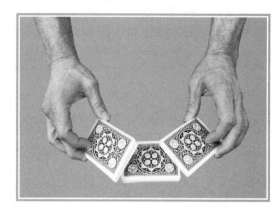

图 11 - 274

图 11 - 275

图 11 - 276

图 11 - 277

图 11 - 278

图 11 - 279

图 11 - 280

图 11 − 281

图 11 − 282

图 11 − 283

图 11 − 284

图 11 − 285

图 11 − 286

图 11 − 287

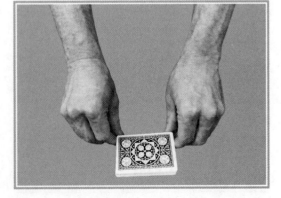

图 11 − 288

Wing Cut ♣♦♥♠♣♦♥♠♣♦♥♠♣♦♥♠♣♦♥♠♣♦♥

　　首先用你双手的大拇指和中指从整副牌的上面分两叠牌出来（图 11 – 289 到图 11 – 291）。将双手的中指松开，然后将这叠牌夹在食指和大拇指之间，立在桌子上（图 11 – 292）。之后用中指、小拇指在前/牌背，无名指在后/牌面，将这两叠牌夹住（图 11 – 293）。利用你的食指和大拇指再分两叠牌出来（图 11 – 294，图 11 – 295）。华丽地展示这四叠牌（简单来说，就是图 11 – 296 和图 11 – 305）。现在来进行收牌动作。将右手的中指、无名指以及小拇指所控制的那叠牌放到桌子上那叠牌的上面（图 11 – 297，图 11 – 298）。之后再将左手的中指、无名指和小拇指所控制的那叠牌放上去（图 11 – 299，图 11 – 300）。将左手大拇指和中指握住的那叠牌放上去（图 11 – 301，图 11 – 302）。然后把最后一叠牌放上去，整理一下整副牌（图 11 – 303，图 11 – 304）。

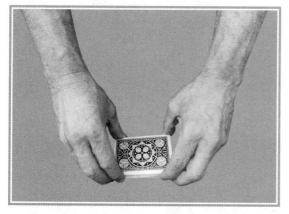

图 11 – 289

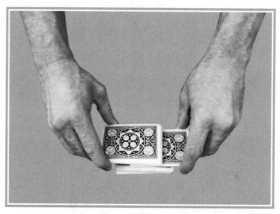

图 11 – 290

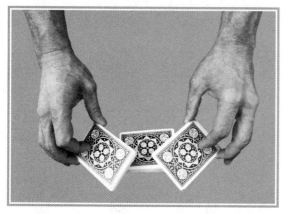

图 11 – 291

图 11 – 292

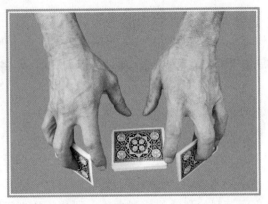

图 11 – 293

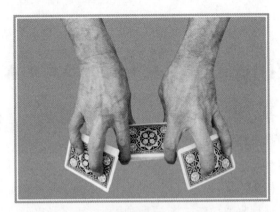

图 11 – 294

图 11 – 295

图 11 – 296

图 11 – 297

图 11 – 298

图 11 – 299

图 11 – 300

图 11 - 301

图 11 - 302

图 11 - 303

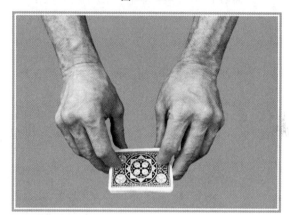

图 11 - 304

图 11 - 305

Chaos Cut ♣ ♦ ♥ ♠ ♣ ♦ ♥ ♠ ♣ ♦ ♥ ♠ ♣ ♦ ♥ ♠ ♣ ♦ ♥ ♠ ♣ ♦

足够华丽的七段展牌，最多能够保持下半副牌的牌序不变——一旦拥有，别无所求。

将牌放在桌子上（图 11 - 306）。用你右手的中指和食指分一小叠牌出来，并将其夹在其中（图 11 - 307，图 11 - 308）。左手的食指和中指用同样的方法分一小叠牌出来并夹住它（图 11 - 309，图 11 - 310）。然后用右手的大拇指和无名指分另一小叠牌出来（图 11 - 311，图 11 - 312）。左手做同样的动作

（图 11 -313，图 11 -314）。然后用你左手的大拇指和小拇指再拿起一小叠牌出来（图 11 -315 到图 11 - 317）。但是这叠牌的拿法跟前几叠不同，你要用手指握住牌的两个短边。用右手做同样的事情（图 11 -318，图 11 -319）。图 11 -319 就是这个切牌的基本展牌方法。在牌面朝向观众的情况下，你可以交叉手臂或者做另一些很酷的动作来进行这个展牌。当你准备好收牌的时候，将双手的小拇指分别放到桌子上那叠牌的两个短边（图 11 -320，图 11 -321）。在两个大拇指向下施加压力的同时，将双手的小拇指移走（图11 -322）。现在有两叠牌立在你的大拇指下，四叠牌被你的五指夹着，还有一叠牌平放在桌子上。将双手向外分、向上提，直到大拇指下的两叠牌能够贴到小拇指上为止（图 11 -323）。在你将左手控制的两叠牌放到桌子上的那叠牌上面的时候，保持立起来的那叠牌始终贴在你的小拇指上（图 11 -324，图 11 -325）。右手做同样的动作（图 11 -326，图 11 -327）。现在你只剩下两叠贴在小拇指上的牌了（图 11 - 328），只需轻弹小拇指，收牌的动作就完成了（图 11 -329，图 11 -330）。整理好牌（图 11 -331）。

图 11 -306

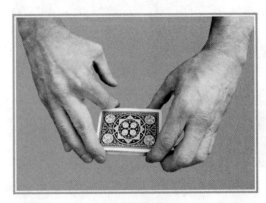

图 11 -307

图 11 -308

图 11 -309

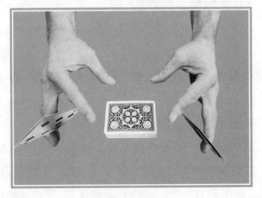

图 11 -310

图 11 -311

图 11 - 312

图 11 - 313

图 11 - 314

图 11 - 315

图 11 - 316

图 11 - 317

图 11 - 318

图 11 - 319

图 11 - 320

图 11 - 321

图 11 - 322

图 11 - 323

图 11 - 324

图 11 - 325

图 11 - 326

图 11 - 327

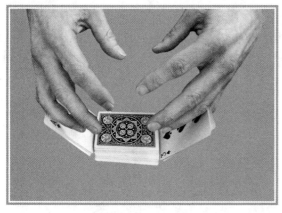

图 11 – 328

图 11 – 329

图 11 – 330

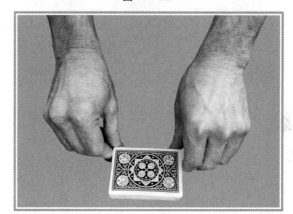

图 11 – 331

Cross Cut ♣♦♥♠♣♦♥♠♣♦♥♠♣♦♥♠♣♦♥♠♣♦

　　这是一个双手交叉，使牌在空中不断翻转的连续切牌。首先用你左手的中指和大拇指从牌靠近左短边的长边两侧分一小叠牌出来（图 11 – 323，图 11 – 333）。将这叠牌移动到与桌面垂直的位置，然后双手交叉（图 11 – 334，图 11 – 335）。用你的右手大拇指和无名指再在靠近左短边的地方握住牌的长边，分一小叠牌下来（图 11 – 336，图 11 – 337）。在你将左手控制的那叠牌放回去的时候，将右手那叠牌向上提（图 11 – 338，图 11 – 339）。将右手那叠牌拉到左手手背的上面（图 11 – 340，图 11 – 341），直到你的左手可以握住这叠牌的尾部为止（图 11 – 342，图 11 – 343）。现在这叠牌会被你的左手大拇指在上、左手食指和中指在下夹住。将这叠牌的另一个短边放到你的右手的无名指和小拇指的指缝中间去（图 11 – 344）。将右手向左移，同时保证牌的短边被你的右手小拇指和无名指牢牢地夹住（图 11 – 345，图 11 – 346）。继续将右手向左移，直到双手交叉。这个动作会使这叠牌的牌面朝上。在这叠牌翻滚的过程中，你需要稍微调整一下左手手指的位置。将中指和食指滑到这叠牌的一个长边，将大拇指移动到另一个长边。这样能够使这个切牌更加流畅，并且能够使将这叠牌的短边放到桌面上这个动作更加容易（图11 – 347）。将这叠牌的短边顶住桌面上这叠牌的短边，并将左手移开（图 11 – 348）。当你用左手再去分牌的时候，用你右手的无名指和小拇指夹住这叠立在桌面的牌（图 11 – 349，图 11 – 350）。在你的左手新分一叠牌出来的时候，将右手控制的那叠牌放回去（图 11 – 351，图 11 – 352）。将左手控制的那叠牌移动到右手手背（图 11 -353，图 11 -354）。用你的右手大拇指在上，右手食指和中指在下夹住这叠牌（图 11 -355，图 11 -356）。将这叠牌的另一个短边夹在左手无名指和小拇指的中间（图 11 -357），将左手向右边移动，转动这叠牌（图 11 -359）。用右手分出一叠牌，继续做（图 11 -360 到图 11 -366）或者将这叠牌放回到在桌面躺着那叠牌的顶端来结束这个花式（图 11 -367，图 11 -368）。

图 11 -332

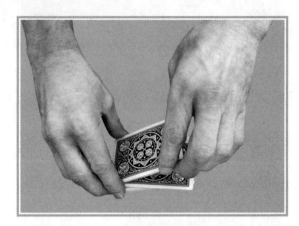

图 11 -333

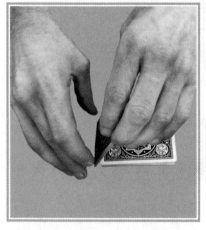

图 11 -334

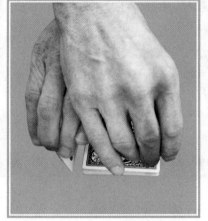

图 11 -335

图 11 -336

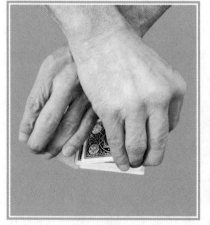

图 11 -337

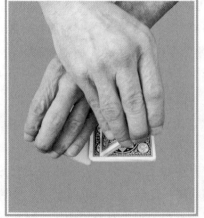

图 11 -338

图 11 -339

图 11 – 340

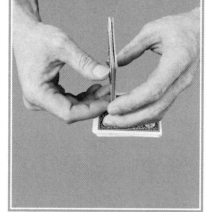

图 11 – 341

图 11 – 342

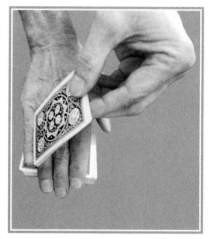

图 11 – 343

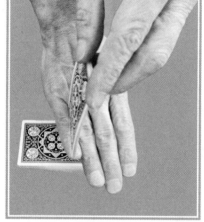

图 11 – 344

图 11 – 345

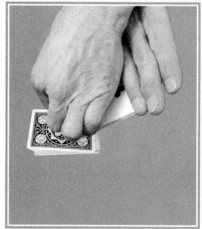

图 11 – 346

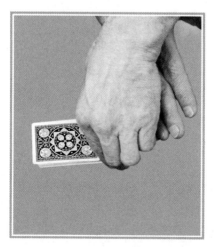

图 11 – 347

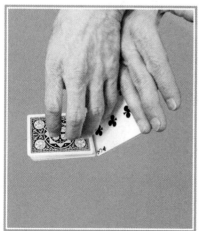

图 11 – 348

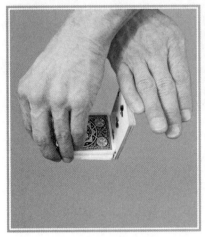

图 11 - 349

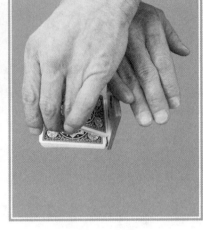

图 11 - 350

图 11 - 351

图 11 - 352

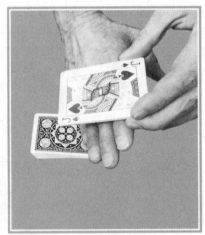

图 11 - 353

图 11 - 354

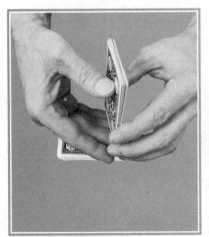

图 11 - 355

图 11 - 356

图 11 - 357

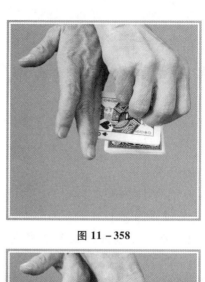

图 11 – 358

图 11 – 359

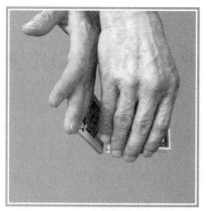

图 11 – 360

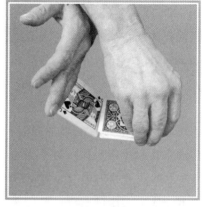

图 11 – 361

图 11 – 362

图 11 – 363

图 11 – 364

图 11 – 365

图 11 – 366

图 11 – 367

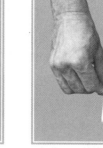

图 11 – 368

Pyramid Cut ♣♦♥♠♣♦♥♠♣♦♥♠♣♦♥♠♣♦♥♠♣

    这是一个效果极其华丽的九段展牌。这个花式的难点在于：你必须以很快的速度筑建这个金字塔。让观众看到这个金字塔是从桌面奇迹般地被筑建起来，而不是像一群古埃及的奴隶一样，一点一点地将金字塔搭出来的。又快又流畅地完成这个花式，会带给你的观众极大的视觉享受。

    这一章的插图是从观众的视角拍摄的，因为观众的视角能看到比较多的手指动作。但是，我是以第一视角来说明的。所以，当我说将牌向右移动的时候，我的意思是将牌向你的右手方向移动，尽管在图片里显示的是向左。如果你转不过这个弯的话，你可以把书立在镜子前面，或者把书倒过来。

    将牌水平放在桌面上（图 11-369）。用右手将半副牌切到右边去，两叠牌连在一起形成一条直线（图 11-370）。确保此时这两叠牌都是很整齐的。用和 **Two-Hand Square Cut** 一样的方法，如图将两叠牌向上提到与桌面垂直（图 11-371 到图 11-373）。但是这里的这个动作和 **Two-Hand Square Cut** 的动作还是有着显而易见的区别，这个切牌在做到这一步的时候，已经被切过一次了，所以分出的牌不能超过七张或者八张。用你的右手再分一叠牌出来，并且在握住那叠与桌面垂直的牌的同时，将刚分出来的那叠牌向右移动三分之一长边的距离（图 11-374）。用你的食指和中指来保持与桌面垂直的这叠牌的稳定。将左手控制的这叠牌向右移动，直到它刚好位于桌面上的两叠牌的中间位置（图 11-375，图 11-376）。用你的左手中指和无名指分两小叠牌出来（图 11-377，图 11-378）。中指控制右边的这一小叠牌，而无名指则是控制左边的这叠牌。左手大拇指在三叠牌相交的地方，从另一面向它们施加压力。将左手向上提，直到左手所控制的那三叠牌的下面两叠与桌面左边的那叠牌构成一个三角形为止。将右手向左上方移动，直到你可以用左手的中指和大拇指握住那叠与桌面平行的牌（图 11-379，图 11-380）。将右手向下移动，将右手控制的那叠与桌面垂直的牌移动到桌面上两叠牌的中间位置（图 11-381，图 11-382）。用你的右手再分两叠牌出来（图 11-383，图 11-384）。右手的中指和大拇指从桌面上左侧的那叠牌中分一叠牌出来，而大拇指和无名指则从桌面上右侧的那叠牌中分一叠牌出来。将右手向上提，将新分出来的那两叠牌与桌面上靠右的牌构成一个三角形（图 11-385）。将食指弯曲，使最上面的两叠牌合到一起（图 11-386）。保持住这个姿势。

    一开始你需要花费不少的时间来构建这个金字塔。不断地练习，直到你能够在五秒钟之内完成上述所有的动作。

    下面开始讲解拆除这个金字塔的方法，首先解除大拇指和无名指之间的压力，直到下面的两个三角形坍塌为止（图 11-387 到图 11-389）。松开上面的两叠牌（图 11-390 到图 11-392）。将双手握住的那叠与桌面平行的牌放到桌子上两叠牌的上面（图 11-393）。将下面两叠牌切出来，然后将它们放在上面（图 11-394 到图 11-397）。图 11-398 到图 11-402 从略微不同的角度展示了这个切牌的几个关键动作。图 11-402 还告诉我们，你可以移走除了中指以外的所有四指，这两个版本都能够给予观众视觉上的冲击。

    还有一个简单点的版本，就是在构建金字塔的过程中忽略中间的那个支柱（图 11-403）。这样，你会以中间那个支柱为代价加快构建金字塔的速度。中间的支柱到底有多重要呢？我认为有了中间的支柱之后会比没有好看至少两倍。有了中间的支柱，那么就能够展示出四个完整的三角形，会让这个花式看起来很惊人。可是就算没有中间的支柱，我感觉这个花式看起来也是不错的，所以要不要就看你自己了。

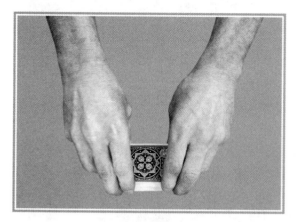

图 11 – 369

图 11 – 370

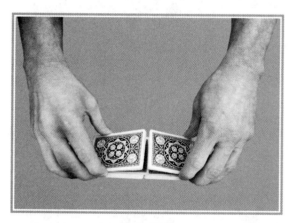

图 11 – 371

图 11 – 372

图 11 – 373

图 11 – 374

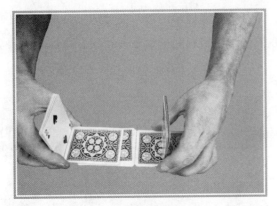

图 11 - 375

图 11 - 376

图 11 - 377

图 11 - 378

图 11 - 379

图 11 - 380

图 11 - 381

图 11 - 382

图 11 – 383

图 11 – 384

图 11 – 385

图 11 – 386

图 11 – 387

图 11 – 388

图 11 – 389

图 11 – 390

图 11 - 391

图 11 - 392

图 11 - 393

图 11 - 394

图 11 - 395

图 11 - 396

图 11 - 397

图 11 - 398

图 11 – 399

图 11 – 400

图 11 – 401

图 11 – 402

图 11 – 403

Deck Bounce ♣ ♦ ♥ ♠ ♣ ♦ ♥ ♠ ♣ ♦ ♥ ♠ ♣ ♦ ♥ ♠ ♣ ♦ ♥ ♠

这是一个由 **Corner Thumb Twirl** 改编而成的花式，做这个花式的时候，观众看见你好像将牌扔到桌子上并且牌是自己弹回到你的手中似的。按照我所说的正确的做法，牌就好像旋转着从一只手弹到了另一只手。

你的左手用标准握牌握住一副牌面朝下的牌（图 11 - 404）。用你的左手大拇指将牌立起来（图 11 - 405）。将牌交到右手去，这样，你现在就是用你的右手大拇指握在有数字的牌角，右手食指和中指放在牌背（图 11 - 406 到图 11 - 408）。继续做 **Corner Thumb Twirl**（图 11 - 409，图 11 - 410）但是这次要用有数字的牌角击打一下桌面（图 11 - 411），然后在空中继续没有完成的动作（图 11 - 412 到图11 - 416）。将整副牌放回左手（图 11 - 417，图 11 - 418）。在这个花式中，速度就是一切。如果你能很快地完成这个花式，观众会认为你能够让一副旋转的牌从一只手弹到另一只手。相反，你做得慢只会让观众觉得你是个典型的笨蛋。

这个花式能够很轻易地改编成一个切牌。你只需要在做 **Twirl Cut** 的时候，每次都让带有数字的那个牌角撞击一下桌面便可。

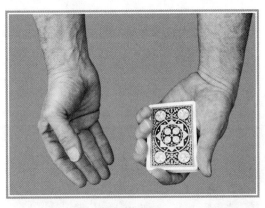

图 11 - 404

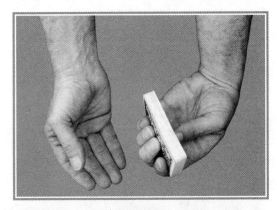

图 11 - 405

图 11 - 406

图 11 - 407

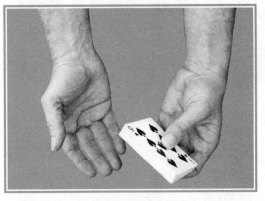

图 11 - 408

图 11 - 409

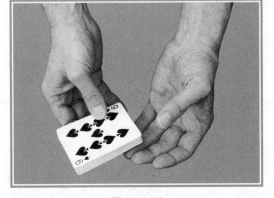

图 11－410

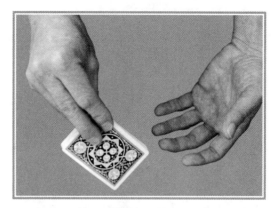

图 11－411

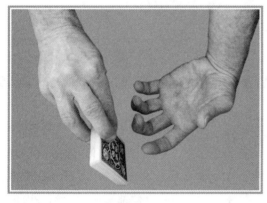

图 11－412

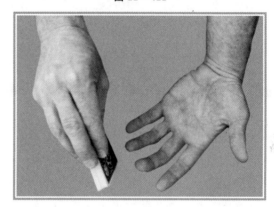

图 11－413

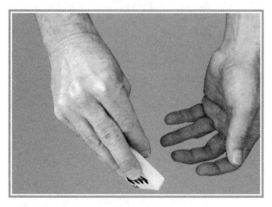

图 11－414

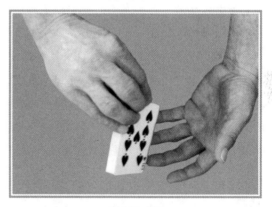

图 11－415

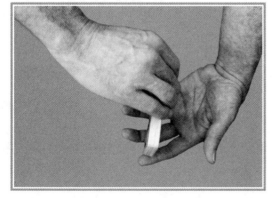

图 11－416

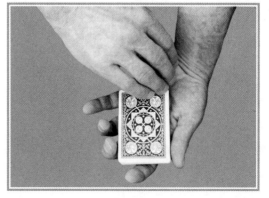

图 11－417

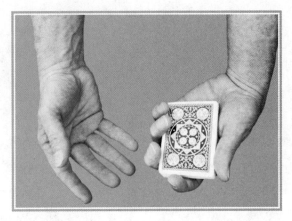

图 11 - 418

Pad Roll ♣♦♥♠♣♦♥♠♣♦♥♠♣♦♥♠♣♦♥♠♣♦♥

　　就像之前这个花式在手臂上翻滚的版本一样，我不觉得这个花式值得让你去冒险，但是我也看过很多人很随心所欲地做这个花式，所以也许只是我个人的问题罢了。但是无论如何，你的目标就是让一副牌在牌垫上从一只手滚到另一只手上去。事实证明，除了像地毯这一类面料以外，这个花式不能在别的表面上进行。如果牌弯了或者折了的话，那么牌在牌垫上翻滚的时候都会让你尝到失败的滋味。比起这个我更喜欢做我自己发明的一个保证成功的版本，之后我会在这章的后记里介绍它。

　　首先左手用标准握牌姿势握住牌，食指和小拇指位于牌的两个短边上（图 11 - 419）。将牌滚到你的右手去（图 11 - 420 到图 11 - 425）。转一圈足够了。如果双手距离太远的话，牌在中途会散架的。所以，要调整双手之间的距离、扔牌的力量，以及第一下触碰牌垫的牌角，直到这叠牌能够滚到右手而且你的左手还能够保持标准握牌的姿势（尽管上面已经没牌了）（图 11 - 426）。然后，如果你接到牌的时候，这叠牌还是很整齐的话，你可以立即再将它扔回左手。如果这叠牌需要整理的话，用你的大拇指和小拇指在短边进行整理。

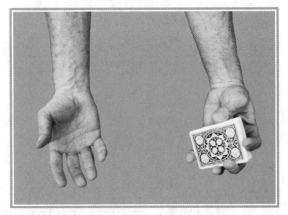

图 11 - 419

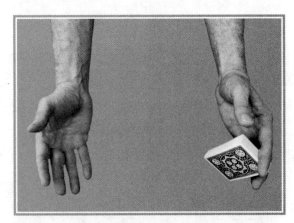

图 11 - 420

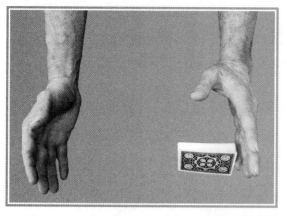

图 11 - 421

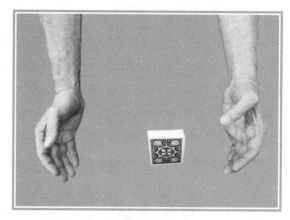

图 11 - 422

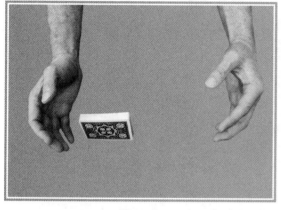

图 11 - 423

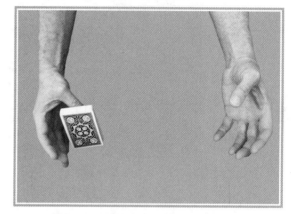

图 11 - 424

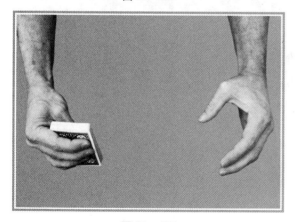

图 11 - 425

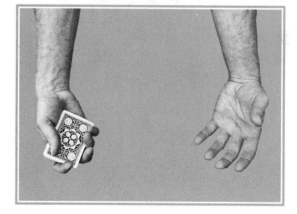

图 11 - 426

Deck Put – Down ♣♦♥♠♣♦♥♠♣♦♥♠♣♦♥♠♣♦

　　将牌优雅地放到桌子上，这在我们看来也许只是纸牌花式的冰山一角，但是这个花式毫无疑问是整个花式系统中不可或缺的一部分。可以想象，一个将牌从手转换到桌面的花式动作是一个能够使你的表演更加精彩的动作。而且，如果你将花式与音乐结合到了一起，那么用将牌从桌面上拿起来或者放下去的动作来作为串场是再合适不过的了。

任何一个能够将牌很流畅并且很自然地放到标准桌面位的放牌都是一个好的放牌。像 **Fall Cut** 就是一个很自然的花式放牌。在这里我会教你另外两种放牌的方法。第一种方法是一个单手版本并且十分基础的方法，是基于（双手版本的）**Thumb Twirl** 改编而成的。第二种方法是双手版本的放牌，这是基于 **Corner Thumb Twirl** 改编的。

第一种是一个极其容易的、基本自己就能领悟的单手放牌（图 11－427 到图 11－430）。做一个 **Regrip Flip** 的前半部分，然后把它和将牌放到桌子上这个动作连到一起。这个花式能够让你了解并且学会观察这些小动作，例如 **Regrip Flip**，**Inversion "Cut"** 以及 **Thumb Twirl** 的精华所在。

图 11－427

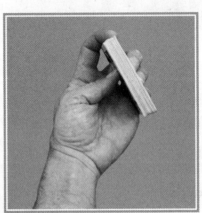

图 11－428

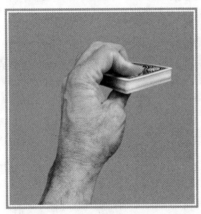

图 11－429

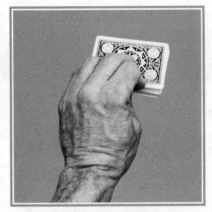

图 11－430

下面一种方法，即双手版本的放牌，实质就是一个做到一半的 **Corner Thumb Twirl**。首先以标准握牌法握住牌，将牌从左手交到右手（图 11－431 到图 11－436）。做 **Corner Thumb Twirl** 开始的动作，然后将牌放到桌面上（图 11－437 到图 11－440）。如果你想将这个花式做得更好看的话，你可以先做一个完整的 **Corner Thumb Twirl**，然后再去做这个放牌。如果让我来表演的话，我会这样做：先做两个 **Deck Bounce**，两个 **Deck Bounce** 衍生的切牌，两个 **Corner Thumb Twirl**，之后以这个花式将牌放到桌子上作为流程的终结。这样，你就创造了一个华丽潇洒而又流畅的将牌从手中放到桌子上的流程。

同样一个做到一半的 **Palm Twirl** 也可以以同样的方法改编为一个花式放牌。

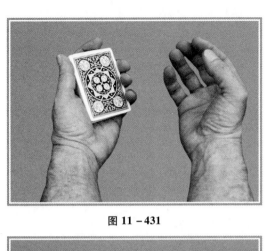

图 11 - 431

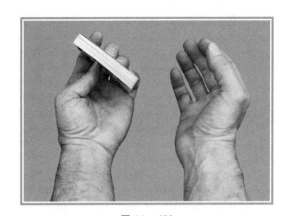

图 11 - 432

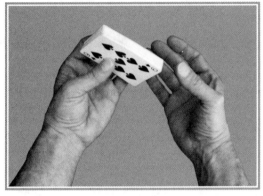

图 11 - 433

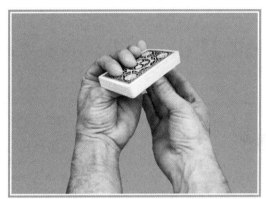

图 11 - 434

图 11 - 435

图 11 - 436

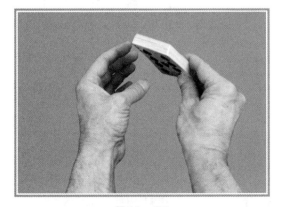

图 11 - 437

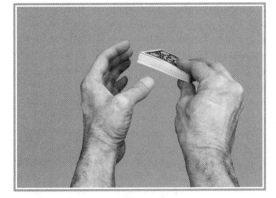

图 11 - 438

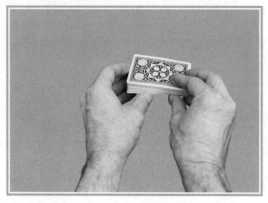

图 11-439

图 11-440

Deck Pick – Up ♣ ♦ ♥ ♠ ♣ ♦ ♥ ♠ ♣ ♦ ♥ ♠ ♣ ♦ ♥ ♠ ♣ ♦ ♥

　　将牌从桌子上拿起相对于放下来说有一点特殊。在这里我会教你一个单手版本和两个双手版本的将牌从桌子上拿起来的方法。

　　用你的右手将牌的右端抬起来（第一人称视角）（图 11-441，图 11-442）。将牌翻过去，使其落在左手的手指上（图 11-443 到图 11-445）。再一次用右手抬起牌的右端，让它再翻个个儿，之后牌就会落在你的左手掌心里（图 11-446 到图 11-449）。我每次都会让牌在桌子上翻两个完整的跟头。

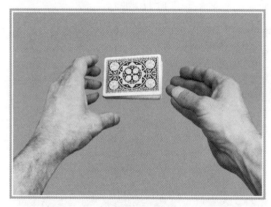

图 11-441

图 11-442

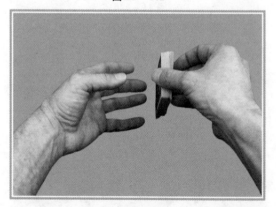

图 11-443

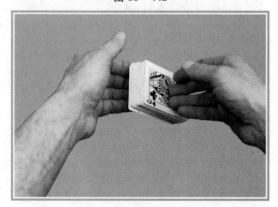

图 11-444

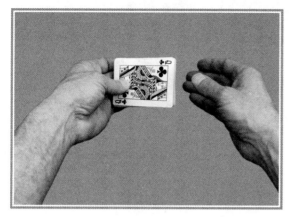

图 11 – 445

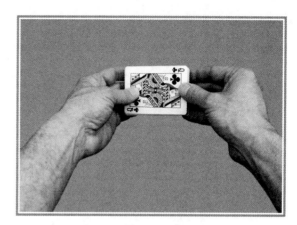

图 11 – 446

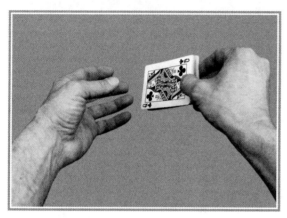

图 11 – 447

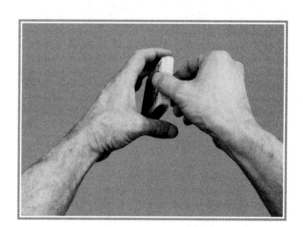

图 11 – 448

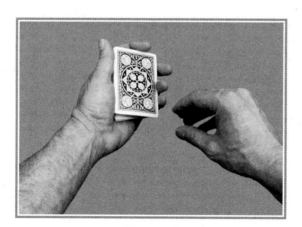

图 11 – 449

至于第二种拿牌的方法，用你的右手通过牌的右内角将牌提起来（图 11 – 450，图 11 – 451）。在相对的那个牌角处将牌旋转一圈之后将牌放入你的左手掌心，用标准握牌法握住牌（图 11 – 452 到图 11 – 456）。和 **Corner Thumb Twirl** 一类的动作不同，这个花式在整个旋转的过程中不需要手指的切换。

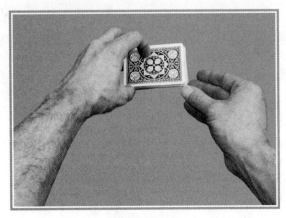

图 11 - 450

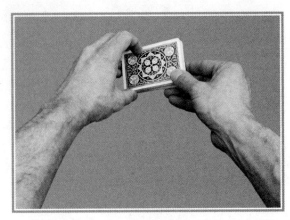

图 11 - 451

图 11 - 452

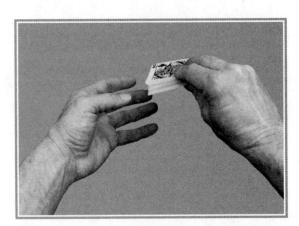

图 11 - 453

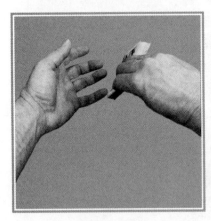

图 11 - 454

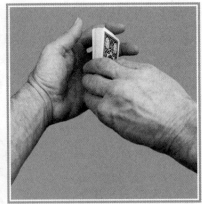

图 11 - 455

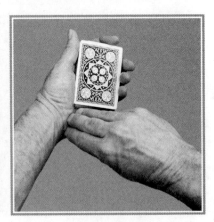

图 11 - 456

　　最后，如果你只用左手的话，用你的左手大拇指从牌的近长边插进去并将牌撬起来。这样这叠牌就会被四指在前、大拇指在后地握着，同时立在桌子上（图 11 - 457，图 11 - 458）。将牌向左翻滚180 度之后（图 11 - 459 到图 11 - 462），将牌拿起来。旋转你的左手手腕，使牌落于你的左手手心（图 11 - 463 到图 11 - 466）。

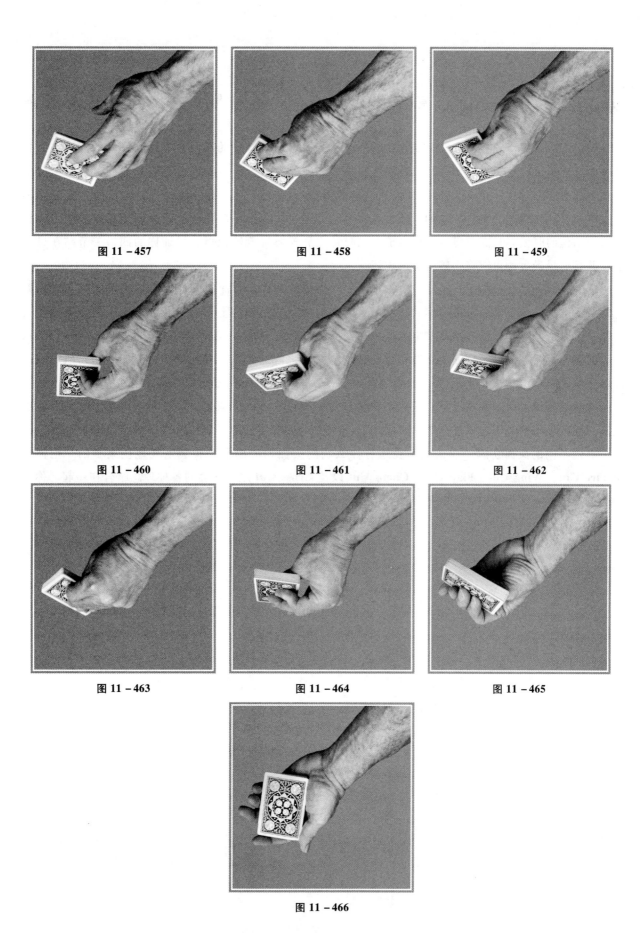

图 11 – 457

图 11 – 458

图 11 – 459

图 11 – 460

图 11 – 461

图 11 – 462

图 11 – 463

图 11 – 464

图 11 – 465

图 11 – 466

桌面花式后记 ♣♦♥♠♣♦♥♠♣♦♥♠♣♦♥♠♣♦♥♠

Faux Pad Roll。之前我教你的那个 **Pad Roll**，你只有通过大量的练习才能达到完美的境界，而且就算你达到了这样的境界，你在做的时候也面临着失败的危险。但是我现在准备教你的这个完全接触的版本却不同。这个版本尽管没有原版的 **Pad Roll** 这么华丽，但是更容易完成，并且没有失败的风险。首先，你先要学会 Deck Twist。然后在桌子上做 Deck Twist，假装牌是在桌面上前后翻滚。你在做这个动作的时候，只需要将四指在桌子上顺时针之后逆时针旋转便可。保证你的四指关节贴在桌子上，并且要尽最大的可能将手转得越远越好。

One – Hand Lever Deal。这是一种能够在不将手指放到牌下面而将其弹出去的很即兴的花式。首先用左手大拇指将顶牌向右推。然后将左手大拇指放在第二张牌的上面，将其向左拉一点。用左手去按第二张牌的左上角，使其被撬起来。这个动作会导致顶牌飞起来。这张牌在空中旋转了一圈半之后，以牌面朝上的状态落到了桌面上。调整并控制牌与桌面之间的距离。寻找最适合你的高度，然后你就能够让牌平整地落在桌子上了。

其他不同的发牌。我看过很多花式发二张、发底牌、发两张、消失发牌这类的手法。如果你对这些感兴趣的话，就去看魔术教学吧。

其他不同的桌面切牌。如果你问我还有什么别的桌面切牌的话，我会生气地挠桌子的。把你从 **Square Cut**，**Wing Cut**，**Flap Cut**，**Chaos Cut** 以及 **Cross Cut** 之中学会的各种理念结合在一起，你就能够创造出独一无二的切牌，如果你愿意，假切牌也不在话下。

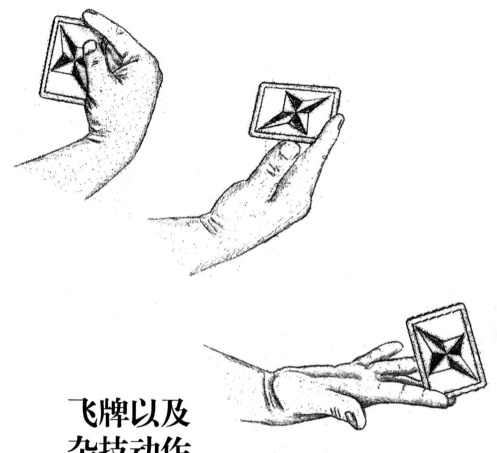

飞牌以及
杂技动作

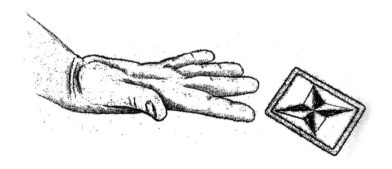

飞牌以及杂技动作

这是真的，你可以，利用纸牌来完成各种杂技动作。——Gamille Gaultier

当有人这样评论你的花式："这不过是杂技罢了"，这时候，你可以真的用三张纸牌来表演抛接的杂技，以此作为回应。用三张、四张或者五张普通的纸牌都是可以完成抛接动作的。

将牌朝远处扔也许是这些花式里最"壮观"的一个了。尽管飞牌是一个不起眼的花式，但是距离确实能够让其变为一个伟大的动作。

在我看来，Ricky Jay 绝对是最伟大的飞牌技术开拓者。他的那本《将纸牌当作武器》（*Cards as Weapons*）绝对可以作为飞牌历史上一个关键的里程碑。

至于那些将牌从整副牌弹出去的花式，最大的制约因素莫过于弹出来的并不是一张确定的牌，比如说观众选的牌之类的。我的意思就是在这里我不会教你如何将观众选的牌切进去，然后将选牌从整副牌的中间弹出来的方法。如果你想学的话，那就去看 Daryl 那部超级棒的教学视频吧。

在这章你还会学到一些旋转的花式，比如将牌像魔术棒一样在指间翻转、指尖转牌和将牌旋转着飞向空中。

毫无疑问还存在着很多能够适用于纸牌的杂技技巧。学会去尝试，你一定能够发掘出一些独一无二并且神奇的东西。去看看一个优秀的杂技表演者的表演，学习他如何将各种抛接小东西的杂技技巧结合起来的方法。互联网中也有不少关于抛接小东西的教学，或者关于杂技的网站中也不乏纸牌花式。

Throwing For Distance ♣♦♥♠♣♦♥♠♣♦♥♠♣♦

尽管将牌飞出二百英尺开外并不是不可能，但是如果你以让牌飞远为目标的话，那么飞出一百英尺就足够远了。在室外的话，将牌扔到一栋五层高的建筑上面便达到目的了。在室内的话，你只需要能够打到离你最远的墙面或者最高的天花板。

Richy Jay 在他的著作《将纸牌当作武器》（*Cards as Weapons*）中，介绍了三种基础握牌的方式。他分别称其为"Thurston 握牌"、"Herrmann 握牌"以及"Jay 握牌"。我发明并使用的方法是介于 Thurston 以及 Herrmann 握牌之间的握牌。如果你还想知道更多的握牌方法，或者关于飞牌历史的介绍，就去看 Ricky Jay 所写的那本有趣的书吧。我觉得，如果你已经把将牌扔远作为目的的话，那么你只需要掌握一种握牌的方法便足够了。所以在这里我只教你一种我握牌飞牌的方法。如果说你已经能够将牌飞得足够远，那我觉得你在这里就找不到什么有用的东西了。

食指和大拇指在上，中指和无名指在下（图 12-1 到图 12-3，三个不同角度的插图）。食指和中指放在牌右上角的两侧，大拇指和中指则是位于牌中心位置的两侧。首先练习将手弯曲，向里收（图 12-4），然后通过将手指快速伸直（图 12-5 到图 12-8），将牌扔出去一段不长的距离。当你的食指指向你的目标的时候，将牌松开（图 12-9）。在图 12-4 到图 12-8 的过程中，你的无名指以及大拇指始终握着这张牌。这样能够使这个飞牌变得更稳固，更好地控制方向。当手已经接近伸展极限的时候，将无名指和大拇指松开，牌会向前滚。这个时候迅速并且突然地停下手向前的动作，将夹在中指和食指之间的牌松开。

作为初学者，你的目标是让牌飞一段不是太长的距离，但是关键是牌不能够在空中打转。如果你真是一个完完全全的新手，我建议你去试试下一个飞牌。飞牌对于初学者来说最大的障碍就是牌在空中打转而飞不远，你在尝试下一种飞牌方法的时候，经过一两次练习应该就能够成功。虽说用这种方法你是没有办法真正把牌飞远的，但是至少能够体验一下将牌旋转着飞出去，而不会在空中打转的那种感觉。

当你能够将牌旋转着飞出去，并且不会在空中打转的时候，你就可以加上手臂动作了。真正能将牌扔得很远的人，他们的手臂动作都跟棒球投手似的。手先回收到肩膀的后面，然后从头旁边掠过，在利用肩膀最后用力过后将牌松开。首先将牌斜放在耳朵旁边，然后像鞭子一样将手抽出去。这样，你就可以跟 Frisbee 一样，用反手将牌飞出一个理想的距离。

长距离（七十五英尺以上）的飞牌有着短距离飞牌所没有的几个特性。其中一个就是牌是旋转着飞向目标物的。另一个就是牌在飞行到最后的时候，会因为速度的减慢而开始在空中翻滚。最后一点就是，风和气流对长距离的飞行影响很大。所以不要在风中飞牌，如果你想要让牌划破气流的话，一定要谨慎再谨慎。

图 12 - 1

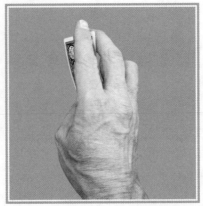

图 12 - 2

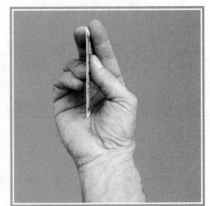

图 12 - 3

图 12 - 4

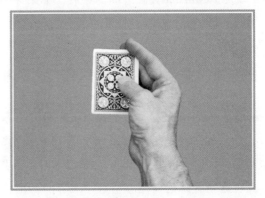

图 12 - 5

图 12 - 6

图 12 - 7

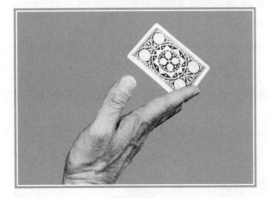

图 12 - 8

图 12 - 9

Throwing For Accuracy ♣ ♦ ♥ ♠ ♣ ♦ ♥ ♠ ♣ ♦ ♥ ♠ ♣

在这里我会教你三种能够准确达到目标的飞牌方法：弹牌飞牌、低手飞牌以及旋转飞牌。第二种和第三种飞牌方法使用的是相同的握牌，就是刚刚学会的将牌飞远的握牌方法。而第一种飞牌，弹牌飞牌则使用了一种完全不同的握牌。选择使用哪种方法要看你的目标离你有多远。弹牌飞牌只适用于极短距离的飞行。低手飞牌则适用于相对来说较短的飞行。最后的旋转飞牌适用于二十英尺以上的长距离飞行。但是飞行时间一旦长了，牌就会在空中打转。所以如果你想击中距离你很远的目标的话，就要将打转这个事考虑进去。

弹牌飞牌需要你用无名指将牌弹出去。这个动作和 Marlo 在他的书《发二，发中间以及发底牌》（*Seconds，Centers and Bottoms*）中所讲到的，发牌时用到的"飞牌"是完全一样的。大拇指在上，食指和中指在下夹住一张牌（图 12 - 10）。无名指再紧贴着牌的长边（图 12 - 11）。在迅速将无名指伸直的同时松开大拇指、食指和中指，给予牌一个向前的推力（图 12 - 12 到图 12 - 14）。尽管这个飞牌能够飞行的距离十分有限，但是却能够异常准确地打到八英尺以内的目标。你可以用这个飞牌把牌打到一个帽子里，或者将牌飞到一个能够接住它的朋友的手里。

图 12 - 10

图 12 - 11

图 12 - 12

图 12 - 13

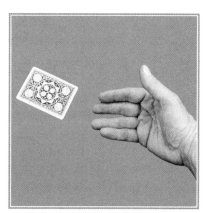

图 12 - 14

低手飞牌是另一个高精度的飞牌。将牌以任何标准的扔牌握牌法握住，但是四指垂直指向地面（图 12 -15）。手向前发力，在你的四指指向你的目标的时候（图 12 - 16 到图 12 - 18），将牌松开（图 12 - 19）。除了你的手自始至终手心一直朝下以外，你的手臂动作就跟扔保龄球一模一样，牌就会像箭一样飞出去。将门半开着，露出一条 1 英寸的缝，然后试着将牌飞进门缝当中。如果你的方法正确并且门缝在射程之内的话，牌会以正确的方向飞进门缝。牌是在与地面垂直的情况下离开你的手，并且在整个飞行过程中都保证与地面垂直。这是大魔术师 Jeff Edmond 最喜欢的飞牌技法。

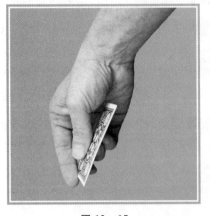

图 12 - 15

图 12 - 16

图 12 - 17

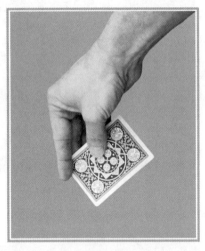

图 12 - 18

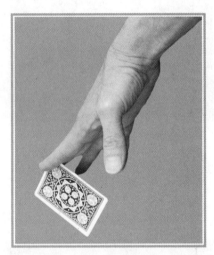

图 12 - 19

最后一种，旋转飞牌。其实旋转飞牌就是一个从上向下进行的低手飞牌。首先将手向里收，收得越向后越好，然后突然展开你的手，将牌飞出去。在整个过程中，你的手始终是掌心朝上的。另一个更简单易懂的旋转飞牌方法就是，做和远距离飞牌相同的动作，只是去掉几乎所有的手臂动作。事实上，就是因为旋转飞牌和远距离飞牌的动作实在太像了，所以我就省略了旋转飞牌的插图。去看图 12 -4 到图 12 -9 吧，你就能够有一个清晰的概念，知道旋转飞牌是个什么样子。因为你省略了大多数的手臂动作，你飞牌的距离就会变得很有限，但是这个飞牌仍旧是所有短距离高精度飞牌里距离最长的一个。如果在击中目标之前，你的牌就开始在空中打转了，那么这个时候就需要手臂的参与了。

Boomerang Card ♣♦♥♠♣♦♥♠♣♦♥♠♣♦♥♠♣♦

一张牌被你扔出去之后，飞过观众的头顶然后飞回来，被收进整副牌的中间。

为了更好地控制这张像飞去来器一样的纸牌，将其向上向前扔出四到五英尺足矣（一开始的时候）。保证牌被扔出去的时候，向前的力量不大，但是却有着很强的旋转。这就需要你的手腕做一个像鞭子一样的动作：先向前伸然后再向后拉。这个动作是不能够连续进行的。

这个飞牌的握牌动作十分特殊，与之前的所有握牌都不同。大拇指在牌的上方，剩下的四指统统位于牌的下面（图 12 - 20）。注意大拇指并不是位于牌的正中间，而是位于中间稍稍靠前的位置。大拇指刚好位于无名指的正对面。你可以在大拇指和无名指不动的情况下，移走其他所有的手指。

将手腕向回收（图 12 - 21）。然后很快展开你的手（图 12 - 22 到图 12 - 24）。在你将牌松开的时候，将手向回拉。将牌松开（图 12 - 25）。一开始试着将牌飞得稍微近一点。要想让这个飞去来器飞得更远，就必须让它飞得更高。

让牌转得很厉害而不向前飞的窍门就是试着让这张牌在原地飞。换句话说，就是试着仅仅让牌转起来，而不给予它向前的动力。这个转牌的方法在下一个花式——没有隐线的蜂鸟牌里也扮演着重要的角色。

你可以用好几种不同的方法将飞回来的牌收回到整副牌中。双手将牌打开（图 12 - 26，图 12 - 27），利用 **Thumb Cut**（图 12 - 28 到图 12 - 30）或者 **Charlier Cut**（图 12 - 31 到图 12 - 34）将牌打开。或者利用大拇指从短边将牌分开。抑或直接用左手大拇指和整副牌将那张牌接住。

你可以将两张牌当作一张牌飞出去，然后它们会在空中分离开。在飞牌之前将一张牌的牌角弯曲，或者将两张牌稍微错开一点。如果你左手握着牌的话，你可以试着用左手的牌接住飞回来的一张牌，用右手接住另一张牌。然后再用右手接住的那张牌做一遍 **Boomerang Card**，并用左手的那副牌接住它。

Houdini，Jay 和别的一些人则用 **Scissor Cut** 接住返回来的那张牌。

Jay 说，是他发明了将 **Brushing**（Jay 不管这个花式叫这个名字）与 **Boomerang Card** 接到一起的基础。他建议：当牌飞回来的时候，利用手掌、手肘或者手腕去打它的角。如果你要用 **Brushing** 来接 **Boomerang Card** 的话，我建议你将牌以与地面垂直的方向向上飞。说到与地面垂直地向上飞，我想到我一开始学习 **Boomerang Card** 的时候，我是从垂直向上飞逐渐转变到斜向上飞的。

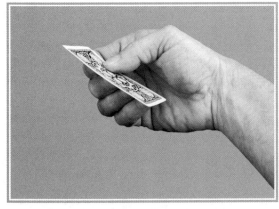

图 12 - 20

图 12 - 21

图 12 - 22

图 12 - 23

图 12 - 24

图 12 - 25

图 12 - 26

图 12 - 27

图 12 - 28

图 12 - 29

图 12 - 30

图 12 - 31

图 12 - 32

图 12 - 33

图 12 - 34

Helicopter Card ♣♦♥♠♣♦♥♠♣♦♥♠♣♦♥♠♣♦♥

　　这个方法能够让你飞出去的一张牌环绕你的身体然后回到整副牌中间去。不过我承认，我在这里描述的这个版本并没有由 Cossari 和别的几个人共同发明的、使用隐线的版本令人震撼。但这个花式还是很棒的，并且能够很直接并简单地加入你的飞牌流程当中去。

　　你还记得我在讲上一个飞牌动作的时候，教你的手臂动作吗？就是像鞭子一样向前之后往回甩的那个动作。将这个动作加上一个手向身体后方拉的动作就变成了 **Helicopter Card** 所需要的动作了。我建议你以这个花式作为整套流程的结束动作。

　　握牌的方法和 **Boomerang Card** 的方法并不一样，你的大拇指要位于牌的短边附近。剩下的手指则放在牌的下面。大拇指在上，食指和大拇指夹在牌的两面。将手臂交叉，就是说，如果你要用你的右手飞牌的话，你的右手就必须位于身体的左侧。左手则握着牌，也位于身体的左边，但是左臂是在右臂之上的。你需要这样做：将你的手臂在身体前方交叉，左手放在右手的上面，左手用标准握牌握住一副牌，右手则用扔牌的握牌方法握住牌。然后保持双手姿势不变，右手向左尽你最大的可能平移到底。现在你的姿势就是开始做 **Helicopter Card** 的标准准备姿势了。下面的这些图片是从上方拍摄的、位于你身体左侧的右手；你的腰在双手的右侧。将手向小臂方向弯曲（图 12 - 35），然后将你的手甩出去并且松开握住的牌（图 12 - 36 到图 12 - 38）。当你将手臂甩出去的时候，尽可能将其向身体后方拉。纸牌自己在空中会顺时针旋转。

将牌向后扔，在飞牌过程中尽可能地让它旋转得更厉害。如果你的右手手臂是在身体前面的话，那么这张牌会直直地飞回来，撞上你的胸口。但是你的目标是：牌逆时针绕你的身体旋转之后，你用左手接住它。所以切记将你的手臂放在正确的位置，让牌直直地向回扔，并且加上旋转。牌就会在你的身后飞行，飞过一个弧线之后到你身体的右侧。不要移动你的脚，而是将上半身旋转，将左手向右移动。用之前说过的任何一种方法，将牌收到两叠牌之间。

在你将牌飞出的时候，除了将那个"没有手握住的长边"稍稍向上抬一点以外，牌始终是水平的。经过练习之后，当你能够掌握这个花式的时候，你就能够减少上半身向右的旋转；牌会自己飞回去。

就像我之前所说的那样，这个方法并不像利用隐线的那个方法，能够给予观众震撼。但是我的这个方法跟它是完全不同的一种效果，虽说没有了华丽的画面，但是观众也会对在空中滑翔的牌感到不解。

图 12 - 35

图 12 - 36

图 12 - 37

图 12 - 38

Snap Throw ♣♦♥♠♣♦♥♠♣♦♥♠♣♦♥♠♣♦♥♠♣

这是一个很新颖的飞牌。这个飞牌的动力源是你的手指动作而不是手臂。牌会很神奇地从手中射出去。握牌动作见图 12 - 39 和图 12 - 40 的展示。做这个飞牌时，你只需用你的大拇指和中指夹住牌，并且在保证两个手指不残废的情况下，尽最大可能使其交叉。像打响指一样快速地将大拇指和中指分开，将牌从手中射出去（图 12 - 41 到图 12 - 43）。这个动作和一般的打响指有两个不同的地方：第一，在 **Snap Throw** 中，你的中指在大拇指之上，并且中间有一张牌。第二，中指的动作和打响指的动作是相反的。在做 **Snap Throw** 的时候，你的中指是从里的大拇指根向外弹的。

图 12 - 39

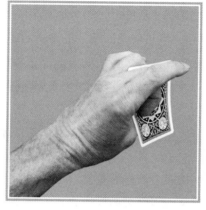

图 12 - 40

图 12 - 41

图 12 - 42

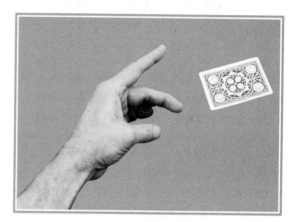

图 12 - 43

Long Thumb Propulsion ♣♦♥♠♣♦♥♠♣♦♥♠♣

接下来的四个动作是将一张牌从整副牌的上面飞出来的花式。第一个动作，我称其为 **Long Thumb Propulsion**，和 Jay 的"长距离飞牌"是一个东西。Jay 表示在《塔贝尔魔术教程》（*Tarbell Course*）这本书中 Audley Walsh 曾对这个动作进行了教学。

Daryl 以及其他的魔术师曾经教学过不同的将选牌从整副牌里飞出来，并用另一只手接住的方法。因为控牌是纸牌魔术的范畴，所以我在这本书中不会写任何与其相关的东西。毕竟我认为，将一张特定的牌从整副牌中弹出来的动作已经不再是一个单纯的花式了。再加之在别的地方有一堆关于这些东西的教学。

这个动作和下面要介绍的花式前面所写的长和短，一方面指的是这两种方法使牌在空中飞行距离的长短，另一方面还代表大拇指的位置是靠近整副牌的长边还是短边。**Long Thumb Propulsion** 是一个很实用的动作，它真的能够让牌进行很长距离的飞行。Mcbride 以及其他的魔术师在进行出牌表演的最后，经常会用这个方法将牌飞到观众席上。而我则常常用这个方法将一连串的牌从左手飞到右手。这个飞牌比起后面三种方法的优势在于它能够给予牌足够强的旋转。这意味着牌不仅能够飞得远，还能飞得十分稳定。

用你的右手握住半副牌，食指在其中一个长边，无名指在另一个长边，而中指则位于短边上（图12-44）。大拇指放在整副牌的右下角，换句话说，就是最靠近无名指的那个角（图12-45）。用你的左手以标准握牌握住另外半副牌。用你的大拇指将最后面的那张牌向食指推。这张牌就会弯曲，顶住你的食指，直到牌最后完全飞出去为止（图12-46到图12-49）。但是不要以慢动作来完成这个花式——试着快速地将牌弹出去。

如果你没有办法顺利地开始这个动作，或许是因为你大拇指的摩擦力太小以至于不能够使牌飞出来。你可以在你的大拇指指尖上沾点水，或者，如果这是你流程的最后一个动作的话，在上边涂点胶水或者戴上一个橡胶的指套。如果你做这个动作的时候，定格在了图12-48，那么证明你移动大拇指的速度不够快。一个短促有力的大拇指动作是必不可缺的。

经过一段时间的练习，你就能够掌握让牌快速并且稳定地飞出去的窍门了。接下来便是最困难的事情——怎样用你的左手成功地接住这张速度极快并在空中飞行的牌。你当然也可以用左手来飞牌，用右手来接，或者把所有的牌放在右手，将牌向空空如也的左手飞。图12-50到图12-53展示的是左手握住半副牌来接住右手飞的那张牌。左手大拇指先抬起来，当飞的牌落到左手那叠牌的上面的时候，再用左手大拇指将其按住，然后再一次抬起来，等待下一张牌的到来。但是有些时候牌不会很整齐地落到你的左手，所以在每张牌落到左手的间隔，或者一串牌都落到左手之后，你需要单手整理一下左手的牌。如果你愿意的话，也可以试着将牌飞给观众让他们接接试试。一般情况（除非你是故意的）下，观众是不会用眼睛来接牌的。

但不幸的是，如果你用右手飞牌右手接，你是没有办法做到连续飞牌的。但是我不会阻止你双手都去练习这个飞牌的，因为如果你双手都练成了的话，让牌在你两只手之间飞，看上去很棒。如果你想试试的话，将牌分成两叠，然后用 **Extension Cut** 将两叠牌都分一张牌出去。随后用你最好的杂技动作进行两张牌的抛接。重复下去直到你满意为止。我曾经试着去发明一个在双手都还握着牌的情况下进行三张牌的抛接的动作……好吧，我们扯远了。

图 12 - 44

图 12 - 45

图 12 - 46

图 12－47

图 12－48

图 12－49

图 12－50

图 12－51

图 12－52

图 12－53

Short Thumb Propulsion ♣♦♥♠♣♦♥♠♣♦♥♠♣

　　上一个动作用了一个十分奇怪的握牌方式，现在我要将教给你的这个花式，则是运用了最平常的标准握牌。这个动作也会用到大拇指，但是和上一个动作完全不同。

因为我一开始是用左手来学习 **Short Thumb Propulsion** 的，所以在这里的插图也是左手版本的。用左手来学这个动作是很好的一个选择，因为平时使用左手握牌，所以你可以在标准握牌的情况下将牌弹出去。如果你将你的手抬起来，牌就会与地面垂直地飞出去，这样，你不仅能够做出一个在观众看来最明显的飞牌，并且他们看不到你手指的动作。在他们看来，你的牌是自己跳出来的。

首先以标准握牌姿势握住牌（图 12 – 54）。将小拇指放在靠里靠右的那个牌角。将大拇指在靠远靠左的那个牌角向下按。在按的同时将大拇指向里拉，使得顶牌在小拇指和大拇指之间弯曲（图 12 – 55）。继续将顶牌弯曲，然后突然将大拇指抬起。牌就会以逆时针旋转飞出去（图 12 – 56 到图 12 – 58）。

在你的大拇指感到牌已经蓄积了足够的弹性势能之前，一直将顶牌弯曲。你不能一点一点地将大拇指移开；而是要突然将大拇指撤走，这样牌的右端会先离开牌。如果我说的这个方法行不通的话，你可以试着在这张牌飞出去之前，一直慢慢地弯曲大拇指。

图 12 – 54

图 12 – 55

图 12 – 56

图 12 – 57

图 12 – 58

Pinkie Propulsion ♣♦♥♠♣♦♥♠♣♦♥♠♣♦♥♠♣

这是我从 T. G. Murphy 的那本好书《魔术幻想》（*Imagication*）当中学到的。不像上一个花式，这是一个分成两步的花式。首先一方面，这个花式的准备动作，也就是第一步，是连续飞牌的障碍。但是另一方面，这个准备动作使得这个飞牌变得十分稳定。

首先以标准握牌姿势握住牌（图 12 – 59）。用你的大拇指将顶牌向回拉，直到顶牌与其他牌脱离了一英寸为止（图 12 – 60）。用你的小拇指贴住牌的长边靠近牌角的位置（图 12 – 61）。将小拇指向手掌的方向压，使牌弯曲（图 12 – 62）。将小拇指在长边向里滑行，直到小拇指滑出牌角，牌飞了出去（图 12 – 63，图 12 – 64）。在图 12 – 61 之后，大拇指就再不会触碰到纸牌了。牌最终会逆时针旋转着飞出去。

图 12 – 59

图 12 – 60

图 12 – 61

图 12 – 62

图 12 – 63

图 12 – 64

Index Finger Propulsion ♣ ♦ ♥ ♠ ♣ ♦ ♥ ♠ ♣ ♦ ♥ ♠ ♣

说实话，我更推荐 **Long Thumb Propulsion** 以及 **Pinkie Propulsion**。你完全没有必要将这四种使一张牌从整副牌里飞出来的方法都掌握，当然你可以选择你喜欢的来学习。

Ricky Jay 说这个动作需要归功于 Martin Lewis。

首先用你的大拇指在近短边，中指在远短边握住整副牌（图 12 – 65）。将四指尽可能地向右边放。用你的食指按住顶牌如图所示的牌角处并将其向大拇指方向拉，导致其弯曲（图 12 – 66）将食指向手心的方向移动，将牌飞出去（图 12 – 67，图 12 – 68）。当你完成这个动作的时候，牌会逆时针旋转着飞出去（如图所示，假定你是用右手完成这个动作）。

图 12 - 65

图 12 - 66

图 12 - 67

图 12 - 68

Card Twirl ♣♦♥♠♣♦♥♠♣♦♥♠♣♦♥♠♣♦♥♠♣♦

如果我是你的话，我会先用像铅笔或者小棒子这一类的小东西来练习。转牌不像转棒子一样，因为棒子是有惯性的，而纸牌很轻，基本没有惯性。

首先用你的大拇指和四指夹住牌（图 12 - 69）。将你的食指放到牌背上面，然后将大拇指松开（图12 - 70，图 12 - 71）。将食指和中指交叉以便使牌转动（图 12 - 72）。将你的无名指向上移动直到能够将其放到牌背上（图 12 - 73）。将食指松开（图 12 - 74）。然后再将中指和无名指交叉，将小拇指放到牌面上去（图 12 - 75）。松开你的中指（图 12 - 76）。将无名指和小拇指交叉，然后将中指放到牌面上去（图 12 - 77，图 12 - 78）。继续旋转，直到将牌转回大拇指和四指之间（图 12 - 79 到图12 - 82）。这个花式最纠结的地方在于你要将牌的重心控制在手指中间。做到后面你手指之间夹的可能就逐渐不是重心而是牌的短边了。做快一点会好做一些。

双手同时做这个动作是很简单的事情，也是学习这个动作的好办法。

你可以将牌分成两份，然后用 Extension Cut，双手分别分一张牌出来。在用大拇指握住两叠牌的情况下，用分出来的那两张牌做 Card Twirl。

你可以单手转两张甚至三张牌。但是如果你这样做的话就会先去很华丽的转速。

图 12 – 69

图 12 – 70

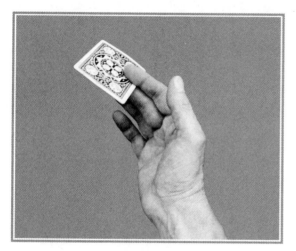

图 12 – 71

图 12 – 72

图 12 – 73

图 12 – 74

图 12 − 75

图 12 − 76

图 12 − 77

图 12 − 78

图 12 − 79

图 12 − 80

图 12－81   图 12－82

Thumb Wrap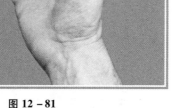

　　以标准握牌姿势握住牌（图 12－83）。用你的大拇指将牌向左推（图 12－84）。当这张牌离开整副牌左端的时候，继续将牌向左推。将这张牌贴在整副牌的左长边上（图 12－85）。将大拇指向下拉之后向右移动，这样这张牌就会在下面包住手里的牌（图 12－86）。用你的左手食指和手中的牌将这张牌夹住，移走你的大拇指（图 12－87）。现在这张牌被你的食指固定住。将食指向右然后向上移动（图 12－88）。现在牌被你的食指按在整副牌的右长边上。在将你的食指放回原来地方的同时，用你的中指将牌向左推（图 12－89）。这样能够将牌重新推回整副牌的顶端（图 12－90）。

　　牌粉使得这个动作更难进行。双手各拿半副牌并且同时做这个动作绝对能够给观众视觉上的冲击。或者你也可以用单手做两张牌的 **Thumb Wrap**。当第一张牌被夹在牌底的时候（图 12－91），大拇指推另一张牌出来（图 12－92）你能够一张接一张地使两张牌在牌的周围滑动（图 12－93到图 12－98）。

图 12－83   图 12－84   图 12－85

图 12 - 86

图 12 - 87

图 12 - 88

图 12 - 89

图 12 - 90

图 12 - 91

图 12 - 92

图 12 - 93

图 12 - 94

图 12 – 95

图 12 – 96

图 12 – 97

图 12 – 98

One – Finger Spin ♣♦♥♠♣♦♥♠♣♦♥♠♣♦♥♠♣

　　信不信由你，但是的确有三种不同的、让牌在指尖旋转的方法。这三种方法都有自己恰当的以及不同的用途。当然，"恰当"一词在这句话里是没有什么实际含义的。

　　最常见的转牌方法是一种我称其为惯性旋转的转牌。这是一个单手的、利用中指完成的、短时间的转牌。尽管它看起来还是蛮炫的，但是它却有着旋转时间极短的这个缺点。但是如果作为一个花式发牌的话，这个时间完全够用了。用你的右手来学习这个花式。将单张牌从整副牌中分出来，旋转，然后将其扔到桌子上。另一种的 **One – Finger Spin** 则是一个叫做"螺旋桨转牌"的真正转牌，是用食指来进行一个稳定并且可靠的如杂技一般的转牌。如果你乐意的话，你可以只学会惯性旋转，而无视这个螺旋桨转牌。如果你要学习螺旋桨转牌的话，你可以以惯性转牌作为它的预备动作，但是当牌在中指上旋转的时候，你会觉得这个动作看起来很不雅。

　　我在后面会教你两种开始螺旋桨转牌的方法：一种单手的和一种双手的。更重要的是，我会教你如何随心所欲地控制时间。通过练习，你可以用螺旋桨转牌的方法转超过一分钟的牌。当然你完全没有必要转那么长的时间，但是至少你可以做到：一只手在转牌，另外一只手在做两张牌的杂技抛接动作，或者做单手洗牌，一系列的单手切牌之类的动作。

首先让我们来学习惯性转牌。大拇指在上、中指在下夹住一张牌（图 12 – 99）。如果中间没有牌的话，这两个手指的指尖将会接触。食指以及无名指放在中指的两侧即可。在整个过程中，保证整个手——不用顾及单个手指——绝对静止。通过将食指伸直，将无名指弯曲，使得牌顺时针移动一点（图 12 – 100）。很快地将无名指伸直，同时将食指弯曲，让牌开始旋转（图 12 – 101）。如果你的力道正确的话，那么牌会旋转十到二十圈（图 12 – 102），然后停下来。在这个时候，或者在旋转的过程中，你可以通过将大拇指按下去来使旋转停止。在哪里停止就取决于你什么时候将大拇指按下去了，按的方法就跟图 12 – 99 或者图 12 – 100 的按法相似。插图展示了用左手将牌顺时针旋转的整个过程。如果你想用左手顺时针转牌的话，先将牌逆时针拉一点，然后将其旋转。

这不是一个很纠结或者很难练成的动作，如果你有问题，基本上就是因为在开始旋转的时候给牌施加了太多的力量。一个很可爱的小道具我认为很适合这个花式——一张道具牌，上边的点数都在牌的边缘，就好像是由离心力（或者向心力，谁知道）造成的。首先展示一张正常的这张牌，然后将其换成道具牌，旋转之后将其给观众看。

接下来，就是更严肃、更靠谱的"螺旋桨转牌"了。

首先，你先要学会用你的右手食指逆时针转一个大一点的、平的矩形的物体。我之所以说逆时针是因为我转的方向是逆时针，所以这本书中的插图也是逆时针。如果你已经能够顺时针转篮球或者盘子这类东西，千万不要换你转牌的方向。要始终保持一致，因为在之前你已经学会了顺时针旋转一些大东西，如果你在学习转牌的时候更换了方向，那么你将不能继承转大东西的任何一点经验。如果你之前从来没有转过任何的东西，并且不知道怎么开始，我建议你先去练练转书或者转盘子这类东西。将你要转的东西的中心垂直地放到双手食指的指尖中间，然后用别的手指给予这个东西一个动力，之后利用食指进行旋转。在开始旋转之后，逐渐将这个物体移动到水平平面。最后当这个物体到达水平平面之后，你可以移走你上面的食指。通过你的食指不断地做画同心圆的动作来给予纸牌动力。转篮球跟这个有点不太一样，因为转篮球的时候，你的食指是不动的，并且篮球一般是在你的指甲上旋转的。但是纸牌则不同，纸牌必须在你的指尖上旋转，并且如果你的食指不进行转动的话，牌只能在你的指尖旋转一小会儿。你在做"螺旋桨转牌"的时候，手是会跟着牌一起转的，而在做惯性转牌的时候，你的手是不动的。手不动的惯性转牌，当一开始的动能用完之后，牌就会停止旋转。而在做"螺旋桨转牌"的时候，你的手指在不断地给牌提供动力。

现在，试着在牌背的正中央抹上一点气溶胶。当胶水干了一点之后，用这张牌作为你的练习用牌。当你要用一张很普通的牌来做"螺旋桨转牌"的时候，为了获得更好的效果，你也许需要把你的手指尖弄湿一点，或者在牌背中间弄上止滑剂或者胶水。

双手开始"螺旋桨转牌"的方法如图 12 – 103 所示。左手拿一张牌，右手的食指则直直地伸直。用你的右手食指的指尖按住牌背的中心（图 12 – 104）。将牌在手指尖上平衡好（图 12 – 105）。将你的左手食指放在牌的左长边（图 12 – 106）。将你的左手向回拉，使其获得一个初始的顺时针旋转的动能（图 12 – 107，图 12 – 108）。让牌开始旋转也许不是那么容易的事，你需要通过一些练习来达成，但是让牌持续在你的手指上旋转则需要大量的练习。

接下来是单手开始"螺旋桨转牌"的方法。你需要用大拇指和中指握住牌的两个长边（图 12 –

109）。将你的食指放在牌背的中心。将牌紧紧地贴在食指指尖。灵巧地将中指向里、大拇指向右移动来获得初始动能（图 12 - 110，图 12 - 111）。

如果你能够以惯性转牌为起始动作来进行"螺旋桨转牌"的话，这样去做好了。

图 12 - 99

图 12 - 100

图 12 - 101

图 12 - 102

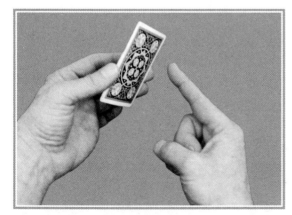

图 12 - 103

图 12 - 104

图 12 - 105

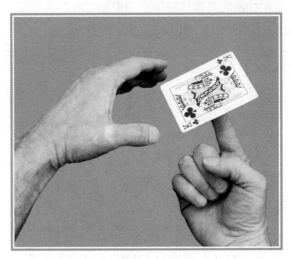

图 12 - 106

图 12 - 107

图 12 - 108

图 12 - 109

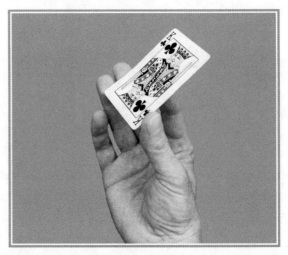

图 12 - 110

图 12 – 111

Juggling ♣♦♥♠♣♦♥♠♣♦♥♠♣♦♥♠♣♦♥♠♣♦♥

Ricky Jay 在他的书《将纸牌当作武器》（*Cards as Weapons*）当中，对用纸牌进行杂技动作的抛接做了一个带有讽刺意味的假教学。插图中显示牌会在下落的过程中在空中翻滚。就算你能够侥幸做出一两个在空中翻滚的飞牌，你也绝对不可能用 Jay 的方法进行杂技动作的抛接。就像我之前说的一样，Jay 其实知道，他的教学是有问题的。并且他可以用旋转的牌来进行杂技动作的抛接，而绝不是翻滚的牌。

你在他的书《将纸牌当作武器》（*Cards as Weapons*）当中能够学会很多飞牌的方法，但是如果你通过他的教学来学习杂技动作的抛接，你永远也学不会这个动作。接下来我会为你讲解正确的方法。

首先，先用三个小球来练习抛接动作。我之前没练过这个，所以直接用牌练习花费了我更长的时间。用小球练习各种不同的、你想要用纸牌来做出的抛接方法，我建议你练习这些方法：普通抛接、逆向抛接以及一些常见的杂技抛接动作。如果你是一个很好的杂技表演者，你可以将你抛接球的方法迅速适用到纸牌上。

练完抛接球之后，将三张牌粘在一起。做几个这样的牌叠，来进行练习。

首先用每只手练习抛牌，将牌抛到头上两英尺的位置。然后是练习双手交替抛牌和双手同时抛牌。接下来练习同时抛牌，但是将右手的牌抛得高一点，左手的低一点，然后两张牌都用另一只手将其接住。轮换你扔牌的那只手，并且熟悉这种"一上一下"的两张牌的抛牌方法。这是学习杂技抛接动作所必须掌握的东西，不管抛接什么，而且就算你已经是一个很不错的杂技表演者，你也必须遵循上面的步骤。因为纸牌是非常非常轻的东西。当然，你也可以抛接像丝巾这类更轻的东西，但是丝巾不会像牌一样下落得那么快，空气阻力可不是吃素的。为了补偿牌过轻的重量，在抛牌的时候必须让其旋转起来。强力的旋转比起很弱的旋转能够使牌在空中更加稳定。你可以认为每一次抛牌都是在扔一个垂直的 **Boomerang Card**，利用相同的办法使其旋转。将手向后弯，向前甩；之后在将牌松开的时候，再将手向回稍微甩一点。在杂技抛接的时候，换成了将手向上、然后在松开牌的时候向下甩。如果你抛接像盘子、环，或者飞盘这类东西，那就用相同的方法使其旋转。抛接牌的时候，你需要让牌转得更厉害，毕竟它很轻。

　　抛接牌的握牌和你做 **Boomerang Card** 的时候用到的握牌是一样的。开始的时候，你需要将两张牌握在一只手中。你需要像图 12－112 一样将这些牌握住，用你的右手食指将两张牌隔开。离你最远的那张牌被夹在你的食指以及中指、无名指和小拇指之间。离你最近的那张牌则是被右手的食指以及大拇指夹住。将握住两张牌的手向下弯，然后将夹在食指和中指、无名指、小拇指之间的那张牌向上抛（图 12－113 到图 12－115）。将牌向上扔两到三英尺。将另一只手的牌向上扔（图 12－116 到图 12－118）。开始杂技的抛接动作（图 12－119，图 12－120）。当你做完了之后，用相同的握牌将三张牌接住，或者在接最后一张牌之前做一些能让这个接牌看上去更炫的动作。

　　在扔牌之前，手先向下弯一点是很重要的。习惯将牌接住之后不调整位置直接扔出去也是极为重要的。你可能在任何的方向接到一张牌，然后不需要做任何的调整，直接将其扔回它飞过来的方向。

　　接下来，我会介绍一些抛接动作的不同版本。首先是"抓"抛接。这个花式需要你在接球或者抛球的时候将手掌朝下，像抓东西一样将其抓住。如果你用这种方法接住一张牌的话，这张牌会在你的手里翻一个跟头。所以，一张牌面朝向观众的牌，经过一次"抓"的动作，就会变成牌背朝向观众了。这看起来真的很华丽。你可以试试这样：首先将三张牌的牌面朝向观众做抛接，然后每次你都用右手接牌，都用"抓"接牌，每一次将一张牌翻过来。当所有的牌都是牌背朝向观众之后，抛接几个来回，右、左、右手分别做一个"抓"接牌，将所有的牌迅速翻过来。如果观众离你很远的话，没人会在意牌是正是反，但是如果是近景的话，效果就会异常明显。你甚至可以用双背牌来进行变牌。"抓"扔牌是没有这个效果的。

　　一只手抛接两张牌，另一只手做一些别的华丽的单手花式是完全可能的。你可以左手做单手转牌，右手抛接两张牌。或者，你可以左手做 **Card Twirl**，右手抛接两张牌。或者你也可以做我最喜欢做的：右手在抛接两张牌的同时，左手用剩下的牌来进行单手洗牌。

　　在某些情况下，你也可以使用那种抛出去在空中翻好几圈的抛牌。下面就是个例子：右手两张牌，左手一张牌。将左手食指和小拇指放到牌底，然后就仅用这一张牌来做一个 **Deck Flip**，这样牌就会直直地飞了起来，在空中翻两圈。但是从某种意义上来说，这是一个无理的要求。因为首先，你必须将牌飞上空中之后，然后让其在空中翻滚着下落，如果牌翻滚着向上走，所以会有过多的空气阻力。其次，如果你用普通的牌的话，那么翻滚不可能那么稳定，又因为纸牌是个很轻的东西，而用那么轻的东西又很难让其在空中翻两次。如果你想让牌翻一圈半的话，那么在表演之前最好准备一下，因为牌将会牌面朝上落到你的手中。

　　至于到底能够抛接几张牌，这是一个还没有被发掘的领域。我曾经见过一个俄罗斯人，他用五张牌进行抛接，最后还将牌撕开送给观众，以此证明这只是普通的纸牌。我自己能够抛接四张 A，我对此已经很满意了。但是我打赌，不管你做了什么样的纸牌魔术，能够让观众记住你的，肯定是你的四 A 抛接，如果你能够做到的话。

　　当你掌握了下一个动作，你就可以将其应用到你的抛接当中去了。下面的那个动作是撞击牌的牌角，使牌就好像被扔出去似的飞了出去。

图 12 – 112

图 12 – 113

图 12 – 114

图 12 – 115

图 12 – 116

图 12 – 117

图 12 – 118

图 12 – 119

图 12 – 120

Brushing ♣♦♥♠♣♦♥♠♣♦♥♠♣♦♥♠♣♦♥♠♣♦♥

我之前也提到过，Ricky Jay 曾经建议说，用你身体的不同部位来击擦（打击）回来的 **Boomerang Card**，使其在飞回整副牌之前，给它添加飞行的动力，让它多飞几次。如果你能做这个动作的话，那固然好，但是我认为其中有些不好解决的问题。第一点，比起击擦（打击）一张直上直下的牌，击擦（打击）一张向你飞回来的牌是很困难的。第二点，也是更重要的，就是你几乎不可能连续地击擦（打击）飞回来的牌，使其在一个几近水平面的平面上飞行。就算你能够进行两三次成功的击打，最终牌也会因为缺少重力的支持以及缺少动力而陨落。将牌直直地向上抛，这样你就能够在你力所能及的范围内做很多次击打。另一项将牌垂直抛起然后击打，其附带的好处就是：观众能够始终看到你的牌的牌面。

首先，利用小的圆塑料片，像是黄油盒子的盖子这类东西来掌握基本的击擦（打击）的技巧。用你的右手将这个小盖子顺时针旋转着抛上去，然后在它向下落的时候，用你的手掌将它打上去。在这个盖子要从你手中弹开的时候，将手迅速向左移。一直保持这个盖子向相同的方向旋转。现在用一张牌来代替这个圆盖子（图 12 – 121 到图 12 – 124）。在这个过程中，你会遇到两个主要的困难：第一，牌不是圆的，这就意味着你将会打到牌角、短边或者长边。所以，当你在打牌的时候，让牌在你的手上滚一下。你能够感受到一个牌角，然后是一个短边碰到你的手心，一个牌角然后一个长边，或者一个短边然后一个牌角。在你感受到这个翻滚发生的时候，不要减慢你击擦（打击）牌的速度。这是一个发生在一瞬间的动作。第二，一张牌是相当轻的东西，所以它是非常不稳定的。练到最后，你应该能够做出五到六个击擦牌。做了那么多工作就是为了这几秒钟！

如果你要用脚或者脚后跟来做击打的动作的话，这也是有技巧的。首先利用一个塑料的盖子来进行练习。先用手击擦（打击）这个盖子，然后让其下落到地板上方，这个时候只有用脚钩才能阻止这张牌。踢牌的时候要保证用你平整的鞋底来踢，或者将膝盖弯曲，用脚后跟乃至脚背来踢。但是这种极其火爆的踢法往往充满了危险。如果你能够表演得很好的话，用它能给你带来很多的掌声。但是如果你失败了，你只能期望观众能宽宏大量了。Jay 在他的书中讲述了很多种相关的技巧，利用身体的各个部位来进行打击。将牌放到你的头顶上，然后用你的右手食指来打它的角（我指的是牌，不是头）。或者利用你的手肘、膝盖或者别的地方来进行打击。如果你击擦牌的方法正确，那么牌就会像被扔出去一样飞出去。

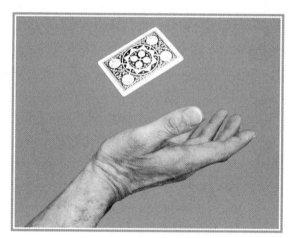

图 12 – 121

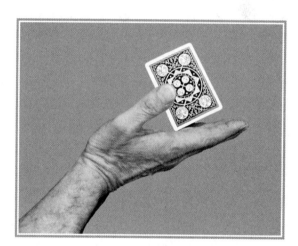

图 12 – 122

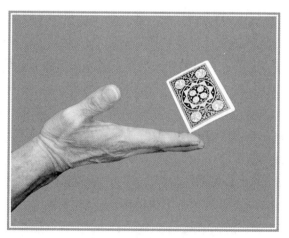

图 12 – 123

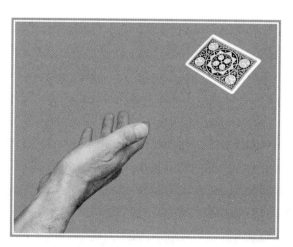

图 12 – 124

最后的后记

在这里我会讲述一些我在其他的"后记"当中没有描述过的花式。我有可能只是并不喜欢这些花式，或者认为它们在某些方面有着重要的缺陷，或者只是由于这本书没有更多的空间去容纳它们。

四羊开泰。四张牌被分别夹在手指的中间。用这种方式来展示硬币是一个十分传统并且容易的花式，但是如果你用扑克尺寸的纸牌就太难了。在舞台出牌的流程当中（一般是利用桥牌尺寸的牌来完成这种流程），这种展示牌的方法就很常见了。我在下面将提到的 Popov 先生，他曾经一只手切牌，另一只手做这种五指张开的展牌。但是我不喜欢用扑克尺寸的牌来做这个动作，这会让这牌弯曲的太厉害。

Card Star。空手出五张牌，双手手心相对，双手合十，每两个手指当中夹一张牌。这是另一个由硬币花式改编而成的纸牌花式。从某种意义上来说，牌的出现是挺不可思议的，我也曾经试着将其转换成一个纯粹的花式，但是我只用了五张牌，剩下的将近一副牌我能用它做什么呢？

出四 A。有无数种出四 A 的方法，并且它们中的大多数都还是很不错的。《纸牌学院》（*Card College*）中有不少很棒的方法。简单来说，就是切牌或者洗牌之后单手或者双手很艺术地拿住四张 A。我在这本书中不会对其进行教学的，因为出四 A 你要进行事先的准备，而且这东西很明显已经超出单纯花式的范畴了。尽管出四 A 确实够华丽并且能够让观众看得很享受，但是可以想象，这已经不是这本书应该涵盖的内容了。不管怎样，我在这儿还是教你一个简单的出四 A 的方法吧：四张 A 位于牌底，利用滑牌将两张牌和半副牌切到右手，这样左右手各握半副牌，牌面朝下，最下面两张是 A。双手各做一个 **Extension Cut**，将底牌用三个手指夹着伸展开。将双手交叉，手向上翻，将四张 A 展示给观众。最理想的状态是，你双手都将牌分了出来，但是不急着将其展示给观众，之后突然一下给观众一个冲击。要试着让观众不知道那几张 A 是从哪里来的，而不要让他们发觉你是从牌底分出来的。

然后我会教你一个不错的桌面展牌的组合动作，但是前提是你必须有一个很适合桌面展牌的牌垫。将牌垫放到你的前面。将左手手心朝上，水平放在你的正前方，将左臂向右转一点。然后将半副牌放到牌垫的右边，当你将另外半副牌放在左手手臂进行手臂展牌的同时，用你的左手手肘展开在桌子上的那半副牌。桌子上的那半副牌从左向右被展开，同时另半副牌在你的左臂上面被展开。将两叠牌同时翻转，然后同时用你最喜欢的收牌方法将它们收起来。

才华横溢的 Jeff Mcbride 做过这样一个花式：将牌水平飞出去几米之后，将飞回来的牌用手背或者与地面平行的扇面将其接住。我对其唯一的疑问就是，将牌水平飞出去，那观众能不能看见飞回来的牌落到了水平的扇面或者手背上。近景表演的话毫无压力，或者可以的话，从上方看也是不错的选择。

超快的俄罗斯小子。有人给我看 Michael Ammar 的教学带。当 Ammar 到俄罗斯旅行的时候，看到了一个叫 Popov 的人，他以极快的速度在表演纸牌花式。就算你用慢放，你还是觉得他的动作非常之快。我看了他的视频片段不下五十次，总结出来了以下结论：他在做 **Riffle Cut** 的时候是在短边位置上做的，**Flash Toss** 以及 **Index Cut** 也是如此。他的原创理应是受到赞许的。但是他的大多数动作由于为了追求速度，都没有太大的效果，即：没有我这本书里所描述的花式更具视觉冲击力。比如，他做了一个双手切牌，双手同时将一张牌从一叠牌里切出来，歪七扭八的转牌，差点掉牌的 **Helicopter Cut** 以及露魔术门子的分裂扇出牌。然后是一个乱七八糟的 **Flower Fan**，一个超短的 **Spring** 以及 **Waterfall**，如果你能够保证你的手从没有移动过一英尺以上，一直在你胸前，你也许能够跟上 Popov，做得和他一样快！

参考书目

在这里我将提及的书都是我在本书讲到过的或是里面有涉及纸牌花式的书。当然还有很多我从未见过的、但是也涉及纸牌花式的书。不用我说,以后也会出现更多的关于纸牌花式的书。

下面是书的名字、出版日期、版本以及发行商。其中有很多进行过重印或者再版。

Andrus, Jerry. *Andrus Deals You In* (Oregon, Star Magic Co., 1956).

—*Kurious Kards* (Oregon, JA Enterprises).

Casaubon, James, in *Ross Bertram on Sleight of Hand* (Ontario, Magic Limited, 1983).

Cossari, Joe. *Joe Cossari, King of Cards* (Self–published lecture notes, 1975).

Dodson, Goodlette. *Exhibition Card Fans* (Connersville, Indiana, The Haly Press, 1963). (First copyright 1935).

Dunn, Bruce. *The Single–Handed Card Cutter* (Kalamazoo, Michigan, self–published, 1965).

Farelli, Victor. *Farelli's Card Magic* (Middlesex, Edward Bagshawe & Co., 1934).

Ganson, Lewis. *A New Look at Card Fans* (Bideford, The Supreme Magic Co., Ltd., 1983). (First copyright 1978).

—*Expert Manipulation of Playing Cards* (Croydon, Academy of Recorded Crafts, Arts and Sciences Ltd., 1948).

—*Routined Manipulations, Part One* (New York, Louis Tannen, Inc., 1950).

—*Dai Vernon's More Inner Secrets of Card Magic* (Bideford, The Supreme Magic Co., Ltd., 1972).

—*Dai Vernon's Ultimate Secrets of Card Magic* (Bideford, The Supreme Magic Co., Ltd., 1972).

Gibson, Walter. *The Complete Illustrated Book of Card Magic* (New York, Doubleday, 1969).

Gibson, Walter. *Houdini's Fabulous Magic* (Philadelphia, Chilton Company, 1961).

Giobbi, Roberto. *Card College* (Seattle, Hermetic Press, Inc., 1996).

Gaultier, Camille. *Magic Without Apparatus* (Berkeley Heights, New Jersey, Fleming Book Co., 1945).

Goldston, Will. *Tricks of the Masters* (London, George Routledge & Sons., 1942).

Hay, Henry. *The Amateur Magician's Handbook* (Bergenfield, New Jersey, Signet Books, 1975).

Hugard, Jean. *Card Manipulations* (New York, Dover Publications, Inc., 1973). (First copyright 1934–1936).

—. *More Card Manipulations* (New York, Dover Publications, Inc., 1974). (First copyright 1938–1941).

Hugard, Jean and Braue, Frederick. *The Royal Road to Card Magic* (London, Faber and Faber, 1949).

— *Expert Card Technique* (New York, Dover Publications, Inc., 1974). (First copyright 1940).

Jay, Ricky. *Cards as Weapons* (New York, Darien House, Inc., 1977).

Kenner, Chris and Liwag, Homer. *Out of Control* (Kaufman and Greenberg, 1992).

Love, Edward G. *Card Fan - tasies* (London, Vernon Lock, Ltd., 1964). (First Copyright 1946).

Murphy, T. G. *lmagication* (St. Louis, Murphy's Magic Market, 1988).

LePaul, Paul. *The Card Magic of LePaul* (Brooklyn, D. Robbins & Co., Inc., 1959).

Searles, Lynn. *The Card Expert* (Colon, Michigan, Abbott Magic Manufacturing Co., 1962). (First copyright 1938).

Tarr, Bill. *Now You See It, Now You Don't* (New York, Vintage Books, 1976).

—*The Second Now You See It, Now You Don't* (New York, Vintage Books, 1978).

Turner, Bill. *How to Do Tricks with Cards* (New York, Macmillan Publishing Company, Inc., 1980). (First copyright as *The Card Wizard* in 1949).

在这里我还要推荐一些别的资源。Daryl 的《纸牌手法百科全书》，它讲述了无数实用手法以及个别与魔术相关的花式的教学带。Jeff Mcbride 的舞台出牌艺术绝对是这类教学带里的极品。你也应该学习 Brian Tudor 和 Lee Asher 的东西。最后，这本 *The Chavez Studio Course of Magic* 当中也充满了有趣的东西。

图书在版编目（CIP）数据

纸牌花式百科全书／（美）凯斯特考斯基（Cestkowski,J.）著；
李思汉译. -- 北京：社会科学文献出版社，2014.2（2021.3 重印）
　ISBN 978 - 7 - 5097 - 4564 - 9

　Ⅰ.①纸…　　Ⅱ.①凯…　②李…　　Ⅲ.①扑克 – 基本知识
Ⅳ.①G892

　中国版本图书馆 CIP 数据核字（2013）第 090753 号

纸牌花式百科全书

著　　者／〔美〕杰瑞·凯斯特考斯基
译　　者／李思汉

出 版 人／王利民
项目统筹／李延玲　冯　璇
责任编辑／李延玲　温才妃　范晓悦

出　　版／社会科学文献出版社·国际出版分社（010）59367197
　　　　　　地址：北京市北三环中路甲 29 号院华龙大厦　邮编：100029
　　　　　　网址：www. ssap. com. cn
发　　行／市场营销中心（010）59367081　59367083
印　　装／三河市东方印刷有限公司

规　　格／开本：889mm × 1194mm　1/16
　　　　　　印张：35　字数：895 千字
版　　次／2014 年 2 月第 1 版　2021 年 3 月第 8 次印刷
书　　号／ISBN 978 - 7 - 5097 - 4564 - 9
著作权合同
登 记 号　／图字 01 - 2012 - 6015 号
定　　价／128.00 元

本书如有印装质量问题，请与读者服务中心（010 – 59367028）联系